UNIVERSUM DER KUNST

HERAUSGEGEBEN VON ANDRÉ MALRAUX UND ANDRÉ PARROT

PAUL-MARIE DUVAL

DIE KELTEN

VERLAG C.H. Beck MÜNCHEN

DER DEUTSCHEN AUSGABE LIEGT DIE UNTER DEM TITEL ‹LES CELTES› IM VERLAG
GALLIMARD, PARIS, ERSCHIENENE FRANZÖSISCHE AUSGABE ZUGRUNDE
AUS DEM FRANZÖSISCHEN ÜBERTRAGEN VON DIETZ-OTTO UND SIBYLLE EDZARD
WISSENSCHAFTLICHE BERATUNG FÜR DIE DEUTSCHE AUSGABE: DR. AMEI LANG

MIT 455 ABBILDUNGEN, DAVON 77 FARBIG

CIP-Kurztitelaufnahme der Deutschen Bibliothek

Duval, Paul-Marie
Die Kelten. – 1. Aufl. – München: Beck, 1978.
(Universum der Kunst)
Einheitssacht.: Les Celtes ‹dt.›
ISBN 3 406 03025 4

ISBN 3 406 03025 4

FÜR DIE DEUTSCHE AUSGABE:
© C.H.BECK'SCHE VERLAGSBUCHHANDLUNG (OSCAR BECK) MÜNCHEN 1978
BILDDRUCK: DRAEGER FRÈRES, PARIS
TEXTDRUCK: C.H.BECK'SCHE BUCHDRUCKEREI, NÖRDLINGEN
EINBAND: A. SCHRAML, MÜNCHEN

VORWORT

Die Tatsache, daß es auf dem europäischen Festland schon vor den Römern und auf den Britischen Inseln schon vor Ausbreitung des Christentums eine alte keltische Kunst gegeben hat, ist erst spät anerkannt worden. Denn noch bis kurz vor dem Ersten Weltkrieg galten Formen und Muster der betreffenden Fundstücke als eine (meist auch noch unbeholfene) Nachahmung von Werken griechisch-römischer Tradition. Es war unbekannt, daß der Formenschatz dieser Kunst über ganz Europa hinweg eine Einheit bildete. Auch machte man sich nicht klar, ob die künstlerischen Anleihen aus der Mittelmeerwelt oder aus dem Orient bezogen waren. Im übrigen hätte der Gedanke an eine kreative Weiterverarbeitung fremder Vorbilder nur ein Lächeln hervorgerufen, und niemandem wäre es eingefallen, daß Fundstücke der Eisenzeit eine Gesinnung und Empfindsamkeit hätten widerspiegeln sollen, wie wir sie später in den Epen der Inselkelten antreffen. Ernest Renan hat in seinem Essay über die ‹Poesie bei den Kelten› anhand der mittelalterlichen Literatur sehr genau auseinandergesetzt, welche Züge seit dem 18. Jahrhundert den landläufigen Begriff des ‹Keltischen› ausmachen: die Fähigkeit, instinktiv und nonkonformistisch zu reagieren, eine zum Phantastischen neigende Einbildungskraft, die Freude am Übernatürlichen, ein Hang zur Träumerei und Metamorphose, die Vorliebe überhaupt für das Verschwommene, Unbestimmte, Flüchtige, die unbeständige Form gleichsam als Geschöpf des Nebels und Spiegelbild des trüben Himmels von Nordeuropa, der dumpf-feuchten Inselküsten, der Seen und Meere. Erst nach mehreren Generationen von Archäologen und Kunsthistorikern begann man, diesen Zügen auch schon in den Kunstwerken der Frühgeschichte nachzuspüren.

Es gibt die verschiedensten Gründe dafür, daß keltische Kunst so verkannt war. Zunächst haben wir nur Gegenstände aus Bronze, Eisen, Silber, Gold, Ton, Glas oder Bein vor uns. Vieles davon ist Gebrauchsware und stellt eine höhere Stufe des Handwerks dar. Diese Gegenstände waren um so weniger geeignet, das Interesse der Kunsthistoriker auf sich zu ziehen, als sie je nach Ausgrabungs- oder Erwerbszufall über die Museen und Privatsammlungen verstreut, dazu oft schlecht katalogisiert oder sonst schwer zugänglich sind. Der vollständigste Sammelband, den wir besitzen, ist ‹Early Celtic Art›, das *magnum opus* von Paul Jacobsthal aus dem Jahre 1944; er ist bei weitem nicht erschöpfend. Im ‹Manuel d'archéologie celtique› von Joseph Déchelette (1914) und in den ‹Keltové ve Střední Evropě› (‹Die Kelten in Mitteleuropa›) von Jan Filip (1956) findet man die verzierten Gegenstände innerhalb einer sehr umfassenden archäologischen Dokumentation dargestellt. Diese Streuung der Denkmäler ist typisch für eine Kultur, die niemals einen Staat, ein Reich zustande gebracht, ja nicht einmal eine Nation gebildet hat. Es war eine gemeinsame, aber über ganz Europa verstreute Kultur, deren Verbreitung vom Zufall der Eroberungen, längerer Seßhaftigkeit oder auch nur ephemerer Raubzüge abhing. So erklärt sich denn auch die Vielfalt der Fundstücke, eine gewisse – zumindest anscheinende – Heterogenität des Gesamtinventars.

Darüber hinaus sind manche Stücke, und gerade Schmuck, sehr klein und verlangen Spezialverfahren, will man sie genau untersuchen und maßgetreu wiedergeben. Der geringe Umfang macht es oft schwierig, um nicht zu sagen unmöglich, die Ornamentik insgesamt genau zu

---

1 - (Frontispiz) - Mšecké Žehrovice (Böhmen) - Kopf eines Mannes. 2.-1. Jh. v.Chr. - *Stein; Höhe 0,25 m* - Národní Muzeum

photographieren oder umzuzeichnen, es sei denn, man nimmt eine Deformierung infolge der Projektion oder der zweidimensionalen Wiedergabe in Kauf. Da sich das Relief auf diesen Fundstücken oft nur kaum merklich vom Grund abhebt, spotten sie jedem Versuch einer Reproduktion. Der matte Glanz und die verblichenen Farben täuschen uns, und wir müssen einigen guten Willen aufbringen, um diesen Kunstschöpfungen beizukommen, die zu allem Überfluß auch noch irreführen wollen. Allgemein gesehen, hat die Tatsache, daß man Dekorstile erst so spät untersucht hat, der Kenntnis der keltischen Kunst empfindlich geschadet. Das wiegt noch schwerer, als kein Autor der klassischen Antike jemals von einer künstlerischen Veranlagung der Kelten, Erzeugnissen ihrer Kunstwerkstätten oder von ihrem ästhetischen Empfinden spricht. Allenfalls fanden sie es der Erwähnung wert, daß die Kelten eine große Vorliebe für glitzernden Schmuck und für grellfarbene Stoffe hatten.

Dabei waren die Kelten in hohem Maße kreativ. Sie schufen außerordentlich nuancierte und stimmungsvolle Kombinationen von Linien und Körpern, und sie kannten auf der Höhe ihrer Kultur eine Freiheit der Erfindung, die in der antiken Kunst ihresgleichen sucht – mit Ausnahme vielleicht – *mutatis mutandis* – im kretisch-mykenischen Raum. Ihre Schöpfungen kamen durch eine kunsthandwerkliche Virtuosität zustande, die in der Goldschmiedekunst oder der Münzprägung beinahe das hohe Niveau der mediterranen Werkstätten erreichte. Diese Produktion hatte ihren Rückhalt bei der Oberschicht, die Künstler unterhielt und Aufträge vergab, aber auch bei der Masse, die ganz eindeutig Geschmack hatte an der Harmonie der Form; das zeigt sich an schlichten Arbeitsgeräten oder Gebrauchsgegenständen des täglichen Lebens. So trafen alle Voraussetzungen für das Kunsthandwerk zusammen: Material von erlesener Qualität, handwerkliche Meisterschaft und eine durchdachte Gestaltung, die auf durchaus raffinierte Weise eine künstlerische Idee zum Ausdruck brachte. Dagegen vermissen wir an diesen so fein ornamentierten – oft alltäglichen – Gegenständen das Menschliche und Göttliche, Symbol und Allegorie, Psychologie und Vergeistigung, wenn wir von ganz wenigen Beispielen religiöser Bildkunst absehen. War keltische Kunst demnach zweitrangig, unterlegen, infantil, wenn es ihr an Geist oder Idealismus mangelte und sie sich in dekorativer Spielerei ohne seelische Tragweite und Höhenflug verlor?

Aber was heißt *eine* Kunst? Die keltische Kunst hat während fünf vorchristlicher Jahrhunderte eine tiefgreifende Entwicklung durchgemacht, und sie existierte, zumindest in Großbritannien und Irland, dann noch mehrere Jahrhunderte lang weiter. Sie war auf dem Festland weit verbreitet, wobei sie in den Randzonen an Eigenart verlor, während sich ihr eigener Charakter auf den Inseln immer stärker herausbildete. Es gibt in diesem unorganischen Bereich regionale Stilrichtungen, bei denen man Fremdeinflüsse wie auch einheimisches Substrat in verschiedener Dosierung nachweisen kann. Die keltische Kunst hatte ihre Anfänge, Blütezeiten und Endstadien, die sich je nach Ausbreitungsphase und Siedlungsraum zeitlich verschieden staffelten. Auf den Britischen Inseln lebte sie beharrlich fort, während sie auf dem Festland nicht so augenscheinlich oder dauerhaft erhalten blieb. Wir wollen freilich nicht, wie das öfters geschieht, Verbindungslinien ziehen von der jüngeren Eisenzeit bis zu ganz bestimmten Stationen der Kunstentwicklung, an denen sich ein Hang zur Virtuosität des Dekors und zur verschnörkelten Form zeigt – Barock, Rokoko, Moderne –, oder bis zu den Bestrebungen der abstrakten Malerei. Ebensowenig behaupten wir, die so viel Jahrhunderte ältere kretisch-mykenische Kunst hätte irgendwelchen Einfluß auf die keltische selbst genommen.

2 - In der Themse bei Wandsworth (Middlesex) gefunden - Ausschnitt aus einem Schildbuckel: Raubvogelkopf. Ende 2.(?) - Anfang 1.Jh. v.Chr. - *Bronze; Gesamtdurchmesser des Schildbuckels 0,382 m* - London, Britisches Museum. Vgl. Abb. 210

ERSTER TEIL

KUNST UND KULTUR DER KELTEN

EINFÜHRUNG

Die alten Kelten, die in der griechisch-römischen Antike einen großen Teil Europas bewohnten, haben fast ein Jahrtausend lang eine nur ihnen eigene Kunst gepflegt. In den Ländern, die weder unmittelbar vom Hellenismus beeinflußt waren noch den Stempel des Römerreiches trugen – oder die solche Einflüsse früher oder später zu spüren bekamen –, saßen vier Völker, die die Alten als Barbaren bezeichneten: im äußersten Westen die Iberer, in den Niederungen Nordeuropas die Germanen, in den östlichen Steppen die Skythen und überall sonst die Kelten – als Herrscher, auf der Wanderung oder um Land kämpfend. In größerer Zahl sind sie während der jüngeren Eisenzeit (das heißt etwa seit 475 v.Chr.) in Gallien, Böhmen, Großbritannien, Irland, Norditalien und an der mittleren Donau anzutreffen. Mit ihnen haben sich verschiedene Völker vermischt, ohne jedoch endgültig von ihnen aufgesogen worden zu sein: die Iberer Spaniens und Portugals, die Ligurer im südlichen Gallien, die Pannonier an der Donau und die Daker und Geten im Karpatenbecken. Kelten haben das balkanische Thrakien durchzogen, ohne deutliche Spuren zu hinterlassen, sie haben Beutezüge nach Griechenland unternommen und schließlich in Kleinasien das Königreich Galatien gegründet, das alsbald hellenisiert wurde. Einige Keltenstämme oder doch Erzeugnisse ihrer Produktion sind bis nach Dänemark, Schlesien und in die Ukraine gelangt.

Ob nun seßhaft oder auf Wanderung, ob als Räuber oder als Eroberer – die Kelten haben in diesem weiten Areal während einer bald längeren, bald kürzeren Zeit der Oberhoheit eine üppige und vielseitige Kunst verbreitet, die – anders als die der Iberer oder Skythen – auch Nachfolger fand: die christliche Kunst von Irland und Großbritannien, und zwar zu der Zeit, als die epischen Sagen aufgezeichnet wurden, die die erste große europäische Literatur in einer nicht klassischen Sprache werden sollten. Die Kultur der Kelten war, als Ganzes gesehen, auf diese Weise zu Großem bestimmt, und sie hatte bei der Entstehung der abendländischen Kultur ein gewichtiges Wort mitzureden.

Man hat immer wieder betont, die keltische Kunst sei im wesentlichen dem Erbe der älteren Eisenzeit, Motiven und Ornamenten des Mittelmeerraumes und des Orients sowie Beiträgen der Skythen und anderer Steppenvölker verpflichtet. Von der Hallstattzeit hat sie sich nur kunsthandwerkliche Traditionen vermitteln lassen, die sie allerdings außerordentlich vervollkommnete, bestimmte Tiermotive, die sie mit neuem Geist beseelte, sowie bestimmte Formen – zumal in der Keramik –, die sie sehr bald umstilisierte. Dem Mittelmeerraum verdankt die keltische Kunst Pflanzenmotive, Symbole des ewigen Lebens, die sie zu neuen Ornamenten ausgestaltete, wucherndes Rankenwerk und manchmal geradezu krankhaft schwellende Knospen; Gesichter, die sie ins Fratzenhafte verzerrte; Untiere und unwirkliche Mischwesen, die sie nach und nach durch Geschöpfe der eigenen Phantasie ersetzte; magische Zeichen schließlich, die sie, selbst noch auf den Münzen, dem wohlgeordneten Wildwuchs ihrer linearen Kompositionen einfügte. Zu sagen bleibt, daß die Kunst der Kelten nicht das wäre, als was wir sie kennen, ohne die Wanderungen nach Italien oder donauabwärts in die Länder des Hellenismus, ohne die Habe, die Söldner oder Emigranten bei ihrer Rückkehr mit sich führten, aber auch nicht ohne den rö-

3 - Pfalzfeld (Rheinland-Pfalz) - Ausschnitt aus einer Seite eines kleinen Obelisken: Stilisierte Maske.
4.Jh. v.Chr. - *Sandstein; Gesamthöhe 1,48 m* - Bonn, Rheinisches Landesmuseum. Vgl. Abb. 84

mischen Einfluß, dem sie sich nach und nach ausgesetzt fühlten. Dagegen verdankt die keltische Kunst den Skythen und anderen Nomadenvölkern, die Kleinplastik – im wesentlichen Tierkunst – schufen, nicht allzuviel. Denn das Stilempfinden für Tiere war bei den Kelten ein anderes als bei den Skythen. Die Kelten stellen das Tier zwar genau und mit Einfühlungsvermögen dar, benutzen den geschmeidigen Tierkörper aber vor allem zu dekorativen Zwecken. Sie können nicht umhin, die Formen zu entstellen oder auf imaginäre Weise zu vermischen. Dabei geben sie das Tier nicht in Bewegung wieder, auch nicht im Ansatz zum Sprung oder in gesammelter Kraft und auch nicht kämpfend oder Beute reißend.

Die auf uns gekommenen Fundstücke offenbaren, als Ganzes gesehen, sehr eigenständige Qualitäten und Tendenzen: die Begabung, zu assimilieren und dabei instinktiv umzustilisieren; empfänglich zu sein für ein Zusammenspiel der Linien oder für den oft kaum wahrnehmbaren Einbezug zartester Reliefs; einen Hang zur Verschmelzung von Form und Inhalt; Vorliebe für eine schwungvolle Geschmeidigkeit und für üppige Vegetation; Freude am Hybriden, an Bildern, die andeuten, sich aber der genauen Aussage entziehen, unvollständig sind und dadurch die Einbildung anregen; hinwegschweifende Bogenlinien und zum Entwirren auffordernde Verworrenheit; schließlich einen Geschmack am flüchtigen Bild, am Hinübergleiten vom Wirklichen zum Unwirklichen – und dabei doch von einer verborgenen Strenge, einem nur heruntergespielten Ordnungssinn, abstraktem Zusammenhang, einer Symmetrie, die sich unter einer oberflächlichen Asymmetrie nur verbirgt, von einer Berechnung und Abgemessenheit, die scheinbar frei und willkürlich komponierten Werken ihre volle Präsenz und Spannkraft verleiht. So vielseitig ist diese Kunst, die durch ihre Bildsamkeit bezaubert, durch ihre Eleganz verführt, deren geheime Strenge für Wert und Gehalt bürgt und deren Authentizität wissenschaftlich erhärtet ist.

So also haben die Kelten, Nachbarn und Opponenten der vornehmsten Mittelmeerkulturen, zum ersten Mal eine europäische Kunst mit – im weitesten Sinne des Wortes – dekorativer Komponente, das heißt in Plastik und Zeichnung, verwirklicht, indem sie ihren Erfindungsreichtum auf den Oberflächen aller möglichen Gebrauchs- wie Luxusgegenstände spielen ließen. Während zweihundertfünfzig Jahren des Aufblühens und in vier oder fünf Jahrhunderten des intensivierten Fortlebens auf den Britischen Inseln lernten sie, ihre Anschauung der Dinge durch einen Geist zu verwirklichen, der stilisiert, verformt, umformt; der das lebende Sujet nur selten so nimmt, wie es ist, sondern der dem Betrachter dessen imaginäre Zusammenhänge mitteilt. Es ist dies einer von zwei Aspekten des künstlerischen Schaffens und eine von zwei Richtungen des ästhetischen Empfindens, derjenige nämlich, der die geistige Interpretation der Naturgegebenheiten oder auch das ungehemmte Erfinden irrealer Formen in Materie – beziehungsweise in Worte oder Musik – umzusetzen sucht. Das Blatt belebt sich, das Lebewesen wird zur ‹Pflanze›, oder sein Gesicht nimmt ‹geometrische› Form an; abstrakte Motive ‹vermenschlichen› sich. Die Bogenlinie verläuft am Rande einer flüchtigen Form, der Dekor hält inne an einer unbestimmten Grenze, die die Phantasie anregt. Vielleicht könnte bei präziser Adaptation eine animierte Skizze diese im Werden begriffene Arbeit, die sich als fließender Übergang, als Fuge darstellt, nachvollziehen, die bei ihrer Gestaltung in unbelebter Materie gleichsam an einem Punkt erstarrt ist.

Die keltische Kunst hat sich also zweierlei Mittel bedient, um sich von der bloßen Nachahmung freizumachen: einmal der Verschmelzung der Motive und ihrer Aufreihung und Ineinanderverkettung; sodann der Umgestaltung oder Metamorphose, wobei sie alle möglichen Themen – menschliche, tierische, pflanzliche – wie auch alle möglichen Zeichen verwendete. Diese im wesentlichen dynamische Tendenz, die auf dem Schwung der Bogenlinie und der Plastik basiert – beide ergänzen einander auf das Innigste – wurde allmählich abgeschwächt; man hörte auf, Lebewesen darzustellen, und begnügte sich mit reinem Dekor, so daß die keltische Kunst in neuem Gewand wieder jenen alten Stil mit Geraden und eckigen Motiven darstellte, von dem sie ausgegangen war. Ohne die der Natur abgeschaute Bogenlinie, die man in bis dahin nicht dagewesenen Motiven verwendete, wäre die keltische Ornamentik rein ‹geometrisch› geblieben. Sie nutzte nun aber die Bogenlinie bis ins Barocke, Manieristische, ja Provozierende aus, und das ist wohl nicht gerade ihre stärkste Seite. Doch vermögen wir heute in scheinbar ganz der Ordnung entbehrenden Phantasiegebilden eine Genauigkeit, gekonnte Anordnung, eine Symmetrie zu entdecken, die anders ist als bei Kunstwerken der Klassik. Am meisten zu schätzen sind die kunsthandwerkliche Höchstleistung, die Anmut naturalistischer, kaum stilisierter Bilder, die bisweilen grausame Exaktheit der Parodie, traum- und alptraumhafte Visionen, die Eleganz der Arabeske, Vielfalt ausgeklügelter Formen, die fein nuancierte Weichheit des Reliefs, der ästhetische Gehalt selbst unscheinbarer Gegenstände. Dies alles und noch spöttische Beobachtungsgabe, Sinn für Humor und schalkhafte Ironie hat uns die Kunst der Kelten zu bieten, von denen Diodor gesagt hat, daß sie «einen lebendigen Geist und Lernfähigkeit» besaßen, und denen Caesar «einen außerordentlichen Scharfsinn und eine einzigartige Fähigkeit, nachzuahmen und das Gesehene in die Wirklichkeit umzusetzen», attestiert. Sie haben in der Tat mehr vermocht!

Ist nun die keltische Kunst ihrem Wesen nach eine religiöse gewesen, wie man gelegentlich behauptet? Tatsächlich dürften in ihr viele Motive und Zeichen eine magisch-schützende Funktion, im Krieg wie im Frieden, haben: zum Beispiel das Auge, der Dreierwirbel, das Hakenkreuz. Vielleicht wollten die Kelten mit ihren phantastischen Gebilden die Schrecknisse des Jenseits und mit bestimmten Plastiken das Todesentsetzen versinnbildlichen, vielleicht gar ein ganzes Pantheon mit ihren – uns nicht erhaltenen – Statuen. Aber hatten die Kelten einen Glauben, eine Weltanschauung und Schicksalsvorstellung, die ihre Kunst hätte beeinflussen können? Wir wissen, daß sie sich ein Weiterleben der Seele erhofften in einer anderen Welt oder durch Reinkarnation. Jedenfalls hatten sie nicht eigentlich den Tod, sondern eine erneute Existenz vor Augen – ganz sicher eine Verwandlung, vielleicht eine Metamorphose. Ein charakteristischer Zug des irischen Epos ist es, die verschiedensten Verwandlungen der Lebewesen hienieden als ganz natürlich zu betrachten. Diese einer heidnischen Gesellschaft ganz vertrauten Umformungen, die noch in die christliche Fassung der Epen eingegangen sind, gehen zweifellos auf sehr alte Zeit zurück, als noch eine allen Kelten gemeinsame Geistesverfassung herrschte, sowohl denen, die auf dem Kontinent blieben, als auch den späteren Inselkelten. Sie standen seit eh und je mit dem Irrealen auf vertrautem Fuß.

Die keltische Kunst veranschaulicht also einen bestimmten Aspekt des formalen Schaffens, den es – über Zeit und Raum hinweg – auch in verschiedenen anderen Kulturen gibt. Der Kelte, der auf dem begrenzten Sektor des Gegenständlichen arbeitete, schuf Mittel und Wege, um dem Zwang zu entgehen; er nahm Zuflucht zur Deformierung, wie sie durch die Bogenlinie begünstigt wird. Andere waren schon früher auf diesen Ausweg verfallen, und wieder andere sollten ihn nachträglich erfinden. Wenn sich der keltische Künstler aufs Geratewohl von der Welt der Tiere inspirieren ließ, so wählte er mit einem gewissen Sinn für die Abstraktion wesentliche Züge aus, die er dann oft bis ins Karikaturhafte schematisierte: wieder eine Art, das Nachahmen zu vermeiden. Die Kelten haben Zugang zum Kunstwerk gefunden vermittels jener immer gegenwärtigen Tendenz des menschlichen Geistes, die sich von der äußeren Welt abwendet, um die eigenen Empfindungen in die Werke zu projizieren. Indem sie alle nur denkbaren, Illusion vermittelnden Kombinationen ausarbeiteten, gelang es ihnen, die Realität denkend und reflektierend umzugestalten mit einem sicheren Instinkt für Harmonie – und einem heimlichen Bestreben, irrezuführen. Auf diese Weise haben sie neben der durch organisierte Militärmacht inspirierten römischen Kunst die lebendige und immer neu entstehende Kraft der Phantasie bewahrt. Die Kelten haben eine subtile Beziehung zwischen dem Menschen und seiner Umgebung ausgedrückt – das wissen wir, belehrt durch die jüngsten Fortschritte der Kunstgeschichte, heute zu schätzen.

Zu der Zeit, da sich als Folge eines einmaligen Zusammentreffens von Naturalismus und Idealismus, von Empfindsamkeit und Verstand, das ‹griechische Wunder› vollzog, kam im sogenannten barbarischen Europa – *mutatis mutandis* – eine Art von ‹keltischem Wunder› zustande. In ihm erkennen wir ein Geschlecht von Künstlern und Geistesgrößen, das zu den naturgegebenen Formen eine irreale, erfundene, unvollendete, angedeutete Komponente hinzufügte; das jene bald sinnverwirrende, bald beruhigende Art des Ausbrechens, die wir geistiges Träumen nennen, erleben und mitteilen wollte.

4 - Chouilly-les-Jogasses (Marne) - Ausschnitt eines ‹torques› mit Pufferenden. 4.Jh. v.Chr. - *Bronze; Durchmesser 0,16 m* - Châlons-sur-Marne, Musée municipal

I

MENSCHEN UND WERKE

1. Die Kelten

Die Kelten wurden zum ersten Mal im 5. Jahrhundert v. Chr. bei Herodot im Zusammenhang mit der Iberischen Halbinsel erwähnt. Aber damals existierte dieses Volk schon lange. Doch ist das 5. Jahrhundert genau die Zeit, da sich seine künstlerische Eigenart archäologisch erstmals fixieren läßt. Daß es vorher schon Kelten gegeben habe, läßt sich nur erschließen, freilich sehr überzeugend. Livius hat die Besetzung Italiens und des Donauraumes durch keltische Horden ungefähr in dieser Zeit angesetzt; eine attische Schale aus der Mitte des 5. Jahrhunderts v. Chr., die in einem Grab im Klein Aspergle (Baden-Württemberg) gefunden wurde, ist über und über mit kleinen Goldblechen bedeckt, und damit im gleichen keltischen Stil wie die sonstigen, etwas jüngeren Grabbeigaben. Das Volk, das sich damals in starker Expansion befand und dessen Stammesfürsten auf großem Fuß lebten, wie ihre Grablegen bezeugen, kann sich nicht innerhalb weniger Jahrzehnte konstituiert haben.

Die jüngere Eisenzeit sah also eine schon historische Kultur heraufziehen, und zwar die erste in Europa außerhalb des Mittelmeerraums. Man nennt sie die Latènezeit nach einem Fundort am Neuenburger See, wo man Waffen und Münzen in großer Zahl fand. Ihr voraus ging die Hallstattzeit, so benannt nach Hallstatt in Oberösterreich. In der ersten Hälfte des I. Jahrtausends v. Chr. also muß sich dieser Bevölkerungsblock etabliert haben, dessen Wiege in Mittel- und Süddeutschland, Bayern, Württemberg und Baden, Thüringen und der Oberpfalz stand. Die Germanen wohnten damals noch weiter nördlich. Wie die Germanen sprachen die Kelten eine indogermanische Sprache, die allerdings den italischen Dialekten und somit dem Lateinischen näher stand. Varro (116–27 v. Chr.) schreibt, daß man zu seiner Zeit in Massilia (Marseille) Griechisch, Lateinisch und Gallisch (das heißt Keltisch) sprach.

Wenn die für uns anonymen Vorfahren der Kelten auch westlich des Rheins schon einige sehr frühe Spuren hinterlassen haben, dann denken wir an jene Brandgräbernekropolen, das heißt die ‹Urnenfelder›, die sich zu Beginn des I. Jahrtausends v. Chr. bis nach Spanien hinzogen. Chronologisch noch weiter zurückzugehen und *faute de mieux* bereits während der Bronzezeit von ‹Protokelten› zu sprechen, wäre aber gewagt und für unsere Zwecke auch nicht von Interesse. Ebensowenig ist für uns die Frage nach der Inselbevölkerung vor der Latènezeit relevant, wobei wir freilich fest annehmen, daß die Britischen Inseln auch damals schon besiedelt waren. Da wir aber ohnehin nicht wissen, welche Art von vorindogermanischem Substrat in den später von Kelten bewohnten Ländern vorherrschte, können wir weder behaupten noch abstreiten, daß die Träger der Hallstattkultur, über die wir historisch nichts wissen, bereits keltisch gesprochen haben. Auf jeden Fall waren es die unmittelbaren Erben bronzezeitlicher Erfahrung, die die Herstellungstechniken und das Gerät der Eisenzeit wie Waffen, Werkzeug und Schmuck schufen, all das, was in veränderter und verbesserter Form in die Latènezeit überging.

5 - Münze der Parisier (Vorderseite). Erste Hälfte 1. Jh. v. Chr. - *Gold; Durchmesser etwa 0,02 m* -
Paris, Bibliothèque Nationale, Cabinet des Médailles

Nachrichten der klassischen Schriftsteller, Ortsnamen, Fundstücke der materiellen Kultur und ganz besonders Kunstobjekte geben uns einen Hinweis, wo Kelten gesiedelt haben. Schon vor der Mitte des 4. Jahrhunderts v. Chr. hat der griechische Geograph Ephoros das barbarische Europa zwischen Kelten und Skythen aufgeteilt: die einen saßen im Westen, die anderen im Norden. Allerdings haben keltische Dialekte nicht nur in Westeuropa einschließlich der Britischen Inseln, sondern auch in Mitteleuropa mit seinen südlichen Ausläufern und mit einer donauabwärts sich erstreckenden Zunge ihre Spuren hinterlassen: in Tausenden von Orts- und Gewässernamen, Landschaftsnamen, aber auch den Namen von Bergen und Gebirgen, zum Beispiel London, Paris, Leiden, Mailand, Mainz, Wien, die Seine, die Marne, die Ardennen, Kent, Gallien, Böhmen und so weiter. In Gegenden, die lange vom Einfluß des Lateinischen frei geblieben sind wie Irland und Schottland, haben sich keltische Sprachen bis heute erhalten, ebenso in Wales, von wo aus im 5. Jahrhundert v. Chr. das Bretonische nach Armorica gelangte, um dort das gallische Element zu verstärken und ihm zum Überleben zu verhelfen. Als später die irischen Mönche begannen, die durch die Barden seit mehr als einem Jahrtausend mündlich überlieferten Legenden aufzuzeichnen, sammelten sie damit eine Unzahl von Daten über Sitte und Religion der Latènezeit. Die epische Literatur beruht somit auf der Grundlage der heidnischen ‹Urzeit›, als die Festlandskelten den Kanal noch nicht überquert hatten. Ebenso hat die christliche irische Kunst Motive und Kompositionsprinzipien bewahrt, die auf die Künstler der Latènezeit zurückgehen.

In der Tat hat die archäologische Forschung nachgewiesen, daß alle Kelten des Altertums die gleichen Sitten und Gebräuche hatten. Unter ihren Waffen, die aus Gräbern oder aus dem Flußsand geborgen wurden, sind manche für sie allein typisch. Sie sind auch auf späteren Denkmälern wie gallischen Münzen oder römerzeitlichem Gerät abgebildet, werden in den Texten erwähnt oder kommen bei Ausgrabungen zutage, und sie lassen einen ganz bestimmten Kriegertypus erkennen, der den Mittelmeeranrainern ebenso auffiel wie uns noch heute. Nicht weniger charakteristisch ist keltischer Schmuck, der ebenso wie bestimmte Keramikgattungen quer durch Europa und auf den Inseln eindeutige Verwandtschaft zeigt. Was die Münzen betrifft, so herrschen – wenn auch kein einförmiger Stil – von England bis an die mittlere Donau doch Motive, Bildzeichen und Verfahrensweisen bei der Umstilisierung vor, die es uns selbst ohne die gelegentlich vorhandene gallische Legende ermöglichen würden, sie Werkstätten der Latènezeit zuzuweisen. Auch eine typisch keltische und mit nichts anderem vergleichbare Sakral- und Militärarchitektur ist bezeugt: ein bestimmter, nur in der Römerzeit vertretener Tempeltyp sowie rechteckige Einfriedungen, vermutlich von Gräbern; ferner eine Befestigungstechnik, bei der Erde, Gestein ohne Mörtel sowie Balkenwerk miteinander verbunden werden. Nicht weniger originell ist schließlich die Skulptur, die graphische Tradition in Stein umsetzt und noch ihre Vorläufer in der Holzschnitzerei erkennen läßt.

Das keltische Europa entstand am Rand der Machtbereiche von Griechen, Etruskern und Römern durch Wanderungen von verschiedener Größenordnung und Reichweite. Ausgehend von Südwestdeutschland oder auch schon vom östlichen Gallien, haben die Kelten seit dem Ende des 6. beziehungsweise im 5. Jahrhundert v. Chr. einen Großteil der Iberischen Halbinsel erobert, wo sie mit den einheimischen Iberern zu den Keltiberern verschmolzen; ihre Anwesenheit ist durch ihren Mischdialekt und durch zahlreiche Ortsnamen bezeugt. Jedoch erhielten die Kelten in diesem nicht so leicht zugänglichen Gebiet in der Folgezeit keine Verstärkungen mehr von jenseits der Pyrenäen. Sie hatten sich bald gegen eine Aggression anderer Art zu wehren. Bereits am Ende des 3. Jahrhundert v. Chr. entstand die erste römische Provinz in Spanien, und im Jahre 133 v. Chr. ging mit der Zerstörung von Numantia der Hauptstützpunkt der Keltiberer zugrunde. Aus all diesen Gründen hat die Latènekultur auf der Iberischen Halbinsel keine eigentliche Blüte erfahren.

6 - Roquepertuse (Bouches-du-Rhône) - Gruppe von zwei Köpfen. 3. Jh. v. Chr. - *Kalkstein; Länge etwa 0,29 m* - Marseille, Musée archéologique (Schloß Borély)

Auf jeden Fall haben im Verlauf des 5. Jahrhunderts v. Chr. die meisten Kelten ihre endgültigen Siedlungsräume erreicht. Die am engsten besiedelten Kerngebiete lagen zwischen der Gegend nördlich des Mains und Südbayern, im Rheinland, in Gallien – besonders in der Champagne, aber ohne die Mittelmeerküste –, in Böhmen und in Österreich. Hier blühte vom 5. Jahrhundert bis zum Beginn unserer Zeitrechnung eine Kultur, der westlich des Rheins und auf dem rechten Rheinufer die Römer ein Ende bereiteten und die nördlich der Donau von den Germanen und im Osten von den Dakern abgelöst wurde.

Nordgallien war von weniger entwickelten Kelten, den Belgern, bewohnt; sie waren in ständigem Kontakt mit dem germanischen Hinterland, von dem ein starker Druck gegen sie ausging. In mehreren Wellen gelangten diese nördlichen Kelten nach Britannien; die erste fällt wohl schon ins 4. Jahrhundert v. Chr., während die letzte durch den Gallischen Krieg ausgelöst wurde. Irland ist auf zwei verschiedenen Wegen besiedelt worden: einmal von Britannien aus, das andere Mal von Nordspanien her mit Zwischenstation in Armorica. In Irland, Schottland und Wales schlug die neue Zivilisation tiefe Wurzeln, und in ihrer späteren christianisierten und latinisierten Form besteht sie noch heute. Im mittleren und südlichen Britannien setzten dagegen die Römerfeldzüge in der Mitte und am Ende des ersten nachchristlichen Jahrhunderts der keltischen Zivilisation ein Ende.

Sie hat in England damit aber rund hundert Jahre länger bestanden als in Gallien, das bereits um 120 v. Chr. den Süden an Rom verlor und das gegen 50 v. Chr. unter das Joch von Julius Caesar geriet. Nach und nach ging die ganze gallische Kultur zugrunde samt ihrer Sprache, und mit ihr die mündlich tradierte Literatur; nur auf dem flachen Lande wurde noch eine Zeitlang gallisch gesprochen. Gallien hatte ja im Verlauf mehrerer Wanderwellen einen je nach Gebiet verschieden starken Bevölkerungszuzug von der rechten Rheinseite erfahren. Wahrscheinlich schon während der Hallstattzeit waren es für uns bisher noch anonyme Keltenstämme. Vom 5. Jahrhundert v. Chr. an besetzten genauer definierbare Gruppen den Norden, wo sie sich als Belger installierten, Mittel- und Ostgallien, das durch und durch keltisch wurde, sowie Armorica. Seit dem 3. Jahrhundert v. Chr. tauchen bei den Arvernern die ersten Münzprägungen auf; es sind Nachahmungen makedonischer Goldstatere, die vermutlich Söldner mitgebracht hatten. Darüber hinaus haben die Gebiete südlich der Seine das fast ausschließliche Monopol keltischer Inschriften. In Irland findet sich dagegen weder Schrift noch klingende Münze; in Britannien haben wir nur eine durch die Belger importierte Münzprägung, die lokal weiterentwickelt wurde und dann auch Inschriften trug.

Die Kelten haben den Mittelmeerraum erst später erreicht als das restliche Gallien, und zwar im Verlauf mehrerer, bis in die Mitte des 2. Jahrhunderts v. Chr. reichender Vorstöße. Aber ebenso wie die Urbevölkerung haben sie an den Segnungen hellenistischer Zivilisation teilgehabt und durch die Übernahme des griechischen Alphabets, der Steinskulptur und von Rudimenten einer Architektur einen markanten kulturellen Vorsprung erlangt. Der Einfluß des Südens hat sich verschieden ausgewirkt. Westlich der Rhône führte der Kontakt mit Iberern zu einer Vermischung mit den von den Küstenhäfen ausgehenden hellenistischen Kultureinflüssen; daher ging die Keltisierung etwa in Aquitanien nicht sehr weit. Östlich des Rhônedeltas haben – trotz der Macht und Ausstrahlungskraft Massilias – die Neuankömmlinge mit den sehr vitalen Ligurern der unteren Provence eine Mischkultur hervorgebracht, die man seit dem Altertum als ‹keltisch-ligurisch› bezeichnet. Die Eroberung dieser weiten, vom Var bis nach Toulouse reichenden Zone durch die Römer hat aber jeglicher weiteren Ansiedlung von Galliern einen Riegel vorgeschoben.

Nicht minder bedeutend als Gallien ist das Siedlungsgebiet an Rhein und Donau, in Bayern, der Oberpfalz und in Thüringen, woran sich im Osten Böhmen sowie das Gebiet an der mittleren Donau (Österreich, Mähren mit Verlängerung bis nach Schlesien) und im Süden das ‹gallische› Norditalien anschloß. Wahrscheinlich ist in diesem Bereich die Wiege der Kelten mit lange bestehenden Ansiedlungen und Produktionsstätten zu suchen. Von hier aus gab es über Italien einen sehr fruchtbaren Kontakt mit dem Mittelmeerraum. Die keltische Invasion der Poebene und des Donautals ging nicht nur von Zentralgallien, sondern auch von den nördlichen Alpenrandgebieten aus mit Stoßrichtung gegen die Adria (seit dem Ende des 5. Jahrhunderts v. Chr.) und später bis ans Schwarze Meer. Die Schweiz war dabei ebenso wie Venetien ein sehr wichtiges Durchgangsgebiet.

Man kann die Kontakte mit Oberitalien gar nicht hoch genug bewerten. Kelten stießen auf die Halbinsel vor und kehrten mit schwerer Beute zurück. Sie verdingten sich als Söldner in jener neuen Welt des Mittelmeerraums, wo man gut zahlte. Man hüte sich davor, das Erscheinen von

7 - Oberwittighausen (Baden-Württemberg) - Ausschnitt aus einer Fibel mit menschlichem Kopf. Ende 5. - Anfang 4. Jh. v. Chr. - *Bronze; Gesamtlänge 0,107 m* - Karlsruhe, Badisches Landesmuseum. Vgl. Abb. 29

Latènekunst kurz vor 400 v.Chr. zwischen Marne, Mosel und Moldau mit der Ankunft einer neuen Bevölkerung zu verbinden. Jede Kultur, jede Technik kann sich in ein und demselben Milieu auf Grund von Einflüssen verändern, die durch ganz verschiedene Austauschfaktoren bedingt sind. Daher dürfen wir auch nicht zwangsläufig mit der Anwesenheit von Kelten argumentieren, um Funde zu erklären, die wir in einem gegebenen Raum mit ihnen assoziieren. Gesichert ist in Italien, nördlich vom Mittellauf des Po, die Anwesenheit der Insubrer und Cenomanen, südlich von seinem Unterlauf die der Bojer und Senonen.

Es reichte also ein langer keltischer Landstreifen von den Alpen nahe den oberitalienischen Seen bis zur Adria südlich des Podeltas. Aber die benachbarten Etrusker widerstanden den Kelten, und die Römer haben nach dem Schock der Eroberung Roms 390 v.Chr. ihre ersten Erfolge gegen sie zu Beginn des 3. Jahrhunderts v.Chr. erzielt; hundert Jahre später hatten sie aus der *Gallia cisalpina* eine durchweg latinisierte Provinz gemacht. Freilich hatte dieses Gebiet häufiger und auch rezenter Einwanderungen erlebt als Spanien, und aus dem Boden der *Gallia cisalpina* stammen viele Latènefunde als Zeugen einer ungefähr zweihundertjährigen Besiedlung. Allerdings handelt es sich vorwiegend um Erzeugnisse der Frühlatènezeit und der nächstjüngeren Periode.

Verfolgt man den Lauf der Donau nach Osten, so stellt sich die Frage nach dem Anteil keltischer Einwanderer und dem Gros der Einheimischen. Im westlichen Karpatenbecken, in der Westslowakei nördlich der Donau und in Ungarn westlich des Flusses erscheinen die Kelten gegen Ende des 4. Jahrhunderts v.Chr. Bis 50 v.Chr. beziehungsweise bis zum Beginn des 1. Jahrhunderts n.Chr. sind sie von den Dakern und von anderen Einheimischen absorbiert. Latènefunde sind hier ziemlich stark verbreitet; man findet große befestigte Siedlungen wie die von Böhmen. Immerhin ist die Münzprägung, nach wie vor von hellenistischen Vorbildern inspiriert, hier nicht mehr so typisch. Die Münzbilder weichen weniger vom Vorbild ab, und nichts berechtigt zu einem Vergleich mit der Vielfalt gallischer Prägungen. Weiter östlich in den Karpaten, von der Ostslowakei bis nach Ruthenien, nach Siebenbürgen und dem Donaudelta zu werden keltische Siedlungen dann seltener und sind auch von kürzerer Dauer. Die Grabbeigaben vom Beginn des 3. bis zur Mitte des 1. Jahrhunderts v.Chr. genügen nicht als Beweis für die Anwesenheit von Kelten; denn die Einheimischen, Daker und Geten, können durchaus Vorbild und Technik übernommen haben. Auch strahlt der Einfluß der griechischen Kolonien am Schwarzen Meer bis hierher aus. Im übrigen haben die Daker ziemlich bald, ungefähr zwischen 80 und 30 v.Chr., die Oberhand gewonnen und der verhältnismäßig kurzlebigen sogenannten ‹keltisch-dakischen› Kultur ein Ende gesetzt.

Die Kelten sind also erst am Ende ihrer großen Expansion nach Osteuropa vorgedrungen. Sie haben im Verlauf ihres letzten Vorstoßes um 280 v.Chr. das Gebiet der unteren Donau besetzt, Slowenien, Serbien, Bosnien erreicht, den Balkan durchzogen (das heißt Thrakien, das jetzige Bulgarien – man gebraucht heute den Terminus ‹keltisch-thrakisch›) und einen Raubzug durch Griechenland unternommen, in dessen Verlauf Delphi bedroht wurde. Im Zentrum von Kleinasien, wo sie das Königreich Galatien gründeten, kamen sie dann zum Stillstand. Sie hinterließen mehr oder weniger ephemere Niederlassungen. Im unteren Rumänien ist der Spuk gegen 50 v.Chr. vorbei, in Jugoslawien schon vor 100 v.Chr., in Bulgarien vor dem Ende des 3. Jahrhunderts v.Chr. In Griechenland zeugen einige Funde der letzten Jahre neuerdings vom Durchzug keltischer Söldner oder Räuber; so mancher von ihnen kehrte besiegt an die mittlere Donau zurück. Keltisches Grabinventar aus dem Gebiet von Schlesien bis zur Ukraine mag auf einige versprengte Gruppen zurückgehen, wofern es nicht aus dem Tauschhandel stammt. Östlich eines durch Belgrad verlaufenden Längengrades sind keltische Ortsnamen nur noch seltene Ausnahmen. Es wäre übertrieben, wollten wir sie den ‹Kelto-Skythen› zuschreiben, die die Alten antiken Schriftsteller in Nordeuropa an der Nahtstelle der beiden großen Völker-

8 - Schwarzenbach (Rheinland-Pfalz) - Kleine Maske. Ende 5. - Anfang 4.Jh. v.Chr. - *Gold; Höhe 0,03 m* - Berlin, Staatliche Museen

komplexe lokalisiert haben. Dagegen waren keltische Ortsnamen vermutlich in Böhmen und vielleicht auch in Ungarn häufig, nur wurden sie vollständig durch tschechische beziehungsweise ungarische Namen überlagert. Schließlich sind die Galater Kleinasiens das extreme Gegenstück zu den Keltiberern: wie jene haben sie, nachdem sie in der einheimischen und griechischen Kultur aufgegangen sind, nur sprachliche Reste hinterlassen, das Galatische. Der Hellenismus hat das Keltentum alsbald überwandert, und die Römer haben es nach 130 v.Chr. völlig ausgeschaltet. Aus Afrika schließlich, das europäische Söldner von Marokko bis nach Ägypten durchstreiften, haben die Kelten lediglich karthagische Glasperlen heimgebracht.

Die weite Ausbreitung der Kelten von Irland bis zum Schwarzen Meer war, genau genommen, eine Folge ihrer Schwäche. Wir müssen allerdings unterscheiden zwischen West- und Osteuropa. Im Westen sind die Inseln im Atlantik Auffangstation und Bewahrungsort für Kulturgut der Latènezeit geworden, während es sich in Ostspanien wie auch im Süden von Gallien nur spärlich niedergeschlagen hat. Im Osten, wo sich am Anfang des 3. Jahrhunderts v. Chr. der Eroberungszug an der Donau entlang in Richtung auf die griechische Staatenwelt der Nachfolger Alexanders zubewegte, werden die Hinterlassenschaften der Kelten immer seltener. Es wurden ja die Reserven an männlicher Bevölkerung auch durch das Söldnertum erschöpft. Schließlich und endlich haben die Kelten überall dort, wo sie nicht durch die Römer unterworfen wurden, ihr zu weit gefächertes Gebiet an dynamischere Völker verloren: an die Iberer Spaniens, die Germanen in Böhmen, Mähren und der Slowakei, an die Daker in Ungarn, Siebenbürgen und Rumänien, an die Thraker in Bulgarien, an die Skythen nördlich des Schwarzen Meers. Nur in Irland und Schottland konnten sie in aller Freiheit überdauern. Nirgends die Spur von einem Reich, alles spricht für Varietät, Zerfall, Zersplitterung, Versprengung – verursacht durch eine Stammesverfassung, die der Grund für ewige Rivalität war. Das zeigt sich noch vor den Toren Galliens, als Caesar die Helvetier aufhielt, die auf der Wanderung zum Meer begriffen waren. Wenn während der zwei Jahrhunderte vor dem Einmarsch der Römer zwischen benachbarten *oppida* Bündnisse oder Klientelverhältnisse entstanden, die zur Fusion oder Konföderation unter der Oberherrschaft eines mächtigeren Stammes führten (wie im Fall der Arverner im 4. bis 2. Jahrhundert v. Chr. oder dem der von den Römern unterstützten Häduer), so war das nur ein Grund für noch erbittertere Rivalität, da die Parteien nun gemeinsame und um so wirkungsvollere Mittel einsetzen konnten.

Aus dem Gebiet, in dem sich die Kelten niederließen, pflegte die männliche Jugend auf Abenteuer auszuziehen; sie begab sich in den Sold griechischer Tyrannen, Diadochenfürsten oder karthagischer Feldherrn. Von der Wanderung zum Söldnertum ist es nur ein Schritt. So durchstreiften Kelten vom 4. bis zum 2. Jahrhundert v. Chr. sämtliche Küstenregionen des Mittelmeeres, obwohl ihre Siedlungen fast alle im Inneren Europas und abseits der südlichen Schiffahrtswege lagen. Sie wanderten in östlicher und südöstlicher Richtung zwischen den Küsten des Südens und den Ebenen des östlichen Einflüssen zugänglichen Nordens, wo Germanen und Skythen zu Hause waren, zwei völlig verschiedene Welten, zwischen denen ein beständiger Austausch stattfand. Die Kelten zogen ihren Nutzen aus dieser zweifachen Nachbarschaft, konnten aus zwei Quellen schöpfen, stets bereit, sich niederzulassen und einzufügen oder auch wieder aufzubrechen, besonders in den Krieg. Sie waren keine regelrechten Nomaden, auch keine Nomaden auf dem Wege zur Seßhaftigkeit; denn nicht die Wüste war ihre Lehrmeisterin. Sie wechselten den Ort, wenn sie die Wälder, Felder und Weidegebiete genügend ausgebeutet hatten, Seßhafte auf Wanderung sozusagen oder Räuberhorden. Dabei nahmen sie wie Pioniere zu allen Zeiten Technik, Brauchtum, Glaubensvorstellungen, Kulturgüter, Landeskenntnis, Produktionsmittel, Geld und Gold mit; so begründeten sie auch Königreiche. Die Barden, Waffenschmiede und Goldschmiede waren die Stifter ihres Ruhmes und die Garanten für ihr Prestige. Viele Jahrhunderte später wurde am Hofe König Artus' dem Fremden, der des Abends eintraf, nur dann Einlaß gewährt, wenn er «der Sohn eines Königs von Ruf oder ein Künstler war, der seine Kunst darbot».

Wie setzte sich die keltische Gesellschaft zusammen? Was uns Caesar über den Einfluß des gallischen Adels berichtet, entspricht ganz dem Inventar der aufwendig ausgestatteten Gräber: wie bei anderen Wandervölkern herrschte eine Aristokratie über eine zum guten Teil aus Be-

9 - Basse-Yutz (Moselle) - Ausschnitt einer Oinochoe mit Henkel und langem Schnabel. Anfang 4. Jh. v. Chr. - *Ziselierte Bronze und Koralle; Gesamthöhe 0,387 m* - London, Britisches Museum

siegten bestehende *plebs*. Die Aristokratie bediente sich einer hochentwickelten Metallurgie, besaß das Monopol, beritten zu sein, und stützte sich auf ‹Klientelen›, die sie mit sich führte. In reichen Gegenden wie Gallien setzte sich die keltische Sprache durch, mehr noch auf den Britischen Inseln, wo die Besiedlung an Ort und Stelle immer dichter wurde und von außen her weiteren Zustrom erhielt. In den Gebieten, wo sich die Kelten zwar nicht mit großer Volksmasse, doch auf längere Dauer ansiedelten, zum Beispiel im Donauraum, dürften sie die Oberschicht gebildet haben. Ihre Stammesfürsten zogen zweifellos immer eine größere Volksmenge nach sich, innerhalb derer das nichtkeltische Element dem Einfluß der Kelten erlag. So wie ihre Sprache wurde wohl auch ihre Kunst übernommen, allerdings in einem von uns nur noch selten abzuschätzenden Maße.

Der Rahmen für diese Gesellschaft war durch die äußeren Gegebenheiten der jüngeren Eisenzeit gezogen. Die Periode, die man heute allgemein Latènezeit I (Frühlatène) nennt und die von 475 beziehungsweise um 450 bis spätestens 300 v. Chr. reicht, genauer noch deren erste Hälfte (Ia), ist die Zeit der ‹Fürsten›. Ihre Grabtumuli, die man in Ostfrankreich und auf deutscher

Seite im Raume von Saar und Mosel erforscht hat, verraten ihre mächtige Position. Sie herrsch-
ten über Stammesfürstentümer, deren ungefähren Gebietsumfang man analog zu denen von
Caesars Gallien einschätzen wird. Genaueres könnten wir allerdings nur erfahren, wenn wir
etwas mehr von ihren Wohnorten wüßten.

Die befestigten Plätze vom Ende der älteren Eisenzeit waren zunächst auch noch weiter
bewohnt. Wenn sich die Kelten aber einmal fest niedergelassen hatten, lebten sie auf dem
flachen Land in von Gehöften umgebenen Herrensitzen, die von Pfahlwerk eingezäunt und
so gegen Überfälle, Räuber und Wölfe geschützt waren. Die Gräber der Kelten lagen in
größerer oder geringerer Anzahl beieinander. Dies ist das Bild, das wir vom Ende der
Periode Latène I und der ersten Phase von Latène II (Mittellatènezeit kürzer als Latène I,
auf dem Festland um 300 oder 250 bis um 120 oder 100 v. Chr.) haben. Von der zweiten
Hälfte des 2. Jahrhunderts v. Chr. an entstanden im Gefolge einer neuen Technik befestigte
Hauptorte, die die Römer *oppida* nannten. Während des folgenden Jahrhunderts (Latène III
oder Spätlatènezeit), zumal an dessen Ende, nahmen sie an Zahl stark zu. Ein tiefgreifender
Wandel machte sich bemerkbar, der auf die Bedrohung durch Autochthone (besonders in Südgallien), auf Städterivalität und auch auf Germaneneinfälle (wie die der Cimbern und Teutonen
am Ende des 2. Jahrhunderts v. Chr.) zurückzuführen ist: die Monarchie wurde durch eine
Oligarchie abgelöst. Außer in Irland, wo die städtische Zivilisation noch lange auf sich warten
ließ, gab es damals eine Art von proto-urbaner Lebensweise, die eine wichtige Voraussetzung
für die verschiedenen Zweige menschlichen Schaffens war. Infolge einer verbesserten Herstel-
lungstechnik für Eisenwerkzeuge fällte man systematisch Bäume und verfeinerte die Holzbearbeitung; Stein wurde aus dem Felsboden geschnitten, grob behauen, graviert und selbst zu Stein-
plastik verarbeitet. Die Kelten verfügten also über die Rohstoffe und das notwendige Arbeitsgerät, um die Grundzüge des Städtebaus, der Architektur und der Bildhauerei zu meistern.

Die Kunst ist ebenso das Produkt einer Gesellschaft wie die Selbstdarstellung eines Volkes.
Zunächst unterhielten die großen Herren, während Latène III dann auch das Gefolge der
Oligarchen, Künstler und Handwerker; sie empfingen Geschenke, brachten von ihren Kriegs-
zügen Beute sowie neue Vorstellungen, begehrte Objekte und nachahmenswertes Wunderwerk
mit. Sie gaben Schmuck in Auftrag, der importiert, beim Eintreffen zusammengepaßt oder auch
an Ort und Stelle hergestellt wurde. Auch wenn solche kleinen Hofhaltungen nicht an eine
Stadt gebunden waren, bildeten sie doch nichtsdestoweniger Zentren des zeitgenössischen
Kunstschaffens und der Geschmacksbildung, und hierin wurden sie unterstützt durch eine breit
angelegte handwerkliche Produktion, der man keineswegs ihren ästhetischen Wert absprechen
darf. Das elegante Profil einer einfachen Vase, der natürliche Schwung eines Jochs zeugen hier
von einem spontanen Sinn für Harmonie. Natürlich bestand ein großer Unterschied zwischen
den von den Fürsten ausgesuchten, weither geholten exotischen Reichtümern und den konserva-
tiven, ortsgebundenen Volkserzeugnissen.

Die Verstreutheit der keltischen Stämme und Wohnsitze über ganz Europa sowie ihre
Stammesvielfalt und weitverzweigte Aristokratie waren offenbar verantwortlich für die so
ungleichmäßige Verteilung der Kunstgattungen. Mit dem seßhaften Bauerntum sind in Zeiten
längeren Friedens eher regionale Werkstätten verbunden. Allerdings legen Typen und Dekorstile ein beredtes Zeugnis ab von der Ubiquität keltischer Kultur, die allen von ihren Herstellern
wie Bewunderern besiedelten Gebieten gemeinsam gewesen ist.

Der häufige Ortswechsel der Fürsten und ihrer Krieger sowie ganzer Stämme, die sich bisweilen in zwei oder mehr Unterstämme aufteilten und an weit voneinander entfernten Orten
niederließen, hatte zur Folge, daß man im Verlauf der Wanderungen Anleihen bei fremden
Kulturen, solchen Südeuropas oder des Orients, machte und daß ein Austausch mit den verschie-

10 - Harpenden (Hertfordshire) - Randbeschlag eines Holzgefäßes: Ring mit Widderkopf. Mitte 1. Jh. n. Chr. (?) - *Bronze; Durchmesser 0,10 m* - Luton, Museum and Art Gallery

denen unterworfenen Völkern stattfand. Die vom Mittelmeerraum importierten oder mitgebrachten Stücke sind um so wertvoller, als sie einerseits zur Datierung des keltischen Fundkontextes verhelfen und andererseits als Vorbild für Form- und Dekorserien dienten. Dies beides trifft besonders für den italischen Fundanteil zu, während skythische Gegenstände als formale Vorbilder bezeugt sind. Wanderung und Söldnertum waren es also, die für eine gehörige Verbreitung latènezeitlicher Stile und Objekte sorgten.

2. Die Objekte

Wir sollten zunächst einmal nicht von ‹Kunstobjekten› sprechen; denn wir haben keinen Beweis dafür, daß es bei den Kelten das um seiner selbst willen und nur zur Befriedigung von Auge und Geist geschaffene Kunstwerk überhaupt gegeben hat wie das Bild eines Pferdes, die ‹Nippsache›, eine Statue, Statuette oder ein Relief ohne praktischen Zweck, das heißt, Dinge, an die wir schon seit so langer Zeit gewöhnt sind. Ob die Kelten den äußeren Rahmen ihres Lebens künstlerisch ausgestaltet haben, können wir nicht mehr wissen, denn er ist für immer vergangen. Es gibt keine Architekturreste, da man mit vergänglichem Material, hauptsächlich Holz oder Strohlehm, baute; und auch von möglicher Wandmalerei oder von Stoff- oder Ledertapeten ist nichts erhalten. Doch haben die Kelten mit einer fast systematisch anmutenden Großzügigkeit Kriegsgerät und friedliches Inventar verziert.

Zwar ist der Zierat stets der Form des zu schmückenden Gegenstandes angepaßt, doch ist er so sehr entwickelt und ausgeprägt – bisweilen üppig bis zum Überdruß –, daß das Künstlerische an ihm voll zur Geltung kommt. Die Motive sind, auch wenn Gebrauchsgegenständen appliziert, doch sehr oft als prunkhaft zu bezeichnen, und es stellt sich uns das Problem, die Wechselwirkung zwischen funktionellem Zwang und dem kreativen Spiel von Linien und Volumen herauszuarbeiten (wenn eine bestimmte Verzierung apotropäische Funktion hat, dann erfüllt sie wie der Gegenstand selbst ihren eigenen Zweck). Nicht zu Unrecht trägt eines der grundlegenden Werke über die keltische Kunst in Großbritannien den Titel ‹Pattern and Purpose› (‹Muster und Zweck›, von Sir Cyril Fox, 1957). Erforderlich ist aber, daß diese Beziehung zwischen durchgeführter Gestaltung und praktischer Anwendung, zwischen der Form und ihrer Verzierung auch vollkommen ist.

Die Ausrüstung eines Kriegers von höherem Rang war recht vielfältig. Zunächst die Bewaffnung: ein Paradeschwert aus Eisen, kürzer als das Stech- und Hiebschwert (das Hiebschwert kommt erst in der Spätlatènezeit vor). Das Schwert ist die Waffe des Adligen, Symbol für Mut und Macht; manchmal trägt es eine figürliche Schlagmarke. Der Griff hat eine je nach Epoche verschiedene Form. Die Scheide weist plastische Besatzstücke auf, unter anderem das Ortband, das das untere Ende schützt, und den Riemenhalter sowie einen eingravierten Dekor, manchmal der ganzen Länge nach. Dieser ist so typisch, daß Jacobsthal einen regelrechten ‹Schwertstil› (genauer gesagt ‹Scheidenstil›) meinte bestimmen zu können. Dann gab es den Langdolch, breiter und kürzer als das Schwert, dessen Hülle – soweit aus Leder – metallbeschlagen war. Bei der Lanze sind Blatt und Lanzenschuh mit Beschlägen und Gravierung verziert. Der Bogen, der zweifellos auf der Jagd und im Krieg verwendet wurde, ist sehr schlecht bezeugt; weder Griff noch Köcher sind erhalten. Doch sind gelegentlich Bogenschützen auf Münzen dargestellt worden.

An Verteidigungswaffen sind zu nennen: der reich verzierte Metallhelm mit Besatzstücken apotropäischer, symbolischer oder rein ornamentaler Art (Raubvögel, Hörner, Helmaufsätze, Scheiben) und eingravierten oder getriebenen Mustern auf der Helmwölbung, dem Wangen- und Nackenschutz. Nur wenige Exemplare sind auf uns gekommen, und es handelt sich dabei erwiesenermaßen um Prunkhelme. Der gewöhnliche Helm war wohl aus Leder. Dann gab es den langen (ovalen, rechteckigen oder sechseckigen) Schild – teils Prunk-, teils Kampfschild – aus plattiertem Holz, Metall oder Leder. Hier waren zumindest die Beschläge, der Schildbuckel und seine Längsstreben aus Bronze.

Die schönsten Schilde wurden in Britannien gefunden. Zur Ausstattung gehörten ferner verschiedene verzierte Metallteile: Phaleren und Gürtelagraffen aus massiver oder durchbrochener Bronze. Feldzeichen lassen sich bisher nicht sicher nachweisen; doch finden wir einen Keiler oder Stier als krönendes Emblem auf Münzen abgebildet.

Der zweirädrige Streitwagen, der in Britannien noch zur Zeit Caesars in Gebrauch war und der auch als Prunkwagen bezeugt ist, hatte eine Reihe von speziell bearbeiteten Bestandteilen: die Vorstecknägel und Kappen der Radnaben, die Enden der Stützstangen und die Zügelringe. Manchmal soll der gesamte Wagenkasten mit Edelmetall beschlagen gewesen sein, doch hat man solche Beschläge bisher nicht gefunden. Die Pferde trugen am Geschirr befestigte Schmuckscheiben und verzierte Trensen, und aus Großbritannien stammt ein Stück getriebene Bronze vom Kopfaufsatz eines Ponys. Einige aus Irland stammende überdimensionale Sporen waren möglicherweise Anhänger als Zierat für den Hals von Reitpferden. Noch ungeklärt ist, was es mit jenen länglich-konvexen Plättchen in erstklassiger Durchbrucharbeit auf sich hat, die paarweise in La Bouvandeau (Marne) gefunden wurden und die einst zu einem Streitwagen gehörten.

11 - Old Warden (Bedfordshire) - Rückseite eines Spiegels. Anfang 1. Jh. n. Chr. (?) - *Bronze; Gesamthöhe 0,283 m* - Bedford, Bedford Museum

Nennen wir schließlich einen Keilerkopf und eine durchbohrte Scheibe aus Bronzeblech, die den Schalltrichter einer *carnyx*, das heißt einer aufrecht stehenden Kriegstrompete, bildete, die senkrecht gehalten wurde, damit ihr Ton weit trug und die Feinde erschreckte.

Die Kleidung der Männer und Frauen hatte metallenes Zubehör, das für die beiden Geschlechter identisch, allerdings für die Frauen wertvoller und reicher verziert war. An Bronzefibeln, die das Gewand an den Schultern und auf der Brust zusammenhielten, mochte eine keltische Frau gut und gern mehr als fünfzehn tragen. Die Fibel ist das bei weitem häufigste Fundobjekt in Gräbern, Votivdepots oder Verstecken. Sie erfüllte nicht nur praktische Zwecke, sondern war auch Talisman. Es gibt einen spezifisch latènezeitlichen Fibeltypus, dessen Stilfolge dem Archäologen als ‹Leitfossil› bei der ungefähren Datierung eines Fundes dient. Der Dekor dieser ‹Sicherheitsnadeln›, die in der Größenordnung von eins bis fünf rangieren, ist außerordentlich vielfältig, sowohl was den plastischen Schmuck als was den Farbeffekt betrifft. Es lohnt sich, diese Fibeln serienweise und nicht nur anhand einzelner Prachtexemplare zu studieren. Die Gürtelketten der Frauen sind vom Ende des Mittellatène an besonders prunkvoll, von vollendetem Entwurf und typisch durch ihre Emaileinlagen. Dagegen lassen sich die älteren mit Gold- und Bronzeplättchen besetzten bandförmigen Gürtel nicht so leicht einem der beiden Geschlechter zuweisen.

An Schmuck und Geschmeide können wir aufzählen: Ringe, Armreife, Knöchel- und Beinringe, Ohrringe, Pektoralia und das keltische Schmuckstück *par excellence*, den sogenannten *torques* oder *torquis*, eine Art von Halsreif. Er kommt offen oder geschlossen vor, stärker oder feiner im Querschnitt, in Vollguß und elastisch oder röhrenförmig und gegliedert, teils mit, teils ohne Pufferenden. Trotz der lateinischen Bezeichnung, die mit *torquere*, ‹winden, drehen›, zusammenhängt, sind Stücke, die echt oder scheinbar gedreht sind, rar (vielleicht sollte das Wort *torques* auch nur andeuten, daß es sich um einen biegsamen Metallschaft handelt). Die Herkunft der *torques* ist noch umstritten. Seine Form war, zumal dank der Verwendung von Pufferenden, für die Anbringung von plastischem Schmuck besonders geeignet, und die Kelten haben diese Form auch für Armbänder verwendet, die entweder spiralförmig oder aber gegliedert und mit einem Verschluß versehen waren. Vom 5. Jahrhundert v. Chr. an trugen Männer und Frauen der Oberschicht wertvolle *torques*; doch seit dem 2. Jahrhundert sind sie offenbar nur noch als Votivgaben gebräuchlich. Man findet sie am Hals von Gottheiten. *Torques*-Funde stammen aus dem gesamten Bereich der keltischen Kultur.

Zum weiblichen Schmuck gehörten sodann sehr zierliche Halsketten aus Koralle oder Glasperlen; vor allem aber müssen wir die großen Bronzespiegel der Spätlatènezeit erwähnen. Die Rückseite dieser Spiegel ist kunstvoll verziert, so zumindest nach den fast ausschließlich aus Großbritannien stammenden Stücken zu urteilen. Bei einigen flachen Bronze-‹Löffeln› ohne Stiel ist der Verwendungszweck unbekannt. Sie stammen vor allem von den Britischen Inseln ebenso wie jene fein durchbrochenen Deckel, die vermutlich zu Schminkdosen gehörten. Als letzter Schmuckgegenstand seien große Haarnadeln mit verziertem Kopf genannt.

Die keltischen Krieger, Jäger und Ritter waren große Trinker, Bierbrauer, liebten den Wein und vertilgten gewaltige Mengen an Wild und Schweinefleisch. Wir kennen ihr Tafelgeschirr recht gut: Trinkhörner (man findet sie paarweise, eins für den Herrn und eins für einen Zechgenossen), Siebtrichter und Schnabelkannen für den Wein, Trinkschalen, Henkeltassen, Becher, dazu große und kleine Holzeimer, die ringsum mit verziertem Bronzeblech beschlagen waren. Auch an Ketten aufhängbare Kessel, Schalen sowie tönerne oder schmiedeeiserne Feuerböcke waren bisweilen verziert. Einfachere Tassen, Becken, Messer mit plastischem Griff vervollständigen dieses ausgesuchte Tafelinventar.

Wenn der Dekor auf all diesem Gerät nicht willkürlich angebracht war und nicht ausschließlich dem schönen Anblick diente, so war er offenbar symbolisch oder magisch bedingt, das heißt,

12 - Courtisols (Marne) - Ausschnitt eines ‹torques› mit Pufferenden: Menschliche Maske. 4. Jh. v. Chr. - *Bronze; Durchmesser des ‹torques› 0,13 m* - London, Britisches Museum. Vgl. Abb. 74

13 - Mezek (Bulgarien) - Ausschnitt aus einem mit Masken verzierten Ring. 3. Jh. v. Chr. - *Bronze; Gesamthöhe 0,093 m* - Sofia, Narodnija Archeologiceski Muzej. Vgl. Abb. 106

er sollte im wesentlichen den Betrachter beeindrucken oder auf Distanz halten. Fibeln, *torques*, selbst Kessel sind auf Münzen abgebildet, hatten also eine spezielle Bedeutung. Bestimmte Bildzeichen haben eindeutig schützende beziehungsweise abwehrende Funktion: der aggressive Vierfüßler oder Vogel, die schreckenerregende Schlange, der Lindwurm, auch das menschliche Antlitz – ein einzelnes oder mehrere –, das Auge, das den Blick des Kriegers verdoppelt oder ersetzt. Will man daher entscheiden, ob ein Gegenstand magisch beseelt war, muß man zunächst wissen, ob er am Körper getragen wurde. Im übrigen lassen sich sogar Pflanzenmotive oder die schlichte geschwungene Linie mit dem Leben, mit Bewegung und Dynamik assoziieren, und damit kommt Geist, kommt Temperament ins Spiel. Möglicherweise sollten sogar bestimmte winzige Schmuckmotive oder ein bestimmter Glanz den Blick des Betrachters auf sich ziehen und ihm unzweideutig die Rolle und Bedeutung des Trägers signalisieren, nur daß wir die genaue Bedeutung nicht mehr fassen können.

Alles Wertvolle hatte Votivcharakter, wenn es für würdig schien, den Göttern geweiht zu werden: Waffen, Schmuck, Münzen, die man in den Strom warf, um sich beim Überschreiten die Flußgottheit geneigt zu machen. Manche Gefäße waren für Kultzwecke bestimmt und hingen vielleicht mit Opferriten zusammen, etwa Kessel oder jenes berühmte Becken aus Gundestrup (Dänemark), das mit eigentümlichen Götterbildern und mythologischen Szenen ausgestattet ist. Allerdings kennen wir sonst kein Kultgerät. Verschiedene Vasen dienten als Aschenurnen, doch wissen wir noch nicht, in welchem Maße sie spezifisch für diesen Zweck oder gar für das Leben im Jenseits hergestellt wurden. Unter den Amuletten, die gewiß außerordentlich häufig waren, findet sich weniges von besonderem künstlerischem Wert.

14 - Reinheim (Saarland) - Ausschnitt eines «torques». Ende 5. - Anfang 4. Jh. v. Chr. - *Gold; Durchmesser 0,172 m* - Saarbrücken, Landesmuseum für Vor- und Frühgeschichte. Vgl. Abb. 43

Den engsten religiösen Bezug hatten wohl die – sehr seltenen – Statuen von Göttern oder Stammesheroen; es sind aufgerichtete modellierte und verzierte Steine, teils Grabsteine, teils Steine eher magischer Bedeutung, wenn sie sich in der freien Natur befanden. Von Caesar und Lucanus wissen wir, daß es auch hölzerne Idole gab, die an heiligen Orten standen.

Außerdem zeugen die ungezählten hölzernen Votivgaben, die man seit einigen Jahren in den gallo-römischen Heiligtümern der späten Zeit findet, von einer wohl auf gallische Zeit zu-rückreichenden Tradition. An Statuen selbst sind allerdings nur solche aus Stein oder Bronze auf uns gekommen.

Keramik und Münzen sind die beiden – zumindest in ihrer ursprünglichen Bestimmung – profanen Denkmälerkategorien, die die weiteste Verbreitung fanden. Sie sind von ganz verschiedenem ästhetischem Wert und Interesse. Es gibt alle Gattungen der Tonware, vom einfachen Teller bis zur Prunkvase; auch bei den Münzen reicht die Skala vom Goldstück höchster Qualität bis zum geringsten Potin, von der künstlerisch bedeutenden Originalprägung bis zur einfachen Kopie und der sinnlosen Entstellung. Keramik wird überall produziert, ist aber wenig transportgeeignet, während die Münzen in stammeseigenen Werkstätten hergestellt wurden und außerordentlich leicht zirkulierten. Beide Gattungen sind, wenn man vier Jahrhunderte in Rechnung stellt, in Millionen von Exemplaren vertreten. Die Münzen wurden freilich in industriellen Serien geprägt oder gegossen, so daß wir, was die Gesamtzahl betrifft, wohl Schlüsse ziehen können, während die Keramik ohne Model von Hand gearbeitet war, teils gedreht, teils ohne Scheibe hergestellt. Geschirr, das im Haushalt so lange benutzt wird, bis es zerbricht, setzt Wechselbeziehungen zwischen Werkstatt, Lieferanten und Verbraucher voraus. Die Münze war dagegen einzig und allein für den Umlauf bestimmt; nur selten wurde sie gehortet, gefälscht oder umgeschmolzen.

Die latènezeitliche Keramik interessiert den Kunsthistoriker sowohl formal als auch wegen ihres Dekors. Selten kommen eckige Profile vor, das Runde dominiert und scheint kurvolineare Motive begünstigt zu haben. Der Dekor wurde eingeritzt oder aufgemalt (manchmal sind beide Verfahren auf einem Gefäß vereinigt). Einfachere Stücke haben ihren Wert durch ihre Kontur, die gelegentlich noch dadurch betont wird, daß das Stück unverziert blieb. Haben wir es mit Kunst oder mit Handwerk zu tun? Es besteht kein Zweifel, daß die gelungensten Exemplare der Kunst zuzurechnen sind; aber ebenso unbestreitbar ist, daß sich ein Teil der Gebrauchsware nicht über das rein Handwerkliche erhebt. Auf jeden Fall ist die zerbrechliche und außer auf dem Wasserweg schwer transportable Ware der beste Zeuge für den Kunstsinn einer bestimmten Gegend. Es fällt auch auf, daß die Gefäße, besonders die von kleinem Format, lokal jeweils nur in wenigen Formen vertreten sind.

Die keltischen Münzbilder stammen von der Hand erprobter Künstler, die die außerordentlich heikle Arbeit, *en miniature* zu gravieren, beherrschten. Das Prestige des Bildes diente der Macht und wohl auch dem Herrschaftsanspruch eines Stammesfürsten; daher mußte das Bild auch von einem *oppidum* zum nächsten differenziert werden, woraus die außerordentliche Vielfalt der Bilder resultiert – ob es sich nun um Münzen aus Gold, Elektron, Silber oder aus schlichter Bronze handelt. Wir können eine Reihe großer regionaler Münzstile unterscheiden; aber zumindest im Westen und im Zentralbereich des Keltentums bilden sie in ästhetischer Hinsicht eine Einheit, haben ein gemeinsames Motivrepertoire und sind von einem ähnlichen schöpferischen Geist beseelt wie die übrigen Erzeugnisse der schönen Künste. Sind doch die Beziehungen der antiken Numismatik zur Skulptur und Malerei eine anerkannte Tatsache. Die Münze ist das kleinste Kunstwerk der Latènezeit, und man hat gesagt, daß der hier wohl am stärksten vorwaltende Formzwang in Verbindung mit dem hohen Nutzwert der Münze diese zum authentischen Abbild des sie beseelenden Geistes gemacht hat.

15 – Steinenbronn (Baden-Württemberg) – Unterer Teil einer reliefierten Pfeilerstatue. Ende 4. – Anfang
3. Jh. v. Chr. – *Sandstein; Höhe des Fragments 1,25 m* – Stuttgart, Württembergisches Landesmuseum

All diese Erzeugnisse von Waffenschmieden, Juwelieren, Kesselmachern, Bronze- und Eisenschmieden, Töpfern und Münzprägern findet man vor allem in Gräbern, Votivdepots oder Versteckfunden, oder es hatte sie eine abergläubische Hand in den Fluß, auf den Grund von Seen oder ins Moor befördert. Manches stammt auch von Kriegerleichen aus den Verteidigungsgräben; am seltensten sind Funde in den eigentlichen Siedlungen. Weil handlich, kamen diese Objekte allgemein in Umlauf; die meisten aber waren für eine Aristokratie bestimmt, die durch den Kontakt mit Völkern anderer Kultur einige Bildung erworben hatte. So wurden sie sorgfältig aufbewahrt, und die Fürsten nahmen sie mit ins Jenseits, während der Priester sie den Göttern darbot. Wenn die Kelten mangels Mittel und Erfahrung keine monumentalen Steinbauten errichtet haben, so verwendeten sie Zeit, Mühe und Talent auf Holzbauten und jegliche Art der Holzbearbeitung, vor allem aber wurden sie vollendete Meister der Kleinkunst. Die zahllosen *torques*, die geschwungenen Fibeln, die inschriftlosen, rein ornamentalen Münzen anonymer Meister, die Hohlbuckelringe mit ihrem plastischen Dekor, die reiche Ornamentierung der Schwertscheiden, Helme, Schilde und Streitwagen, die aufrecht stehenden Kriegstrompeten und die prunkvollen Feuerböcke – all das ist typisch keltische Kunst.

3. Das Material und seine Verarbeitung

Es will uns heute scheinen, als hätten die Kelten für ihre Kunstwerke hauptsächlich Metall benutzt. Zwar haben sie auch den Stein bearbeitet und modelliert (allerdings keinen Marmor); doch davon ist – abgesehen von Keramik – fast ebensowenig erhalten geblieben wie von Holzplastik, Architekturdekor und Malerei, von graviertem oder brandgemaltem Holzgerät, Möbeln oder sonstigem beweglichem Gut. Auch Leder ist nicht erhalten, das vermutlich gefärbt, ziseliert, bedruckt und sogar getrieben und reliefiert war wie moderne Bucheinbände. Helme, Gürtel und Gürtelhaken, Wehrgehänge, alle Arten von Riemen und Festtagsschuhwerk dürften mit Metallfäden oder Pflanzenfasern durchflochten oder bestickt gewesen sein. Aus Weidenzweigen entstand prächtiges Flechtwerk, das von den Schmuckmotiven der Töpfer, Bronzearbeiter, Holzschnitzer und Weber inspiriert war; Entsprechendes galt wohl auch für Strohgeflecht. Stoffe waren alltägliche Erzeugnisse der ornamentalen Weberei; aber wir wissen nur, daß die Kelten Textilien in verschiedenen lebhaften Farben liebten, daß sie sie mit Streifen und bunten Karos verzierten oder färbten und mit Gold durchwirkten. Dabei spielte der aus der Schnecke gewonnene Purpur vermutlich eine große Rolle. Vielleicht verwendete man auch Filz wie die Skythen und trug aus verschiedenartigem Fell zusammengenähte Pelze.

Vollkommen verloren ist schließlich, wenn wir von der Keramik absehen, die Malerei – auf Holz, Wänden, modelliertem Stein und wohl auch auf Leder. Indirekt bezeugt ist sie allerdings durch die Tätowierung bei den Britanniern, die auf ihren Körpern Tiere darstellten und damit wohl in der Form apotropäischer Symbole ganz verschiedene Vorstellungen zum Ausdruck brachten.

Dem vergänglichen Material müssen wir auch zwei Metalle, das Zinn und das Blei, hinzufügen. Zinn wirkt verführerisch durch seinen silberähnlichen Glanz. Man verfertigte wahrscheinlich Gefäße aus Zinn, und es diente auch als Deckmetall für manche Kupfergegenstände. Während der älteren Eisenzeit legte man auf Keramik durchbrochene Zinnmuster auf. Die Verzinnung war billiger als das Versilbern. Nun wissen wir heute, daß das antike Zinn die tiefen Temperaturen im gefrorenen Boden nicht vertrug, so daß wir nur noch aus dem Wasser geborgene Zinnbarren besitzen. Doch muß es von Haus aus sehr viel Zinngerät gegeben haben; denn der britannische Zinnhandel lief über Gallien, an den Hauptflüssen entlang oder der Küste folgend. Es gab auch einige Zinnvorkommen in Armorica (in der Bretagne), in den Causses (Teil der Cevennen), in Portugal sowie in Mitteleuropa. Was das Blei betrifft, das hauptsächlich aus Britan-

16 - Broighter (Derry) - Ausschnitt eines ‹torques› mit Pufferenden und Verschluß. Ende 1. Jh. v. Chr. - *Gold; Durchmesser 0,195 m* - Dublin, National Museum of Ireland. Vgl. Abb. 207

nien und Gallien stammte, so ließ es sich leicht schmelzen und immer wieder umschmelzen; wir wissen nicht, ob man es in der Kunst verwendet hat, doch sind einige Anhänger oder Bildamulette auf uns gekommen, und solche kleinen Dinge mögen vielerorts geläufig gewesen sein.

Das Gold zersetzt sich zwar nicht, doch wird Blattgold leicht durch Druck deformiert. Gold war wertvollem Schmuck und schwerer Münze vorbehalten. Die Kelten schätzten es über die Maßen. Die Stammesfürsten trugen es sogar während der Schlacht am Leibe, und überhaupt scheint es – wohl als Zeichen der Macht – bei den Männern stärker als bei den Frauen in Gebrauch gewesen zu sein. Manche Prunkwaffen, besonders Helm und Schwert, waren goldplattiert. Allerdings hatten nicht alle keltischen Länder natürliche Goldreserven. Es kam in Aquitanien vor, an den Hängen des Massif central, in den Wicklow-Bergen in Irland, in Wales, in den Flüssen der Alpen, Galliens, des Rheinlandes und Böhmens. Gold zirkulierte hauptsächlich in der Form von Geschenken, als Beutegut, Handelsware oder als Münze; letztere wurden ebenso wie die Silbermünzen oft wieder eingeschmolzen, um Material für andere Kleinodien zu ergeben. Der uns erhaltene Schmuck aus Edelmetall stellt nur einen verschwindenden Bruchteil des unübersehbaren Geschmeides dar, das Vermögen, Stolz und Macht eines keltischen Stammesfürsten ausmachte. Für weniger prestigeträchtige Stücke verwendete man, zumal in Belgien und Britannien, eine Legierung aus Gold, Kupfer und Silber, genannt Elektron wegen der dem Bernstein (griechisch ‹elektron›) ähnlichen Farbe. Vom Silber machten die Kelten Osteuropas, dank den Silberminen in den Karpaten und in Bosnien, stärkeren Gebrauch als ihre westlichen Verwandten, die es nur selten verarbeiteten, trotz der Vorkommen in Spanien, Germanien, Britannien, in den Pyrenäen und im Massif central. Silbermünzen gab es im Westen erst in der Spätlatènezeit, vor allem in Anlehnung an die römischen Denare; im Osten waren sie dagegen allgemein und schon viel früher verbreitet.

Reines Kupfer wurde selten verwendet und wenn, dann etwa als Untergrund für Versilberung oder Verzinnung. Es wurde in Spanien, in den Donauländern, den Karpaten, in Britannien, den Alpen, den Pyrenäen, in Aquitanien und in den Cevennen geschürft, vor allem aber aus dem östlichen Mittelmeerraum importiert. Die aus Kupfer und Zinn legierte Bronze, die dem Golde ähnelt, solange sie nicht im Lauf der Jahrhunderte Grünspan ansetzt, benutzte man für Geschirr, Kultmobiliar, Schmuck, Streitwagenteile, Verteidigungswaffen, Trompeten, Feldzeichen, Spiegel. Bronze ist ziemlich schwer, und wir staunen über das Gewicht mancher Armreifen und vor allem der Bein- und Knöchelringe. Da Bronze aber geschmeidiger als Eisen ist, stärker glänzt und man sie leichter handhaben kann, zog man sie vor. Sie ist biegsam und läßt sich – durch Ziselierung, Gravur oder Treibarbeit – leicht verzieren oder auch gießen. Einzelne Bronzeteile wurden, da sich die Legierung nicht löten läßt, durch Nieten verbunden.

Im ganzen aber erlebt die jüngere Eisenzeit im frühgeschichtlichen Europa einen Siegeszug des neuen Metalls. Eisen fand man in Gallien (besonders in Lothringen und im Périgord, im Berry und in der Pyrenäenregion), in Spanien, Britannien, Österreich, Istrien, Illyrien und Makedonien, in Böhmen und in der Dobrudscha. Die Kelten verstanden sich auf die Herstellung von reinem Eisen guter Qualität überall dort, wo die Minen in Waldesnähe lagen; sie stellten auf dem Wege der Härtung sogar Stahl (allerdings noch keinen Gußstahl) her. So verbreitete sich die Metallurgie immer weiter und machte Fortschritte, und die Schmelz- und Ziselierungstechniken verbesserten sich. Man verwendete Eisen für Hiebwaffen und für bestimmte Teile von Bronzegerät, besonders Tafeluntersätze, dagegen vor der Spätlatènezeit selten für Schmuck; Schwertzubehör – häufig verziert – war bald aus Eisen, bald aus Bronze, und das gilt auch für Fibeln und Streitwagenteile.

Ton fand in beträchtlicher Menge Verwendung, und die lokale Keramikproduktion war äußerst intensiv. Man benötigte dazu Holz und klares Wasser. Daß so viel hergestellt wurde, hing natürlich mit der Zerbrechlichkeit des Geschirrs zusammen; die Ortsgebundenheit des Töpferhandwerks förderte nicht nur den Formenreichtum. In Böhmen fügte man dem Ton eine Beimischung des einheimischen Graphits (einer natürlichen Spielart des Kohlenstoffs) bei, den man in Pulverform, als Körnchen oder Spaltplättchen (dem Ausgangsmaterial unserer Bleistiftminen) förderte; daher haben manche schwarze Keramikgattungen aus dieser Gegend ein glänzendes Aussehen; bei einigen Gefäßen ist auch nur die Oberfläche mit einer Graphitschicht überzogen.

Aus Glasfluß, der so alt wie Ägypten ist, stellte man Armreifen, Ringe, Perlen verschiedenen Formats für Halsbänder oder Anhänger her, teils einfarbig, teils bunt. Gegossenes und gezogenes Glas wurde zu Tierfigürchen verarbeitet. Die Produktion begann in der Mittellatènezeit und wurde durch karthagische Importe (hauptsächlich Perlen) angeregt. Geblasenes Glas ist dagegen erst gegen Ende des Altertums aus dem Nahen Osten nach Europa gelangt. Email, eine Glaspaste, die in geschmolzenem Zustand in die Vertiefungen eines metallischen Gegenstandes inkrustiert wird, kannten im Mittelmeerraum besonders die Griechen und Etrusker. Email wird bei den Kelten seit dem Ende der Frühlatènezeit ziemlich häufig zur Verzierung von Gold und Bronze verwendet. Mit seinem Rot, Blau und Gelb ist Email eines der schönsten Schmuckelemente der keltischen Kunst; sie unterscheidet sich hierdurch von allen anderen Künsten der Alten Welt.

Die rote Koralle, die vielleicht auch magische Funktion hatte, fand auf zweierlei Weise Verwendung: entweder in Splittern für Halsketten, Armbänder oder Ringe; oder inkrustiert in Schmuck oder metallverzierten Teilen von Waffen. Man gewann sie an der Mittelmeerküste, besonders vor der Provence, und verwendete sie während der gesamten jüngeren Eisenzeit, gegen deren Ende allerdings seltener (die Britischen Inseln bilden eine Ausnahme). Der Glanz, den korallenverzierte Objekte ausstrahlen, ist heute erloschen; denn die abgestorbene und nicht sachkundig behandelte Koralle wird blaß, weiß oder grün. Insofern ist sie dem Email unterlegen. Sie hatte aber ebenso wie das Email, die Glasperle oder der nur selten bezeugte Halbedelstein den Vorzug, Goldschmiedearbeiten farbig zu beleben.

Aus gelbem Bernstein, fossil gewordenem Baumharz, der vom Ostseestrand zur Adria importiert wurde, wurden Perlen und Anhänger für diverse Geschmeide hergestellt. Plinius schreibt ihm medizinische und magische Wirksamkeit zu. Bernstein und Zinn waren die beiden großen Exportartikel der Festlandkelten. Dagegen ist das Elfenbein nie zu ihnen gelangt.

Erwähnen wir zum Abschluß unseres Überblicks noch Beinklingen mit Ritzdekor aus Irland, Germanien, überhaupt Mitteleuropa; ferner Armbänder und Ringe aus Lignit (aus dem Schwarzwald stammende fossile Kohle mit Spuren vegetabilischer Substanzen) oder aus deren Abart, dem Gagat, aus Schiefer oder aus ‹Sapropelit› (einer Art von fossilem Schlamm aus Böhmen und Mähren). So weit die von den Kelten in Kunst und Kunsthandwerk verwendeten, nur teilweise erhaltenen Materialien. Sehen wir vom Metall ab, so waren sie oft von ziemlich dürftiger Qualität.

Außer der Keramik war alles Material für längeren Transport geeignet, und wenn die Kunst des Latène so außerordentlich weit verbreitet war, so verdankt sie dies der Tatsache, daß ihre Objekte überwiegend aus Metall und von kleinem Format waren und folglich sehr schnell den Ort wechseln konnten. Das betrifft auch die Entwürfe sowie vor allem die Gußformen und Matrizen für die Drähte von Fibeln, für Schwertgriffe, Nadeln, Ketten, Glaswaren; aber auch Rohmaterial wie Edelmetallbarren, Korallenzweige, Rohbernstein. Doch zogen auch die Künstler und Handwerker, Goldschmiede, Gießer und Bronzeschmiede, Waffenschmiede und Münzbildner durch die Lande, um ihr Talent an den Fürstenhöfen anzubieten. Ein Teil der frühen Einflüsse auf die keltische Kunst erklärt sich aus solchem Reisen und Hausieren. Daher vermag eine Landkarte mit den Rohstoffvorkommen allein nicht die Streuung der Funde zu deuten.

Bei der Übertragung einer Kunstform von einem Material auf ein anderes macht sich der Einfluß von Form und Dekor geltend. Die Holzplastik war Vorläuferin der Kalkstein- und Sandsteinskulptur, die ein sehr viel robusteres Arbeitsgerät erforderte. Man hat also Form und Arbeitsweise, die seit altersher in einer Kunst erprobt wurden, die so alt ist wie die Menschheit selbst, übertragen; daß dabei auch das Alte wiederum vom Neuen Anstöße erhielt, versteht sich. Schwieriger ist es, beim Vergleich von Werken aus Stein und Metall festzustellen, in welcher Richtung man nachahmte. Zur Zeit der Bronzeblechmasken aus Südwestgallien gab es bereits hellenistisch beeinflußte Rundskulpturen in der Provence. Andererseits scheinen beim ornamentierten Relief im Rheinland, in der Bretagne und in Irland eher ursprüngliche Bronzemuster in größere Dimensionen umgesetzt worden zu sein.

Daß Keramik die Form und, soweit möglich, den Ritzdekor von Metallgefäßen nachahmt, ist eine allgemeine Erscheinung. Gleichwohl können bestimmte Gefäßformen nur wieder auf Keramikvorbilder zurückgehen, und die keltische Tonware, die zwar durchaus ihre eigenen Profile und Motive gefunden hat, ist, im ganzen gesehen, doch einfacher beschaffen als das Inventar der Metallgefäße, an dem man große Könnerschaft verspürt. Henkel, Schnäbel, Füße, selbst Deckel kommen bei der Keramik – zumindest im Westen und im keltischen Zentralbereich – nur selten vor. Das Alltagsgeschirr mit seinem durchaus nicht plumpen Umriß ist wohl von hölzernen Vorformen beeinflußt, deren Tradition sehr weit zurückreicht; dagegen sind die rundplastischen Appliken, zum Beispiel Tierköpfe, direkt von Metallkesseln auf das Tongefäß übertragen worden.

Es kommen aber auch subtilere Übertragungen vor. Das unregelmäßig-borstige Aussehen von Ringen, die aus kleinen Korallenzweigen zusammengefügt sind, suchte man auch bei Bronze- und Glasschmuck, vielleicht sogar bei manchen Fibeln hervorzurufen. Die Armbänder aus dicken Bernsteinperlen vom Ende der älteren Eisenzeit wurden in Metall nachgeahmt (Knöchel- und Beinringe mit Hohlbuckeln fanden auf diese Weise ein langes und mannigfaches Nachleben). Andere Armreife aus Glasfluß erinnern mit ihrem dreifach profilierten Dekor wieder an Bronzeringe – aber wie ist die Entlehnungsrichtung bei der Pastillage-Technik und beim falschen Filigran? Rotes Email vertritt oft die Koralle, Glasperlen ersetzen den Bernstein; man kopierte Blumenranken in Gold. Die ältesten Goldmünzen wurden in Silber und Bronze imitiert und die Silberstücke ebenfalls in Bronze, wobei manchmal sogar der Typus übertragen wurde; der umgekehrte Weg ist nicht bezeugt. Die Münzornamentik hat sich allerdings in jeder Hinsicht vom Metalldekor beeinflussen lassen.

Die Kelten, wandernde Seßhafte, waren mit ihrem weitverzweigten Handwerk Bahnbrecher im Inneren Europas, das nicht nur reich an Wald, Wasserläufen, Ton und Eisen war, sondern auch Gold- und Silberminen besaß: sie verstanden sich hervorragend auf die Holzbearbeitung, hatten als Wagenbauer einen guten Ruf, ihre Waffen flößten Respekt ein, sie waren erstklassige Goldschmiede, geschickte, ja meisterhafte Münzbildner, schöpferische Keramiker und produktiv in der Glaserzeugung.

Ihre Wagenbaukunst interessiert uns insofern, als die Streitwagen und Prunkfahrzeuge zahlreiches funktionelles wie dekoratives Metallzubehör aufwiesen, das auf vielfache Weise ornamentiert war und von Schmieden, Bronzearbeitern, ja auch vom Goldschmied hohes Können verlangte. Die meisten keltischen Gefährte wurden von den Römern übernommen, und auch die Bezeichnungen dafür tauchen im Lateinischen auf.

Laboranalysen keltischer Waffen haben ergeben, daß das lange latènezeitliche Schwert aus reinem, hämmerbarem, zwar schlecht gehärtetem, aber gut geschmiedetem Eisen bestand. Die Kelten haben durchaus auf die Qualität des Metalls geachtet. Auf ihr sollte auch der Siegeszug des Schwertes im Verlauf der germanischen Eroberungszüge beruhen. Zwar hat das Verfahren

17 - Portland Island (Dorset) - Ausschnitt eines flachen ‹torques› mit Pufferenden. 1.-2. Jh. n. Chr. - *Bronze und Email; Durchmesser 0,122 m* - London, Britisches Museum

nichts mit Kunst zu tun, doch ist es nicht ohne Bedeutung zu wissen, was für Klingen sich in den prachtvoll mit Schmuck versehenen Schwertscheiden der keltischen Heerführer verbargen.

Für Gold, Silber und Bronze gab es vier Verarbeitungsweisen: man hämmerte das Metall, um dünne Bleche herzustellen; in der Gußform wurden Serienstücke erzeugt wie Fibeln, Schwertknäufe, Ketten, gegossene Münzen; man bearbeitete eine Metallplatte von der Unterseite her, um ein Relief hervortreten zu lassen (Treibarbeit); oder man wendete, etwa für Schwertknäufe, Fibeln, Armreife mit hoch erhabenem Relief, für die Enden an den *torques*, das Verfahren des Gusses in verlorener Form an, wobei Musterstück und Form nur einmal gebraucht wurden. Für die Verzierung der Oberfläche gab es folgende Möglichkeiten: Ziselierung mit dem Stichel oder Hammer; Eindrücken des Matrizenstempels, Gravur mit dem Stichel, manchmal als Tremolierstich; Pointillage mit dem Meißel; Chagrinage, die die Narbung des Ziegenleders nachahmt; Guillochieren; Retuschieren zur Fertigstellung. Zu diesen verschiedenen Arbeitsvorgängen traten noch weitere verfeinerte Methoden, und gelegentlich wurden mehrere gleichzeitig angewendet. Zum Beispiel wird ein gehämmertes Stück Gold- oder Silberblech geprägt, indem man es über ein Stück getriebene Bronze oder Eisen preßt. Oder das Metallstück selbst wird mit dem Griffel oder Stichel nach der Vorlage einer Zeichnung ausgehöhlt, die Hohlräume werden mit einer Farbmasse ausgefüllt, und die übriggebliebenen hervorstehenden Metallstege bilden den eigentlichen Dekor. Ein weiteres Verfahren besteht darin, daß gehämmerte, flach eingepreßte oder ausgeschnittene Flächen einen Grund bilden, auf welchem ohne Hinzutreten von sonstigem Material die dünnen Trennstege allein für sich das Muster bilden; man trifft dieses Verfahren vor allem in Irland an, wo in der Spätlatènezeit mit ihm eine Reihe von erstklassigen Arbeiten verziert wurde. Schließlich gibt es goldene *torques* mit großen, in verlorener Form gegossenen Ringen an den beiden Enden der Spirale sowie eine Reihe von Silber- und Bronzegegenständen mit dünner Vergoldung.

Die Kelten, sagt man, haben zwei Verfahren erfunden: das eine ist die Emaillierung. Philostrat II., ein in der Gemäldebeschreibung bewanderter griechischer Autor aus Lemnos (3. Jahrhundert n. Chr.) weist dieses Verdienst hauptsächlich den Galliern zu. Allerdings wurden emaillierte Bronzen der Latènezeit bereits seit den letzten vorchristlichen Jahrhunderten in ganz Europa hergestellt. Bei der Verzierung sehr kleiner Flächen experimentierte man zunächst mit dem sogenannten Grubenschmelz, bei dem man flüssiges Email in die Metallhohlräume goß. Später, in der Mittellatènezeit, gelang es, die Glaspaste auch in kaltem Zustand aufzutragen. Nachdem die Verwendung der Koralle fast ganz zurückgegangen war, griff man im Verlauf des 2. Jahrhunderts v. Chr. wieder auf das erstgenannte Verfahren zurück, und von da an stand es – in der Farbskala erweitert – in der keltischen Kunst bis zu ihrem Ende in hoher Gunst, ganz besonders in Britannien. Die zweite Spezialität der Gallier war die Versilberung oder Verzinnung. Plinius der Ältere beschreibt sie im 1. Jahrhundert n. Chr. als eine Erfindung der Bituriger, die dann in Alesia näher ausgewertet wurde. Die Granulationstechnik und das Filigran, die bei den Etruskern so beliebt waren, sind den keltischen Goldschmieden fremd geblieben. Allenfalls an Bronzen könnte man von einer gewissen Filigranimitation und einer Art von Granulierung sprechen; und Fibeln oder Armbänder sind mit applizierten und ohne Lötung befestigten Metallfäden versehen. Gold wurde in Bronze und Eisen, Eisen in Bronze inkrustiert. Die Feuerböcke und bestimmte Fibeln waren aus Schmiedeeisen. Eine Erfindung der Kelten ist schließlich wohl ein Verfahren, das ein Kunsthistoriker unlängst als ‹Pastillage› bezeichnet hat wegen der kleinen aufeinandergesetzten ‹Pastillen›, aus denen man ein Muster zusammenfügte. Die Technik leitet sich möglicherweise von der Glasmacherei her beziehungsweise wurde von ihr weiterentwickelt.

Besonders erfolgreich waren die Kelten, als sie die Münzherstellung kennenlernten und sich zu eigen machten. Sie haben Gold, Elektron, Silber und Scheidemünzen aus Kupfer und Silber

18 - Netherurd (New Cairnmuir, Peebleshire) - Endstück eines ‹torques›. Mitte 1. Jh. v. Chr. - *Gold; Durchmesser 0,055 m* - Edinburgh, National Museum of Antiquities of Scotland

sowie auch Bronze heiß geschmiedet und haben gegen Ende der Zeit, da Gallien noch unabhängig war, aber auch noch in den ersten Jahrzehnten der Römerherrschaft in zweischaligen Gußformen aus Ton mit Hohlzellen jene stark zinnhaltige und mit silberhaltigem Blei angereicherte Bronze gegossen, die man heute allgemein als Potine bezeichnet. Im Languedoc haben sie auch kleine, mit dem Meißel zuvor fast viereckig ausgestanzte Silberschrötlinge geprägt. Im allgemeinen war die Metallmasse bei den Münzen oft zu schwach oder zu ungenau zentriert, um Vorderseite und Rückseite, die an sich scharf geschnitten waren, vollständig wiederzugeben; oder das Münzbild ist durch Randverschmutzung verwischt. Wir benötigen also mehrere aus derselben Gegend stammende Exemplare einer Münze, um das Originalbild graphisch vollständig rekonstruieren zu können. Nichtsdestoweniger haben die keltischen Münzschneider, besonders in Gallien, Höchstleistungen minuziöser Arbeit vollbracht; auch setzte diese Arbeit ein Verfahren der optischen Vergrößerung voraus, von dem wir keine genauere Vorstellung haben; und das Abwiegen der einzelnen Stücke einer Serie läßt auf den Gebrauch von Waagen oder die Anwendung sonstiger Präzisionsmethoden schließen, die uns nur verblüffen können.

Nicht auf derselben kunsthandwerklichen Höhe standen die Keramik und ihr Dekor. Zwar haben wir von Beginn der Latènezeit an Ware, die auf der Scheibe gedreht ist; aber die schnell rotierende Töpferscheibe hat sich bei den Kelten erst seit dem 2. Jahrhundert v. Chr. ganz durchgesetzt; einfache, ganz oder teilweise handgemachte Ware kommt außerordentlich häufig vor. Nicht daß die Töpfer ungeschickt gewesen wären. Sie wußten kurvolineare Profile zu schätzen, haben sie auch in verschiedenen Spielarten hergestellt und brachten auf den Gefäßrundungen durchaus grazile Muster an. Jedoch war das Brennverfahren nicht sehr hoch entwickelt, Scherben und Farben waren weit von der Qualität griechischer Vasen und von der Leuchtkraft mediterraner Gefäße entfernt, und bei der Kleinkeramik vermissen wir die Formenvielfalt hellenistischer Ware. Aus der Frühlatènezeit stammen bemalte und mit Ritzdekor verzierte Vasen; viele Gefäße haben einen mit dem Glättwerkzeug hergestellten geometrischen Schmuck. Doch erst in der Spätlatènekultur wurden im zentralen Gallien Vasen hergestellt, die einwandfrei gedreht und mit Tier- und Pflanzenmotiven bemalt waren. Die Töpferscheibe hat also die gefällige Eleganz der Form gefördert.

Ritzdekor, zum Teil mit ausgesparten Flächen und mit Stellen, die mit dem Glättstab behandelt sind, ist ganz eindeutig dem von Bronzegefäßen nachempfunden, und mit ihm hat er häufig eine mechanische Bearbeitungsweise gemein, die dem Muster eine gewisse Strenge verleiht. Die einfachsten Muster kommen durch Stempel zustande. Sie waren meist rund, und man konnte mit ihnen in beliebiger Anzahl Kreise von verschiedenem Durchmesser eindrücken, die in kunstvoller Ordnung oder in bewußtem Durcheinander, einzeln oder in konzentrischen Figuren angeordnet wurden. Ein etwas größerer Halbkreis war das Grundelement für alle möglichen Bogenkombinationen, Sterne oder symmetrische Rosetten. Diese Motive wurden oft mit dem Zirkel konstruiert. Die keltische Kunst schwelgte in einer vielleicht ein wenig zu perfekten Ornamentik, die teilweise auf die Bronzezeit zurückgeht und von Armorica bis an die mittlere Donau vorkam. In der Keramik treten manchmal noch andere, weniger regelmäßige, eingestempelte oder eingeritzte Motive hinzu. Wir wissen heute, daß die Latènekunst viel stärker mit dem Zirkel gearbeitet hat, als man bis vor kurzem annahm. Man erkennt auf Bronzespiegeln, Keramik, auf Knochenklingen und sogar noch in scheinbar völlig asymmetrischen und unregelmäßigen Dekorkombinationen den Einstich, den die feststehende Spitze des Zirkels hinterlassen hat. Der Künstler ließ sich von einem Zirkelschlag zum nächsten verleiten, oder er verfiel auf – uns willkürlich erscheinende – Zirkelschlagkombinationen, die durch einen angeborenen Sinn für Struktur inspiriert waren, wie dissymmetrisch sie auch immer wirken mochten. Die zwar diskrete, doch keinesfalls verleugnete Anwendung eines rein mechanischen Verfahrens trug das ihre dazu bei.

Bei der Beurteilung der kunsthandwerklichen Qualität von Erzeugnissen der Latènezeit muß man zum Teil die Schwierigkeit in Rechnung stellen, die darin bestand, das Ornament der funktionellen Vielfalt der Objekte und dem oft äußerst kleinflächigen Untergrund anzupassen. Die Künstler haben sich hier mit einem an Bravour grenzenden Erfindungsreichtum aus der Affäre gezogen und wollten vielleicht auch Virtuosität demonstrieren. Bestimmte typisch keltische Motive sind jedenfalls aus der Form des Objekts hervorgegangen – man denke an die Schwertscheide mit ihrem schmalen, flachen, aber denkbar langen Dekorgrund. Die hier genannten Sachzwänge sind aber auch verantwortlich für die Stileinheit, durch die keltische Schöpfungen quer durch Europa geprägt sind. Die winzige kreisförmige Platte einer Münze, die kleine, einen Schwertknauf abschließende Kugel oder auch eine Glasperle regten den Künstler zur analogen Linienführung an, und die Vorliebe für kurvolineare Motive war vielleicht teilweise aus einer solchen schöpferischen Not geboren.

Die Kelten des vorchristlichen Europa waren in gewissem Maße ‹analphabetische Miniaturisten›, wenn man diesen Ausdruck auf die Künstler übertragen darf, die graphische Kompositionen schufen und das Zeichnerische ins Plastische umsetzten.

II

DIE ENTSTEHUNG DER KELTISCHEN KUNST

(450–350 v. Chr.)

Es wäre unnatürlich, wenn die kurz nach der Mitte des 5. Jahrhunderts v. Chr. plötzlich auftretende Latènekunst weder dem ältereisenzeitlichen Europa noch der Mittelmeerwelt, der Erbin des Orients, etwas zu verdanken gehabt hätte. Ist ihr Verbreitungsgebiet doch eben das innere Europa, und ihre südlichen Ausläufer reichen ans Mittelmeer. Ein isoliertes Dasein der Latènekultur ist um so weniger wahrscheinlich, als die Keltenführer, starke Krieger mit neuartiger Bewaffnung, in ständigem Kontakt mit Gebieten der verschiedensten Traditionen standen. Einiges geht auch auf die Skythen zurück, die Nomaden in der unendlichen Steppe, die China mit den Ländern nördlich des Schwarzen Meers verbindet und deren Einfluß im Westen noch donauaufwärts gereicht haben dürfte.

Was an Ort und Stelle aus vergangenen Jahrhunderten ererbt war, ist nur vom rein Technischen her bedeutsam: die Metallbearbeitung und -legierung, handgemachte und auch bereits verzierte Keramik, die Gravierkunst, die noch auf das II. Jahrtausend v. Chr. zurückgeht und deren Könnerschaft und Präzision schon Kunst ausmachen. Auch die Knickwandvase (*vase caréné*), die Fibel, bei der die kleine Scheibe auf dem zurückgebogenen Fuß die Verbindung mit dem Bügel herstellen sollte, der Armreif oder Ring mit länglichen Hohlbuckeln als Ersatz für Bernsteinperlen, schließlich auch das gepunzte oder manchmal schon mit dem Zirkel angebrachte Muster – all das sind Vermächtnisse einer älteren Zeit, deren Bedeutung wir nicht unterschätzen dürfen. Weiterhin hat man, besonders auf Gefäßen, immer wieder ein sehr einfach-monotones Streifen- und Linienmuster verwendet. Auf die Bronzezeit gehen schließlich naturalistische Motive zurück: Schwäne, Wildgänse und -enten und andere Wasservögel, die im Sonnenlicht oder bei Mondenschein über Wolken dahinfliegen; der Stierkopf als Symbol animalischer Kraft und Fruchtbarkeit. Ein paar weitere Motive wie die Spirale, die S-Kurve sowie die Metall-Kleinplastik mit ihrer Vorliebe für das Dynamisch-Gerundete vervollständigen dieses im ganzen doch sehr bescheidene Erbgut. Bei der Wiedergabe von Körpern ist das menschliche Antlitz am seltensten vertreten, und im Grunde ist alles Lebendige diesem geometrischen Musterinventar ja auch fremd.

Zeitgleich mit der quasigeometrischen Tradition des namengebenden Fundortes Hallstatt in Oberösterreich ist die unendlich viel muster- und formenreichere Kunst des etruskischen Italien und der venetischen Estekultur, die südlich vom Alpenbogen beiderseits des Po aufblühte. Durchs Etschtal gelangten im Verlauf eines steten Hin und Her von Heereszügen, Gesandtschaften und Handelskarawanen Erzeugnisse dieser griechisch-orientalisch geprägten Kulturen nordwärts über den Brenner und über die westlichen Pässe des Schweizer Plateaus ins keltische Bayern, nach Österreich und Böhmen, nordwestlich und westlich an den Rhein und in das östliche Gallien. Vermittelt wurden zwei Stilelemente: eine einfache, regelmäßige, symmetrische, strenge Kompositionsweise; auf der anderen Seite ein Repertoire hauptsächlich pflanzlicher, schon stilisierter – sozusagen formalisierter – Motive; aber auch Tiermotive, ohne daß dabei der Mensch ganz fehlte. So gelangte das Bildgut, das die längst vergangenen Reiche des Vorderen Orients geschaffen hatten, auf langem Weg – von Kleinasien nach Griechenland, von Großgriechenland nach Mittelitalien und zu den Etruskern und von Norditalien zu den keltischen Eroberern – in die kleinen ‹barbarischen› Königtümer nördlich der Alpen. Es handelt sich um die Palmette und den Lotos, die S-Kurve und die Spirale, die Silensmaske und den Greifen; in technischer Hinsicht um reiche Erfahrungen in der Metallbearbeitung und um die Töpferscheibe (von der aber zunächst erst wenig Gebrauch gemacht wurde), ferner um die unnachahmlichen Beispiele der Filigran- und Granulationstechnik. Die Verbindungen zwischen der Poebene und den beiderseits des Rheins und an der oberen Donau ansässigen Kelten wurde immer enger, und es scheint, als habe der weite Fächer Norditaliens die auf der Halbinsel eingesogenen Luftströme des östlichen Mittelmeerraums über die Alpen wehen lassen.

Diese Kulturbeiträge haben aber vielleicht auch einen kürzeren, nördlicheren Weg genommen: von Iran über Mesopotamien nach Kleinasien, an die Schwarzmeerküste und zum Donaudelta. Die Archäologen, die unmittelbare Kontakte für wahrscheinlicher halten, plädieren für die Donauroute, das heißt den Weg, über den vielleicht auch die chinesische Seide, die urartäischen und luristanischen Bronzen, Nachfolger assyrischer Kunst, gegangen sind. Eine dritte Straße verlief möglicherweise nördlich des Kaukasus und brachte Erzeugnisse des Kubanbeckens und der den griechischen Kolonien an der nördlichen Schwarzmeerküste benachbarten skythischen Ukraine ins Tal der Donau: über diesen Weg sind wohl viele Tiermotive – einfach oder komposit, aufrecht gegenständig – sowie manche Pflanzenmotive, die speziell von den Griechen entwickelt worden waren, wie auch Elemente des Tierstils der Steppen gewandert: schwungvoll gereckte Vierbeiner, vielgestaltige Monstren, Tiere in verrenkter, zurückgewandter, verdrehter Haltung, kämpfende und reißende Bestien. Im ganzen ist aber die Anzahl echt skythischer Stücke im Latènemilieu verschwindend klein; Wüste und Steppe mit den ihnen eigenen Lebensweisen, ihrer Fauna, Flora und dem extremen Klima, waren ein den Kelten ungewohntes Milieu.

Sonst aber lag alles, was an Kunstschöpfungen und verfeinerter Technik nach Italien strömte und durch den Filter des Etruskischen ging, den keltischen Kriegern, die auf ihrem bis nach Rom führenden Eroberungszug das Erbe der ältesten Kulturen des Mittelmeerraums und Kleinasiens kennenlernten, greifbar nahe. Die Tatsache, daß sie Indogermanen waren, mußte sie den italischen Stämmen – Oskern, Umbriern, Latinern – verbunden machen; ihre Idiome standen einander noch so nahe, daß die Sprachwissenschaft vor fünfzig Jahren eine ‹italischkeltische› Sprachfamilie angenommen hat, von der sich vor dem I. Jahrtausend v. Chr. die einzelnen Zweige gelöst hätten. Aus solchen Wechselbeziehungen von Menschen des gleichen europäischen Schlags und aus dem Tausch von Waffen und Gütern erklärt sich das plötzliche Aufblühen der Latènekunst nördlich der Alpen und an der oberen Donau, im Anschluß an die ersten Keltenzüge nach Norditalien, die nach den römischen Annalenschreibern kurz vor dem 5. Jahrhundert v. Chr. begannen.

1. Erste Entlehnungen und unmittelbare Abwandlungen

Abb. 249 Ganz plötzlich treten vor 400 v. Chr. im Klein Aspergle (Württemberg) in der Tat Goldornamente in Gestalt einfacher, breiter und langer, dünner Bleche auf, die harmonisch einer attischen Schale appliziert sind. Vom selben Ort stammt ein goldplattiertes Trinkhorn, das mit in Streifen angeordneten Eierstabmotiven und unvollständigen S-Kurven verziert ist. Es handelt sich um ein Gefäß, das in Form und Sitte iranischer Tradition verpflichtet ist; die Griechen bevorzugten Abb. 245 das vollplastische Rhyton mit weitem Mund. Ein nur wenig jüngeres Trinkhorn aus Eygenbil-

20 - Eygenbilsen (Limburg) - Fragment vom durchbrochenen Beschlag eines Trinkhorns: Fries mit vegetabilischen Elementen. Ende 5. - Anfang 4. Jh. v. Chr. - *Gold; Länge 0,22 m* - Brüssel, Musées royaux d'Art et d'Histoire
21 - Waldgallscheid (Rheinland-Pfalz) - Fragmente eines durchbrochen gearbeiteten Bronzeblechs: Palmette zwischen gegenständigen S-Kurven. Ende 5. Jh. v. Chr. - *Gold; Länge etwa 0,20 m* - Berlin, Staatliche Museen

sen (Belgien) mit einem durchbrochenen Fries aus Lotosblättern, Palmetten und S-Kurven, oben und unten eingefaßt mit einer Randleiste aus kleinen, sich wiederholenden Motiven, stellt bereits ein reines Latènestück dar: charakteristisch ist das Verschmelzen zweier nebeneinanderstehender Bilder, bei denen ein Bestandteil – hier das jeweils doppelte Lotosblatt – beiden gemeinsam ist. Als Neuerung finden wir eben diese beiden Blätter in umgekehrter Position; sie erfreuten sich am Anfang der keltischen Kunst besonderer Beliebtheit. Schließlich wird – allerdings noch nicht als eigenes Motiv – mit diesen Werken der Wechsel von Zier- und Leerflächen eingeführt.

Vom gleichen Genre sind die bei Waldgallscheid (Rheinland) gefundenen Bandstreifenfragmente; sie bestehen aus einer Reihe paarweise gegeneinandergestellter und eine Palmette einschließender S-Kurven. Die Leerräume hatten nur die Funktion, die Goldfläche aufzulockern und Durchblick auf einen Hintergrund zu gewähren, dessen Art und Farbe wir nicht mehr feststellen können, der aber zweifellos den Glanz des Goldes noch erhöhen sollte.

Von Anfang an existieren das nur leicht erhabene Relief und die kleinformatige Vollplastik nebeneinander; einstweilen ist diese Kunst bald graphisch, bald plastisch – keiner der beiden Ausdrücke könnte sie für sich allein charakterisieren. Leicht erhabenes Relief finden wir auf der durchbrochenen Gürtelplatte aus Weiskirchen (Saarland; vgl. Anm. 1, S. 239), einer mit Koralle

22 - Weiskirchen (Saarland) - Durchbrochene Gürtelplatte: Maske zwischen geflügelten Quadrupeden. Ende 5. Jh. v. Chr. - *Bronze und Koralle; Länge 0,06 m* - Trier, Rheinisches Landesmuseum

besetzten Bronze, die eine Gruppe Fabelwesen im Profil und *en face* wiedergibt: vier geflügelte Vierbeiner mit bärtigem Menschenantlitz, je paarweise einander ansehend, umschließen eine Maske, die von zwei S-Kurven bedeckt ist. Eine Fibel vom selben Herkunftsort ist viel unruhiger gestaltet: von dem in der Mitte befindlichen Gesicht gehen wie an Schultern dissymmetrische gebeugte Arme aus, die je einen Kopf mit Spitzmütze und Fratzenmund unterm Kinn fassen. Der eigentliche Typus der keltischen Fibel ist zwar noch nicht geschaffen; aber diese ersten Versuche künden bereits den ausgeprägten Hang zur Kompositgestalt, zur verschrobenen Haltung und beängstigenden Zwitterbildung sowie eine gewisse innere Spannung an, die die Elemente fast bis zum Verschmelzen zusammenzieht und komprimiert.

Ein Armring aus Rodenbach (Rheinland-Pfalz) weist ganz ähnliche Sujets auf, enthält aber zusätzlich Baluster und zeichnet sich besonders durch seinen Goldglanz aus, eine mehr als kunstvolle Plastik, wie sie durch das Ringvolumen gefordert ist, und schließlich durch jene beschwingten Motive, die von nun an die keltische Ornamentik bestimmen (vor allem die ineinandergeschlungenen S-Kurven); wir sehen vier liegende, rückwärts schauende Widder und Masken mit hervorquellenden Augen; die in beiderlei Richtung verlaufenden S-Kurven sind

gleichmäßig über mehr als die Hälfte des schweren gegossenen Geschmeides verteilt. An sich besäße dieses Stück alle Merkmale der orientalischen beziehungsweise orientalisierenden Goldschmiedekunst des etruskisch geprägten Italien, wenn es nicht jene kurvolineare Dekorkombination hätte (auch sie übrigens mediterranen Ursprungs), die sich aus der Latènekunst und ihren Nachfolgern nicht wegdenken läßt. Analoge, aber deutlicher norditalische Elemente finden sich auf einem Goldring der gleichen Herkunft; es sind zwei gegenständige Masken mit Mandel- Abb. 250
augen, deren Brauen in Spiralen enden, mit S-Kurven, die vielleicht Locken andeuten, und zwei Blättern, die die Unterpartien und Seiten des Gesichts vom Kinn bis zu den Schläfen einrahmen. Das Ganze erinnert an die sogenannten Silensgesichter auf etruskischen Bronzen.

Der entscheidende Schritt ist vollzogen mit zwei Goldblechplättchen (?) aus Weiskirchen Abb. 246
(Saarland; vgl. Anm. 2, S. 239) beziehungsweise Chlum (Böhmen); der durch Koralleninkrustation erzielte Farbeffekt ist heute allerdings verloren. Das eine Stück läßt zwischen jeweils doppelt angebrachten Lotosblättern Palmetten und Masken, beide ebenfalls stilisiert, alternieren; das andere zeigt – analog, doch vereinfacht – sehr schöne Blattumrisse, die anmutig auseinanderstreben, sich wieder vereinigen und gleichsam mit drei Kreisen an den Enden spielen. Die Komposition ist völlig regelmäßig. Vier Elemente sind kreuzförmig, doch rund ineinandergreifend, um ein zentrales Medaillon angeordnet; das Kreuzschema wurde ursprünglich noch durch die farbigen Bestandteile betont. Die nach innen gekehrten Blätter als neues Motiv, das ein menschliches Antlitz einrahmt, zeigen bei dem Stück aus Weiskirchen, welch wesentliche Rolle die Verquickung der Einzelelemente spielte.

Solcherlei Stücke, jedes für sich von grundlegender Bedeutung, stehen trotz der ihnen innewohnenden gemeinsamen Züge jeweils isoliert in ihrer Art da. Wir können sie auf Grund von

23 - Weiskirchen (Saarland) - Fibel: Gesicht zwischen grimassierenden Köpfen. Ende 5. - Anfang 4. Jh. v. Chr. - *Bronze; Länge 0,04 m* - Trier, Rheinisches Landesmuseum

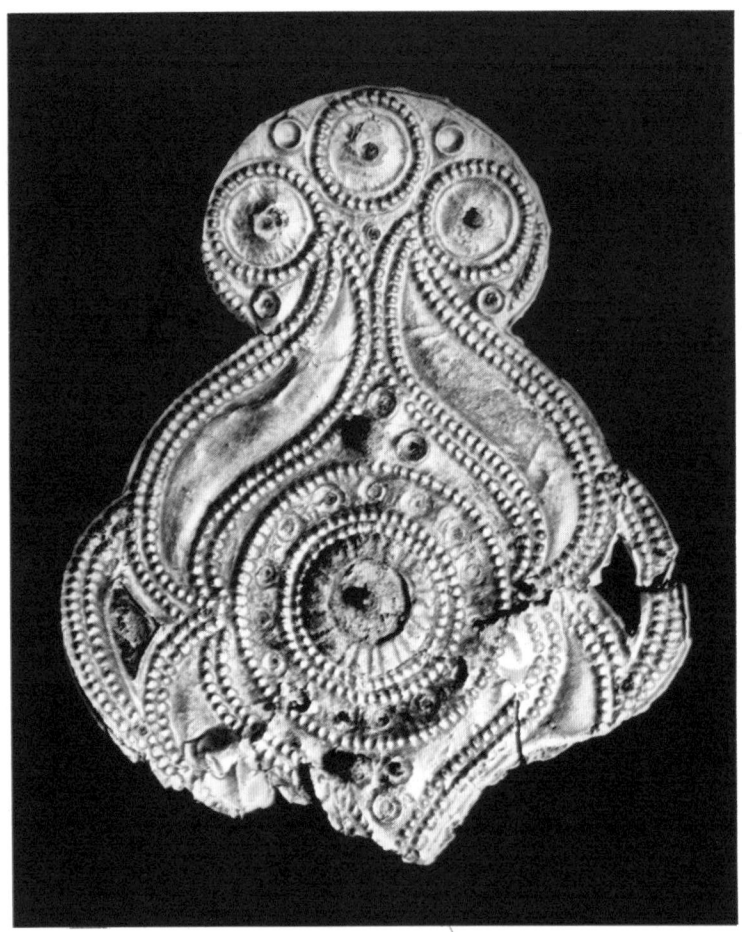

24 - Chlum (Böhmen) - Fragment eines Goldblechs. Ende 5. - Anfang 4. Jh.
v. Chr. - *Gold; Höhe des Fragments 0,06 m* - Prag, Národní Muzeum

Importstücken, die zum Teil im gleichen Zusammenhang gefunden wurden, annähernd datieren; außerdem ergibt der formale und qualitative Vergleich ein relatives Datum. Sie erlauben uns jedoch nur, die größeren Züge dieser Kunst zu definieren, von der wir sagen können, daß sie uneinheitlich ist auf Grund ihrer Entlehnungen und Umstilisierungen, streng in der Anordnung der Einzelbestandteile und teils graphisch, teils bereits plastisch hinsichtlich der angewandten Technik. Die hier besprochenen Stücke spiegeln eine aristokratische Gesellschaftsordnung wider, die bis zur Mitte des 4. Jahrhunderts v. Chr. bestand; damals hatten die Stammesfürsten vom Nordosten Galliens bis einschließlich Böhmen Geschmack am Zauber der mediterranen Goldschmiedekunst gefunden. Wurde dieser Schmuck von weither mitgebracht, wurde er importiert, das heißt südlich der Alpen im Geschmack ‹barbarischer› Kleinkönige hergestellt, oder ist er schon an Ort und Stelle entstanden? Möglich auch, daß dieses Geschmeide irgendwo in der Rheingegend angekauft oder fabriziert und dann an andere Stellen des keltischen Siedlungsraums verbracht worden war. In dem Falle müßten wir es uns versagen, die betreffenden Stücke für einen Regionalstil zu beanspruchen und geographisch viel zu weit auseinanderliegende Stilgruppen zu postulieren.

25 - Rodenbach (Rheinland-Pfalz) - Ausschnitt von einem Armring: Maske zwischen Widdern. Ende 5. - Anfang 4. Jh.
v. Chr. - *Gold (mit Flecken von grüner Bronze); Durchmesser 0,067 m* - Speyer, Historisches Museum der Pfalz

26 - Weiskirchen (Saarland) - Goldblech mit Masken- und Palmettendekor. Ende 5. - Anfang 4. Jh. v. Chr. - *Gold auf
Eisen; Breite 0,08 m* - Trier, Rheinisches Landesmuseum

27 - Niederschönhausen (Berlin) - Fibel: Zwei gegenständige Masken und ein Widderkopf - Ende 5. - Anfang 4. Jh. v. Chr. - *Bronze; Länge 0,09 m* - Berlin, Staatliche Museen
28 - Leopoldau (Wien) - Fibel: Zwei fleischfressende Tiere mit spitzen Ohren. Ende 5. - Anfang 4. Jh. v. Chr. - *Bronze; Länge 0,035 m* - Leopoldau, Florisdorfer Heimatmuseum

2. *Die ersten eigenen Schöpfungen*

Die plastischen Fibeln, die um die Wende vom 5. zum 4. Jahrhundert v. Chr. zwischen Mosel, Main und oberer Donau auftauchen, sind jede für sich denkbar gut geeignet zu demonstrieren, wie sich eines der typischsten latènezeitlichen Denkmäler entwickeln sollte. Bei den Fibeln treffen in mannigfacher Variation Menschengesichter und – zum Teil der Phantasie entsprungene – Tierköpfe aufeinander. So etwa bei den beiden Masken mit entgegengesetztem Schädel und dem Widderkopf auf einem Exemplar aus Berlin-Niederschönhausen; oder bei einem Kopf, dessen Haartracht sozusagen aus drei riesigen Kugeln besteht, aus Oberwittighausen (Baden); bei einem Kopf mit Bart in Verbindung mit einem riesigen Widderkopf aus Dompierre-les-Tilleuls (Departement Doubs); bei einer Ente mit stilisiertem Körper und Schwanenhals aus Hundheim (Rheinland-Pfalz); bei zwei Raubtierköpfen mit Spitzohren aus Leopoldau (Vorort von Wien); bei einem Anhänger, bestehend aus zwei stilisierten gegenständigen Raubvögeln, denen je ein weiterer kleinerer zugesellt ist, aus Val de Travers (Kanton Neuenburg); bei zwei übereinandergesetzten Gesichtern schließlich aus Oberwittighausen. Als ein besonders seltenes Stück ist eine Fibel aus Parsberg (Oberpfalz) zu nennen: zwei Masken bilden die beiden Enden eines Fischs; die Spiralrollen verbergen sich unter einem durchbrochenen Muster aus zwei gegenständigen Greifen, die von fern orientalische Herkunft ahnen lassen. Mit Ausnahme des zuletzt genannten Stücks, bei dem die Gesichter nach vorn blicken und keinerlei Biegung das unten befindliche mit dem Fibelbügel verbindet, haben alle anderen aus dieser Zeit stammenden

30 - Dompierre-les-Tilleuls (Doubs) - Fibel mit Widderkopf.
Ende 5. - Anfang 4. Jh. v. Chr. - *Bronze; Länge 0,049 m* -
Pontarlier, Privatsammlung

29 - Oberwittighausen (Baden-Württemberg) - Fibel mit
menschlichem Kopf. Ende 5. - Anfang 4. Jh. v. Chr. - *Bronze;
Länge 0,107 m* - Karlsruhe, Badisches Landesmuseum

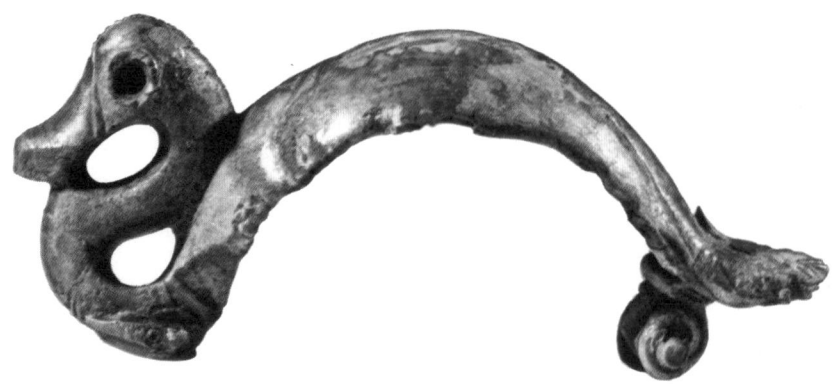

31 - Hundheim (Rheinland-Pfalz) - Fibel: Ente mit schematisiertem Körper. Ende 5. - Anfang 4. Jh. v. Chr. - *Bronze, Email oder Koralle (nicht mehr vorhanden); Länge 0,058 m* - Trier, Rheinisches Landesmuseum

32 - Val de Travers (Neuchâtel) - Fibel: Zwei sich anblickende Raubvögel. Ende 5. - Anfang 4. Jh. v. Chr. - *Bronze, Email oder Koralle (nicht mehr vorhanden); Länge 0,094 m* - Neuchâtel, Musée cantonal d'archéologie

33 - Oberwittighausen (Baden-Württemberg) - Fibel: Zwei übereinandergestellte bärtige Gesichter, das obere mit Tier-ohren. Ende 5. - Anfang 4. Jh. v. Chr. - *Bronze; Länge 0,031 m* - Karlsruhe, Badisches Landesmuseum →

Exemplare bereits die Eigenart, die diese Gattung von nun an im Innern Europas bis zum Ende der römischen Republik kennzeichnet: von der äußersten Spitze der Verschlußnadel an wird der Fibelfuß umgebogen und nähert sich in Gestalt eines Gesichtes, eines Vogel- oder Vierfüßlerkopfes oder auch eines Schmuckmedaillons dem Bügel der Fibel, um sich mit ihm zu vereinigen. Hieraus resultiert ein unregelmäßiges S-förmiges Profil aus einem Stück. Dieses oder jenes Segment mag stärker ausgeprägt sein, auf jeden Fall beschreiben Kurve und Gegenkurve eine weiche und zugleich dynamische Linie, die integrierender Bestandteil des keltischen Stils ist. Diese bisweilen noch mit Koralle eingelegten Bronzefibeln zeigen auch im plastischen Ausdruck schon einige Qualität. Doch sieht man ihnen in ihrem Anfangsstadium noch ihren Kompositcharakter an, der auf die Verschiedenheit der beteiligten Elemente zurückzuführen ist. Er wich allmählich einer schlichten Einfachheit, die fast vierhundert Jahre Bestand hatte. Sehr bald, um die Mitte des 4. Jahrhunderts v. Chr., begann sich der sogenannte Duchcov-Typus oder Duxer Typus (aus Böhmen) weiter auszubreiten.

Abb. 251
Abb. 252

Die Kelten haben sich aber nicht nur für kleinformatigen Schmuck interessiert, den sie aus Norditalien importierten oder unter Verwendung eigener Ideen kopierten. Man findet in den Grabtumuli der Stammesfürsten von der Wende des 5. zum 4. Jahrhundert v. Chr. auch große, langschnäbelige Kannen aus ziselierter Bronze. Ein Krugpaar aus Nieder-Jeutz (Basse-Yutz, Lothringen) bei Diedenhofen sticht besonders hervor durch seinen reichen, nachgerade zusammengewürfelten Dekor, bei dem sich der Effekt der getriebenen, gravierten, gegossenen Bronze mit einem lebendigen Farbspiel verbindet. Unterhalb des Schnabels sind stilisierte Palmetten, S-Kurven, die eine ‹Lyra› bilden, ein Würfelmuster aus Pseudosvastika und Korallenplättchen zu einem länglichen, zwar buntscheckigen, aber durchaus harmonischen Ganzen komponiert. Der Henkel besteht aus einem vollplastischen Vierbeiner mit Spitzohren und offenem Maul,

Abb. 253
und 254

34 - Zeichnung vom Bauch und Boden eines Gefäßes. Ende 5. - Anfang 4. Jh. v. Chr. - *Bronze; Gesamthöhe 0,253 m* - Besançon, Musée des Beaux-Arts et d'Archéologie

36 – Parsberg (Oberpfalz) – Fibel: Zwei Masken auf einem Fischkörper. Ende 5. – Anfang 4. Jh. v. Chr. – *Bronze; Länge 0,088 m* – Nürnberg, Germanisches National-museum

35 – Dürrnberg (Salzburg) – Ausschnitt aus einer Röhren-kanne: Maske zwischen zwei Reihen von anein-anderhängenden S-Kurven. Ende 5. – Anfang 4. Jh. v. Chr. – *Bronze; Gesamthöhe 0,465 m* – Salzburg, Salzburger Museum Carolino-Augusteum

gleichsam einem lang ausgestreckten Hund aus dem Jenseits, der den kostbaren Inhalt des Gefäßes hütete. Den Rücken hinab verläuft ein weiteres Dekorband aus blattförmigen S-Kurven und einem stilisierten ornamentalen Gesicht. In den Dekorausschnitten sieht man als zweite Ebene einen Untergrund aus Gravur, Guilloches und Chagrinage, der die Hauptmotive stärker hervortreten und das Licht spielen läßt. Was die aufkeimende keltische Kunst dem Mittelmeerraum, dem Sammelbecken von Einflüssen aus dem Orient, aus Griechenland und Italien, verdankt, könnte durch nichts besser illustriert werden als durch diese Nachahmung einer etruskischen Kanne; auch läßt sich kaum besser klarlegen, was die Kelten selbst ausgewählt, sich angeeignet und von sich aus geschaffen haben. Eine andere Mischkomposition dieser Stilrichtung findet sich unterhalb des Henkels einer Röhrenkanne vom Dürrnberg (Salzkammergut). Es handelt sich um eine Maske italischen Ursprungs und zwei Reihen ineinandergeschlungener S-Kurven, die von einer umgekehrten Palmette getragen werden. Die Schnabelkanne aus Besançon ist ein von einem Gallier verziertes etruskisches Erzeugnis; entsprechende Dekorelemente, das heißt S-Kurven, Palmetten, Blätter, schmücken die noch erkennbaren Teile einer gravierten Schmuckscheibe, aus Écury-sur-Coole (Departement Marne).

Abb. 255
und 256

Neue Motive bildeten sich aus dem Lotosblatt, stets streng angeordnet und vielleicht geradezu unter seinem Formzwang. Der durchbrochene Goldbeschlag einer heute verlorenen Schale, der zusammen mit bearbeiteten Goldplättchen aus einer Art von Grabhort bei Schwarzenbach (Rheinland-Pfalz) stammt, weist eine handwerkliche Technik auf, die nur keltisch sein kann. Zunächst einmal die komplementäre Verteilung von Zier- und Leerzonen; der Umriß mancher Leerräume verhält sich jetzt analog zu den ausgefüllten Partien (mehr oder weniger weit geöffnete Lotosblätter, teils mit, teils ohne Knospe); der ornamentale Effekt und die Möglichkeiten des linearen Spiels werden auf einen Schlag fast verdoppelt. Sodann die Umstilisierung der Pflanzen, die Entwicklung neuartiger, nicht mehr naturnaher, sondern imaginärer pflanzlicher

Abb. 247
und 248

37 - Schwarzenbach (Rheinland-Pfalz) - Getriebenes rundes Goldblech. Ende 5. Jh. v. Chr. - *Gold; Durchmesser 0,05 m* - Berlin, Staatliche Museen

38 - Schwarzenbach (Rheinland-Pfalz) - Kleine Maske zwischen zwei Blättern. Ende 5. - Anfang 4. Jh. v. Chr. - *Gold; Höhe 0,03 m* - Berlin, Staatliche Museen

39 - Schwarzenbach (Rheinland-Pfalz) - Durchbrochener Beschlag einer Schale. Ende 5. - Anfang 4. Jh. v. Chr. - *Gold;*
Durchmesser 0,126 m - Berlin, Staatliche Museen

Motive: aus gegenständigen Lotosblättern entsteht durch eine neunziggradige Wendung der
vertikalen Hälften eine Art Korb oder Schale aus zwei Blättern, deren Enden spiralförmig eingerollt und einander zugewandt sind. Eine andere, weniger grundsätzliche Umgestaltung sehen
wir bei dem komplexen Motiv im oberen Fries: zwei Halbpalmetten, nebeneinandergerückt
und gleichsam in die Höhe strebend, sind ins Innere eines großen ‹Spiralkorbs› verlegt. Hier
ist alles künstlich, die Pflanze denaturiert, und ihre voneinander getrennten Bestandteile sind
kaum noch wiederzuerkennen. Es entsteht eine Tendenz, zuvor isolierte Elemente einem gemeinsamen Rund einzufügen; sie sollte einer der wichtigsten Ausgangspunkte keltischer Krea-
tivität werden. Diese Verschmähung der Natur und die Versessenheit auf abstraktes Linienspiel,
beide verantwortlich für den Entschluß, das natürliche Vorbild zu zerschlagen und zu verzerren,
um die Einzelteile dann für ein neues, rein dekoratives Bild zu verwenden, trennt nun und in

40 und 41 - Heidelberg (Baden-Württemberg) - Doppelkopf zwischen zwei Blättern. Ende 5. - Anfang 4.Jh. v.Chr.
- *Sandstein; Höhe 0,31 m* - Karlsruhe, Badisches Landesmuseum

alle Zukunft Kelten und Südländer im formalen Bereich. Auf den Münzen werden wir Extrem-fälle dieses Phänomens kennenlernen. Zwei weitere Motive erscheinen auf dem Grund des genannten Gefäßes: ‹Lyra›-bildende S-Kurven und stilisierte Lotosblätter, die Dreiecke mit geschwungenen Seiten und in Kreise auslaufenden Spitzen, fast schon Dreierwirbel, entstehen lassen. Ähnliche Kombinationen sehen wir auf einem runden Goldblatt vom selben Herkunfts-ort. Die Tendenz ist da: das ‹dreibeinige› Bildmotiv mediterranen Ursprungs sollte die keltische Kunst der Mittellatènezeit beherrschen.

Der Fund von Schwarzenbach enthielt auch eine Reihe kleiner Masken aus getriebenem Goldblech; mit dem stark gerundeten Gesicht, den in die Länge gezogenen Augen und der Stirnfranse unterscheiden sie sich nur unmerklich vom italischen Silen, aber die beiden ‹Blätter›, die das Gesicht von unterhalb des Ohrs bis zum Scheitel einrahmen, sind dem Latènestil verpflichtet. Möglicherweise hat man hier die Lotoselemente, die auf dem Goldblech von Weiskirchen ein Gesicht großenteils umgaben, abgewandelt und ihre spitzen Enden abgerundet. Als Resultat eines noch nicht ganz geklärten Entwicklungsprozesses haben wir Blätter vor uns, bei

42 - Hořovičky (Böhmen) - Phalere mit zwei Reihen von Masken. Ende 5. - Anfang 4.Jh. v.Chr. - *Bronze auf Eisen;*
Durchmesser 0,12 m - Prag, Národní Muzeum

denen der vollere Teil oben sitzt. Dieses ‹bekränzte› Haupt sollte in den verschiedenen Diszi-
plinen der keltischen Kunst noch eine langanhaltende Rolle spielen.

Wir treffen es in der Tat leicht modifiziert wieder auf zwei ganz andersartigen Gegenständen
an, die in dieselbe entscheidende Zeit gehören. Einmal auf der besterhaltenen von zwölf getriebenen Bronzescheiben aus Hořovičky in Böhmen: um eine Mittelknospe sind in zwei konzentrischen Kreisen sieben beziehungsweise vierzehn Masken angeordnet. Jede ist von großen

‹Blättern› eingerahmt, die diesmal unter dem Kinn beginnen und beiderseits des Scheitels zusammenstoßen; auf dem Scheitel selbst sitzen zwei winzige, auseinanderstrebende ‹Hörner›.
Die typologische Verwandtschaft mit dem Kopf von Weiskirchen ist evident, und für die Herkunft aus einer Werkstatt des Westens spricht auch, daß es aus diesem Gebiet noch weitere Belege gibt: ein Doppelkopf aus Heidelberg (vgl. Anm. 3, S. 239), zweifellos die älteste Steinskulptur der Latènezeit; hier beginnen die ‹Blätter› (oder ‹Fischblasen›, wie manche Forscher
sagen) in mäßig erhabenem Relief unter den Ohren und stoßen oben zusammen; innen haben
sie eine Art von Mittelrippe. Auf der Stirn trägt die Maske drei scharf umrandete Blumenblätter,
die vielleicht irgendeinen applizierten Schmuck oder eine Tätowierung suggerieren sollten.
Die Rückseite, die ebenso flach wie die Vorderseite ist, bildet ein auf wenige geometrische Züge
reduziertes, rein schematisch erscheinendes Gesicht. Das Ganze war wohl ein Idol, Surrogat
einer ‹Herme›. Der Kranz nimmt nun auch eigenbegriffliche Züge an; zunächst vielleicht aus
dekorativer Spielerei entstanden, wurde er wohl auf Grund einer bestimmten Symbolik ins
Große übersteigert.

43 - Reinheim (Saarland) - Ausschnitt eines ‹torques›. Ende 5. - Anfang 4. Jh. v. Chr. - *Gold; Durchmesser 0,172 m* - Saarbrücken, Landesmuseum für Vor- und Frühgeschichte

44 und 45 - Erstfeld (Uri) - Armreife. Anfang 4. Jh. v. Chr. - *Gold; Durchmesser in beiden Fällen 0,06 m* - Zürich, Schweizerisches Landesmuseum

46 und 47 - Erstfeld (Uri) - Ausschnitte von durchbrochenen Halsringen. Anfang 4. Jh. v. Chr. - *Gold;*
Durchmesser in beiden Fällen 0,13 m - Zürich, Schweizerisches Landesmuseum →

48 - Reinheim (Saarland) - Ausschnitt von einem Armring. Ende 5. - Anfang 4. Jh. v. Chr. - *Gold; Durchmesser 0,08 m* - Saarbrücken, Landesmuseum für Vor- und Frühgeschichte

An jene Jahrhundertwende zwischen den ersten tastenden Versuchen und den entscheidenden Erfahrungen sind noch einige Goldarbeiten zu datieren, die mit zum Prächtigsten in der Hofkunst der Frühlatènezeit gehören: gemeint ist das Geschmeide aus dem Fürstengrab von Reinheim an der Saar (vgl. Anm. 4, S. 239) und aus Erstfeld in den Schweizer Alpen. Diese Stücke sind zwar nicht aus einem Guß, aber in ihrer bunten Zusammensetzung wahre Meisterwerke. Der Fund von Reinheim ist älter. Hier sind Eulenköpfe, Baluster und Kapseln, Gesichter, die helmartig von einem Raubvogel mit zurückgeschlagenen Flügeln bekrönt werden, S-Ornamente und Palmetten durcheinandergemengt, ohne daß doch ein Teil mit dem anderen verbunden wäre; ein höchst seltsames Nebeneinander. Auf den Stücken aus Erstfeld, die jünger, leichter und zum Teil durchbrochen gearbeitet sind, sehen wir Masken, die – ohne an Eindeutigkeit zu verlieren – in lange Palmetten auslaufen, und Monstren, halb Mensch, halb Tier, in gewagtester Kombination; zum Beispiel zwei Oberkörper, unten durch ein einziges Bein verschmolzen, von denen der eine von einem Raubvogel angefallen wird – übrigens eine der seltenen Kampfszenen in der keltischen Kunst. Die Komposition bleibt streng symmetrisch, schwelgt aber derart in Formen und überkühnen Verbindungen, daß das Ganze wohl nur durch ein Wunder nicht in ein Chaos fehlgeborener Metamorphosen abgeglitten ist.

Abb. 258   Von ganz anderem Schlage, naturalistisch und kaum stilisiert, ist dagegen eine Fibel aus dem Grabfund von Reinheim. Sie ist verziert mit einem höchst dekorativ wirkenden Hahn aus Bronze mit Koralleneinlagen, und sie hat nicht das gewohnte Latèneprofil. Ebenso eine Fibel aus Schwieberdingen (Württemberg) mit der Darstellung der Statuette eines angeschirrten Pferdes, die auf Spiralrolle und Nadel montiert ist. Schließlich müssen wir aus Reinheim auch eine bronzene, vergoldete Röhrenkanne nennen, deren Deckel einen menschenköpfigen Equiden als Griff hat, ein Mischwesen, das wir sonst nur noch auf gallischen Münzen, speziell aus Armorica, antreffen.

Abb. 257   Eine mit Gold ausgelegte Scheibe aus Auvers-sur-Oise (Val d'Oise) wirkt nur auf den ersten Blick einfach; sie läßt bei näherem Hinsehen ebensoviel Sinn für Originalität erkennen wie die

64

49 - Auvers-sur-Oise (Val-d'Oise) - Scheibe mit Mittelknopf. Anfang 4. Jh. v. Chr. - *Gold auf Bronze, Koralle und Email; Durchmesser 0,10 m* - Paris, Bibliothèque Nationale, Cabinet des Médailles

oben besprochene Schale aus Schwarzenbach. Sie ist mit einem genau durchdachten Pflanzendekor, wie er in der keltischen Kunst klassisch wurde – Palmetten, S-Kurven, die eine ‹Lyra› bilden, stark schematisierte Lotosblumen –, versehen und hat gleichzeitig Farbelemente (Koralle und Email), die mit dem ursprünglichen, noch naturnahen Kreuzmuster ein um 45 Grad verschobenes Kreuz konkurrieren lassen. Zwei Emailknöpfe an den Enden einer der Achsen bringen eine leichte Asymmetrie in dieses strenge achtstrahlige und achtfach gefächerte Schema. Daß zwei nebeneinander befindliche ‹Lyren› zu einer größeren verschmelzen, die aus der Palmette und den sie umrahmenden S-Kurven besteht, und daß Pflanzenmotive in verkehrter Position erscheinen, ist nichts Neues mehr. Es gehört dies zu der in der linearen Bildkunst geläufigen Doppeldeutigkeit; in zwei benachbarten identischen Motiven vorhandene Elemente werden gemeinsam für ein neues verwendet. Diese Ambivalenz läßt dann zwei ‹Lesarten› zu; in unserem Fall zum Beispiel sehen wir entweder zwei miteinander verschmolzene Lyren, die eine

gewöhnlich, die andere in die Breite verkehrt; oder aber nur zwei gewöhnliche, nebeneinander-
stehende Lyren.

Die Schwertscheide von Bavilliers (Gebiet von Belfort), eines der ältesten Beispiele für latènezeitlichen Waffendekor, vermag diese Erscheinung vortrefflich zu erläutern: es folgen aufeinander ‹Quadrate› mit konkaven Seiten und gebogene Blätter, aus denen man sowohl eine
Reihe ineinander verschlungener S-Kurven als auch verschiedenartig kombinierte Blätter oder
etwa Spiralschalen herauslesen kann. Eine andere Doppeldeutigkeit zeigt sich auf der schon
besprochenen Scheibe aus Auvers: die verkehrte Palmette, deren Fuß von zwei Korallentropfen
umrahmt ist, suggeriert die obere Hälfte eines karikierten Gesichts mit Knollennase und mit –
durch die S-Kurven angedeuteten – aufgeblasenen Backen. Vielleicht war das ungewollt und
hatte nichts zu bedeuten. Aber da wir uns an einem Punkt befinden, wo man pflanzliche, tierische und menschliche Bildthemen umgestaltete und vermengte – was sehr bald den häufigsten
und originellsten Zug der Latènekunst ausmachen sollte –, sind wir doch versucht, hier eines
der ersten für uns erkennbaren Beispiele solcher Transformation zu sehen. Zwei-, drei-, vielfache Deutungsmöglichkeit und dabei vielleicht nur vorgetäuschte Metamorphose – das ist
die typische Atmosphäre keltischer Kunst.

Am äußersten westlichen Ende des am dichtesten mit Kelten besiedelten Gebietes liefert die
Champagne (die ‹Marne›, wie man in der Fachliteratur noch häufig sagt) Funde, bei denen die

51 - La Bouvandeau (Somme-Tourbe, Marne) - Ausschnitt eines Wagen-
ornaments. Anfang 4. Jh. v. Chr. - *Bronze; Gesamthöhe 0,14 m* - Saint-
Germain-en-Laye, Musée des Antiquités nationales

52 - Mairy (Marne) - Platte. 4. Jh. v. Chr. -
Bronze; Höhe 0,072 m - Saint-Germain-en-
Laye, Musée des Antiquités nationales

← 50 - Cuperly (Marne) - Ausschnitt einer Schmuckscheibe. Anfang 4. Jh. v. Chr. - *Bronze; Gesamt-*
durchmesser 0,11 m - Saint-Germain-en-Laye, Musée des Antiquités nationales

53

54

55

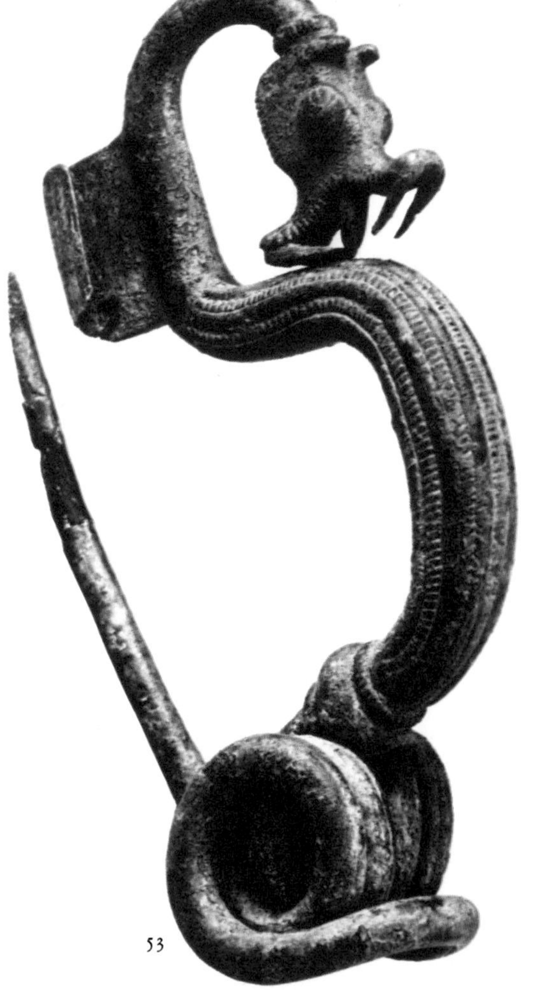

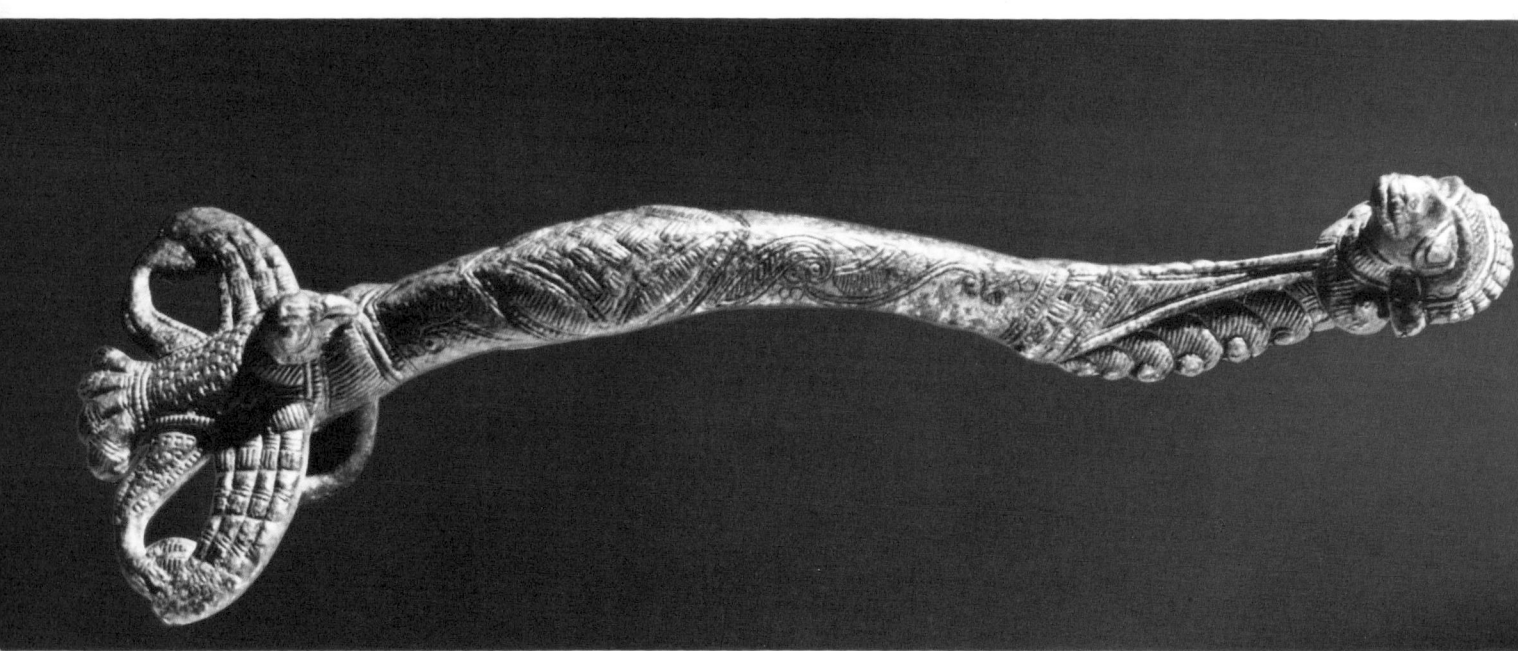

53 - Molinazzo d'Arbedo (Tessin) - Fibel. Anfang. 4. Jh. v. Chr. - *Bronze; Länge 0,10 m* - Zürich, Schweizerisches Landesmuseum

54 - Nová Huť (Böhmen) - Fibel. Ende 5. - Anfang 4. Jh. v. Chr. - *Bronze; Länge 0,0575 m* - Plzeň, Západočeské Muzeum

55 - Panenský Týnec (Böhmen) - Fibel. 4. Jh. v. Chr. - *Bronze; Länge 0,102 m* - Prag, Národní Muzeum

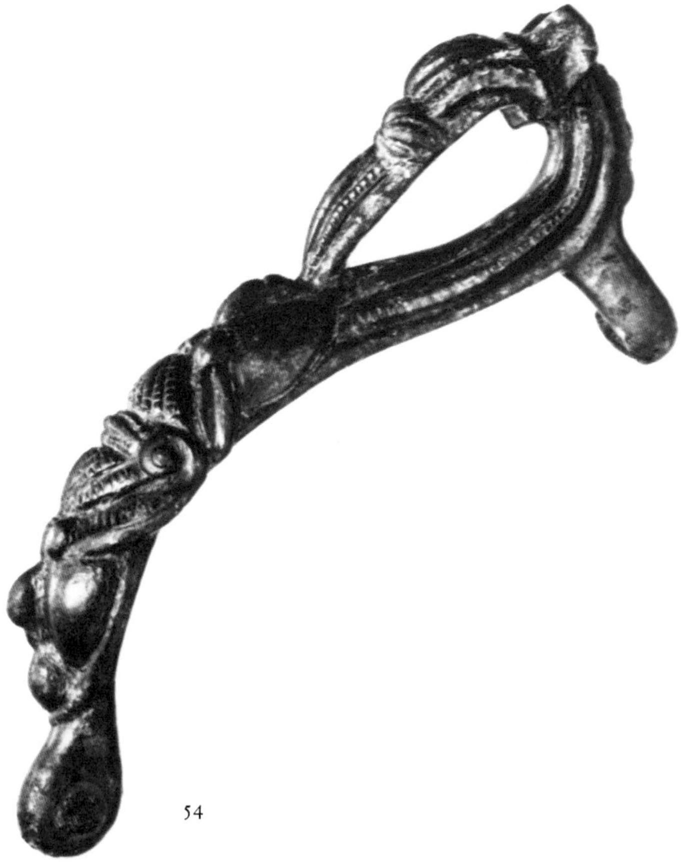

56 - Želkovice (Böhmen) - Gürtelagraffe mit Reliefmaske. Ende 5. - Anfang 4. Jh. - *Bronze; Länge 0,073 m* - Prag, Národní Muzeum

57 - Stupava (Slowakei) - Mittelpartie einer kleinen Platte. Ende 5. - Anfang 4. Jh. v. Chr. - *Bronze; Gesamtlänge 0,066 m* - Bratislava, Slovenské Národní Muzeum

neuen Stilelemente in offensichtlich ‹gezähmter› Form angebracht sind, teils in fließender, teils in starrer Zueinanderordnung. Auf einem Wagenbeschlagblech aus La Bouvandeau (Marne) entfaltet sich eine Palmette in die Breite und Höhe; unten ist sie durch Linien abgeschlossen, die man auch für die Karikatur eines Gesichtes mit großer Nase halten könnte, dem zurückgebogene Blätter wie ein Federbusch aufsitzen. Eine aus Cuperly (Marne; vgl. Anm. 5, S. 239) stammende Schmuckscheibe von einem Pferdegeschirr oder Panzer ist eine ästhetisch-geometrische Komposition von durchbrochenen Kreisen und Halbkreisen, wie mit dem Zirkel entworfen; die Bogen überschneiden sich aufs kunstvollste in diesem Gitterwerk, das wie bronzene Spitzen wirkt. Wenn es auch nichts typisch Keltisches an sich hat, so läßt doch die zielstrebige Virtuosität dieses Werkes erkennen, bis zu welchem Grade der Meisterschaft es die Künstler der Frühlatènezeit gebracht hatten. Die Zierlichkeit des feinen Gespinstes ist es, die wohl überhaupt die besten Kunstwerke von der ‹Marne› auszeichnet. Auf jeden Fall müssen wir den künstlerischen Wurf auf Grund des ausgewogenen Ganzen und der raffinierten Details auch dann noch hoch einstufen, wenn wir uns am Geschmack der klassischen Antike orientieren, und das ist beim vorliegenden Qualitätsniveau kein schlechtes Kompliment für den Meister. Auf einem einfachen Bronzeblech aus Mairy (Marne) sind große Blätter symmetrisch angeordnet. Die in der Mitte befindlichen fügen sich je paarweise zu einem Kreis zusammen, ganz so wie die beiden Hälften des ‹jin-jang› genannten mittelalterlich-chinesischen Diagramms. Abb. 436

Der Typus der keltischen Fibel in Gestalt eines mehr oder weniger in die Länge gezogenen S wird durch zwei plastische Fibeln repräsentiert, eine aus Molinazzo d'Arbedo (Tessin) und die andere aus Nová Huť (Böhmen). Bei der ersten kommt der Kontakt zwischen Fuß und Bügel

58 - Saint-Pol-de-Léon (Finistère) - Großes Gefäß mit Ritzdekor. 4. Jh. v. Chr. - *Gebrannter Ton; Höhe 0,26 m* - Morlaix, Musée municipal

59 - Kélouer Plouhinec (Finistère) - Großes Gefäß mit Stempel- und Ritzmuster. 4. Jh. v. Chr. - *Gebrannter Ton; Höhe 0,31 m* - Saint-Germain-en-Laye, Musée des Antiquités nationales

durch ein Drachenmaul zustande; bei der zweiten durch einen Greifenkopf mit langem Schnabel, während sich am entgegengesetzten Ende zwei Masken mit langgezogenem Kinn gegenüberliegen. Eine dritte Fibel aus Panenský Týnec (Böhmen) ist wie die Fibel aus Parsberg fast gar nicht gebogen und so gestaltet, daß am Fußende ein Widderkopf auf einen Vogel mit entfalteten Flügeln blickt; der Vogel verdeckt die Spiralrolle und scheint auf den Widder losgehen zu wollen. Zusammen mit den Fibeln mit entgegengesetzten Köpfen, die wir oben beschrieben haben, und dem *torques* aus Erstfeld erschöpfen sie bereits das Repertoire an ‹Kampfszenen›, die die Latènekunst in diesem ihrem Anfangsstadium zu bieten hat. Das ist sehr wenig im Vergleich mit den so häufigen Metzeleien, die die zeitgenössische skythische Kunst darstellt. Zeigen wir abschließend eine Platte aus Stupava (Slowakei): in den Grund sind zwei antithetische Pferdegreifen eingraviert, darüber erscheint ein halbplastisches Gesicht, das den Beschauer anblickt.

60 - Puisieulx (Marne) - Ausschnitt einer großen bemalten Vase. Ende 4. Jh. v. Chr. - *Gebrannter Ton; Gesamthöhe 0,35 m* - Reims, Musée Saint-Remi

Das Stück ist von einzigartiger Konzeption mit dem brutalen Kontrast der Bearbeitungstechnik, der ganz verschiedenen Inspiration – einerseits wohl orientalisch beeinflußt, andererseits eine Bestätigung der Qualität echt keltischer Bildkunst – und mit der konträren Anordnung der beiden Komponenten. Auf der Scheibe einer Gürtelagraffe aus Želkovice (Böhmen) schließlich kontrastiert das geometrische Muster eines unterbrochenen Mäanders mit einer Reliefmaske mit langgezogenen kurvolinearen Augenbrauen, großen länglichen Augen und geradlinigen Wülsten oberhalb und unterhalb der Nase – wiederum ein höchst irrealer Komplex.

3. Sekundäre Umgestaltungen: Die Keramik

Die Keramikmuster, die wie die Gefäßformen selbst regionalen oder lokalen Werkstätten verpflichtet sind, waren fremden Einflüssen weniger ausgesetzt als der Dekor von Metallgegenständen, da sich die zerbrechliche Tonware nur schwer transportieren läßt. Wenn wir trotzdem die weite Verbreitung verzierter Tongefäße in der Latènekultur des 4. Jahrhunderts v. Chr. erklären wollen, müssen wir annehmen, daß man sich an Metallgefäßen orientiert hat und daß das für sie benötigte Handwerkszeug leicht von Ort zu Ort getragen werden konnte: der Meißel und Stichel beziehungsweise ihre Gegenstücke aus Hartholz und vor allem Stempel, Matrizen und Zirkel. So kommt es, daß sich regionale Gruppen von Tongefäßen, die auf die gleiche Art,

61 - Prunay (Marne) - Große bemalte Vase. 4. Jh. v. Chr. - *Gebrannter Ton; Höhe 0,31 m* - London, Britisches Museum

wenn auch in verschiedenen Techniken verziert, nämlich graviert oder bemalt sind, in sehr weit auseinanderliegenden Gebieten finden, während mit dem Stempel oder Zirkel angebrachte kreis- und halbkreisförmige Motive sich über fast das gesamte keltische Europa verteilen, wobei sich die Unterschiede hauptsächlich auf den Entwurf beziehen. Die eigentliche Vasenmalerei blieb in der Latènekunst ohne unmittelbare Nachwirkung.

In Armorica tauchen um diese Zeit große dunkle Tongefäße auf, deren schwere und einfache Form das Metall nachahmt, gelegentlich mit Hilfe der Töpferscheibe. Der Ritzdekor ist hier gut gelungen; er besteht aus senkrechten Palmetten und großen, lang über die Gefäßwand sich

Abb. 259 erstreckenden S-Motiven. Das hohe schwarze Gefäß aus Saint-Pol-de-Léon und das von Kélouer Plouhinec (Finistère) gehören hierher; der großzügig gestaltete Dekor ist regelmäßig verteilt; weite Flächen ohne eine bestimmte eigene Form bleiben dabei leer. Es fällt auf, daß die Zeichnung viel größer ist als auf den hier oft nachgeahmten Bronzesitulen, weil sie sich auf Ton nicht so leicht *en miniature* realisieren ließ. In der Tat wirken die riesigen Palmetten und über-

Abb. 260 großen S-Motive, die wir auch auf einem Fragment aus Pendreff en Commana (Finistère) finden, wie Vergrößerungen. Vergleichbar sind die orientalischen, kretischen und mykenischen bemalten Gefäße mit ihrer im Verhältnis zur Fläche überproportionierten Ornamentik. Fast die gesamte Höhe des Gefäßes dient als Skala für eine schwungvolle, doch hier immer gleichmäßig verteilte Komposition. Von gleicher Art, wenn auch nicht ganz so groß, ist der Ritzdekor auf zwei Ge-

Abb. 261 fäßscherben aus Le Blavet (Côtes-du-Nord); entsprechende Formen, Muster und Bearbeitungs-
und 262 technik werden wir bei der Keramik Großbritanniens antreffen.

Aus der Champagne und den Ardennen stammen scheibengedrehte Gefäße mit Standfuß. In Prunay sowie in Puisieulx (Marne) gibt es Urnen, die mit weit ausgreifenden kurvolinearen Mustern bemalt sind und deren Bauch von großen S-Motiven überzogen ist, die mit ihren Spiralen ineinandergreifen. Betrachtet man diese weite, geschwungene, pflanzenhafte, aber wie nach Gutdünken verdichtete Oberflächenbemalung, bei der der Hintergrund auf Dreiecke mit konkaven Seiten reduziert ist, so würde man meinen, der Maler, der ja schnell arbeiten mußte, hätte sich hier mehr als anderswo die Freiheit erlauben können, sich der Inspiration des Augenblicks hinzugeben. Tatsächlich aber arbeitete er peinlich genau, nichts blieb dem Zufall über-lassen, und kein Motiv ist willkürlich. Manchmal sind die eingeritzten Striche mit roter Farbe ausgefüllt (in Marson, Marne), oder die Gefäßwand bleibt zwischen den Bildumrissen unbemalt (Prunay, Marne), das sogenannte Aussparungsverfahren, das auch in der zeitgenössischen klas-sischen griechischen ‹rotfigurigen› Keramik angewendet wurde. Gemalt wurden stilisierte, vergrößerte Pflanzenelemente, doch sind die Sujets weniger variiert als bei den armoricanischen Vasen. Zwei große Becher aus L'Épine und La Cheppe (Marne), der eine mit Knickwand, der andere mit zierlich gerundetem Profil, sind mit einem Ritzdekor versehen, der – direkt oder indirekt – nur auf orientalische oder orientalisierende Motive zurückgehen kann: der Becher aus L'Épine weist zwischen zwei Zickzackbändern – die wie die Gefäßform selbst noch hallstatt-zeitlich sind – einen Fries von Equiden mit zurückgewendetem Kopf auf; der aus La Cheppe

Abb. 263 zeigt in zwei Bildstreifen übereinander gegenständige ‹Seepferdchen› und – ebenfalls gegenein-ander gerichtet – Phantasievögel. Ganz anders und unbekannter Herkunft (lokal inspiriert?) ist der ziemlich grob reliefierte Schuppendekor auf dem schwarzen Topf aus Thuisy (Marne). Er ist eines der im keltischen Westen – im Gegensatz zu Mittel- und Osteuropa – seltenen Exemplare einer zur Not noch als plastisch zu bezeichnenden Keramik.

Nach Böhmen zu entwickelte sich eine ganz andere Gefäßform mit linsenförmigem Rumpf, breit und nur mäßig hoch und mit langem, oben erweitertem, Hals, die Linsenflasche. Diese Form hatte in jener Gegend einen nachhaltigen Erfolg, und die Gefäße erreichten gelegentlich eine beträchtliche Größe. Das handgemachte Stück aus Hlubyně ist mit kleinen, eingestempelten Kreisen verziert, die in Linien und geometrischen Mustern angebracht sind. Dieses Verfahren

62 - La Cheppe (Marne) - Hoher Becher mit Ritzmuster: Seepferdchen, teilweise ergänzt. 4.Jh. v.Chr. (?) - *Gebrannter Ton; Höhe 0,345 m* - Gipsabguß in Saint-Germain-en-Laye, Musée des Antiquités nationales

63 - L'Épine (Marne) - Ausschnitt eines Bechers mit Ritzmuster, teilweise ergänzt. 4.Jh. v.Chr. (?) - *Gebrannter Ton; Gesamthöhe 0,33 m* - Gipsabguß in Saint-Germain-en-Laye, Musée des Antiquités nationales

war dazu angetan, die Keramik schnell zu popularisieren; man erhielt durch die Vielfalt der erzielten Motive – Rosetten, Sterne, Gewinde, Girlanden, Dreiecke, Rauten und so weiter – ein zwar reiches Repertoire; doch trug es, solange man es völlig schematisch verwendete, nicht zur Verfeinerung der eigentlichen keltischen Latènekunst bei. Das gilt auch für die Verwendung des Zirkels. Mit seiner Hilfe entwarf man die verschiedensten Arten nebeneinanderliegender, einander übergreifender oder durchkreuzender Kreise und Halbkreise sowie ovaler oder speerförmiger Blätter, das heißt, man konstruierte eine etwas monotone Ornamentik, die teilweise auf dem Prinzip der Wiederholungen beruht und, wenn auch häufig liebevoll ausgeführt, zweitrangig wirkt. Sie leitete sich von der Bronze her und stand zum Beispiel in Norditalien in hoher Gunst. Vom 4. Jahrhundert v. Chr. an wird diese Technik – auf Ton wie auf Metall – von der Bretagne bis nach Böhmen weithin angewendet. Gute Beispiele sind der Deckel eines bronzenen Dös-

64 - Thuisy (Marne) - Topf mit Schuppenmuster. 4. Jh. v. Chr. - *Gebrannter Ton; Höhe 0,215 m* -
Saint-Germain-en-Laye, Musée des Antiquités nationales

Abb. 266
und 265
Abb. 264 chens aus Chlum in Böhmen, eine Gefäßscherbe aus Prag-Podbaba oder eine schöne Vase aus Pendreff en Commana (Finistère).

Diese ersten Produkte der Keramikkunst sind trotz ihres mannigfaltigen Zierats (gemalt, geritzt oder gestempelt) und auch dann, wenn sie durch die Töpferscheibe eine gewiß nicht unelegante Form erhielten, doch von einer erstaunlichen Einfachheit und Monotonie. Alle Gefäße sind henkellos, und nur wenige, teilweise gedrehte Stücke haben einen Standfuß; fast nie findet man einen Deckel. Auch sucht man vergebens nach organisch gewachsenen Bildern; nichts, was sich mit der ‹schwarzfigurigen›, geschweige denn der ‹rotfigurigen› griechischen Keramik vergleichen ließe. Originell ist einzig und allein der große gemalte Pflanzendekor mit oder ohne ‹Aussparung› nicht geglätteter Flächen; er gleicht über Raum und Zeit hinweg und, ohne daß sich irgendwelche Verwandtschaft konstruieren ließe, den Motiven der ‹Donaukeramik› des IV. und III. Jahrtausends, wo Spirale und S-Kurve geläufig sind (auf der neolithi-

schen sogenannten ‹Prä-Cucuteni›-Ware Rumäniens: Tirpesti, Šipenicy, Izvoare; oder in Kamnik Abb. 267 bis 270
[Kolonje] in Albanien), Motiven kretisch-mykenischer Vasen oder sogar solchen der chinesi- Abb. 271
schen neolithischen Keramik (das Becken von Da-dun-tse, Pi-hien-Kiang-su; die Schale von Abb. 272 und 273
Lan-tschou, Kansu).

Wir haben auf den vorigen Seiten kaum einmal den Ausdruck ‹Stil› verwendet. Aber wir ge-hen wohl kein Risiko ein, wenn wir dieses Anfangsstadium in der Frühlatènezeit als ‹Premier Style› deklarieren. Einerseits würden wir dadurch präzisieren, daß es sich um eine – wenn man will ‹archaische› – Periode des ersten Experimentierens handelt; um einen Stil, der infolge von Anleihen bei verschiedenen Kulturen ‹komposit› ist; um Strenge, weil man ein streng geregel-tes und kumulatives (das heißt nebeneinander ordnendes) Aufbauprinzip geerbt hatte und nach-ahmte. Andererseits würden wir klarstellen, daß diese Epitheta (‹archaisch›, ‹komposit› und so weiter) sich immer nur auf bestimmte Werkkategorien beziehen, wo Bezeichnungen wie ‹linear› oder ‹graphisch› nicht die Gesamtheit dieser ersten Kunstschöpfungen qualifizieren sollen. Tatsächlich ist das Relief bei einer Anzahl von Objekten – Fibeln, verzierten goldenen Finger-, Arm- und Halsringen, Kannen, Bronzeblechen und -agraffen – bereits ebenso relevant wie die Zeichnung. Was die verschiedenen Arten des Keramikdekors betrifft, die man durch Kreis-stempel und mit dem Zirkel gezogene Kreisbogen erzielte, so stellen sie eher eine Technik dar – die man vom Metall her bezogen hatte, wo sie viel raffinierter zur Geltung kam – als einen eigentlichen ‹Stil›. Das gilt analog auch für die Plastik.

Viel mehr Gewicht kommt der Aneignung bestimmter Motive und der Bejahung bestimmter Gestaltungsprinzipien zu. Die Motive sind überwiegend pflanzlich (wirklich oder imaginär), wie die immer stärker stilisierte Palmette, die Spirale, das vollständige, unvollständige oder mit Abb. 274 einem anderen verknüpfte S-Motiv; der Lotos mit oder ohne Blütenknospe, der ‹Korb› und die von ihm abgeleitete ‹Spiralschale›; schließlich die aus zwei S-Kurven zusammengesetzte ‹Lyra›; dazu kommen die Phantasiewesen, die hybriden Gestalten, halb Mensch, halb Tier, und die von zwei ‹Blättern› umrahmten Gesichter. Bei der Gestaltung ist relevant die Fusion zweier benachbarter Motive auf die Art, daß aus zwei beiden gemeinsamen Teilen ein neues Motiv entsteht; die durch Umschlagen oder Rotation des Motivs hergestellte Symmetrie; die bedeu-tende Rolle der Leerräume, auch wenn sie noch keine eigenständige Form gewonnen haben; endlich der unwiderstehliche Hang zur Metamorphose, der zum Beispiel in einer verkehrten Palmette das flüchtige Bild eines karikierten Gesichtes wahrnehmen läßt. Die ersten Werke kel-tischer Künstler waren, zeichnerisch wie plastisch, zunächst noch heterogener Natur und zeug-ten von eklektischem Geschmack. Doch legten sie sich nach und nach auf bestimmte bevor-zugte Themen fest und wandelten sie ab, noch unter strengem Formzwang und hier und da unter diskreter Verwendung des Zirkels. Aber diese Versuche aneignender Umgestaltung sollten den Ausgang für vollkommen eigenständige Werke bilden.

Die Intelligenz der Kelten bestand in ihrer Fähigkeit aufzunehmen.

III

BLÜTEZEIT UND AUSSTRAHLUNG

(350–120 v. Chr.)

Um die Mitte des 4. Jahrhunderts v. Chr. hatten sich die Kelten Galliens und die von der oberen Donau schon im Verlauf mehrerer Wanderwellen in der Poebene und an der Adria bis hin nach Ancona festgesetzt. Sie unternahmen sogar einen Raubzug nach Rom, an den Italien noch lange erzitternd zurückdachte. Sie erlernten den Weinbau und entdeckten die Mittelmeerkultur, ihre Metallgefäße und Keramik. Rückkehrer aus Italien brachten Formen und Motive in größerer Zahl heim, als sie früher auf dem Handelswege zu den Kelten gelangt waren, und keltische Künstler wußten sie im Sinne ihrer eigenen Ästhetik umzustilisieren. Es gab auf der Halbinsel Werkstätten, die nach dem Geschmack der eingedrungenen Auftraggeber oder für den Export in die Fürstentümer nördlich der Alpen arbeiteten. Daraus resultierte ein immer dichter werdendes Netzwerk von Erfahrungen, aber auch eine Vervielfältigung und Popularisierung der Kunst, bei der es nicht ohne eine gewisse vereinheitlichende Tendenz abging.

Allmählich gingen die Stammesfürsten, die in ihrem Zentralbereich nördlich der Alpen noch fester als im Jahrhundert davor installiert waren, zu einer einfacheren Lebensweise über. Ihre Zahl war angestiegen, so daß der einzelne an Macht verloren hatte. An die Stelle der alten befestigten Plätze traten bewehrte oder auch ungeschützte Höfe. Die Tumulusgräber wichen Nekropolen mit flachen Brand- oder Erdgräbern. Demokratischer gewordene Kundschaft bestellte bei den ortsansässigen Werkstätten Schmuck und Waffen, weniger luxuriös, doch um so häufiger verziert. Bronzegerät fand weite Verbreitung, und die Expansion der Kelten – im Osten den ganzen Lauf der Donau entlang, im Westen bis auf die Britischen Inseln – hatte zur Folge, daß sich ein ihnen allen gemeinsamer kultureller Ausdruck herausbildete, daß regional Kunst erzeugt wurde und eine Vermischung mit der Kunst der auf unterschiedlichem Niveau stehenden eroberten Provinzen stattfand.

1. Entwicklung der Verfahren: Das 4. Jahrhundert v. Chr.

Der Übergang von einer Periode zur nächsten läßt sich im Stilistischen sehr schwer fassen. Doch gibt es zwei Indizien dafür, daß ein Wandel bevorstand: einmal die Einführung asymmetrischer Elemente in ein regelmäßig-ausgewogenes Gefüge; dann eine noch kaum bemerkbare Tendenz zur thematischen Neugestaltung. Bestätigt wird dies durch die Tatsache, daß neue Motive, Formen und Gestaltungsprinzipien erscheinen. Bereits in den durchbrochenen Wagenbeschlägen von La Bouvandeau (Marne) sind große gegenständige und paarweise übereinandergesetzte S-Ornamente unter sich durch Bindeglieder verknüpft, die von einer Etage zur nächsten verschieden, bald kurvolinear, bald geradlinig sind. Man möchte meinen, das Ganze sei vollständig symmetrisch. Tatsächlich unterscheidet sich ein Paar von S-Ornamenten jeweils vom näch-

65 - Ciumeşti (Rumänien) - Ausschnitt eines Helms mit Raubvogel-Aufsatz. Anfang 3. Jh. v. Chr. - *Bronze (Vogel) und Eisen (Helmkopf)*; Gesamthöhe 0,417 m - Bukarest, Muzeul de Istorie a R. S. Romania. Vgl. Abb. 95

sten; sie alternieren in Links- und Rechtskurven, und wenn man scharf hinsieht, nehmen die ‹Lyren› den sich wölbenden Umriß von Seepferdchen an. Diese Tiere in scheinbarer ‹Kampfstellung› findet man als Phantasiegebilde auf durchbrochenen Platten, auf Gürtelhaken in der Form von Dreiecken mit langen konvexen Seiten, einem weit verbreiteten Typus, der zweifellos auf Nordostitalien zurückgeht. Auf dem Gürtelhaken von Hölzelsau im unteren Inntal (vgl. Anm. 6, S. 239) sehen wir zwei S-förmig gewundene, einander ansehende pferdeköpfige Monstren mit je einem Vogel zur Seite. Ein Männchen in der Mitte hält sie an den Nüstern. Das Ganze ruht auf einer ‹Lyra› mit der gleichen Art von Pferdeköpfen. Man könnte den Ursprung des Bildthemas zwar leicht bis in den Orient zurückverfolgen; aber die Gesamtgestaltung weist, auch wenn noch so ausgewogen, in Details schon eine Geschmeidigkeit und Freiheit auf, die von fern ein neues Genre ankündigen. Die Leerräume haben allerdings noch keine andere Funktion, als die elegante Zierfläche voll zur Geltung kommen zu lassen.

Wieder einmal scheinen die wichtigsten Erfahrungen aus Norditalien zu stammen; die Kelten standen ja in dauerndem Kontakt mit den Etruskern und konnten über deren von den Griechen übernommenes orientalisierendes Dekorinventar verfügen. Der Helm von Canosa in Apulien ist mit zwei von Eierstäben gesäumten Bändern verziert, in denen sich umgekehrte ‹Lyren› zwischen großen, schräg stehenden S-Kurven entfalten; hinzu kommen Blätter in der Vorform der späteren ‹Kommas›. Zu beachten ist, daß die auf dem Kopf stehenden Palmetten hier schon deutlicher die Züge eines karikierten Gesichts haben. Die an die ‹Lyren› anschließenden Spiralen bilden einen – bis auf eine Zuspitzung in der Mitte – ausgehöhlten Halbmond mit umgebogenen Enden, der so stark den Eindruck des legendären Amazonenschildes (griechisch ‹Pelte›) erweckt, daß wir dieses neue Motiv nach ihm benennen. Der Dekor an dem rundum verzierten Helm ist flach reliefiert, entbehrt aber nicht eines gewissen rundplastischen Wertes. Man fühlt sich an Bucheinbände erinnert, bei denen das Leder, wie wenn es getrieben wäre, hervortritt. Die Struktur ist noch regelmäßig, und verschiedene Bestandteile lassen sich, wenn auch untereinander verbunden, in ihrer Erscheinungsform klar herausheben.

Abb. 275 Ganz anders verhält es sich mit der bronzeverzierten Schwertscheide – dem ältesten Exemplar dieser Art – aus einem Grab bei Filottrano in den Marken. Die ganze Länge wird eingenommen von in der Richtung alternierenden ‹Gesichtspalmetten›, großen schräg liegenden S-Kurven, die man auf eine extrem weit entfaltete ‹Lyra› zurückführen kann, sowie von Ranken mit je zwei mehr oder weniger biegsamen Blättern. Hier geht alles kontinuierlich ineinander über: ein Motiv verschmilzt geschmeidig mit dem nächsten, und keines läßt sich mehr zwecks genauer Abgrenzung herauslösen, ohne daß man die Gesamtkonzeption zerstören würde, die durch eine einzige umlaufende Linie eingeschlossen ist. Man kann das Ganze für eine Vereinfachung halten; aber, ohne daß dem allgemeinen, nach wie vor regelmäßigen Schema Abbruch getan würde, sind auch die quasi stereotypen Elemente betroffen: besonders das Gesicht mit langer Nase gewinnt jetzt Oberhand über die Palmette, aus der es hervorgegangen ist. Die Rollen sind vertauscht: jetzt ist es die Pflanze, die man nur noch vage vermuten kann; die Metamorphose ist zugunsten des menschlichen Antlitzes zu Ende geführt. Eine weitere Konsequenz dieses ununterbrochenen Dessins ist, daß verbindende Dreiecke mit verschieden geschwungenen Seiten auftreten. Der Brauch, Schwertscheiden zu verzieren, und zwar oft auf sehr üppige Art, sollte bald in ganz Europa ein typisches Merkmal für keltische Waffen und keltische Kunst werden.

Aber noch charakteristischer ist die Ranke, biegsam, vielfach kombinierbar und mit ungezählten Trieben, denen eine dreieckige Basis als eine Art Verbindungszone festen Halt verleiht. Die griechischen Vasenmaler haben sie reichlich verwendet. In der Latènekunst ist sie symmetrisch angeordnet, teils spiegelbildlich, teils um 180 Grad gedreht, wie wir auf einem Bronze-
Abb. 281 *torques* aus Prunay (Marne) sehen, und sie findet sich in langgestreckter Form auf ringförmigen

66 - La Bouvandeau (Marne) - Ausschnitt von einem durchbrochenen Wagenteil. Anfang 4. Jh. v. Chr. - *Bronze; Gesamthöhe 0,185 m* - Saint-Germain-en-Laye, Musée des Antiquités nationales

80 67 - Hölzelsau (Österreich) - Dreieckiger Gürtelhaken. Anfang 4. Jh. v. Chr. - *Bronze; Länge 0,162 m* - München, Prähistorische Staatssammlung

68 - Canosa (Apulien) - Helm mit zwei flachen Reliefstreifen. Mitte 4. Jh. v. Chr. - *Eisen, Bronze und Koralle; Höhe 0,25 m* - Berlin, Staatliche Museen

Gebilden, Fibeln, Schwertscheiden. Aber in ihrer schlangenförmigen, in die Länge gezogenen, willkürlich verdrehten Gestalt ist sie ebenso wie die S-Kurve, die Palmette und der Lotos nur noch ein denaturiertes Element der Flora mit imaginären Auswüchsen. Das 4. Jahrhundert, in dem die Ranke zum Schmuckmotiv *par excellence* und zum dynamischen Prinzip von Kompositionsschemata immer komplexerer Art wird, ist ja die Zeit des vegetabilischen fortlaufenden Abb. 285 Dekors. Schon auf der mit Ritzdekor und Pointillage verzierten Schwertscheide aus Dražicky, dem einzigen bisher für diese Zeit aus Böhmen bezeugten Exemplar, sehen wir zwei symmetrische Ranken. Es kann sich dieser Lebensnerv aber auch sehr gut dreidimensional im Relief darstellen. Die neue Linie hat die Geschmeidigkeit von Blattstengeln und Schlingpflanzen, und, in Schwellung dargestellt, hat sie auch deren Volumen und Relief.

All solche bisher nicht dagewesenen Motive beginnen sich nun auf den offenen *torques* mit

69 - Filottrano (Marken) - Ausschnitt aus dem fortlaufenden Dekor einer Schwertscheide. Zweite Hälfte 4. Jh. v. Chr. - *Bronze; Gesamtlänge 0,675 m* - Ancona, Museo nazionale delle Marche

Pufferenden, dann auch auf den Armbändern vom gleichen Typus und mit dreigeteilter Verzierung zu entfalten. Sie sind unauflöslich untereinander verbunden, gehen aber auch mit Motiven, die aus der vorangehenden Periode übernommen wurden, eine Ligatur ein (das heißt mit der Maske, der ‹Gesichtspalmette›, der Spirale, der S-Kurve, der ‹Lyra›, der Palmette – nur der Lotos wird jetzt seltener). Da der Dekor vom Hintergrund leicht abgehoben ist, zählen diese Arbeiten – zugleich skulptiert und modelliert – eher zur Plastik, obwohl manche Linien so schwach hervortreten, daß sie lediglich einen vorherrschenden graphischen Aspekt noch unterstreichen.

Das Grabinventar von Waldalgesheim (Rheinland-Pfalz; vgl. Anm. 7, S. 240) enthielt außer einem Bronzeeimer, der unterhalb des Henkels mit einer üppigen Palmette verziert war, Goldgeschmeide von so hoher Qualität, daß Jacobsthal geradezu von einem ‹Stil von Waldalgesheim› spricht. Dabei ist aber keineswegs sicher, daß wir hier Leitstücke der neuen Kunst vor uns haben. Sie unterscheiden sich nämlich von angeblichen Nachfolgern durch ein Motiv, das zwar hier in Waldalgesheim einige Male bezeugt ist, sonst aber nur noch auf Schwertscheiden – und da besteht gewiß kein Zusammenhang –, das Flechtband, das aus einer sich schneidenden Bogenlinie gebildet wird. Auf der griechischen Keramik sind Flechtbänder nicht selten, und später ist es eines der Dekorelemente der germanischen Kunst der Völkerwanderungszeit sowie der Kleinkunst, etwa auf den behauenen Steinen in Großbritannien und Irland. In der Tat kommt es leicht zustande; es ist einfacher, mit für das Auge kaum noch entwirrbaren Linien zu spielen, als sie zu vermeiden. Ein Muster, das auf Flechtbänder verzichtet, ist immer aufgelockerter und klarer; aber man gewinnt diese Klarheit nur durch das Experimentieren, durch genaues Berechnen. Das Flechtband ist etwas Bequemes, seine Folge Schwerfälligkeit und Verwirrung. Die Latènekunst hat es offenbar mit voller Absicht vermieden, zumindest im Zentralbereich und im Westen. Auf Schwertscheiden aus dem Donauraum ist es ein paarmal anzutreffen.

Diesem Verzicht verdankt die Latènekunst zum Teil ihre Eleganz. Im übrigen haben – zwar weniger überwältigende – Schmuckstücke anderer Provenienz als Waldalgesheim zum großen

72 - Rouillerot (Aube) - ‹torques› mit Ösen- und Kugelverzierung. 4. Jh. v. Chr. - *Bronze;*
Durchmesser 0,13 m - Saint-Germain-en-Laye, Musée des Antiquités nationales

Teil die gleichen Ornamente, und ihre Anordnung geht vielleicht auf die Erfahrungen keltischer
Werkstätten in Norditalien zurück. Woher, wenn nicht aus dem keltisierten Italien, hätten diese
Stilneuerungen kommen sollen? S-Kurven, Ranken, Rosetten wachsen vollständig zusammen,
das heißt, sie bilden eine Einheit aus heterogenen Elementen, auf den Goldringen und den Pufferenden der goldenen Hals- und Armreifen. In der Champagne finden sich auf den bronzenen
torques Motive, deren feines Relief bisweilen schon ein Meisterwerk für sich ist. Nachdem wir
torques mit außen am Ring angebrachten Kreis- und Kugelornamenten betrachtet haben (aus
Saint-Étienne-au-Temple, Marne), finden wir solchen Zusatzdekor zusammen mit dem eigentlichen Ringdekor zum Beispiel auf dem *torques* aus Rouillerot (Aube). Allerdings sind es die
verdickten Enden und ihre Ansatzstücke, die immer häufiger Beispiele für Kompositionen liefern, die sich aus gleichen, aber auf verschiedene Weise angebrachten Elementen zusammensetzen. Ähnlich wie später die Münzen von Ort zu Ort durch Erfindung neuer Details differenziert
wurden, so wird dieser Ringdekor *ad infinitum* modifiziert, und sei es, daß er dreimal auf demselben Armband erscheint. Die Masken, wie man sie unter dem Henkel der Bronzeschnabelkannen
sieht, fungieren eine Zeitlang als Dekor auf den *torques*, auf denen die schwere Abschlußscheibe
der profilierten Ringenden, die selbst wieder mit Pflanzenelementen verziert ist, gleichsam die

70 und 71 - Waldalgesheim (Rheinland-Pfalz) - Ausschnitt eines ‹torques› und ein Armreif. Mitte 4. Jh.
v. Chr. - *Gold; Durchmesser 0,199 m und 0,065 m* - Bonn, Rheinisches Landesmuseum

73 - Saint-Étienne-au-Temple (Marne) - Ausschnitt eines ‹torques›. 4. Jh. v. Chr. - *Bronze; Durchmesser 0,13 m* - Saint-Germain-en-Laye, Musée des Antiquités nationales

Kopfbedeckung bildet (Courtisols, Marne). Später trägt das nichtfigürliche Motiv den Sieg davon, verallgemeinert sich (Chouilly-les-Jogasses, Marne; Saint-Hilaire-le-Grand, Marne) und weitet sich in immer kunstvolleren Windungen (Bussy-le-Château, Marne) aus. Auf dem Stück aus Prunay sahen wir, wie ein Blattornament durch eine Drehung um 180 Grad umgekehrt symmetrisch gestaltet wurde, wobei durch die Verdoppelung ein sehr kunstvolles Schema zustande kam. All diese Schmuckstücke sind in verlorener Form, mit einfacher oder doppelter Matrize hergestellt; jedes Stück ist zwar ein Unikum, doch die Gattung als solche ist von der ‹Marne› bis nach Böhmen nichtsdestoweniger weit verbreitet. Ein goldener *torques* aus Oploty weist unterhalb des ziemlich kleinen Pufferendes einen vegetabilischen Dekor auf, und dieser überkragt eine große, mit fliehenden Zügen gezeichnete Gesichtsmaske mit hängender Nase; vielleicht eine abenteuerliche Weiterbildung von dem, was einmal eine Palmette war. Andere Motive wie die Blattspirale oder die aus Peltas gebildete Kette erscheinen auf Fundstücken aus Mitteleuropa. Auf einer Fibel aus Rust (Burgenland) sind Voluten und Dreierspiralen teils miteinander verkettet, teils einzeln im Liniengewirr verborgen.

Die äußere Form dieser Schmuckstücke übte auf die Verzierung einen befruchtenden Zwang aus. Das Auseinanderziehen eines Bildthemas führt zu allerlei gekünstelten Längungen. Der runde Querschnitt des Ringes zwingt den Künstler, seine Komposition im wesentlichen auf die dem Betrachter zugewandte Seite zu konzentrieren. Würde aber der erhabene Dekor um den ganzen Ring herumlaufen, so wäre das dem Träger lästig. Statt dessen wird das Bild seitlich in die Breite ausgedehnt, und zwar gut über die Hälfte des Ringumfanges. Dieses Verfahren kommt einem wesentlichen Charakterzug des Kelten entgegen: er liebt das nicht vollständig sichtbare Bild, bei dem man die verborgenen Konturen erraten muß. Der Zierat eines Ringes läßt sich nur dann im ganzen wahrnehmen und verstehen, wenn man den Ring in der Hand hin und her dreht und besonders die Pufferenden von allen Seiten betrachtet. Das konnte nur der Besitzer selbst. Ein sich so entziehender, rätselhafter Dekor, das Werk eines Künstlers, das für Außenstehende mit einem Geheimnis umgeben war, mußte die magische, also prestigeerhöhende und apotropäische Wirkung derartiger Schmuckstücke verstärken. Wenn J. V. S. Megaw seinem unschätzbaren Repertorium ‹Art of the European Iron Age› (1970) den glücklich ge-

74 - Courtisols (Marne) - Ausschnitt eines ‹torques› mit Pufferenden. 4. Jh. v. Chr. - *Bronze; Durchmesser 0,13 m* - London, Britisches Museum

75 - Saint-Hilaire-le-Grand (Marne) - Ausschnitt eines ‹torques› mit Pufferenden. 4. Jh. v. Chr. - *Bronze; Durchmesser 0,13 m* - Saint-Germain-en-Laye, Musée des Antiquités nationales

77 - Bussy-le-Château (Marne) - Abschluß eines ‹torques›. Ende 4. Jh. v. Chr. - *Bronze; Durchmesser des ‹torques› 0,135 m* - Saint-Germain-en-Laye, Musée des Antiquités nationales

wählten Untertitel ‹A Study of the Elusive Image› gab, dann hat er damit eines der wichtigsten Elemente der alten keltischen Kunst hervorgehoben: Bilder, die uns entgleiten, flüchtige Wahrnehmungen. Wir haben uns schon mit den Fabelmischwesen befaßt und die Metamorphose vom Pflanzenmotiv zum menschlichen Antlitz verfolgt; wir merken nun, daß die Form des Gegenstandes selbst dazu beiträgt, daß sich der Sinn verflüchtigt und der Blick verliert. Die ganze Oberfläche einer Kugel zu verzieren, das wurde einer der üblichen Kunstgriffe, und wir werden noch andere, immer subtilere Mittel kennenlernen, die diese Künstler ersannen, um den auf ihren Schmuckstücken ruhenden neugierigen Blick zu narren.

Ein Verfahren, das die schönen Künste immer wieder anwenden, ist eine Doppeldeutigkeit, die man teils dadurch entstehen läßt, daß bei einer durchbrochenen Arbeit die Zierflächen und die Leerräume einander spielerisch ergänzen, teils auch durch bestimmte zweiseitige Verbindungen: zwei Motive, die ein gemeinsames Teilstück haben, aus dem ein neues Motiv entsteht, können auf zweierlei Art gelesen werden. Diese doppelte ‹Lesart› tritt besonders häufig in Motivbändern auf und wurde, wenn auch einigermaßen gekünstelt, sogar auf plastischen Dekor übertragen. Ein Gegenstand zeigt sich also im Positiv und im Negativ. Doppeldeutigkeiten dieser Art machen dem Erforscher der Latènekunst noch heute zu schaffen. Um die Unzulänglichkeit der Photographie auszugleichen, müßte man ein Faksimile entwickeln, das von einer Abrollung ausgeht; erst dann kann man die sich der Deutung entziehende Bildersprache verstehen und ihre Rätsel entschlüsseln. Die keltische Kunst hatte zu ihrer Blütezeit eine höhere Art, sich zu mokieren, die sich darin ausdrückt, daß sie auf immer neue Listen und Schliche verfiel. Wollte man den Dekor einer Kugel mit einem Blick erfassen, müßte man eine Spiegelapparatur erfinden, die es noch nicht gibt.

Andere Kategorien von Fundstücken aus der zweiten Hälfte des 4. Jahrhunderts v. Chr. und aus eben demselben dicht von Kelten besiedelten Gebiet wurden teils analog, teils andersartig verziert. Betrachten wir zwei goldene Ringe, einen aus der Umgebung von Hořovice (Böhmen),

76 - Chouilly-les-Jogasses (Marne) - Ausschnitt eines ‹torques› mit Pufferenden. 4. Jh. v. Chr. - *Bronze; Durchmesser 0,16 m* - Châlons-sur-Marne, Musée municipal

den anderen aus Zerf (Saar). Das erste Stück zeigt auf einem von Geflecht eingesäumten Grund in Kreuzform angeordnete unterschiedlich ausgerichtete geriefelte Elemente, die kleine Kappen oder Kapseln sowie Kügelchen einfassen. Man könnte an Blätter und Früchte denken, die gerade so weit von der Natur abweichen, daß sie sich nicht mehr bestimmen lassen. Das Ganze ist schön, aber etwas schwerfällig komponiert und befindet sich in einem rautenförmigen Rahmen mit gerundeten Seiten, die von einer Unzahl kleiner, verschieden orientierter Parallelstriche ausgefüllt sind. Der Stil ist nicht eigentlich Latène, läßt sich aber auch keiner andern Kunstrichtung zuordnen. Das zweite Stück, der Ring aus Zerf, ist einfacher: vier große Blätter mit Perlenrand sind paarweise gegeneinandergesetzt.

Abb. 276   Aus einem früheren Flußbett der Seine bei Amfreville (Eure) stammt ein Helm aus Bronze und Eisen, an dem die Wölbung mit Gold ausgelegt und mit unmittelbar auf den Grund aufgeschmolzenem Email versehen ist; verschiedene Motive sind in Bändern aneinandergereiht: einerseits kleine Kreise, nebeneinandergesetzte Locken, andererseits durch S-Kurven verbundene Dreierwirbel in kontinuierlicher Folge, Blattwerk mit kleinen Dreiecken zwischen den Ranken, lauter Friese ohne Anfang und Ende, in beständiger Bewegung und erfüllt von einem Schwung und einer inneren Spannung, die aus zwei entgegenwirkenden Kräften entstehen: die eine eher zurückhaltend, die andere ein vorwärts führender Drehimpuls. Dieses in Treibarbeit ausgeführte Stück mit seiner kunstvollen Zeichnung, allerdings nicht immer sehr geschickt ausgeführten Verbindung hat leichtes Relief und steht folglich halbwegs zwischen Graphik und Plastik; hier erscheinen nicht mehr nur Striche, aber auch noch keine regelrechten Grate; zur Geltung gebracht wird die hin und her gebogene, leicht schwellende und den Zwängen der neuen Ästhetik angepaßte Ranke. Es fällt uns schwer zu glauben, daß ein so gelungenes Werk, das in Gallien nicht seinesgleichen hat, dort entstanden sein sollte. Auch der Meister des Prunk-

78 - Zerf (Saarland) - Mit vier Blättern verzierter Fingerring. Zweite Hälfte 4. Jh. v. Chr. - *Gold; Durchmesser 0,022 m* - Trier, Rheinisches Landesmuseum

79 - Gegend um Hořovice (Böhmen) - Ring mit geriefelten Elementen. Mitte 4. Jh. v. Chr. - *Gold; Durchmesser 0,021 m* - Prag, Národní Muzeum

80 - In der Seine bei Amfreville (Eure) gefunden - Helm mit Nackenschutz. Mitte 4.Jh. v.Chr. - *Bronze und Eisen, Dekor aus Gold und Email; Höhe 0,16 m* - Saint-Germain-en-Laye, Musée des Antiquités nationales

helms hat sich wohl Erfahrungen der norditalischen Kunst zu eigen gemacht. Die Gestaltung ist von einer Regelmäßigkeit, einer gezügelten Überladenheit und weist bestimmte horizontale Trennungselemente auf, die mit großer Wahrscheinlichkeit darauf hindeuten, daß seine Werkstatt Beziehungen zum Mittelmeerraum hatte.

Um die Wende vom 4. zum 3. Jahrhundert treten sehr aufwendige Fibeln mit einem ausgesuchten Dekor auf, bei dem gegenständiges Rankenwerk, manchmal in große S-Ornamente

81 - Münsingen (Bern) - Fibel mit Rosette. Mitte 4. Jh. v. Chr. - *Bronze und Koralle; Länge 0,084 m* - Bern, Bernisches historisches Museum

eingebettet und kombiniert mit schraffierten Fülldreiecken und kleinen Peltamotiven am Ende der Triebe, die Hauptrolle spielt. Ein seltenes, in Silber ausgeführtes Stück stammt aus Bern-Schosshalden; es wirkt regelmäßig trotz der vielen verschiedenen Details. Große S-Kurven bilden den Grundstock des Dekors in der Längsachse; darin sind die Verzweigungen der Ranke und die Blattspiralen verteilt. Ebenfalls aus der Schweiz stammt aus der zweiten Hälfte des 4. Jahrhunderts oder etwas später die Fibel vom Typ Münsingen: ausladende, blattförmige S-Kurven und am Fuß eine Rosette aus Korallenperlen. Diese Form und die gleichen Motive

Abb. 284 und 286 kehren in Böhmen auf der Fibel aus Toužetín wieder. Der Bügel der merkwürdigen Fibel aus Brunn am Steinfeld (Österreich) besteht aus zwei dicht beieinanderliegenden und durch Nieten verbundenen Bronzeblechen in Gestalt eines länglichen Halbmondes beziehungsweise gebogenen ‹Weberschiffchens›; beide Bleche, aber vor allem das obere, sind in leichtem Relief mit regelmäßigen S-Kurven beider Richtung verziert, zwischen welchen kleine Kreise verstreut sind. Auf Stücken dieser Art feiert die anschwellende Linie Triumphe. Durch das Auftreten der dritten Dimension im Ornament wurde die Verwendung des Striches nach und nach in den Hintergrund gedrängt. Man höhlte jetzt lieber die Gußform aus, die man für die bronzenen *torques* oder die Bügel der Fibeln herstellte; letztere sind bisweilen mit plastisch erhöhten

Abb. 287 S-Ornamenten oder Spiralen versehen, wie wir sie zum Beispiel auf der Fibel von Ceretolo bei Bologna sehen werden, einem der seltenen italischen Stücke von dieser Qualität. Auf manchen Ringen wird die Disposition der Motive durchdachter; sie alternieren wieder völlig regelmäßig,

Abb. 288 zum Beispiel auf dem Armreif aus Sedlec (Böhmen), wo auf punktiertem Hintergrund spiralige Klammern, kleine blattförmige und große, schräg liegende S-Kurven wie ein Band ringsumlaufen.

Noch vor dem Ende des 4. Jahrhunderts v. Chr. läßt auch die Bildhauerei diesen Aufschwung des Plastischen erkennen. Die Kunst der Steinbearbeitung war schon vor der Latènezeit vom Mittelmeerraum bis in die Rheingegend gedrungen, wie der so ganz und gar nicht keltische Krieger von Hirschlanden (Württemberg) zeigt. Wir finden die ‹Blätterkrone› wieder auf einem bezeichnenden Denkmal, dem kleinen Sandsteinobelisken von Pfalzfeld (Rheinland-Pfalz; vgl. Anm. 8, S. 240), dessen Basis aus einer Halbkugel mit Sims besteht und dessen oberste Partie, eine Spitze, ein Kopf oder ein Büste, abgebrochen ist. Alle vier Seiten haben in flachem Relief die gleiche stilisierte Maske mit kugelförmigem Schädel, von zwei enormen, bei den Ohren

82 - Bern-Schosshalden (Schweiz) - Fibel mit großen S-Ornamenten. Mitte 4. Jh. v. Chr. - *Silber; Länge 0,063 m* - Bern, Bernisches historisches Museum

83 - Brunn am Steinfeld (Österreich) - Halbmondförmiger Gegenstand aus zwei durch Nieten verbundenen Blechen. Ende 4. Jh. v. Chr. - *Bronze; Länge 0,10 m* - Asparn an der Zaya, Museum für Urgeschichte des Landes Niederösterreich

93

85 - Kermaria (Finistère) - Kleine reliefierte Pyramide. 4.Jh. v.Chr. (?) - *Granulit; Höhe 0,83 m* - Saint-Germain-en-Laye, Musée des Antiquités nationales

ansetzenden Blättern bekrönt; das Kinn ist spitz und wird fortgesetzt durch eine umgekehrte Palmette, die vielleicht einen zur Pflanze stilisierten Bart darstellen soll. Beiderseits und oberhalb der Zentralfigur ist aus ineinander verketteten S-Kurven ein typisch keltischer Rahmen herge-stellt. Man wird wohl nicht bezweifeln, daß dieses viermal wiederholte Bild in seiner sehr de-korativen Umrahmung eine religiöse Bedeutung hatte – ob nun Apotropaikon, Grab- oder Votivdenkmal. Wie bei dem Kopf von Heidelberg ist auch hier die Stirn mit einer Art Vignette geschmückt. Das Ganze ist eine Plastik, bei der sich alle Motive als Vergrößerungen von zise-liertem oder graviertem Metalldekor erklären und, wenn man von der ‹Blätterkrone› absieht, vom ausgearbeiteten Zierat eines in verlorener Form hergestellten *torques* oder Armbandes ab-leiten lassen.

Etwas anders verhält es sich mit der Granitpyramide von Kermaria (Pont-l'Abbé, Finistère). Abb. 289 Sie ist nicht so hoch, untersetzt, aber scharf akzentuiert; der Stein sieht wie graviert aus, in Wirklichkeit ist aber ein mäßig erhabenes, umrandetes Relief herausgearbeitet. Jede Seite, so-wohl die beiden Hauptseiten als auch die Schmalseiten, hat einen eigenen ziemlich einfachen Dekor. Um die Spitze und den unteren Teil läuft ein Fries, oben ein Mäander, unten ein Band aus ineinandergeschlungenen S-Kurven. Teils regelmäßig und teils variiert ausgeführt und als Zwischenform zwischen Mittelmeertradition und schüchternen Versuchen im Latènestil, ist diese Skulptur repräsentativ für armoricanische Bildsteine, deren Inventar sich in Bearbeitung befindet. Ans Ende des 4. oder spätestens an den Anfang des 3.Jahrhunderts v.Chr. ist der recht-

84 - Pfalzfeld (Rheinland-Pfalz) - Reliefierter kleiner, gestutzter Obelisk. 4.Jh. v.Chr. - *Sandstein; Höhe 1,48 m* - Bonn, Rheinisches Landesmuseum

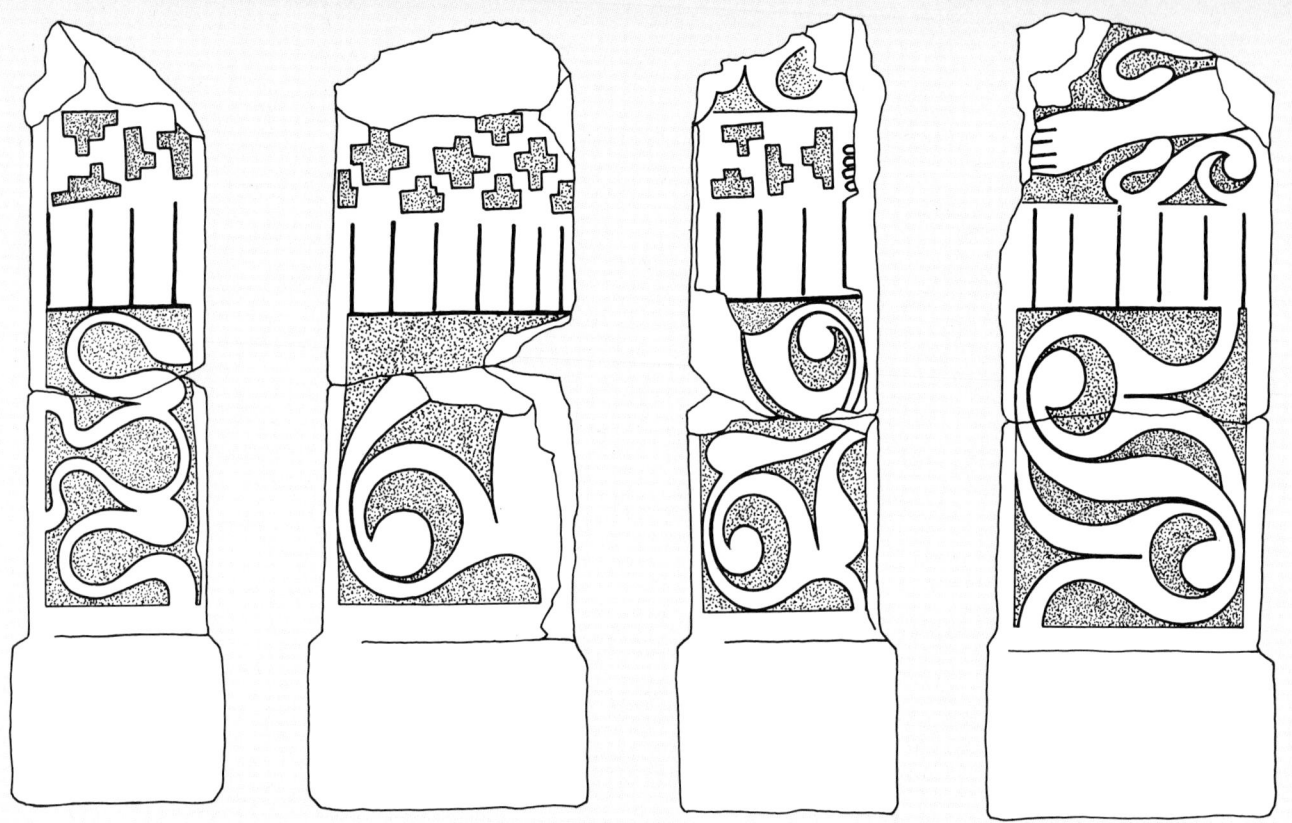

86 - Steinenbronn (Baden-Württemberg) - Umzeichnung der vier Seiten einer reliefierten Pfeilerstatue. Ende 4. - Anfang 3. Jh. v. Chr. - *Sandstein; Höhe 1,25 m* - Stuttgart, Württembergisches Landesmuseum. Vgl. Abb. 15

eckige Sandsteinpfeiler aus Steinenbronn bei Waldenbuch (Württemberg) zu datieren. An der heute beschädigten Spitze befand sich ein Torso, von dem nur der linke Unterarm erhalten ist, der sich um flachreliefierte S-Ornamente legt, vielleicht Bestandteil von Brustschmuck. Auf den vier Unterseiten kommen Leisten mit geradlinigem geometrischem Dekor und darunter solchen mit flach hervortretenden kurvolinearen Motiven vor. Die Zeichnung ist hier sehr viel kunstvoller: stilisierte naturferne Pflanzen, bei denen man an geöffnete Blüten denken möchte, die mit S-Kurven fest verwachsen und untereinander verbunden sind. Auch hier läßt sich wieder ins Große umgesetzte Metallgravierung vermuten. Die wenigen Beispiele für ‹Skulptur›, die wir bisher untersucht haben, sind also im wesentlichen eher der Graphik als der eigentlichen Bildhauerei verpflichtet. Überdies fungiert der getüpfelte Hintergrund gelegentlich als ‹Leerraum›, der die stärker ausgearbeitete Relieffläche komplementär ergänzt. Wir haben es hier also nicht etwa nur mit einer Dekorvereinfachung zu tun, wie sie bei der Handhabung von Sandstein obligatorisch ist, sondern auch mit etwas Kreativem; denn eine Ornamentik dieser Art findet sich sonst nirgends.

Die keltische Kunst hat nunmehr ihre Existenz bestätigt, indem sie sich die Anleihen zu eigen machte, den Weg zu einer eigenen Formensprache fand und diese mit einem Stil – im weitesten Sinne des Wortes – erfüllte, der sich als etwas vollkommen Neues offenbart. Von hier an gilt voll und ganz das Urteil von Henri Hubert: «Es ist unmöglich, den Dekor speziell der latènezeitlichen Metallobjekte mit dem irgendeiner anderen Epoche zu verwechseln» (‹Les Celtes› I, 1932).

2. Ausbreitung der Hauptwerke: Das 3. Jahrhundert v. Chr.

Wir kommen nun in die Zeit, da die Kelten an folgenden Punkten fest angesiedelt sind: in der nördlichen Hälfte Galliens, im mittleren Rheinland und auf der Schweizer Hochebene; in Mitteldeutschland, Bayern und Württemberg; an der oberen Donau, in Böhmen, Österreich sowie in Nordostitalien. Auch beginnen sie jetzt, auf den Britischen Inseln fester Fuß zu fassen und sich donauabwärts nach Osteuropa vorzuschieben. Die verzierten Objekte aus der zweiten Hälfte des 4. Jahrhunderts v. Chr. üben über die Champagne hinweg bis nach Großbritannien ihren Einfluß aus. Die des 3. Jahrhunderts v. Chr. weisen neue Motive auf, die vielleicht durch zurückkehrende Eroberer vermittelt wurden. Es handelt sich einmal um die beiden Kopf bei Fuß liegenden Blätter (so eher als eine S-Kurve) innerhalb eines Kreises (man sollte sie nicht als ‹jing-jang› bezeichnen, da dieses formal analoge, aber komplexere Zeichen in der chinesischen Abb. 436 Kunst erst im Mittelalter und später eine an sich sehr alte Symbolik ausdrückt); dann das als Glückssymbol aufzufassende Hakenkreuz, teils mit gewinkelten Armen, teils aus zwei sich kreuzenden S-Kurven bestehend, das im Mittelmeerraum und in Asien schon seit Jahrtausenden vorkommt. Andererseits finden gegossenes Glas, rotes, dann auch blaues und gelbes Email und neue Arten von ringförmigem Schmuck eine immer breitere Verwendung. Die schweren Ringe mit Hohlbuckeln, die fern vom Mittelmeer entstanden, sind praktisch Erbteil des östlichen Zentralbereichs der Kelten. Sie verbreiteten sich, von Mitteldeutschland, Österreich, vor allem Böhmen ausgehend, in die Donauländer und die Karpaten, dann auch nach Jugoslawien und in Einzelstücken bis nach Schlesien, Griechenland, Bulgarien. Gleichzeitig beginnen neue, vielleicht aus Norditalien und von der Adriatischen Küste bezogene Techniken den Schmuck leichter zu gestalten (wenn auch bisweilen etwas geziert) und stärker zu variieren. So entstanden Pseudofiligran, gewiß in Anlehnung an etruskischen Schmuck; Pastillage, vielleicht auf die Glasherstellung zurückgehend; durchbrochene Armbänder, Gürtelketten für Frauen. Man ist versucht, diese Erzeugnisse aus einem weiten Bereich, in dem sich ein Austausch nach allen Richtungen vollzog, der Entlehnungen zuließ und Einflüsse aufnahm, als barock, ja manieriert zu bezeichnen. Die reichen Erfahrungen in der plastischen Kunst obsiegten dank verbesserter Bronzegußverfahren; Guß in verlorener Form erreichte einen neuen Gipfel der Virtuosität; der graphische Dekor wurde eindeutig verdrängt durch ein noch lange Zeit immer erneuertes Bemühen um das Relief.

Im Westen reiften die Früchte der neuen Errungenschaften an Ort und Stelle. Auf den Britischen Inseln sollte die keltische Kunst bald ihren Höchststand an Freiheit und Erfindungsgabe erreichen. Im Osten dagegen, in Ungarn und noch weiter donauabwärts, übten das Gros der einheimischen Bevölkerung und die Nähe der hellenistischen Welt eine einengende Wirkung auf kreative Tätigkeit aus; denn wenn ein Gebiet weniger stark keltisiert war, so brachten skytische, dako-getische, illyrische oder griechisch-thrakische Einflüsse zumal in der Keramik deutliche regionale Spielformen zur Geltung. Südgallien machte sich mit Erfolg griechische Techniken, etruskische Elemente und ligurische Traditionen zu eigen. Letzten Endes aber blieben in allen keltischen Landen, ob sie sich nun rein erhielten oder mit überlegenen Fremdvölkern vermischt hatten, bestimmte technische Konstanten bestehen: der Stempel und die Verwendung des Zirkels in der Keramik; die Münzen, die, wie Gallien mit Tausenden von Belegstücken bezeugt, Empfänger und Träger zahlreicher Kunstmotive wurden; das gegossene Glas, das sich leichter als Tonware und fast genausogut wie klingende Münze transportieren ließ; es war weit verbreitet, aber nur selten ist es charakteristisch für Latènekunst, da es den Dekor, den es nachahmt, stark vereinfacht. Schließlich gestattet die Übernahme der schnell rotierenden Töpferscheibe, Keramik mit differenzierteren Profilen herzustellen.

Abb. 290   Die Armreife und Knöchelringe mit Verschluß und hohlen Halbkugeln (zunächst sind es wie bei dem Exemplar aus Šardice, Mähren, sechs, später nur vier, die dann größer sind) fallen durch die Eleganz der einzelnen Bestandteile auf. Sehr bald entwickelten sich aus ihnen Ringe, bei denen die Hohlbuckel, manchmal nur noch drei an der Zahl, geglättet sind und glänzen oder mit mächtigem Reliefzierat versehen sind; sie wogen schwer am Knöchel oder am Bein. Eine beachtliche Serie einzigartiger Exemplare ist östlich vom Rhein und im Donauraum verbreitet. Alle Stücke haben kurvolinearen Dekor, der kunstvoll in dreidimensionaler Komposition angeordnet ist. Die knotenförmigen Auswüchse von unbestimmtem Aussehen lassen sich nur in Ausnahmefällen auf ebener Fläche entzerren; schräge Ebenen, Halbflächen oder Rampen mit scharfen Graten umlaufen die Halbkugel in unendlicher Folge, die aus einem bestimmten Blickwinkel an eine Schraubenlinie erinnert. Die dreidimensionale Projizierung der durch Verbindungsdreiecke in endloser Reihe miteinander verbundenen Spiralen und S-Kurven hebt den Rundknopf als den Mittelpunkt dieser Motive heraus. Er sieht oft wie ein großes Auge aus, das von Falten und Häutchen eingehüllt ist (man könnte es manchmal als ‹Froschauge› bezeichnen), ohne daß aber die Metamorphose von der Knospe zum Tierauge tatsächlich zu Ende geführt wäre. Man hat dieses Element verschieden benannt: als einen (gelegentlich mandelförmigen) Augapfel, als Pupille, Augenlid; als Knospe, Fruchtschale, Borke, Schuppen;

87 - Klettham (Bayern) - Knöchel-Hohlbuckelring mit Verschluß. 3.Jh. v.Chr. - *Bronze; Durchmesser 0,132 m* - München, Prähistorische Staatssammlung

88 - Aholming (Bayern) - Ausschnitt von einem Knöchel-Hohlbuckelring mit Verschluß. 3.Jh. v.Chr. - *Bronze; Durchmesser 0,13 m* - Nürnberg, Germanisches Nationalmuseum

sogar als Schneckenhaus; als Schrägung, Dach- oder Sattelprofil. Auf jeden Fall haben diese vervielfältigten ‹Augen›, wachende, also abwehrende Organe, ganz sicher als schützende Talismane fungiert, was um so wahrscheinlicher ist, als wir aus der Folgezeit Gefäße kennen, die mit stilisierten Augen bedeckt sind (vom Mont-Beuvray, Saône-et-Loire), sowie Fibeln mit einem Menschenauge (aus Sainte-Blandine bei Vienne, Isère); es kommt auch noch an der linken Seite der Götterstatue von Euffigneix (Haute-Marne) vor. Diese stark plastischen Knöchel- oder Beinringe haben meistens sechs oder acht, manchmal auch bis zu zwölf Hohlbuckel, und es überrascht, wie variabel sie, ausgehend von einfachen, aber verschieden behandelten Motiven, ihrem Volumen nach sind. Nur ausnahmsweise sind die ‹Augen› allerdings mit figürlichem Schmuck, zum Beispiel Stierköpfen, versehen wie in Bratei (Museum Mediaş, Rumänien).

Auf dem Knöchelring aus Klettham (Bayern) wirken tief ausgehöhlte, von verschieden starken S-Bildungen eingehüllte ‹Knospen› wie Blumen des Bösen, die sich gerade öffnen wollen. Ein selteneres Exemplar ist der Ring von Aholming (Bayern) mit seinen scharf profilierten, schrägen Hohlbuckeln, den Halbmonden, die das Relief zum Teil umrahmen, und den steil abfallenden Flächen, die die Halbmonde stärker hervorheben. Bei dem Ring aus Stankovice Abb. 291 (Böhmen) schließlich sind die sechs Knospen abwechselnd mit vier S-Kurven und mit einer von zwei Kugeln eingefaßten ‹Träne› verziert, wobei sich jedes Ornament in einen großen Dreierwirbel einfügt. Eine der großen Schwierigkeiten bei der Erforschung dieser Rundkörper besteht darin, daß weder Photos noch Umzeichnungen bewerkstelligen können, daß man das Ganze mit einem Blick erfaßt; denn die Plastik hat bei diesen Stücken, die nur aus Bronzeguß hergestellt wurden, einen Höhepunkt erreicht, an dem sie so gut wie alle Feinheiten des Rund- Abb. 292 bildes aufzuweisen hat. Ein aus dem Flußbett des Tarn (Tarn) geborgener Armring, das einzige und 293

90 - La Charme (Troyes, Aube) - Ausschnitt von einem Armreifen mit dreieckigen Masken und mit Verschluß. 3. Jh. v. Chr. - *Bronze; Durchmesser 0,057 m* - Troyes, Musée des Beaux-Arts

Exemplar dieses Typs, das westlich vom Rhein gefunden wurde und vermutlich ein Importstück ist, hat man mit Hilfe der Photogrammetrie, der exaktesten Methode, umzuzeichnen versucht, um die sonst nicht erfaßbaren verschiedenen Ebenen durch Schichtlinien, kombiniert mit der Vermessung von Dekordetails, hervortreten zu lassen. Der Reif umfaßt acht kleine Erhebungen auf getüpfeltem Grund, jede von einer schraffierten Wulstlinie umrissen und von der nächsten durch eine Vertiefung getrennt. Vier sind mit je zwei kräftigen Dreierwirbeln, die ineinander greifen, verziert, die anderen vier mit zwei S-Kurven, die sich um einen dicken Knopf winden. Die Motive sind viel einfacher als bei den vorher beschriebenen Ringen und ausnahmsweise auch leichter zu verstehen, weil so brillant ausgeführt.

Seltener sind Armringe, auf denen sich der Künstler in nicht so verwickelten oder naturnäheren Reliefs versucht hat, die nicht so gekonnt sind und sich von einem breiten, flachen, ungegliederten Grund abheben. Das eine Stück wurde in La Charme (Aube) gefunden; es ist mit Masken verziert, die der Achse des Ringes folgen. Das andere aus Křinec (Böhmen) ist das einzige Abb. 294 Exemplar, auf dem Fische vorkommen: sie sind versetzt in zwei Reihen angeordnet; mit ihrem zurückgebogenen Schwanz und dem von großen Schuppen bedeckten Leib unterscheiden sie sich gänzlich von den klassischen Delphinen. Wie sie springend aufeinanderfolgen, erinnern sie am ehesten an einen Zug Lachse, der stromaufwärts schwimmt. Der Ring aus Nový Bydžov (Böhmen) hat nur an zwei gegenüberliegenden Stellen einen durch eine große S-Kurve gebildeten ‹Knopf›, flankiert von kräftigen Zierleisten.

89 - In der Tarn (Tarn) gefunden - Ausschnitt von einem gegossenen und verzierten Hohlbuckelarmring mit Verschluß. 3. Jh. v. Chr. - *Bronze; Durchmesser 0,05 m* - Saint-Germain-en-Laye, Musée des Antiquités nationales

Eine neue Art des Armrings, verspielter, doch Ergebnis neuer Herstellungsverfahren, finden wir im Osten: der Körper besteht aus gebogenen, sich kreuzenden Metalldrähten oder Metallgeflecht, oder es sind bewegliche Ringe angehängt – manchmal treffen auch beide Merkmale zu.

Abb. 295 und 296 Zwei solche Stücke aus Böhmen, das eine aus Planany, das andere aus Prag-Podbaba, sind tonangebend für diesen nicht mehr so schweren Schmuck. Das erste Stück hat vier große Ringe und spaltet sich an fünf Stellen so weit auf, daß der Leerraum fast dem der Ringe gleichkommt. Das zweite besteht aus einer Filigranarbeit, ab und zu von Wülsten unterbrochen, die mit gedrehten Bändern verziert sind. Das verflochtene Metall, die dünnen Drähte und die großen Leerräume lassen diesen Schmuck ein wenig barock, doch zierlich und nicht unelegant erscheinen. Weniger luftig sieht der Armreif aus, der vor einigen Jahren in Chotín (Slowakei) gefunden wurde. Er hat zwei große Ringe, ist undurchbrochen, fällt durch sein falsches Filigran und die Pastillagetechnik auf und läßt sich nur auf Grund der Reihen paralleler S-Kurven, die den wesentlichen Dekor ausmachen, als keltisch bestimmen. Abb. 297 Ein etwas jüngeres Exemplar aus Palárikovo (Slowakei) hat zwei sehr flache hohle Halbkugeln, die mit S-Kurven und anderen kurvolinearen Motiven versehen sind. Ein weiteres Stück aus Kupinovo (Wojwodina, Jugoslawien) stellt mit seinen weitmaschig verflochtenen Drähten, die mit kleinen aufgesetzten Pastillen verziert sind, eine leichtere Variante dar; die neue Art des Dekors bringt eine Verarmung der typischen Latènemotive mit sich; sie werden, so könnte man sagen, durch technische Varianten ersetzt, die wir auf den zeitgenössischen Fibeln wiederfinden.

Die Verbreitung von mitteleuropäisch-keltischen Ornamenten nach Osten hat in Ungarn die deutlichsten Spuren hinterlassen. Die Ornamente sind dort aber noch mit linearen Zeichnungen oder Kompositionsverfahren verquickt. Abb. 298 Auf der großen Vase von Alsopel (Tolna), die von ihrem schmalen Fuß bis hinauf zum breiten Hals auf der Scheibe gedreht ist, sind sechs Kartuschen in den Hals eingeschnitten, die teils kurvolinearen, teils rechtwinkligen Dekor haben und von vegetabilischen beziehungsweise rechtwinklig-geometrischen Formen angeregt sind.

91 - Chotín (Slowakei) - Armreif mit Ringen und mit Verschluß. 3. Jh. v. Chr. - *Bronze; Durchmesser 0,076 m* - Komárno, Podunajaske Muzeum

Ebenso trägt die älteste der vielen in Ungarn gefundenen verzierten Schwertscheiden, die von
Abb. 299 Potypuszta (Vos), eingestempelte stilisierte Blätter und Spiralen in quadratischen Rahmen,
Würfelaugen sowie, allerdings kaum erkennbar, Peltamotive; das Ganze ist in schräg verlaufenden und grob parallelen Linien angeordnet. Ungarn hat auch einige Exemplare einer neuen Art
torques geliefert, die von Ostgallien bis nach Siebenbürgen verbreitet ist, die Scheibenhalsringe.
Es handelt sich um Reifen mit verschiedenen Verschlußsystemen: auf der Rückseite in drei
voneinander abgesetzten Partien Pflanzendekor, auf der Vorderseite große Scheiben aus rotem
Email, die mit kleinen Perlen, fülligen Kugeln mit S-Kurven oder mit stark reliefierten Spiralen
abwechseln – zum Beispiel auf dem *torques* aus Nebringen (Baden-Württemberg) oder dem von
Abb. 300 der ‹Marne› (vgl. Anm. 9, S. 240). Weiter östlich, im Karpatenbecken, wurde die Fibel aus Dipsa
(Braşov, Rumänien) entdeckt; ‹Knoten› in kunstvoller Reliefkombination verbinden sich mit
einer Emailscheibe, die fast den ganzen Fuß bedeckt mit Ausnahme der vogelkopfartigen
Spitze, die wieder fast an den Bügel heranreicht. Die Fibel sieht aus wie eine stark plastische
Weiterentwicklung eines Stückes aus der Serie von Münsingen. Einfacher sind drei aus derselben
Gußform stammende und noch durch zwei Ketten verbundene Fibeln aus Kupinovo (Wojwodina). Der Bügel ist mit zartem kurvolinearem Relief verziert, der umgebogene Fuß endet in
einer Art Vogelkopf; das Stück ist eine Fortsetzung des sogenannten Duxer Typus. Schließ-
Abb. 282 lich stammt aus Gorni-Cibar (Mihailovgrad, Bulgarien) ein goldener *torques* mit Pufferenden,
vielleicht ein Importstück; der Dekor verbindet ein längliches, auf der Ranke basierendes Blatt-
motiv auf getüpfeltem Grund mit einer mit dem Zirkel gezeichneten Girlandenumrahmung,

92 - In der ‹Marne› gefunden - Scheibenhalsring. 3. Jh. v. Chr. - *Bronze und Email; Durchmesser 0,135 m* -
Saint-Germain-en-Laye, Musée des Antiquités nationales

die wir nur hier antreffen. Es handelt sich um das östlichste Fundstück aus Edelmetall mit echt keltischer Dekorformel. Auf zwei Scheibenhalsringen von der ‹Marne› (im Museum von Nancy) sehen wir eine Komposition im vegetabilischen fortlaufenden Stil, wo sich die Ranken beziehungsweise Blätter in ‹Fächer›, Peltamotive oder gar die Andeutung eines Vogelkopfes verwandeln; auf einem dritten (in Saint-Germain-en-Laye) kommen zwei scheinbar symmetrische Ornamente vor, die mit ihren stilisierten Palmetten, Blattspiralen, dissymmetrischen S-Kurven und Ansätzen von Peltamotiven jedoch eine Unregelmäßigkeit des Details aufweisen, die es zu entwirren gilt. Vegetabilischer fortlaufender Dekor, schwellende Linien, Motivumwandlung, der Typus der Latènefibel – das war im Westen wie im Osten der neue Formelschatz, der um sich greifen und bald auch Großbritannien und Irland erreichen sollte.

Abb. 278 und 279

Abb. 280

Mittel- und Osteuropa liefern schöne Beispiele für eingestempelten Keramikdekor; auf ein und demselben Gefäß finden sich Gruppen kleiner, symmetrisch angeordneter Kreise und Halbkreise (man ist versucht, diese Motive als ‹vorfabriziert› zu bezeichnen wegen des Stempels, mit dem die monotonen Ensembles hergestellt wurden), weniger neutrale Elemente, wenn man so sagen darf (S-Kurven, die kurvolineare Svastika, ‹Serpentinen› – gleichermaßen eingestempelt) sowie aus freier Hand gezeichnete Pflanzenelemente. Auf einem großen Gefäß aus Hidegseg (bei Sopron = Ödenburg, Ungarn) erscheinen, in zwei Zierzonen regelmäßig angeordnet, Rauten, kleine Kreise, liegende S-Ornamente in waagerechten Streifen und auf dem Boden eine kurvolineare Svastika, die von aus Kreisen gebildeten Dreiecken umgeben ist. Eine Gefäßscherbe (ebenfalls aus Sopron) zeigt innerhalb von vier Rauten ‹Schlangen›, die im vegetabilischen fortlaufenden Stil reinster Art behandelt sind. Diese kleinen Zierfelder bilden einen Kontrast zu den darum herum befindlichen monotonen Stempelmotiven. Einen noch stärkeren Gegensatz bietet die Scherbe einer Omphalosschale aus Sobůlky (Mähren): auf der Innenseite aus Halbkreisen gebildete ‹Sterne› mit je drei Punkten an den Spitzen in unmittelbarer Nachbarschaft von größeren, länglichen kurvolinearen Gebilden, Blättern oder Bändern, die überraschend ungezwungen gezeichnet sind; tiefverwurzelte Tradition steht hier also einem bemerkenswerten Beispiel sich befreiender Entfaltung gegenüber. Es ist dies eines der interessantesten Exemplare aus der Serie der Braubacher Schalen – so genannt nach einem Fundort in Rheinland-Pfalz –, die seit dem 4. Jahrhundert v. Chr. vorkommen. Sie haben auf der

Abb. 301

Abb. 302

Abb. 305

Abb. 303 und 304

94 - Nebringen (Baden-Württemberg) - Scheibenhalsring. Anfang 3. Jh. v. Chr. - *Bronze und Email; Durchmesser 0,152 m*
- Stuttgart, Württembergisches Landesmuseum

Innenseite mehr oder weniger komplexe kurvolineare Motive sowie regelmäßigen Stempel-
dekor; letzterer kann auch auf der Außenseite erscheinen. Bisweilen kommen große Bögen oder
lange S-Kurven in leichtem Relief vor. Das besonders Interessante an dieser Ware ist das Nebeneinander mehrerer Ornamenttechniken; die einzelnen Exemplare unterscheiden sich vornehmlich durch ihren Dekor, der in seiner regelmäßigen Ausführung sowohl mittelmeerische
als auch Hallstatt-Tradition fortsetzt, was durch die Anspruchslosigkeit der angewendeten Verfahren begünstigt wurde.

In dieses von Werken der plastischen Künste beherrschte 3. Jahrhundert v. Chr. gehören ganz
ohne Zweifel zwei bedeutende Fundstücke aus einer Nekropole, die in Ciumești (Nordrumänien;

93 - Gorni-Cibar (Bulgarien) - Ausschnitt eines ‹torques› mit Pufferenden. Ende 4. - Anfang 3. Jh. v. Chr.
- *Gold; Durchmesser 0,152 m* - Sofia, Narodnija Archeologiceski Muzej

95 - Ciumeşti (Rumänien) - Helm mit Raubvogel-Aufsatz. Anfang 3. Jh. v. Chr. - *Bronze (Vogel) und Eisen (Helmkopf);*
Höhe 0,417 m - Bukarest, Muzeul de Istorie a R.S. Romania

96 - Ciumeşti (Rumänien) - Phalere von einem
Panzerhemd. 3.Jh. v.Chr. - *Bronze; Durch-
messer 0,06 m* - Bukarest, Muzeul de Istorie a R.S.
Romania

vgl. Anm. 10, S. 240) näher untersucht wurde: einmal ein Helm, auf dem ein Raubvogel sitzt;
dann eine Phalere, dazu zwei kleinere, die zu Teilen eines Kettenhemdes gehörten. Der Helm
ist das einzige vollständige Beispiel für einen Typus, den wir sonst nur von einer figürlichen
Wiedergabe, dem keltischen Krieger auf dem Becken von Gundestrup (Nordjütland), kennen.
Der Vogel, wohl eher ein Rabe als ein Adler, ist aus verschiedenen Bronzeteilen zusammengesetzt, die Flügel sind ausgebreitet, und er sieht aus, als wolle er sich auf den Gegner stürzen.
Die Augen waren aus Email; der nicht mehr vorhandene Schnabel ist heute ergänzt; die verschiedenen Teile des Gefieders (Schwingen, Schwanzfedern, Rücken- und Bauchfedern) sind
jeweils schematisch wiedergegeben. Wir wissen, daß das Bild des schreckenerregenden, krächzen-
den, kampflustigen, aasfressenden Raben oben auf dem Helm dazu bestimmt war, den Feind in
Furcht zu versetzen. So veranschaulicht dieses zwar nicht sehr anspruchsvolle, aber außerordentlich eindrucksvolle Kunstwerk einen Zug spezifisch keltischer Gesittung: magischen Schrecken
zu verbreiten und kriegerische Taten zu vollbringen. Von den Phaleren zeigt die größere einen
leicht reliefierten Dekor. Er ist in drei konzentrische und durch schraffierte Linien voneinander
getrennte Zonen mit jeweils verschiedenen Motiven aufgegliedert: in der Mitte ein stark ge-
rundeter Dreierwirbel; acht schraffierte Linien führen strahlenförmig und die beiden anderen
Felder durchkreuzend nach außen. Das kleinere Feld ist aufgeteilt in acht Längswölbungen von
ungleicher Länge; das andere hat ebenfalls acht Fächer, in denen abwechselnd ‹Lyren› bildende
Paare von S-Kurven und solche aus dicken Halbovalen eingesetzt sind; die letzteren sind in
Längsrichtung mit ihren durch zwei flache Halbmonde noch hervorgehobenen Rundungen gegeneinandergesetzt. Die regelmäßige Struktur des Ganzen erinnert an bestes Frühlatène, doch
der sehr gelungene Bronzeguß verleiht einem außerordentlich dynamischen Dreierwirbel besonderes Gewicht.

Eine Eule ziert in mehrfacher Ausführung den Rand eines großen Bronzekessels, dessen Überreste in Braa bei Horsens (Jütland) gefunden wurden. Nur der Kopf des Vogels ist wiedergege- Abb. 309
ben, dieser jedoch mit einem auffällig stilisierten und ausdrucksvollen Naturalismus, ebenso
wie auch die Köpfe von Jungrindern, die ebenfalls an dem Gefäßrand angebracht sind. Dahinter
ist der Besatz auf der Attasche mit einer langen, leicht reliefierten Ranke nach Art des vegetabilischen fortlaufenden Stils verziert, die sich gut und gerne ins 3. Jahrhundert v.Chr. datieren läßt.

Am anderen Ende der keltischen Welt, in Südgallien, entstand unter dem Einfluß griechischer
Techniken eine Randzone der Großplastik. Die Bronzeblechmaske aus Montsérié (Hautes-
Pyrénées), die ebenso wie der zugehörige, heute verlorene Hinterkopf als Applike für einen

97 - Montsérié (Hautes-Pyrénées) - Männliche Maske, eine Gottheit (?). 3. - 2. Jh. v. Chr. - *Bronzeblech;*
Höhe 0,172 m - Tarbes, Musée Massey

Holzkern gedacht war, ist vielleicht bereits ein erster Versuch, eine Gottheit darzustellen. Doch machte sich das kelto-ligurische Milieu die griechische Statuenbildnerei schlechthin zu eigen. Man vergleiche zwei Kriegerbüsten aus Sainte-Anastasie (Gard): sie tragen riesige, sicher lederne Helme, die auf die Schultern herabfallen und mit reliefierten, eingerollten Hörnern geschmückt sind. Die Gravierung auf der Brust gibt ein Pektorale wieder. Abermals zwei nebeneinander angewendete Bearbeitungsweisen; sie verstärken das Absonderliche der ganzen Aufmachung, die mehr ‹mediterran› als keltisch wirkt. In Roquepertuse (Bouches-du-Rhône; vgl. Anm. 11, S. 240) fand sich eine Bestätigung für die den Kelten dieser Gegend nachgesagte Schädelausstellung. Es handelt sich um die Reste eines einheimischen Heiligtums. In einen

98 - Sainte-Anastasie (Gard) - Büste eines Kriegers mit großem Helm. 3. Jh. v. Chr. - *Kalkstein; Höhe*
0,54 m - Nîmes, Musée archéologique

100 - Roquepertuse (Bouches-du-Rhône) - Portikus mit Nischen, darin Schädel. 3. Jh. v. Chr. - *Kalkstein; größte Höhe 2,49 m* - Marseille, Musée archéologique (Schloß Borély)

kleinen, sehr einfachen Portikus, wohl die Nachbildung eines hölzernen Bauwerkes, sind Nischen eingelassen, die die Totenschädel aufnahmen. Für wen die makabren Darbietungen bestimmt waren, wissen wir ebensowenig wie das sonstige Warum und Wofür. Wer hatte die Schädel abgetrennt, und wem gehörten sie an? Vom selben Fundort stammt ein Türsturz mit tief einge-schnittenen, stilisierten Pferdeköpfen; ferner ein großer Vogel aus Stein, der vielleicht den Portikus bekrönte; eine Art ‹Herme› aus zwei mit der Rückseite zusammenstoßenden Köpfen, deren scharf eingeschnittene Züge an bestimmte etruskische Skulpturen denken läßt; schließlich zwei lebensgroße Steinplastiken von Männern im Schneidersitz – Priester oder Götter? –, die mit einer Art Skapuliergewand bekleidet sind. Türstürze mit Zellen wurden auch im antiken Glanum (bei Saint-Rémy-de-Provence, Bouches-du-Rhône) gefunden, zusammen mit einer

99 - Roquepertuse (Bouches-du-Rhône) - Ausschnitt einer Gruppe von zwei umgekehrt gegenständigen Köpfen. 3. Jh. v. Chr. - *Kalkstein; Gesamtlänge etwa 0,29 m* - Marseille, Musée archéologique (Schloß Borély). Vgl. Abb. 6

102 - Roquepertuse (Bouches-du-Rhône) - Türsturz mit eingeschnittenen Pferdeköpfen. 3.Jh. v.Chr. - *Kalkstein; Länge 0,63 m* - Marseille, Musée archéologique (Schloß Borély)

Sitzstatue, die den hier beschriebenen ähnelt. Es ist wohl eher hellenistisch-kelto-ligurische als nur kelto-ligurische sakrale Skulptur; denn Technik und Sujets sind jener ‹frühmediterranen› Kunst entlehnt, deren einschlägige Werke Fernand Benoît gesammelt und genau eingeordnet hat. Hier im Süden, wo iberische und ligurische Tradition einander begegneten und sich vom Hellenismus befruchten ließen, sind wir schon weit entfernt von der ‹graphischen Plastik› aus Armorica und vom Rhein.

Auf ihren weiten Wanderungen haben die Kelten Mitteleuropas für die Verbreitung verzierter Metallteile von Streit- und Prunkwagen gesorgt, zum Beispiel von Vorstecknägeln, Radkappen, Zügelringen, den Geländern des Wagenkastens sowie sonstigen nicht näher definierbaren Teilen der Wagenbeschläge. Der Zierat besteht aus den gleichen knospentreibenden und gewundenen Reliefs wie auf den Knöchelringen und Armreifen, und wir begegnen den gleichen Kombinationen von S-Ornamenten, Spiralen und anderen Motiven in ununterbrochener Reihung. Aus dem Einzelfund von Mezek (Chaskovo, Bulgarien) stammen vor allem ein Vorstecknagel mit zwei voneinander abgewandten Raubvogelköpfen, an deren Seite sich zwei Gesichter im Profil befinden, die von gewöhnlichen S-Kurven umschlungen sind; dann fünf große schwere Ringe, jeweils mit vier karikierenden Masken besetzt, von denen zwei Tier- und zwei Menschengestalt haben; weiter ein schwer zu bestimmender Gegenstand, am einen Ende mit einem Vierbeiner-kopf verziert, der von kleinen S-Kurven bedeckt ist, einen Ring im Maul hält und von einer Palmette bekrönt ist, am anderen Ende mit einer sehr schön gearbeiteten Scheibe, die von großen Knöpfen und ineinandergreifenden S-Kurven umrandet ist. Auf einem Vorstecknagel (gefunden

101 - Glanum (Bouches-du-Rhône) - Statue eines Mannes im Schneidersitz. 2. - 1.Jh. v.Chr. - *Kalkstein; Höhe mit Sockel 0,81 m* - Saint-Rémy-de-Provence, archäologische Sammlung (Hôtel de Sade)

114   103 und 104 - Mezek (Bulgarien) - Vorstecknagel einer Wagenachse und Wagenornament. 3. Jh. v. Chr. - *Bronze* - Sofia, Narodnija Archeologiceski Muzej

105 - Paris (?), Champagne (?) - Wagenvorstecknagel. 3. Jh. v. Chr. - *Bronze; Länge 0,08 m* - Saint-Germain-en-Laye,
Musée des Antiquités nationales

106 - Mezek (Bulgarien) - Stück von einem Wagen: Mit Masken verzierter Ring. 3. Jh. v. Chr. - *Bronze; Höhe 0,093 m*   115
- Sofia, Narodnija Archeologiceski Muzej

107 - Paris (?), Champagne (?) - Stück von einem Wagen. 3. Jh. v. Chr. - *Bronze auf Eisen; Höhe 0,075 m* - Saint-Germain-en-Laye, Musée des Antiquités nationales

108 - Paris (?), Champagne (?) - Ausschnitt eines Stückes von einem Wagen. 3.Jh. v.Chr. - *Bronze auf Eisen; größte Breite 0,068 m* - Saint-Germain-en-Laye, Musée des Antiquités nationales

beziehungsweise angekauft ‹in Paris›) sind die Einzelelemente von Gesichtern in vier Teile zerstückelt und teilweise so schwer wiederzuerkennen wie später auf bestimmten belgischen Münzen; die Metamorphose ist fast vollständig vollzogen: Mandelaugen, das Vorderhaar auf zwei halb S-förmige Locken reduziert (falls nicht die auf gleiche Art behandelten Augenbrauen gemeint sind). Noch deutlicher drückt sie sich auf einem großen Bronzering mit Ansatzstück (gleicher zweifelhafter Herkunft) aus: S-Kurven, Spiralen mit Knöpfen und darunter gemengten Masken, mit leicht abfallenden Flächen und scharfen Kanten, werden durch eine dreieckige Maske mit zurückgebogenen Augenbrauen vervollständigt. Es ist eines der stärksten und subtilsten Werke der Bronzeplastik in dieser Phase der Latènezeit; wahrscheinlich stammt es aus der Marnegegend. Trotz analogem Umgestaltungsprinzip ist dagegen der Vorstecknagel aus Leval-Trahegnies (bei La Courte, Belgien) doch nicht von so weitreichender Inspiration und weniger Abb. 306 effektvoll.

Aus dem Hauptsiedlungsbereich der Kelten stammen noch Fundstücke, bei denen der reiche, fast überladene Zierat einen Punkt erreicht hat, wo sich der vegetabilische Stil kaum noch weiter-

117

109 - ‹In Belgien erworben› - Ausschnitt eines hohlen ‹torques› mit profilierten Enden.
4. Jh. v. Chr. - *Gold; Durchmesser 0,135 m* - London, Britisches Museum
110 - Conflans (Aube) - Fibel mit Perlverzierung. 3. Jh. v. Chr. - *Bronze; Länge 0,12 m*
- Troyes, Musée des Beaux-Arts

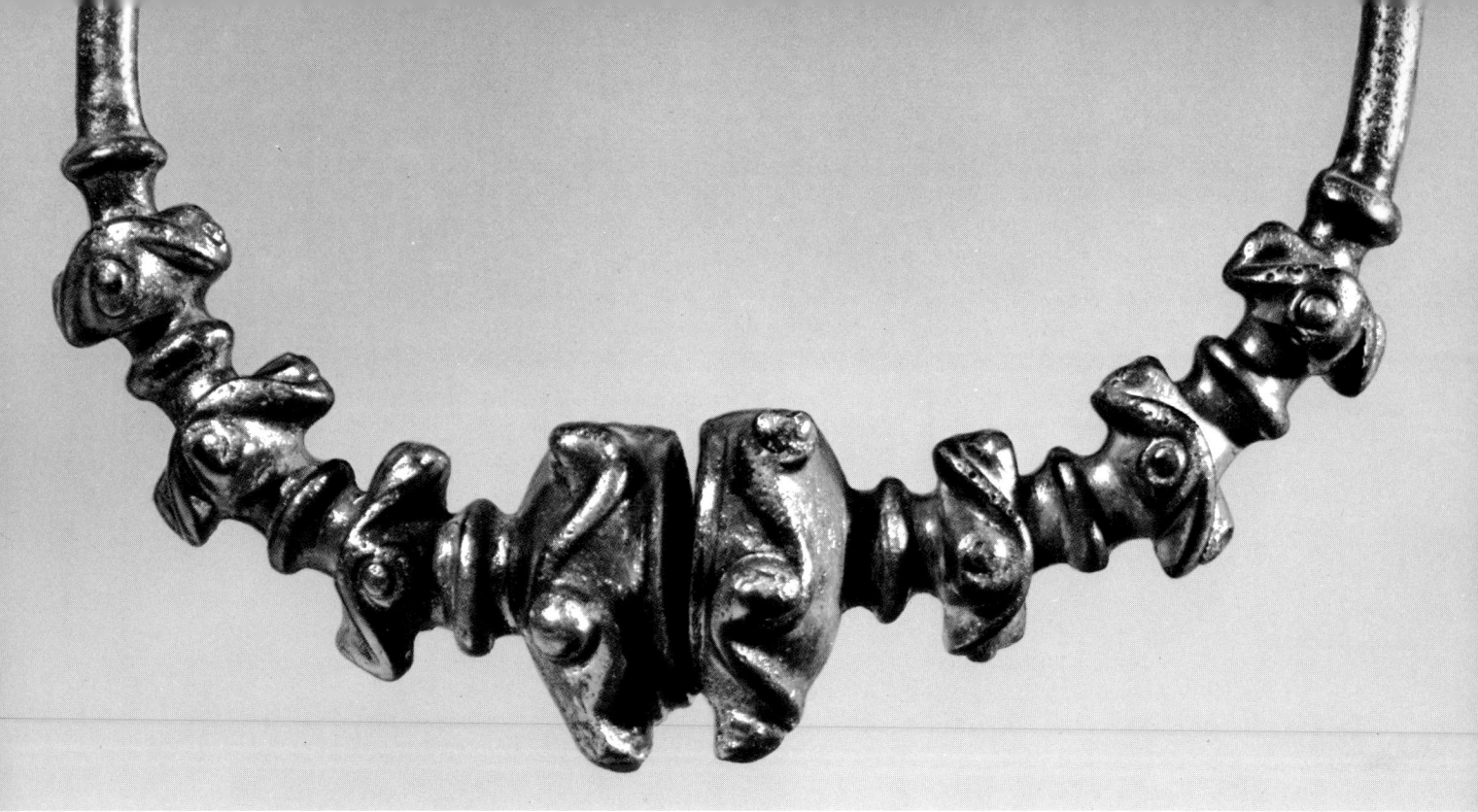

111 - Ripont (Marne) - Ausschnitt eines ‹torques› mit Pufferenden. 3.Jh. v.Chr. - *Bronze; Durchmesser 0,122 m* - Saint-Germain-en-Laye, Musée des Antiquités nationales

entwickeln konnte ohne die Gefahr, ins Manieristische zu verfallen, nachdem er auf dem Wege immer neuer Kompositionsweisen und durch die kontinuierliche Verknüpfung der Elemente immer kunstvollere Formen angenommen hatte. Der *torques* aus Ripont (Marne) ebenso wie eine Fibel aus Conflans (Aube), auf der Phantasievögel in zartem Relief Perlen schmücken, illustriert Stilbildungen, wie wir sie schon anhand des Grabfundes von Waldalgesheim bestimmt haben. Das Linienspiel erinnert an den ‹in Belgien erworbenen› Gold*torques*, ein Meisterwerk des 4.Jahrhunderts v.Chr., an dem die Pufferenden und ihre Ansatzstücke mit ihrem dem Norditalischen nahestehenden Dekor wahre Bravourleistungen sind. Einfacher ist die Fibel mit großen S-verzierten Perlen aus Kosd (Ungarn); noch reiner in der Ausführung die von Kbel (Böhmen), die überhaupt nur mit zwei ganz ähnlich profilierten Knoten, wohl auf Vogelköpfe zurückzuführenden Motiven, verziert ist. Was den Armreif aus Prag-Žižkov betrifft – wohl Anfang des 3.Jahrhunderts v.Chr. –, so verbindet er zwei ungewöhnlich langgezogene Dreierwirbel mit blattartigen Enden zu beiden Seiten von drei sehr weiten und miteinander verwachsenen S-Kurven zu einem fast symmetrischen Ganzen. Noch weiter gestreckt und schräg geneigt sind die vier S-Kurven auf dem etwas älteren, mit profilierten Enden versehenen Ringschmuck aus Klobúky (Böhmen); dort, wo sie zusammenstoßen, bilden sie Peltamotive. Solche Überdehnungen sind bedingt durch die Gestalt der Bildfläche, besonders wenn sie kreisförmig ist; sie kommen in allen Stilrichtungen vor, die kurvolineare Zeichen verwenden, vor allem auf der bemalten Keramik, ob nun in der latènezeitlichen Armorica oder im China des 2. und 1.Jahrhunderts v.Chr.

Abb. 307 und 308

Abb. 311

Abb. 310

Eine sehr ergiebige und von einem Ende der keltischen Welt bis zum anderen verbreitete Denkmälergattung führt uns zurück zur Zeichnung. Gemeint sind die Schwertscheiden, bei denen die Fläche ganz oder teilweise graviert oder getrieben und nur das Zubehör, das Ortband und der Riemenhalter, plastisch ausgeführt ist. Das Ornament ist hier der langgestreckten, schmalen und oft sogar noch durch einen Grat der Länge nach geteilten Grundfläche unterworfen. Die Schwertklinge, vom Schmied im Feuer meisterhaft gehärtet, stand in solchem Ansehen, daß ihre Hülle manchmal auf das prächtigste mit Zierat versehen wurde. Dieser trug, vielleicht auf magische Weise, dazu bei, die herrscherliche Autorität der Trägers, dessen Person er schützte, zu erhöhen; jedenfalls konnte dem Betrachter nichts vom Schmuck der Schwertscheide entgehen. Zwischen den durchbrochenen oder nicht durchbrochenen Gürtelhaken und -platten der Frühlatènezeit und den britannischen Spiegeln der Spätzeit bietet die Schwertscheide fast die einzige ebene Fläche dar, wo sich der seit Beginn der Latènekunst in der Plastik angesammelte Erfahrungsschatz wieder bewußt ins Graphische umsetzen ließ. Sonst findet man diese Übertragung merkwürdigerweise noch auf kleinen und flachen Gebrauchsgegenständen wie auf dem Sieb des Trichters von der ‹Marne›; hier bestehen die Zierflächen aus sich fortsetzenden Ranken, die in einem symmetrisch eleganten, dynamischen Entwurf hin- und herschwingen. Das aus Hoppstädten (Rheinland-Pfalz) stammende Sieb weist ein Motiv aus vier S-förmigen Zweigen auf, dessen einfachere Gestaltung auf ein jüngeres Datum als das des zugehörigen Trichters schließen läßt; denn bei letzterem spricht alles für das 4. Jahrhundert: das Figurenband von schrägen, zart gravierten S-Kurven sowie vertikale und horizontale halbe S-Ornamente nahe dem Fuß, ferner auf seinem flachen Rand das Blattwerk; dies um so mehr, als sich daneben auch noch geradlinige geometrische Motive finden: Folgen von vereinfachten Mäandern und Zickzackmuster, das Erbe der Vorlatènezeit.

Abb. 315 bis 317 Die Ornamentierung der Schwertscheiden hat sich zumal in Ungarn besonders prächtig entwickelt. Von dort ausgehend, griff die Technik auf die Schweiz über, erreichte Gallien, die Britischen Inseln sowie über Rumänien auch Jugoslawien. Sie ist in Frankreich, Deutschland, Österreich, Italien, der Tschechoslowakei, Polen, Rumänien und Bulgarien allerdings nur durch vereinzelte Exemplare bezeugt. Der zunächst einfache gravierte Dekor weicht bald einer ausgelassenen Ungezwungenheit, einem Pflanzendickicht, das auch vor dem Flechtband nicht zurückschreckt und in dem sich auch Ansätze zu Vogelprofilen finden. Man könnte an Vorformen der Arabeske, mit oder ohne Mittelachse, im weitesten Sinne des Wortes denken, ihren Manierismus einbegriffen. José Maria de Navarro hat in seinen langwierigen Arbeiten eine Stilentwicklung vorgeschlagen: auf den ersten und einfachsten Exemplaren basierte der Dekor auf dem Oberteil oder dem Mundblech der Scheide auf zwei gegenständigen imaginären Tieren, ‹Seepferdchen› oder Vögeln mit S-förmigem Körper, wahrscheinlich aus orientalischen Vorbildern abgeleitet. Dann tritt ein sonst nicht zu belegender Typus auf: zwei Monstren, die üblicherweise als ‹Drachen› bezeichnet werden, auch wenn dieser Ausdruck nicht genau zutrifft. Gemeint ist ein hybrides kniendes Wesen mit Menschenbeinen, verdrehtem Schwanz oder aufgerichtetem Glied, spindeldürrem Leib, Tierkopf mit Ohren, großen runden Augen und weit geöffnetem Maul – abschreckend grotesk, mit einem Wort: apotropäisch. Auf einer Schwertscheide aus Baron-sur-Odon (Calvados) ist der ‹Drache› mit Gold eingelegt wie die Schlagmarke mancher Abb. 312 Schwerter. Zahlreiche Belege stammen aus Ungarn (Kosd), Jugoslawien und aus La Tène selbst. Bisweilen ist der Körper des ‹Drachen› auch kreisrund, und er hat einen Raubvogelkopf, wofern sein Profil nicht durch geometrische Stilisierung gänzlich entstellt ist.

Ab und zu sind die ‹Drachen› oder auch anderer, weiter in der Mitte der Scheide und unten befindlicher Dekor mit einer Goldfolie bedeckt (zum Beispiel in Aiud, Rumänien), während er für Inkrustierungen zu zart ist; wenn er mehr Raum einnimmt, so ist er in mehreren, manchmal Abb. 313 diagonalen Registern angeordnet. In München-Obermenzing fand sich ein in seiner Art einmaliger Dreierwirbel; seine Schenkel enden nämlich in Vogelköpfen. Aus Basadingen (Schweiz) stammt eine symmetrische Darstellung, oben ein umgekehrtes Peltamotiv, auf beiden Seiten je ein Phantasiewesen (ein Raubvogel mit nach außen gerichtetem Schnabel; ein Fisch mit offenem Maul); vielleicht handelt es sich hier um eine letzte Variation des ‹Drachen›-The-

112 - La Tène (Neuchâtel) - Verziertes Mundblech einer Schwertscheide. 3. - 2. Jh. v. Chr. - *Eisen; Höhe der Scheide 0,82 m* - Neuchâtel, Musée cantonal d'archéologie

mas, ausgeführt in höchst verfeinerter Gravierung (man beachte die Wellenlinien, die durch sachtes Hin- und Herbewegen des Stichels entstanden sind). Aus La Tène selbst kommen drei Equiden, ausnahmsweise in leichtem Relief, die zu einem Dreieck angeordnet sind; der obere mit zurückgewendetem Kopf, die beiden unteren gegenständig, mit Verlängerungslinien an den Ohren und Beinen; ferner elegant eingerollte Blätter, die einen Pseudo-Dreierwirbel bilden. Noch origineller sind jedoch die aus Ungarn und Jugoslawien stammenden Schwertscheiden, auf denen neue Varianten von ursprünglich pflanzlichen Motiven ihren Ausdruck finden;

113 und 116 (auf Seite 124) - Basadingen (Schweiz) - Mundblech einer Schwertscheide und Ausschnitt des Dekors. 3. - 2. Jh. v. Chr. - *Bronze; Breite 0,053 m*
- Zürich, Schweizerisches Landesmuseum

manchmal gehen sie über in Vogelköpfe (in natürlicher oder Phantasieform) mit hakenförmi-
gem oder weit zurückgebogenem Schnabel. Funde aus Bölcske-Madocsahegy, Halmajugra,
Bodroghalom (Ungarn), Batina (dem früheren ungarischen Kis Köszeg), Kupinovo (Wojwodina,
Jugoslawien) zeigen den Erfindungsreichtum der Graveure auf seinem Höhepunkt; sie konnten
sich nicht genugtun in Motivverschmelzung, der Metamorphose von der Pflanze zum Tier beziehungsweise einem subtilen Ansatz dazu. Wenn wir mit diesen teilweise symmetrischen, bisweilen aber nicht sehr geschickt arrangierten Ornamenten das von Vögeln, Insekten, kleinen
Vierbeinern und Amoretten bevölkerte Rankenwerk römischer Denkmäler vergleichen, so
finden wir zwar auf beiden Seiten die gleichen Ausgangselemente, doch sind Pflanzen und Tiere
bei den Römern naturnah, bei den Kelten wirr, hybrid, imaginär.

Eine der am reichsten verzierten Schwertscheiden unserer Serie stammt aus Cernon-sur-Coole
(Marne; vgl. Anm. 13, S. 240), wohin sie zweifellos aus dem Osten gelangt ist; ein gallischer
oder sonst keltischer Stammesfürst dürfte sie mitgebracht oder als Geschenk erhalten haben.
Zunächst fällt sie durch die üppige Pointillage und die Guillochierung des Grundes auf. Auf der
Rückseite sitzt ganz oben ein Medaillon, das mit einem S in einem Kreise geschmückt ist. Der
Dekor nimmt ungefähr ein Drittel der Höhe ein; er besteht aus prachtvollen S-Ornamenten,
Spiralen, schraffierten Dreiecken, mitten darin Pflanzenstengeln; einer davon endet in einem
Vogelkopf mit großem länglichem Auge und langem, spiralförmigem, nach Art von Papier-
pfeifen aufgerolltem Schnabel. Eben solch ein apotropäisches Tier findet sich auf den runden

114 und 117 (auf Seite 125) - Cernon-sur-Coole (Marne) - Oberer Teil einer Schwertscheide (Rückseite) und
Ausschnitt des Dekors. 3. Jh. v. Chr. - *Eisen; Gesamthöhe 0,74 m* - Châlons-sur-Marne, Musée municipal

115 - Kaloz-Nagyhörcsök (Ungarn) - Ritzmuster unter
dem Henkel einer Vase. 3. Jh. v. Chr. - *Gebrannter
Ton; Gesamthöhe 0,255 m* - Szekesfehervar, Istvan
kiraly Muzeum

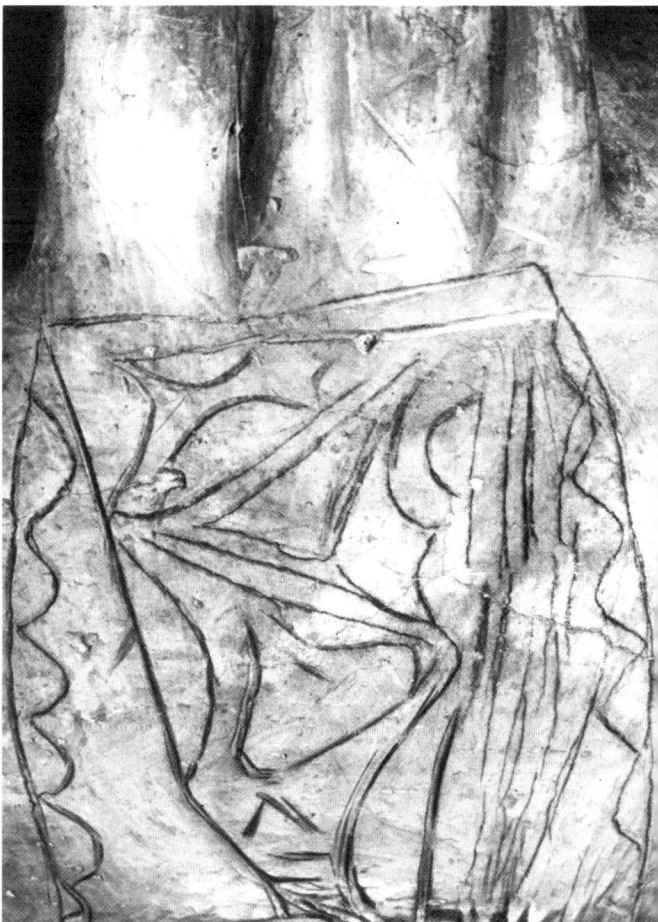

116 und 117 - Ausschnitte von Abb. 113 und 114 →

118

119

120

121

122

123

Attaschen am Riemenhalter einer Schwertscheide aus Drňa (Slowakei). Wir haben hier ein an-schauliches Beispiel dafür, wie eine Pflanze in die Form eines flüchtig skizzierten Tiers übergeht, wobei die weiche Gestaltung gleichbleibt (die Art, wie hier mitten in den üppigen Trieben Stück für Stück ein Kopf zum Vorschein kommt, hat Jacobsthal zu seiner Bezeichnung ‹Cheshire Cat Style› angeregt; er dachte an jenes lächelnd-verschwommene Gesicht, das Alice im Traum er-scheint und dann wieder verschwindet; vgl. Lewis Carroll, ‹Alice im Wunderland›). Daß der-gleichen Kunstwerke Einfluß ausstrahlten, zeigen Ritzzeichnungen unterhalb der Henkel einer Vase aus Kaloz-Nagyhörcsök (Fejer, Ungarn); diese gehen wohl auf einen Entwurf zurück, der mit der Komposition von Cernon-sur-Coole oder von Bodroghalom viel Ähnlichkeit hatte. Der Vasenbildner von Kaloz-Nagyhörcsök hat die Schwertscheide jedoch vollständig wieder-gegeben, wodurch die Proportionen zu stark verkürzt und gedrungen wurden. Abb. 319 Abb. 320 und 321 Abb. 318

Diese Vase, die aus der Zeit vor dem Ende des 3. Jahrhunderts stammt, veranschaulicht den Einfluß, dem die keltische Keramik im Donauraum mit seiner eigenen einheimischen, stark skythisch geprägten und hellenistisch beeinflußten Kultur ausgesetzt war. Man kann sie als einen Pseudo-Kantharos bezeichnen; der Gefäßbauch trägt Kammstrich und gravierten Dekor, die Henkel nur gravierten Dekor; er verläuft mit ausgesparten mattierten Stellen um die ganze Schulter herum. Noch charakteristischer ist ein anderes Gefäß gleicher Form und Herkunft; zwei Stierköpfe fungieren als Wächter des Inhalts. Als solche stammen sie von den Metallkesseln her, die ihrerseits wieder (womöglich auf dem direkten Donauwege) auf Prototypen des Vor-deren Orients, zumal Urartu, zurückgehen. Die Stiere haben aber nicht, wie Ole Klindt-Jensen für den Kessel von Braa (Jütland) überzeugend dargetan hat, das abschreckende Aussehen der Löwen und Greifen auf den griechischen und etruskischen Vasen. Im übrigen sind diese Gefäß-typen und die plastischen Henkel in der Latènezeit etwas speziell den östlichen Kelten Eigenes. Wir finden den Pseudo-Kantharos noch in Novomesto (Slowenien) mit zwei im Relief appli-zierten Masken am Gefäßhals auf halbem Wege zwischen den Henkeln, die selbst oben und unten mit Köpfen von Widdern und Rindern besetzt sind. An dem sehr schönen ‹Kantharos› aus Belgrad-Karaburma sehen wir nebeneinander geometrische eingestempelte Muster, die in sichtlicher Regelmäßigkeit verteilt sind, sowie – auf beiden Seiten verschieden angeordnet – bo-gig aufgelegte Leisten und rautenförmigen Ritzdekor. Bestünde nicht dieser leichte Mangel an Symmetrie, würden wir kaum noch von keltischer Kunst zu sprechen wagen. Ganz anders und entschieden latèneartiger ist der Ritzdekor auf der Vase von Apahida (bei Cluj = Klausenburg, Rumänien); er besteht aus Kurven, die Peltamotive, Lyren und Dreiecke beschreiben, verbun-den mit S-Kurven und Reihen winzig kleiner Kreise. Abb. 322 Abb. 323 Abb. 324

Hiervon verschieden sind die ältesten verzierten Schwertscheiden, die in Großbritannien gefunden wurden. Sie sind mit getriebenem Bronzeblech belegt und lehnen sich noch an die strenge Regelmäßigkeit der vorangehenden Periode an. Dagegen gehört die Scheide von Wisbech (Cambridgeshire) mit ihrer einfachen Zeichnung (Peltamotive, ineinandergreifende S-Kurven) schon in die Zeit der fortlaufenden Verbindungen und Fusionen. Das heißt, daß die im Entstehen begriffene Frühlatènekultur mit ihren Kompositelementen, Fabelwesen und Lotos-blumen nicht bis zu den Inselbewohnern vorgedrungen ist. Sie übernahmen bereits fertige For-men der Latènezeit, und diese sagten ihrem keltischen Temperament auch zu. Aber die Insel-künstler bewegten sich bald mit kühnem Sprung weiter vorwärts im Erfinden ungebundener Muster. Gleich zu Anfang jedenfalls, vor allem auf den Scheiden von Prunkschwertern, mani-festiert sich das Neue auf einen Schlag in den Motiven und im Dekorhintergrund: auf dem Exemplar aus Standlake (Oxfordshire) sieht eine stilisierte Palmette schon fast wie ein Peltamotiv mit daraufgesetztem Ring aus; den Hintergrund bildet unregelmäßiges Geflecht. Dieses Ver-fahren fand in der Inselkunst sehr weite Verbreitung. Ein schimmernder Hintergrund läßt das eigentliche Motiv stärker hervortreten. Die Britannier haben die Kultur des festländischen

Dekorumzeichnungen von Schwertscheiden. 3. Jh. v. Chr.
118 - Bölcske-Madocsahegy (Ungarn) - Budapest, Magyar Nemzeti Muzeum; 119 - Batina (Jugoslawien) - Wien, Natur-historisches Museum; 120 - Bodroghalom (Ungarn) - Miskolc, Hermann Otto Muzeum; 121 - Bölcske-Madocsahegy (Ungarn) - Budapest, Magyar Nemzeti Muzeum; 122 - Halmajugra (Ungarn) - Eger, Dobo Istvan Muzeum; 123 - Kupinovo (Jugoslawien) - Zagreb, Arheoloski Muzej

124 – Wisbech (Cambridgeshire) – Fragment einer Dolchscheide.
4. – 3. Jh. v. Chr. – *Bronze; Länge 0,122 m* – Wisbech, Wisbech
and Fenland Museum

125 – Standlake (Oxfordshire) – Mundblech einer Schwertscheide:
Peltamotiv auf Flechtmustergrund. 3. Jh. v. Chr. – *Bronze; Breite
0,05 m* – Oxford, Ashmolean Museum

126 - In der Themse bei Brentford (Middlesex) gefunden - Ausschnitt vom Ende eines verzierten Wagenknaufs. Gegen Ende 3. Jh. v. Chr. - *Bronze und Email; Gesamtdurchmesser 0,08 m* - London, London Museum

Mittellatène, das sich in seiner Originalität schon zum Teil entfaltet hatte, übernommen. Sie haben die Künstler der ‹Marne› und dann die Belger nachgeahmt, so wie sich die Festlandskelten durch die Mittelmeeranrainer hatten inspirieren lassen. Sie haben nicht etwa die ganze keltische Kunst Europas aufgenommen, weder die Zentral- noch weniger natürlich die Osteuropas, aber sie haben ihre Vorbilder sehr schnell übertroffen.

Als Zierat eines Knaufs, den man bei Brentford (Middlesex) auf dem Grund der Themse fand Abb. 325 und der zu einem Streitwagen gehörte, sehen wir eine Kreisfolge von Lyren und umgekehrten Palmetten, aus denen Blätter und Rankenspitzen geworden sind; sie erinnern an Entenköpfe (aber ohne Augen) oder an in karikierende Masken verwandelte Peltamotive. Drei Paare verschieden geformter Rankentriebe schließen das ganze Gebilde an der Peripherie ab, wobei der Drehbewegung im Inneren eine Folge statischer Motive entgegengesetzt ist. Dieses sehr ge-

129

konnte Objekt in flachem Relief läßt sich unseres Erachtens sehr gut an das Ende des 3. Jahrhunderts v. Chr. datieren (andere Gelehrte halten es allerdings für jünger); denn es veranschaulicht, wie der Künstler die früher rein symmetrische Motivanordnung überwunden hat und zur Metamorphose tendiert. Zwar sind die Sujets von zwei geschlossenen Linien umgrenzt; doch man kann für sie, wenn man sie einzeln betrachtet, eigentümliche Entsprechungen finden; zum Beispiel gibt es die bandförmigen Rankentriebe auch auf dem Rand der Schwertscheide aus Filottrano, wo sie links und rechts von einem flüchtig angedeuteten Gesicht zu sehen sind.

Die festländischen Schwertklingen tragen manchmal eine Schlagmarke, die Tiere wiedergibt (Keiler, Rinder, Vögel?) oder nicht ohne Geschick kurvolineare Kompositionen nachzuahmen

sucht. Wurmförmig gebogene Verzierungen von der Hand nicht so kunstbegabter Waffenschmiede erinnern auf den Schwertscheiden an die kurvolinearen Motive, die die Münzgraveure mehr oder weniger erfolgreich von anderen Metalldekors entlehnten. Übrigens benutzte man gelegentlich den Abdruck einer Münze als Schwertschlagmarke. Es geht in einer Kunst mit dekorativer Dominante wie der keltischen kaum etwas verloren. Daß ein Ausdruck mehrere Bedeutungen haben konnte, bestätigt nur die Existenz einer ‹Formensprache›.

Um die Wende vom 3. zum 2. Jahrhundert v. Chr. kündet eine Reihe von Objekten den Höhepunkt all dieser künstlerischen Bemühungen an, die nicht ohne Grund so weite Verbreitung gefunden hatten. Das Metall wurde dank einer ständig sich verbessernden Schmelz-, Bearbeitungs- und Gußtechnik äußerst dünn gehämmert und zu sich verflüchtigenden Formen gedehnt; es kommt sozusagen musikalisch in Fluß, wie Ian Finley 1973 in seinem gedankenvollen Buch ‹Celtic Art. An Introduction› gezeigt hat. Nichts könnte diese Meisterschaft der Metallbildnerei besser ausdrücken als die in Brno-Maloměřice gefundenen Bronzefragmente, die Abb. 326 wahrscheinlich eine große hölzerne Schnabelkanne wie ein Netz mit weiten Maschen einhüllten, wobei der Ring mit Raubvogelkopf wohl den Deckel bekrönte. Diese Garnitur, die ins 3. Jahrhundert v. Chr. datiert, erinnert im Prinzip an die aus den Anfängen der Latènezeit stammenden Goldbleche auf der attischen Schale vom Klein Aspergle (Baden-Württemberg). Aber in unserem Fall bilden feingliedrige Bronzearme Gliedmaßen, die unmittelbar mit einem grobschlächtigen Gesicht oder mit einer normalen Maske verbunden sind wie die Glieder der irrwitzigen Monstren eines Hieronymus Bosch. Eine dieser Masken könnte man als den ‹Narren› der mittelalterlichen Königshöfe bezeichnen. Dieses auserlesene Kunstwerk vereinigt die gewagtesten Neuerungen der auf ihrem Höhepunkt stehenden keltischen Kunst. Es wirkt höchst beunruhigend und verfehlte wohl nicht, dem Gegenstand, den es zierte, etwas Schreckenerregendes zu verleihen. Welchen Zaubertrank sollte das kostbare Gefäß wohl bewahren, welche Verderbtheiten und bösen Hexereien ausführen helfen?

Armbänder mit regelmäßig verteilten Kugeln (aus Bajč, Slowakei), oft traubenförmig zu dreien und vieren in zwei entgegengesetzten Reihen gruppiert (beim Exemplar aus Ilvesheim,

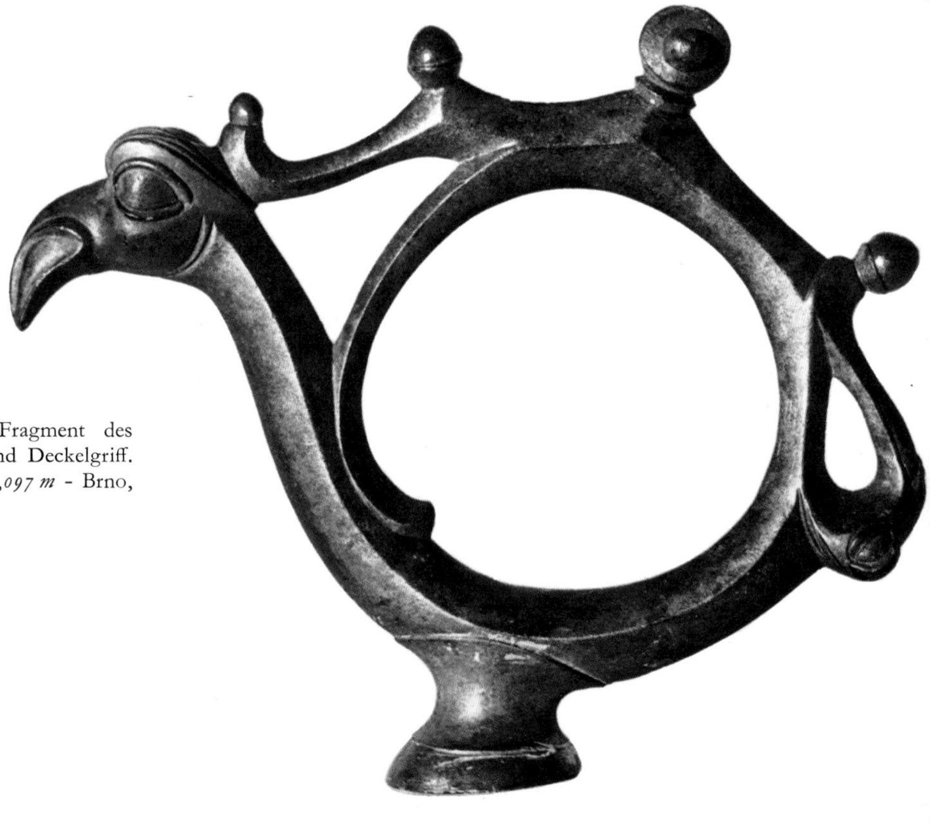

130 und 131 - Brno-Maloměřice (Mähren) - Fragment des durchbrochenen Beschlags einer Vase und Deckelgriff. 3. Jh. v. Chr. - *Bronze; Höhe 0,148 m und 0,097 m* - Brno, Moravské Muzeum

Baden-Württemberg), sind das erste Anzeichen für eine vereinfachte Komposition, wie wir sie bei den Fibeln erst später antreffen. Letztere sind formal sehr verschieden, und sie entfernen sich manchmal vom eigentlich keltischen Typus. Die schöne Silberfibel aus Ciudad Real (Neukastilien) ist dagegen echt keltisch und eines der seltenen typisch latènezeitlichen Objekte aus spanischem Boden; am Fuß hat sie – in doppelter Ausführung – einen Raubtierkopf mit zuschnappendem Maul. Nur mit einiger Mühe erkennt man dieselbe allgemeine Form in der schweren Fibel aus Vukovar (Kroatien), wo der dicke Bügel und das große Medaillon am Fuß mit spiraligen Bronzeknöpfen besetzt sind; mehr noch bei der Fibel aus Prozor (Bosnien-Herzegowina) mit ihrer breiten Spirale und dem Bügel, der aus drei eiförmigen Körpern gebildet ist, die seitlich in je zwei Spitzen auslaufen und diagonal von einer Schnur umschlungen sind. Von jedem

Abb. 327
Abb. 328

132 - Ilvesheim (Baden-Württemberg) - Ausschnitt eines Armreifs mit Kugeln in traubenförmiger Anordnung. Ende 3. - Anfang 2. Jh. v. Chr. - *Bronze; Durchmesser 0,06 m* - Karlsruhe, Badisches Landesmuseum

dieser drei Fibeltypen sind mehrere Exemplare bezeugt (vom zweiten namentlich in Ungarn); sie sind auf so barocke Weise schmucküberladen, daß ihnen meist jeglicher apotropäische Charakter abgeht. Alles hat dekorative Funktion, ein Symptom des Manierismus. Bei einer aus Abb. 329 Mukačevo (Westukraine am Fuß der Karpaten) stammenden Gürtelagraffe, bestehend aus einem Stierkopf, der mit kleinen konzentrischen Kreisen geschmückt ist, und einem Knopf, fühlen wir uns an die knospenbesetzten Reife erinnert. Auch dieses Stück gehört in ebendie Entwicklungslinie. An der Gürtelagraffe aus Leipzig-Connewitz ist das Besondere, daß sie einen kleinen, stark schematisierten Reiter darstellt.

Im 3. Jahrhundert v. Chr., der Zeit ihrer Hochblüte, hat die Latènekunst in der Tat die volle Reife erlangt; das Bewußtsein dessen, was entlehnt und was eigene Leistung war, und die Beherrschung der Materie befanden sich im Gleichgewicht. Diese Zeit fällt zusammen mit der größten Ausdehnung der Kelten, die sich fast stürmisch und geradezu staunenerregend von Irland bis nach Kleinasien vollzog. In diesem riesigen Gebiet hatten sie einen gemeinsamen Ausdruck der Kultur geprägt, der stark genug war, seine Formensprache durchzusetzen; genügend rezeptiv, um bei einheimischen Künstlern und Handwerkern Anleihen zu machen; flexibel, um alles Neue auch in die Tat umzusetzen; der genug Prestige genoß, um weithin anzuregen, und der seiner selbst so sicher war, daß er seine im Tiefen ruhende Einheit bewahren konnte, so verstreut die Kelten auch lebten. Mit den Hohlbuckelringen etwa ist eine expressionistische – keine figürliche – Plastik entstanden. Es handelt sich nicht mehr nur um das Feingefühl beim Sichaneignen fremder Vorbilder, wie es die antiken Autoren für die Gallier wahrhaben wollen; die Archäologie hat uns gelehrt, wie groß die schöpferische Kraft der Kelten war und wie durchschlagend ihre Wirkung.

3. Die Differenzierung der Werke: Das 2. Jahrhundert v. Chr.

Noch immer steht die keltische Kunst auf dem Gipfel ihrer Blüte, doch die wichtigsten Erfahrungen hat sie hinter sich, wenn wir von den Münzen und von der Kunst auf den Britischen Inseln absehen. Dort ging man in offenbar völlig entfesselter Freiheit noch neue Wagnisse ein, graphisch wie plastisch. Auch bietet sich die Kunst noch vielfältiger mit Werken ganz unter-

133 - Ciudad Real (Neukastilien) - Fibel. 3. - 2. Jh. v. Chr. (?) - *Silber* - Madrid, Museo Arqueológico nacional

134 - Entremont (Bouches-du-Rhône) - Kopf mit geschlossenen Augen und einer aufgelegten Hand. 2. Jh. v. Chr.
- *Kalkstein; Höhe 0,23 m* - Aix-en-Provence, Musée Granet

schiedlicher Natur dar, wie wenn eine immer lebendige schöpferische Kraft sich auf unbekannte
Wege einlassen wollte.

In der Zeit der ersten *oppida,* die in Südgallien älter waren und den Errungenschaften des
Mittelmeerraums weiter offenstanden als die in Böhmen, gehören die Steinskulpturen von Entremont (Bouches-du-Rhône; vgl. Anm. 14, S. 241). Sie wurden in wohl schon alter Wiederver-
wendung in der Mauer der ‹Stadt› gefunden, die von den Römern zerstört worden war, als sie
um 120 v. Chr. die erste gallo-römische Provinz, Gallia Narbonensis, gründeten. Es sind hauptsächlich Grabskulpturen, Darstellungen bewaffneter Krieger, die nach keltischer Mode aus-
gerüstet und geschmückt waren; Reliefköpfe mit geschlossenen Augen, über deren Haar sich
eine fremde Hand legt, oder Porträts mit Helm. Ein mit schematischen Masken bedeckter Pfeiler
gehörte ohne Zweifel zum ‹Portikus› eines Heiligtums, wie die Pferde von Roquepertuse. Die
Kontur der Gesichter erinnert an zeitgenössische etruskische Rundskulptur. Reines Latène
stellen nur das Schwert, der *torques* und die mit S-Kurven und Spiralen verzierten Armringe dar. Abb. 330
Wir befinden uns im ‹kelto-ligurischen› Milieu, an den Ausläufern der großen innergallischen und 331

135

136 - Entremont (Bouches-du-Rhône) - Statue eines sitzenden Kriegers. 2. Jh.
v. Chr. - *Kalkstein; Höhe 0,80 m* - Aix-en-Provence, Musée Granet

135 - Entremont (Bouches-du-Rhône) - Pfeiler (von einem Portikus?) mit schematisierten Masken. 2. Jh. v. Chr. - *Kalkstein; Gesamthöhe 2,58 m* - Entremont, Grabungsdepot

Celtica. Erstaunlich ist übrigens, daß man am Arm einer der Kriegerstatuen einen sehr einfachen Ring sieht, der die feinen Zierleisten und Wellenlinien von Glasringen nachahmt (beziehungsweise darstellen soll). Die keltischen Fürsten trugen mit Vorliebe goldene Halsbänder; der kleinformatige Schmuck war vielleicht manchmal polychrom und besonders zerbrechlich (in Glanum, Saint-Rémy-de-Provence, gibt es Kapitelle mit Köpfen, von denen einer ein gallisches Halsband trägt – auch hier begegnen sich zwei Kulturen, doch in einer Umgebung mit rein mediterraner Dominante).

Durch und durch keltisch sind dagegen die großen behauenen Steine, die man noch heute in Abb. 332 Irland auf dem flachen Lande antrifft: in Turoe (Loughrea, Galway) oder in Castlestrange (Athleague, Roscommon). Der erste ist eine Art runder Grenzstein mit vier Flächen, die jeweils einen zusammenhängenden Pflanzendekor tragen, leicht reliefierte kunstvolle Gebilde; man könnte eine Pyramide als Vorbild vermuten. Es ist faszinierend zu beobachten, wie pflanzliche und andere Motive, die auf dem Festland seit der Mitte des 4. Jahrhunderts v. Chr. für Schmuck ersonnen beziehungsweise übernommen worden waren, inklusive der durch Dreiecke mit konkaven Seiten gebildeten Leerräume, hier in großem Maßstab in Stein umgesetzt worden sind; der Mäander an der Basis erinnnert dagegen daran, daß verschiedene Dekortypen gleichzeitig auftreten können, wie wir das auf der ‹Pyramide› von Kermaria gesehen haben. Es ist schwer, diesen Stein genauer auf das 3., 2. oder 1. Jahrhundert festzulegen. Auch der von Castlestrange läßt sich nicht sicher datieren. Letzterer ist länglich-rund, oben dicker als unten und rundherum von einem einzigen Dekor bedeckt, der schiefachsig über die ganze Fläche läuft, aber weniger gut ausgeführt ist und aus zwei schlecht aufeinander bezogenen Partien besteht. Die Stele von Sainte-Anne en Trégastel (Côtes-du-Nord) hat die Form einer eleganten Spindel und zeigt auf Abb. 333 der einen Seite einen ziemlich einfachen rankenartigen Pflanzendekor, den man, ohne sich genauer festzulegen, in eines der letzten vorchristlichen Jahrhunderte datieren kann (die Publikation der Stelen aus dieser Gegend steht noch aus); dank dem Granit, der aus der Gegend stammt, haben diese Steine die Zeiten überdauert. Ob aus Irland oder aus Armorica, all diese Steine sind ebenso wie die vom Rhein mit kunstvollen, leicht reliefierten Latènemotiven bedeckt, die vermutlich von einem kostbaren Gefäß oder einem Metallschmuck bezogen und auf Freilichtdimension vergrößert worden sind; es besteht unter ihnen allen eine geheime Verwandtschaft, die Ähnlichkeit auf Grund von Zufall ausschließt.

Münzen haben mehr als zweihundert Jahre Anteil an der keltischen Kunst (vom 3. bis zum Abb. 334 Ende des 1. Jahrhunderts v. Chr.; doch die schönsten Stücke gehören ins 2. und in die erste Hälfte und 341 des 1. Jahrhunderts v. Chr.). Sie stammen hauptsächlich aus Gallien, wo es zahlreiche wohlorganisierte Stämme, viel Gold und sonstige Umlaufmittel gab. Die Münzen lassen sich zunächst auf Statere Philipps von Makedonien, des Vaters Alexanders des Großen, zurückführen, die sogenannten ‹philippoi›. Söldner im Dienst seiner Nachfolger hatten in den hellenistischen Königtümern gemünztes Geld kennengelernt. Dann gelangten andere Stücke auf dem Land- und Wasserwege nach Gallien. Schließlich, nach der Eroberung Galliens durch die Römer, nahm man in immer stärkerem Maße den Silberdenar zum Vorbild. Die künstlerische Initiative ging damit zurück, und die Qualität nahm ab durch den verallgemeinerten Gebrauch von Bronze, das Prägen in der Form und durch die ständige Abwertung. Im östlichen Mitteleuropa und in Osteuropa haben die Kelten infolge der engeren Nachbarschaft mit den Ländern des Hellenismus die Herrscherbilder, besonders auf den Tetradrachmen, unmittelbar auf Münzen aus Silber nachgeahmt, das in diesen Gebieten leicht zugänglich war. Von einigen Ausnahmen abgesehen, haben sie sich von den Vorbildern nur begrenzt freigemacht; doch zeigen einige Stücke immerhin Abwandlungen, die auf das Konto Westeuropas gehen. Die Kelten Oberitaliens erla-

137 - Turoe (Irland) - Reliefierter Stein in Form eines abgerundeten Males. 3. - 1. Jh.
v. Chr. - *Granit; Höhe 1,20 m*

gen vor allem dem Einfluß griechischer Emissionen von Massilia, die sie ziemlich geschickt interpretierten. Britannien übernahm die Münzprägung von den einwandernden Belgern und entwickelte sie vom 1. Jahrhundert an weiter. Bis Irland gelangte sie dagegen nicht.

Die Münzbilder sind die kleinsten Kunstdenkmäler, die die Kelten uns hinterlassen haben. Bei keiner anderen Gattung sehen wir die ausgeprägten Charakterzüge, Originalität und erfinderisches Streben der Latènekünstler in solcher Dichte vereint, gleich als ob das beschränkte Rund sie gezwungen hätte, sich in schöpferischer Anstrengung zu konzentrieren und ihre Erfahrung gezielt einzusetzen. Die Arbeit *en miniature* kommt hier zu höchster Wirkung, auch wenn sie manchmal mit einer exzessiven Vereinfachung Hand in Hand ging. Durch nichts lassen sich Phantasie und Technik keltischer Künstler besser charakterisieren als durch die Leistungen erprobter Münzgraveure. Die Stammesfürsten schätzten sie aufs höchste und machten sich ihre Dienste, ebenso wie die der Goldschmiede, gegenseitig streitig. In Gallien haben die im Zentrum wohnenden Kelten das makedonische Vorbild zuerst nachgeahmt, um die Bilder dann umzugestalten: der Apollokopf mit Lorbeerkranz auf der Vorderseite, der Streitwagen mit zwei Pferden auf der Rückseite. Beim Kopf wurden das Lockenhaar und dann auch das Profil dekorativ behandelt; die Rückseite wurde dadurch vereinfacht, daß man das Prunkgespann auf ein Rad, ein Pferd und den Lenker reduzierte, der sich später zu einem Phantasiewesen weiterentwickelte. Durch diese doppelte Mutation erfuhr die Stilabhängigkeit ihren ersten Stoß, und zwar geschah das gegen Ende des 3. oder zu Beginn des 2. Jahrhunderts v. Chr., zu einer Zeit also, da die Kelten sich schon seit zweihundert Jahren im Bereich des Graphischen und Plastischen frei und schöpferisch betätigt hatten. Die Münze wurde in der Hand eines keltischen Künstlers zu einem dreidimensionalen Gebilde mit leichtem Relief; sie ist auf diese Weise von Anfang an Erbin langer Erfahrung, durch Tiefgravur zu modellieren, ein Verfahren, das durch den Guß in verlorener Form nur bereichert werden konnte, auch wenn beide Techniken grundverschieden sind. Unter solchen Voraussetzungen – durch Kombination der Motive und eine überall durchgeführte Umgestaltung – konnte sich die Münzkunst auf Anhieb die erstaunlichsten Kühnheiten leisten. «Man erkennt das wahre Wesen der keltischen Kunst wohl am besten, wenn man die fortgesetzten Umgestaltungen näher untersucht» (René Joffroy, ‹L'Art des Celtes›, 1965).

Das 2. Jahrhundert v. Chr. hat sich von den Vorbildern freigemacht, die am Ende des 3. Jahrhunderts noch ziemlich genau nachgeahmt wurden. Die Münzprägung wird um diese Zeit durch die Hegemonie der Arverner bestimmt, deren Emissionen auch außerhalb ihrer Stadt in Umlauf waren. Zwischen Loire und Seine wurden – unabhängig davon? – andere seltene Münztypen von guter Qualität hervorgebracht: zum Beispiel sehen wir hier über dem Pferd einen großen Vogel, der in einem uns unbekannten keltischen Mythos zu Hause sein dürfte. Nach der Unterwerfung der Arverner im Jahre 121 v. Chr. und der Einrichtung der römischen Provinz Gallia Narbonensis prägten die Städte des unabhängigen Gallien bis zum Jahrhundertende und zum Teil noch länger jeweils ihre eigenen Münzen, namentlich in Armorica. Die Chronologie dieser Emissionen können wir anhand des Feingoldgehalts rekonstruieren, der laufend abnimmt; die stilistische Entwicklung ist als Leitfaden weniger brauchbar, da ja eine Werkstatt der anderen voraus sein konnte. Nichtsdestoweniger ist der Ablauf im allgemeinen überall folgender: der Kopf auf der Vorderseite, der mehr Raum einnimmt als das Bild auf der Rückseite, wird sehr

138 – Castlestrange (Irland) – Reliefierter runder Stein. 3. – 1. Jh. v. Chr. – *Granit*

bald durch die Verwendung von kurvolinearen Motiven für Haar und Gesichtszüge umgestaltet und – manchmal bis zum Überdruß – mit Zusatzelementen versehen; so ließ sich die Emission einer bestimmten Stadt von der einer anderen unterscheiden. Man konnte aber auch einen Gedanken versinnbildlichen, den wir meist nicht mehr nachvollziehen können. Vom Gespann der Rückseite bleibt nur ein Pferd, das nun ganz in den Vordergrund tritt, zwar immer stärker schematisiert, aber stets erkennbar. Auch dieses ist bald von verschiedenem Beiwerk umgeben. Es wird also ein Thema zunächst demontiert und dann als solches selbst oder aber auf eine andere Weise aus den erhaltenen Stücken unter Einschluß diverser Zusatzmotive wieder zusammengesetzt. Es ist dies ein typischer Fall der positiven Umgestaltung, die manchmal der Metamorphose nahekommt.

Abb. 342
Abb. 344

Die Modifizierung der Vorderseite ist die bezeichnendere. Das vornehme Bildnis, leicht konvex gestaltet, drückt den Herrschaftsanspruch des Emittenten aus. Eine deutliche Entwicklungslinie führt vom edlen Profil des Münzvorbildes, das schon auf den ersten arvernischen Nachprägungen stilisiert wird, hin zu dem über und über mit Locken bedeckten Haupt, das die Bellovaker (von Beauvais) am Ende des 2. Jahrhunderts v. Chr. prägten. Das gallische Bildnis ist ein im wesentlichen dekoratives Gebilde, bei dem das menschliche Antlitz in den Hintergrund

Abb. 345
rückt. Fast genausoweit ist der Weg vom Zweigespann auf der Rückseite der ‹philippoi› bis zu dem Pferd der Uneller (von Cotentin); oder von dem Wagenlenker bis zu dem großen Raubvogel, der auf dem Pferd sitzt, während sich zwischen den Beinen eine Art Krebs (?) aufrichtet. Zwei

Abb. 343
Statere der venetischen Armoricaner aus dem letzten Viertel des 2. Jahrhunderts v. Chr. zeigen auf der Vorderseite ein verkleinertes männliches Profil mit wallenden stilisierten Locken, umgeben von Perlschnüren, die vom Haar ausgehen und in vier kleine ‹têtes coupées› auslaufen. Die übrigens sonst nicht bezeugten Verbindungslinien bilden unregelmäßige ‹Lyren› und haben insofern Ähnlichkeit mit umstilisiertem Pflanzendekor, der von Anfang an so typisch für Latène-

139 - Stater der armoricanischen Veneter (Vorderseite). Letztes Viertel 2. Jh. v. Chr. - *Gold; Durchmesser 0,028 m* - Paris, Bibliothèque Nationale, Cabinet des Médailles
140 - Münze der Sequaner (Vorderseite). Ende 2. Jh. v. Chr. - *Elektron; Durchmesser 0,02 m* - Paris, Bibliothèque Nationale, Cabinet des Médailles

141 - Münze der Uneller von Cotentin (Rückseite). Anfang 2. Jh. v. Chr. - *Gold; Durchmesser etwa 0,019 m* - Paris, Bibliothèque Nationale, Cabinet des Médailles

objekte ist. Auf einer der beiden genannten Münzen sitzt über dem Kopf ein kleines Untier nach Art eines ‹Seepferdchens›.

Eine den Sequanern zugeschriebene Elektronmünze zeigt auf der Vorderseite einen Kopf mit symmetrisch angeordneten Locken und auf Hals und Wange kurvolineare Zeichen. Wir befinden uns hier, am Ende des 2. Jahrhunderts v. Chr., an der äußersten Grenze der naturnahen Darstellung und schon im Bereich nichtfigürlicher Tendenzen. Die Bilder auf den Münzrückseiten nehmen vom frühen 2. Jahrhundert v. Chr. an zwischen Loire und Seine, in der Normandie, rein keltische Züge an: so das Wagenpferd; dann der Lenker, der keinen Wagen mehr hat, sondern zu einem Phantasiewesen umgestaltet ist, das über dem Pferd zu schweben scheint; Abb. 346 rechts hält er ein kräftiges Schwert, links ein langes Band mit einem Hammer am Ende; darunter ein großer Kessel – alles in allem echtes Latènerepertoire, das der Betrachter wohl mit ihm vertrauten Märchen und Legenden verband. Auf einer Münze der Bajocassen (von Bayeux) Abb. 348

142 - Ausschnitt aus der Mitte einer den Turonern zugeschriebenen Münze (Rückseite). Um 150-121 v. Chr. - *Gold; Durchmesser etwa 0,025 m* - Paris, Bibliothèque Nationale, Cabinet des Médailles

lenkt ein solcher ‹Springer›, diesmal auf die häßliche Manier dargestellt, ein Pferd, über dem er in der Luft schwebt; unter dem Pferd eine authentische, allerdings liegend wiedergegebene Leier. Ferner stammen aus der Mitte des 2. Jahrhunderts und ebenfalls aus dem gallischen Westen zwei recht eigentümliche Bilder: auf dem einen ein ‹Wagenlenker› mit einem Pferd an der Leine, das sich zu ihm umwendet; es befindet sich über einem Gebilde aus fünf Wellenlinien, einem

Abb. 347 Punkt und zwei gegenständigen Peltamotiven. Das andere zeigt eine Stute, die ihr Fohlen säugt, darüber eine Art ‹Drache› mit zwei Tatzen; vor dem Kopf des Pferdes steht ein Palme. Bei

Abb. 349 den armoricanischen Venetern (vgl. Anm. 15, S. 241) kommt im letzten Viertel des 2. Jahrhunderts v. Chr. die eigentliche Metamorphose zum Ausdruck: das Wagenpferd erhält einen Menschenkopf, und der Lenker, dessen Wagen nur noch durch ein Rad verkörpert wird, hat einen langen Zweig in der Hand, an dem kleine Kugeln hängen. Ein Band führt von dem Zweig zu einer Art Zeichen, das vor dem Kopf des Mischwesens – kein regelrechter Zentaur, da ihm Oberkörper und Arme abgehen – in der Luft tanzt. Unten auf der Münze ein liegender Flügelmensch. Auf der Mehrzahl dieser Münzen bleibt das Pferd aber, von allem Geschirr ledig, doch das edle Tier, ob nun mit Reiter oder frei und ungebunden. Auch hier haben wir es mit einer Umwandlung zu tun, und nicht mit einer von den geringsten. Das eine oder andere dieser uns

143 - Münze der armoricanischen Veneter (Rückseite). Ende 2.Jh. v.Chr. - *Gold; Durchmesser etwa 0,02 m* - Paris, Bibliothèque Nationale, Cabinet des Médailles

so fremd anmutenden Bilder kann gleichsam als Illustration von Episoden aus den irischen Epen verstanden werden – Erinnerung an einen gemeinsamen Fundus keltischer Mythologie.

Die neue Richtung, die die vom Festland mit allen Errungenschaften des Frühlatène – den graphischen wie den plastischen – importierte keltische Inselkunst einschlug, wird sehr gut durch eine Anzahl Funde veranschaulicht, die ins beginnende 2. Jahrhundert v.Chr. datiert werden. Der Kopfaufsatz für ein Pony, gefunden in Torrs bei Kelton (Schottland), weist meh- Abb. 350 rere solche Neuerungen auf, die sich fast nur noch im insularen Bereich weiterentwickelten. Die Gesamtkomposition, die geschickt der Kopfform des Tieres angepaßt ist, zeichnet sich aus durch Symmetrie und Aufgelockertheit. Der getriebene Reliefdekor lädt weit aus und wirkt wie ein großmaschiges Haarnetz, das auf einer sonst weitgehend schmucklosen Unterlage liegt. Von vorn betrachtet, besteht der Dekor aus zwei großen Motiven, die aus der stilisierten Palmette hervorgegangen sind und oberhalb der für die Ohren bestimmten Löcher zusammenlaufen. Sie enden auf beiden Seiten in einer Spirale, die jeweils verschieden ausgeführt ist: auf der Seite, wo der Reiter sitzt, rollte sie sich ein, um sich dann zu einer Art ‹Schmachtlocke› zurückzubiegen, die einen Entenkopf mit großem Auge bildet (wohl so zu bezeichnen, selbst wenn der Schnabel durch eine Kugel abgeschlossen ist). Diese Metamorphose von der Pflanze zum Tier (die sich in der Inselkunst bis zum Schluß großer Beliebtheit erfreute) war vielleicht durch die einheimische Fauna beeinflußt, in der es von Schwimmvögeln wimmelte. Auf der Vorderseite ist die Spirale größer; sie biegt scharf um zu einem S, dessen eine Hälfte ihren Abschluß bildet, während die andere in umgekehrter Richtung weiterläuft. Das Ganze bildet eine Art unvollständiger Sirene, ohne Arme, mit rundem schematischem Kopf und eingerolltem Schwanz, die demjenigen, der vor dem Tier stand, zweifach symmetrisch entgegenblickte. Das letztere, nicht besonders gut gelungene Thema blieb ohne Zukunft, doch ist es wieder ein Versuch der Metamorphose, diesmal mit einem Fabelwesen als Ergebnis. Ferner ist zu bemerken, daß die Ranken unmerklich an- und abschwellen und dann und wann auf kleine Querwände stoßen, mit denen sie Dreiecke bilden; dann wieder sind sie in trichterförmige Gebilde einbezogen, oder sie steigen jäh an, um gleichsam den Mittelteil eines Peltamotivs zu beschreiben. Die leichte Bewegung und Gegenbewegung, die durch einige gravierte Linien noch unterstrichen wird, läßt das metallene Relief in wohlnuancierten Neigungswinkeln spielen. Der reliefartige Eindruck wird noch dadurch verstärkt, daß aus den Ranken hier und da Wülste hervortreten und zwei verschiedene Ebenen herstellen. Es ist einer der großen Vorzüge der insularen Plastik, daß sie die Neigungsflächen sanft modelliert und nicht so abrupt wie bei der Skulptur. Sie versteht es, beim Übergang von einer Ebene zur andern im getriebenen Metall ebenso sicher und einfallsreich mit dem Volumen umzugehen, wie wir das bei den Armbändern und den großen Hohlbuckelringen aus Mittel- und Osteuropa gesehen haben. Lediglich ein kleines Peltamotiv in der Mitte erinnert hier noch an die Pflanzenmutationen des Festlands. Das Mittelmeer ist weit. Kein Lotos und keine unmittelbar erkennbare Palmette mehr, statt dessen zum Abschluß gebrachte Umgestaltungen, vor einem Hintergrund, der im Begriff ist, sich in positive und negative Komplementärmotive zu zerlegen.

Abb. 351 und 352   Die beiden ‹Hörner› von Torrs, die wohl einen Kopfschmuck krönten, gehören zu einer ganz anderen Gattung. Die Spitze ist stark umgebogen und endet mit einem Entenkopf. Der Umriß ist fast röhrenförmig, und da die Hörner nur eine schmale Öffnung haben, waren sie sicher nicht zum Trinken bestimmt, es sei denn, wir hätten nur die Enden von Trinkhörnern vor uns. Viel-

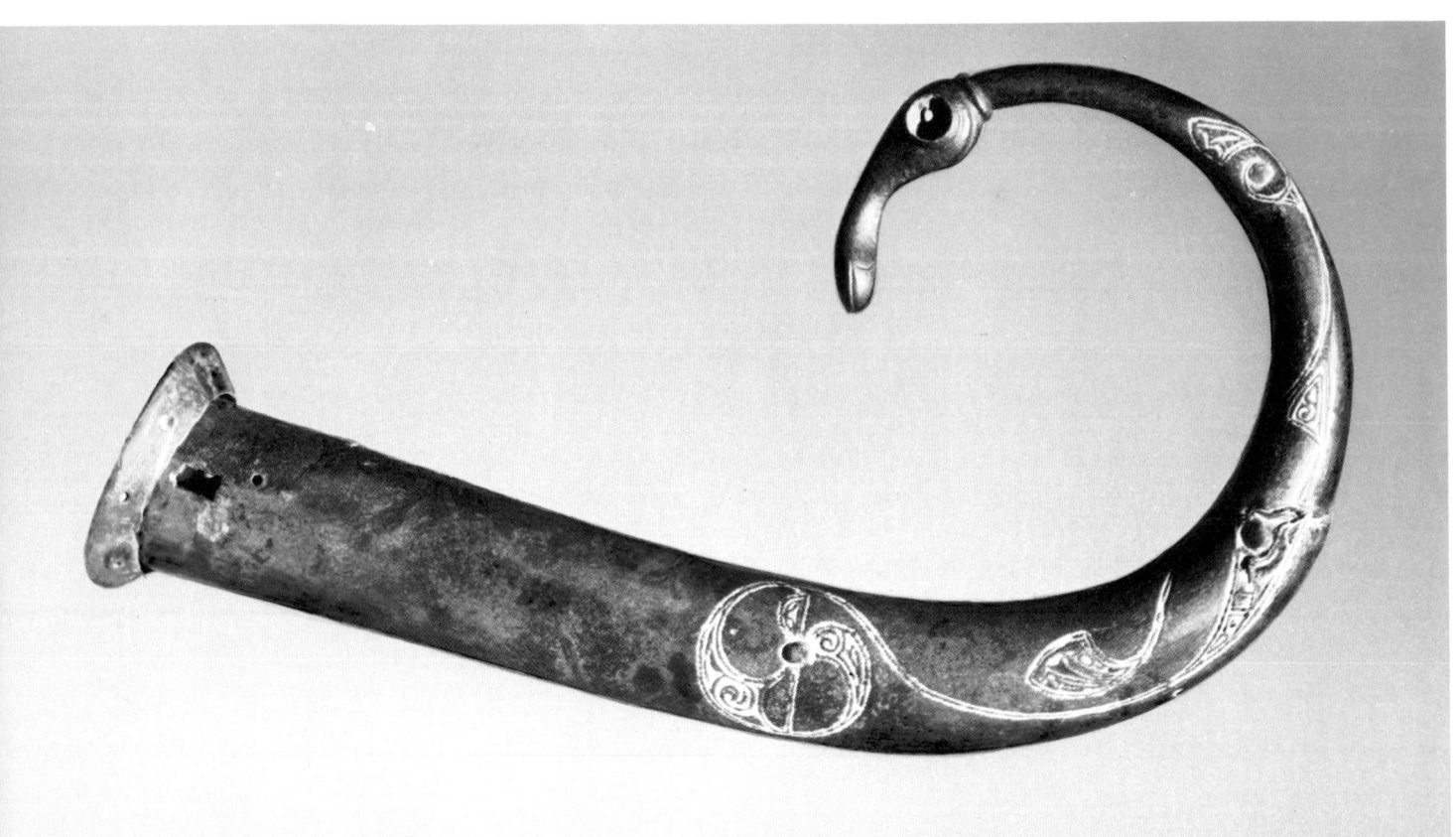

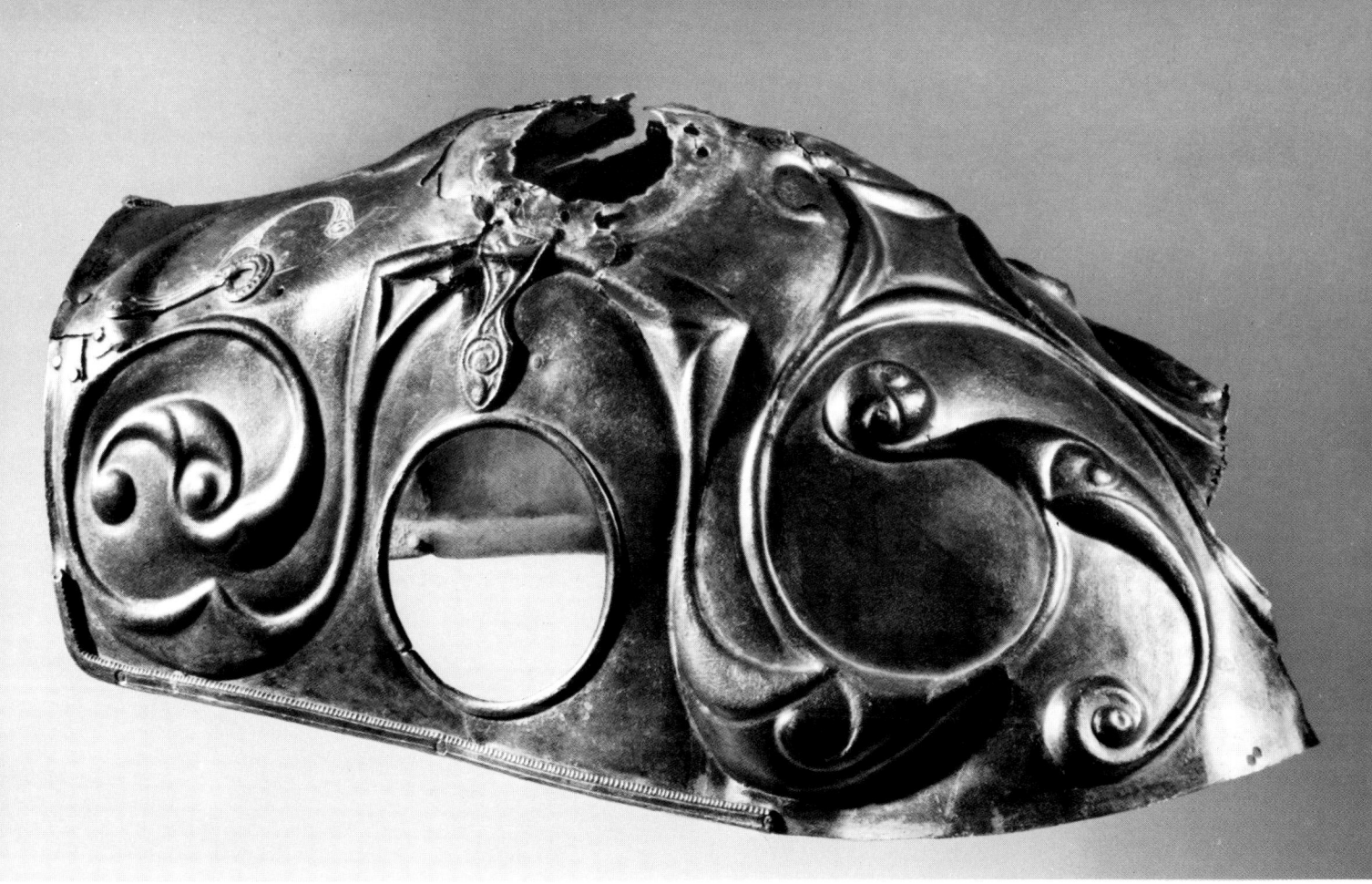

145 - Torrs (Kirkcudbrightshire) - Kopfaufsatz für ein Pony. 2. Jh. v. Chr. (?) - *Bronze; Länge 0,28 m* - Edinburgh, National Museum of Antiquities of Scotland

leicht dienten sie aber auch als Helmzier. Sie sind mit einem Ritzdekor verziert, der auf beiden ähnlich, aber nicht identisch ist, wobei jeglicher apotropäischer Aspekt fehlt. Der Dekor besteht aus weichen langgezogenen Linien, unvollständigen und auf kuriose Art von einer Geraden durchkreuzten Kreisen (was in der Latènekunst sehr selten vorkommt), zu zweien oder dreien zusammengefaßten spitzen Blättern, Fülldreiecken und Stengeln, die sich an den Enden zu ‹Fächern› erweitern; kaum erkennbar ist in einem der beiden langgestreckten Motive eine kleine schmächtige Maske versteckt. Obwohl der Künstler auf der Oberfläche eines langen, gebogenen Kegels arbeitete, hat er diesen merkwürdigen Dekor doch offenbar mit einer gewissen Freiheit ausgeführt, freilich nicht ganz ohne Manieriertheit und ein wenig nach Art der Hersteller von Schwertscheiden aus dem Donauraum. Einige Leerräume nehmen Motivcharakter an, zumal ‹Komma› und Halbkreis. Dieses die Illusion fördernde Verfahren sollte sich in der Inselkunst einer zunehmenden Beliebtheit erfreuen.

Nicht weniger lebendig ist der Kontrast zwischen Zeichnung und Relief auf dem Schild, der aus der Witham (Lincolnshire) geborgen wurde. Auf der Unterseite zeichnet sich ein karikierter Keiler, mit Kopf und Keulen, fadenförmigem Körper und nicht enden wollenden Hufen, ab. Ursprünglich hatte eine Bronze über der Zeichnung gesessen; wir wissen immerhin, daß die Kelten auf ihren Schilden Tiere abbildeten. Über dieser Phantomzeichnung sitzt, nur wenig Raum einnehmend, der *umbo* (Schildbuckel), der die Hand schützte; er ist nach oben und unten durch einen langen und breiten Grat verlängert; dieser läuft an beiden Enden in eine dreieckige Bovidenmaske mit Kugelaugen aus, die auf der Stirn, unter den Augen und am Maul mit drei

144 - Torrs (Kirkcudbrightshire) - ‹Horn› oder Teil eines Horns mit Gravierung. 2. Jh. v. Chr. (?) - *Bronze; Länge 0,213 m* - Edinburgh, National Museum of Antiquities of Scotland

145

Palmetten verziert ist, ein außerordentlich dekoratives Gesicht. An den beiden Schildenden sitzt jeweils ein großes Medaillon mit Reliefs und eingravierten S-Ornamenten, die zusätzlich Blattspiralen aufweisen. Es ist eine für die Inseln typische Mischung aus plastischem und graphischem Dekor. Das Zentralmotiv, mit roten Einlagen wahrscheinlich aus Email farbig belebt, enthält Bogenlinien, Spiralen und Rundungen, aus denen zwei Vogelköpfe mit Hakenschnabel zusammengesetzt sind. Sie sind symmetrisch-gegenständig mit Bezug auf den Zentralkreis angeordnet; nach oben und unten läuft das Motiv in ein spitzes Blatt aus. Dieses komplexe, nahezu morbide wirkende Gebilde dürfte wohl zugleich prunkvoll und dennoch zumindest sehr beunruhigend gewirkt haben.

Auf vier Schwertscheiden aus Großbritannien und Irland treffen wir wieder einen ruhigeren, pflanzlichen – extrem stilisierten – Dekor an; er nimmt jeweils die ganze Länge ein und läßt sich ins 2. Jahrhundert, aber nicht genauer datieren. Das erste Stück stammt ebenfalls aus einem Fluß, der Trent bei Sutton (Lincolnshire): zwei parallele Reihen mit verschiedenartigen Motiven, die aber den gleichen Grundcharakter haben; eine sonderbare Konvention wollte, daß sie von der einen Hälfte des Bildfeldes in die andere hinüberwechseln, wobei sie durch eine plastische Linie getrennt sind. Wir beobachten hier ein ziemlich gekünsteltes Verfahren der Dekoraufteilung, das den Eindruck der Vielfalt erwecken sollte, dabei aber mit dem Erfinden haushielt (die von Natur aus nicht naheliegenden Umwandlungen von Blättern in ‹Fächer› und das Vorherrschen von S-Kurven im Verlauf der Ranken lassen an die Hörner von Torrs denken). Zwei weitere Exemplare stammen aus Lisnacroghera (Antrim, Nordirland). Das eine ist mit einer lan-
Abb. 354 gen ‹Arabeske› verziert, in der die Ranken Vogelköpfe mit dicken Schnäbeln haben; die Symmetrie ist spiegelbildlich hergestellt. Das andere hat nur große blattförmige S-Kurven, die über die ganze Scheide verlaufen und an denen Halbmonde sitzen, aus denen an einigen Stellen wieder ‹Fächer› mit konzentrischen Kreisen hervorwachsen. Hier ist keinerlei Metamorphose, es sei denn, man wollte in den gebogenen imaginären Pflanzenelementen Vogelschnäbel erkennen. Dagegen zeigt das vierte Exemplar, die Schwertscheide aus Bugthorpe (Yorkshire), belaubte Ranken, die in Phantasievögeln enden und deren Körper an Fischleiber erinnern.
Abb. 355 Die vier hier besprochenen Schwertscheiden sind vollkommener als die aus La Tène. Von ihnen ist eine der ganzen Länge nach mit einer breiten Ranke verziert (hier und da Vogelköpfe mit spärlichem Gefieder) und eine andere oben auf dem Mundblech mit zwei ungelenk sti-
Abb. 314 lisierten Vögeln oberhalb von zwei Kreisen, die von fern an ‹Drachen› erinnern. Wir sehen, wie im Laufe des 2. Jahrhunderts v. Chr. ein Thema degeneriert, das einst Schwung hatte und bezauberte.

Dafür tauchen etwa um diese Zeit auf den Britischen Inseln, besonders in Irland, bronzene
Abb. 353 Pferdegebisse und Halsgehänge (?) für Pferde auf, die sehr zierlich mit emaileingelegten Latènemotiven geschmückt sind. Aus der Reihe der überwiegend nichtfigürlichen Muster fällt ein extrem stilisiertes Gesicht von derart entmutigendem Ausdruck auf, daß man nicht umhin kann, dahinter die Absicht zu vermuten, den Betrachter abzuschrecken.

Abb. 356 Von zum Teil sehr großer Bedeutung sind die Goldreife, die merkwürdigerweise sowohl in Gallien als auch in Ungarn gefunden wurden. Der *torques* aus Hercsegmarok (heute Gašic in der Wojwodina, Jugoslawien) ist darunter der einfachste und vielleicht älteste (er hat noch kein Scharnier an der Rückseite). Er ist in verlorener Form hergestellt und besteht aus genau gleichförmigen Rosetten, die nur an den Pufferenden und ihren Ansatzstellen etwas größer werden, und er ähnelt – allerdings nicht so stark, wie man behauptet hat – den in Fenouillet (Haute-Garonne) gefundenen Stücken. Von gleicher Technik, aber viel origineller, sind der *torques* und der Arm-
Abb. 357
und 358 reif aus Lasgraisses (Tarn) ohne Bedenken als Meisterwerke keltischer Goldschmiedekunst anzusprechen. Der *torques*, der auf den Pufferenden und dicht daran mit Rosetten besetzt ist,

146 - In der Witham bei Washingborough (Lincolnshire) gefunden - Schildbuckel. 2. Jh. v. Chr. (?) -
Bronze, Email oder Glas; Gesamtbreite 1,13 m - London, Britisches Museum

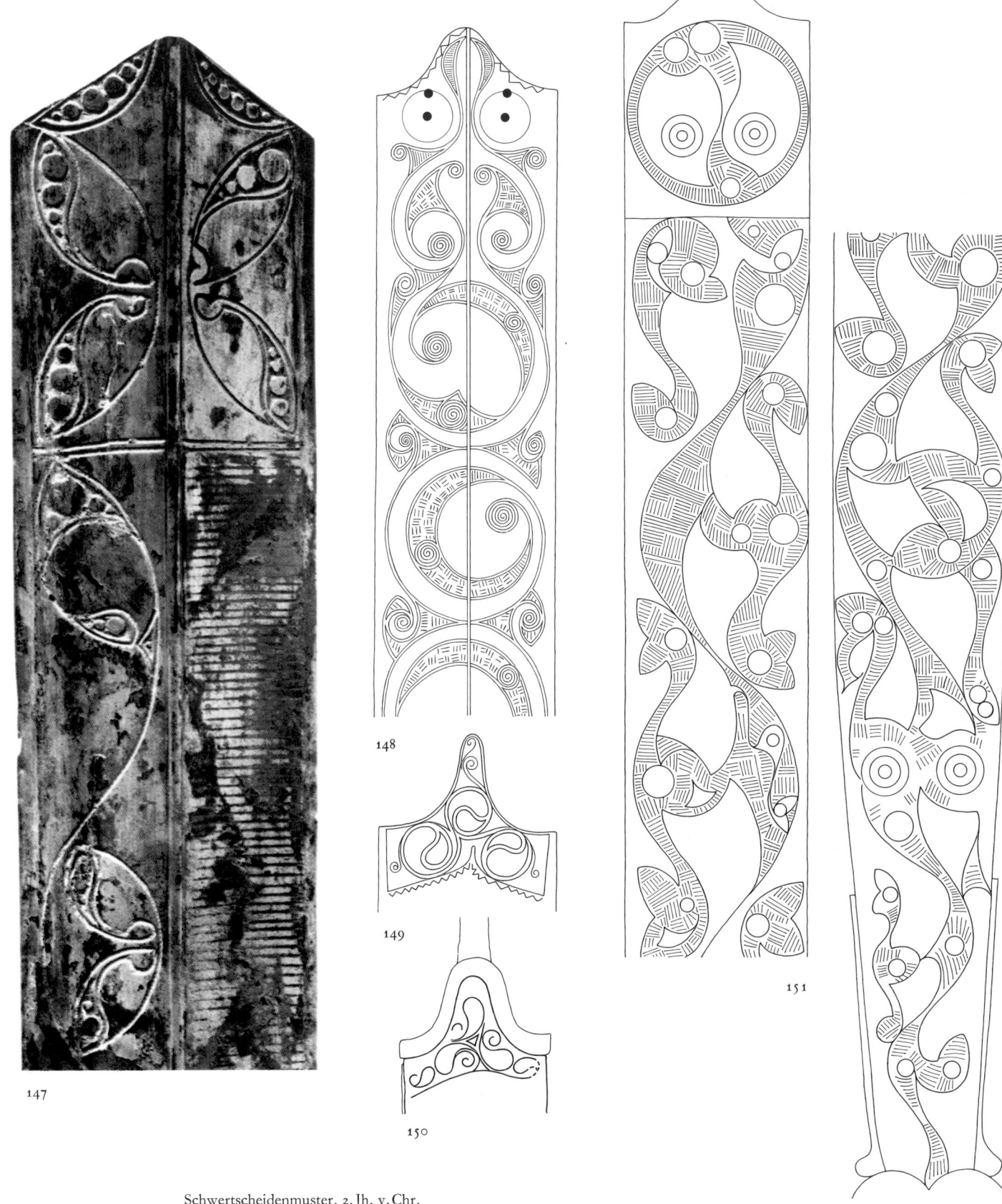

147

148

149

150

151

Schwertscheidenmuster. 2. Jh. v. Chr.

147 - In der Trent bei Sutton (Lincolnshire) gefunden - Kingston-upon-Hull, Transport Museum; 148 - Lisnacroghera (Antrim) - Belfast, Ulster Museum; 149 - La Tène (Neuchâtel) - Neuchâtel, Musée cantonal d'archéologie;
150 - In der Loire bei Nantes (Loire-Atlantique) gefunden - Nantes, Musée Thomas Dobrée. Vgl. Anm. 12, S. 240;
151 - Bugthorpe (Yorkshire) - London, Britisches Museum

152 - Lisnacroghera (Antrim) - Ausschnitt des Dekors einer Schwertscheide: Ranken und Vogelköpfe. 2.Jh.v.Chr. - *Bronze; Gesamtlänge 0,56 m* - London, Britisches Museum

besteht sonst nur aus einem Kranz von zu dreien zusammengefaßten Blumen, die schräg aufgereiht und in regelmäßigen Abständen von einem ebenfalls schräg verlaufenden doppelten Band getrennt sind. Es ist ein Pflanzenkollier reinsten Wassers, wie eine Girlande oder ein Kranz gebunden. So auch das Armband, das schwerer und kunstvoller konstruiert ist: gegeneinander gesetzte Buketts, getrennt durch zwei Arten von parallelen, aber umgekehrten Muffen (?), von denen jede den Reifen umschließt und verdeckt. Eine solche scheinbar ungeordnete, doch genau wiederholte Anhäufung von Dekorteilen in den verschiedensten Ebenen, mit reliefierten S-Ornamenten und rhythmisch gestaltetem Knospenwerk findet sich nur noch einmal wieder: auf dem Spiralarmband aus Aurillac (Cantal); dieses besteht aus zwei in moderner Zeit   Abb. 359 ungeschickt zusammengesetzten Ringen, die zu zwei ähnlichen, doch nicht identischen Schmuckstücken gehörten. Dieser (heute) doppelte Ring frappiert noch stärker mit seiner Überfülle von Blumen, Knospen, S- und spiralförmigen Blättern und Pflanzenbüscheln, die man nur deshalb auseinanderhalten kann, weil sie sich, schräg aufgereiht, wiederholen. Der Künstler hat die der Natur entnommenen Motive mit einer Virtuosität ausgearbeitet, die fast den Blick verwirrt; dabei hat er auf den Bezug zur Realität und auf die Gliederung erleichternde Linien verzichtet. Daß solches Geschmeide von hellenistischer Goldschmiedekunst inspiriert war, ist anzunehmen; doch stammt es aus dem goldreichen Aquitanien, und die Freiheit der plastischen Entfaltung, die wir hier antreffen, ist von derselben Art wie bei den bronzenen Hohlbuckelringen oder den Fibeln aus dem östlichen Mitteleuropa. Einer der Hohlbuckelringe, ein silberner Armring (aus Vršac-At, Wojwodina), enthält sogar pflanzlichen Reliefschmuck (be-   Abb. 360 sonders eine Art von Samenkapseln), der dem auf gallischem Geschmeide ungemein ähnlich sieht.

149

Um die Mitte des 2. Jahrhunderts v. Chr. tauchen in Osteuropa Frauengürtel von verschiedenen Typen auf, an denen bestimmte gegossene Teile eine zunehmende Vereinheitlichung der
Formen ankündigen. Der einfachere Typ besteht aus einem breiten Band aus Bernsteinperlen,
die in Fünferreihen aufgefädelt sind, zum Beispiel ein Stück unbekannter Herkunft in Budapest.
Nur die Agraffe und die Öse, beide formal identisch, sind künstlerisch relevant, plastisch fein
Abb. 361   gearbeitet, elegant und zart. Viel kunstvoller sind die langen bronzenen Gürtelketten, abwech-
selnd mit runden und quadratischen Gliedern, die durch plastisch gestaltete Zwischenglieder
zusammengehalten und abschnittweise variiert sind. Ein vollständiges und zugleich das schönste
Exemplar stammt aus Telce (Böhmen). Manchmal war das Ganze durch ein schweres, emailliertes
Gehänge abgeschlossen, an dem sich eine auf beiden Seiten mit kurvolinearen Motiven verzierte
Platte befand (Szentes, Csongrad, Ungarn); oder durch einen Anhänger mit Haken in Gestalt
Abb. 362   eines Bovidenkopfes, an dem man Accessoires anhängen konnte wie bei dem Stück aus Dalj
(Kroatien), das mit einer emaillierten S-Kurve verziert ist, oder bei dem nicht emaillierten Stück
aus der Nähe von Křivoklát (Böhmen). Letzteres fällt merkwürdig auf durch die vielen Brüste;
sie könnten uns, wären sie nicht in drei Dreiergruppen angeordnet, an die Brust der ephesischen
Artemis erinnern. Vielleicht wollte die Kunst mit solchen Gebilden gegen die drohende Unifor-
mierung protestieren.

153 und 154 - Lasgraisses (Tarn) - ‹torques› mit vegetabilischem Dekor und mit Verschluß; Armreif. 3.-2. Jh. v. Chr. -
Gold; Durchmesser etwa 0,17 m und 0,162 m - Toulouse, Musée Saint-Raymond

155 - Aurillac (Cantal) - Spiraliger Armring (moderne Zusammenfügung). 3.-2. Jh. v. Chr. - *Gold; Durchmesser 0,071 m* - Paris, Bibliothèque Nationale, Cabinet des Médailles

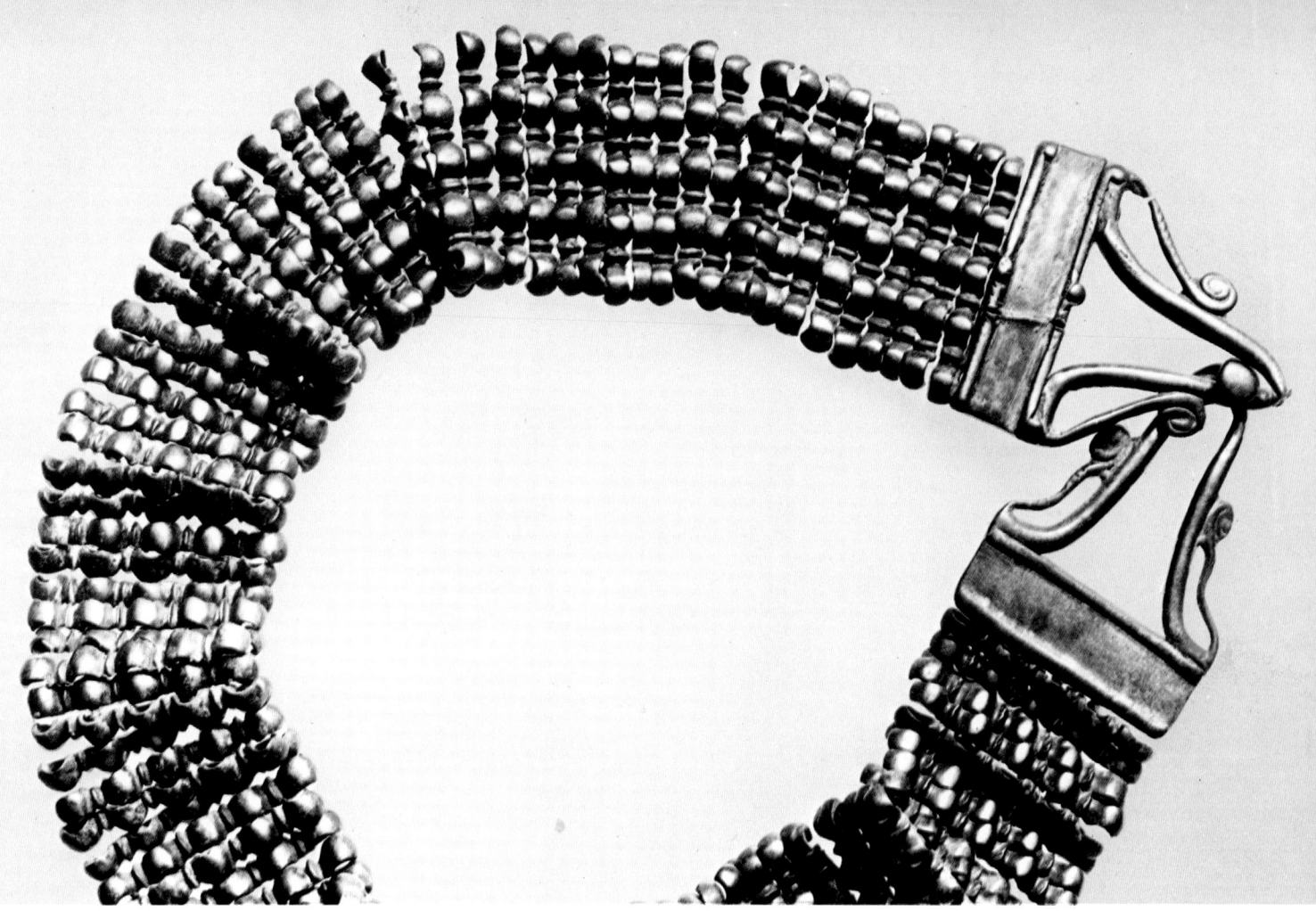

156 - Frauengürtel aus breiten Perlstreifen. Gegen Mitte 2. Jh. v. Chr. - *Bronze und Bernsteinperlen; Länge 0,662 m* - Budapest, Magyar Nemzeti Muzeum

Um dieselbe Zeit kommen in Ungarn und Siebenbürgen Keramikformen in Gebrauch, die im Westen nicht ihresgleichen haben. Wie ihre Vorgänger, besonders die Pseudo-Kantharoi, haben sie griechischen Einfluß erfahren. Sie haben zum Beispiel einen oder zwei Henkel, die aber, ob nun einheimischer Tradition oder keltischer Phantasie verpflichtet, plastisch verziert sind. Manchmal sehen die beiden Henkel ein und desselben Gefäßes verschieden aus, wie bei der Vase

Abb. 363 aus Kakasd (Tolna, Ungarn; vgl. Anm. 16, S. 241): der eine Henkel ist aus zwei parallel ge-riefelten, rundstabigen Stücken tordiert (diese Form kommt auch in der griechischen Keramik vor), der andere stellt einen Mann in zurückgebogener Haltung dar, dessen Füße mit dem ge-knickten Bauchumbruch zusammengewachsen sind und der sich mit dem Kopf und den ausge-breiteten Armen auf den Gefäßrand stützt. Der Henkel einer großen kannelierten Tasse aus Beremend (Baranya) weist oben zwei miteinander verwachsene und stark schematisierte Rinder-köpfe auf. In Berettyoújfalu (Hajda-Bihar) hat der Henkel eines kleinen Kruges nur einen Wulst auf halber Höhe; er ist wie der Gefäßbauch mit eingeschnittenen geometrischen Mustern ver-

Abb. 364 sehen, die teilweise sehr frei ausgeführt sind. In Szob (Pest) ist ein Henkel mit dem Kopf eines

Abb. 365 Lurches verziert. Diese originellen Stücke und viele andere wie das aus Curtuiuseni (Rumänien) stammende Gefäß in der Form eines Schnürstiefels weisen verschiedengradige Verbindungen hellenistischer, einheimischer und keltischer Elemente auf, und diese Mischung macht ihren be-sonderen Reiz aus. Ganz anders freilich ist die schöne, auf der schnell rotierenden Scheibe

157 - Szentes (Ungarn) - Anhänger eines Frauengürtels. Gegen Mitte 2. Jh. v. Chr. - *Bronze; Länge 0,192 m* - Budapest,
Magyar Nemzeti Muzeum
158 - Gegend von Křivoklát (Böhmen) - Gürtelhaken. 2.-1. Jh. v. Chr. - *Bronze* - Prag, Národní Muzeum

gedrehte Vase aus Trnovec (Slowakei) mit ihrem dünnen, von einer Zierleiste umgebenen Fuß, dem schön konstruierten Gefäßbauch und dem zierlichen Deckel.

Die Ringe und Reife sind ebenfalls recht verschiedenartig. Bei den bronzenen Knöchelringen erreichen die hohlen und die voll gegossenen Buckel Ausmaße, die uns in Erstaunen versetzen. Es kommen daher auch nur noch vier Buckel vor, wie in Kosd (Ungarn). Ebendaher stammt auch ein Armband, an dem vier kleine ringförmige Erweiterungen und mit S-Ornamenten verzierte Halbkugeln mit Knospen im – freilich gemäßigten – ‹knospentreibenden Stil›, ‹style bourgeonnant›, des verflossenen Jahrhunderts abwechseln.

Mehrfarbige Perlen und Armreife wurden um diese Zeit in großer Menge durch das Schwingen eines Stabes in heißer Glasmasse hergestellt. Die Ringe sind meist einfarbig – dunkelblau, hellgelb, durchsichtig-weiß –, manchmal aber auch zweifarbig. Die einfachste Form hat eine doppelte Zierleiste, damit der Ring dicker aussieht, so wie die Rundstäbe an der Basis einer ionischen Säule; so etwa der schöne Reif aus Mihovo (Krain, Jugoslawien; vgl. Anm. 17, S. 241). In schrägen Reihen aufgetragene weiße und gelbe Kügelchen alternieren mit gelben gestreiften Spindeln auf dem blauen Grund eines anderen, breiteren Reifs der gleichen Herkunft; er erinnert an die spatiierten Linien des Goldgeschmeides von Lasgraisses (Tarn). Die drei leichten Wulstringe an einem dünneren Glas aus Kosd (Ungarn), die offensichtlich aus freier Hand aufgemalt sind, lassen nicht so sehr an die dreifache Gliederung der geschlossenen *torques* denken als an die scheinbar formlosen Motive bestimmter weit entwickelter gallischer Münzen.

Auf manchem schwer zu datierenden Gerät sehen wir, wie selbst alltägliche Dinge Kunstwert haben konnten. Eine leicht durchbrochene Bronzeplatte aus La Tène mit den Profilen zweier verkehrt gegenständiger Equiden gehörte vermutlich zum Schmuckbesatz eines leder-

Abb. 366

159 - Kosd (Ungarn) - Armreif aus kleinen Ringen und verzierten Buckeln, mit Verschluß. 2. Jh. v. Chr. - *Bronze; Durchmesser 0,07 m* - Budapest, Magyar Nemzeti Muzeum

160 und 161 - Mihovo (Jugoslawien) - Zwei Armreife. 2. Jh. v. Chr. - *Glas* - Wien, Naturhistorisches Museum

bezogenen Schildes. Das große Bronzeblatt, ebenfalls aus La Tène, war die Spitze einer Lanze oder Standarte; es ist auf zwei Seiten sanft geschwungen und hat eine leicht gewellte Mittelrippe. Auf den beiden Wangenklappen (griechisch *paragnathides*) aus Šmarjeta (Vini-Vrh, Slowenien) sind jeweils drei ziselierte Knöpfe angebracht und die Silhouette eines großen, stark stilisierten und unten deformierten Stelzvogels, der, wenn man es richtig deutet, einen Flügel hängen läßt. Dieses kampflustig wirkende Tier mit seinem langen Schnabel findet sich noch auf den Gallier-schilden des römischen Triumphbogens von Orange (Vaucluse) wieder.

Gegen Ende des 2. Jahrhunderts v. Chr. überzog sich die keltische Welt nach und nach mit *oppida* (auf den Britischen Inseln fallen die ersten Gründungen dagegen erst mit den Unternehmungen Caesars von 55 und 54 v. Chr. zusammen). In dieser Übergangsperiode entstand ein neuer Typus des goldenen *torques*; er besteht aus einer großen, mit Scheiben verschlossenen Röhre, hatte vorn einen Verschluß und hinten eine Muffe. Das Exemplar aus Frasnes-lez-Buisse-

163 - Šmarjeta (Jugoslawien) - Wangenklappe mit Stelzvogel. 2. Jh. v. Chr. (?) -
Bronze und Email; Höhe 0,11 m - Ljubljana, Narodni Muzej

nal (Hennegau, Belgien; es wurde in Bruchstücken gefunden und nacheinander auf verschiedene
Weise rekonstruiert; vgl. Anm. 18, S. 241) hat am Ansatz der nur wenig hervorspringenden
und einfach mit einer Leiste versehenen Scheiben einen schweren, kunstvollen Reliefdekor:
ein Stierkopf, eingerahmt von plastischen S-Ornamenten, an die sich unten mit kleinen Blättern
verzierte Spiralen anschließen, die möglicherweise die Silhouette eines Vogels erkennen lassen.
Die Komposition ist regelmäßig, um nicht zu sagen reguliert. Wieder einmal aus einem Fluß,
der Witham in Lincolnshire (England), stammt eine Bronzeapplike, die wohl zu einer ledernen
Schwertscheide gehört hat. Sie schließt der Diagonale nach ab, hat einen stark reliefierten
Blumendekor und die gleichen vegetabilischen gravierten Motive wie die Abschlußmedaillons
auf einem Schild gleicher Herkunft, auf dem man auch Blätter in Vogelgestalt findet. Hiervon
verschieden ist der Dekor auf einer bronzenen Lochscheibe, die auf dem Schalltrichter einer
langen, gebogenen Trompete aus Lough na Shade (Irland) saß; kantig hervortretende Linien
und flaches Relief bilden ein kreuzförmiges Muster: vier paarweise verschiedene Abschluß-

162 - La Tène (Neuchâtel) - Blatt von einem Wagenornament oder von einem Feldzeichen (?). 2. Jh.
    v. Chr. (?) - *Bronze; Länge 0,45 m* - Neuchâtel, Musée cantonal d'archéologie

164 - In der Witham bei Lincoln (Lincolnshire) gefunden - Oberer Teil einer Schwertscheide mit Gravierung. 2.-1. Jh.
v. Chr. - *Bronze und Eisen; Länge 0,13 m* - Alnwick, Castle Museum

motive sind verbunden durch im Quadrat angeordnete Rankensegmente mit spiralförmigen
Trieben. Von den Motiven bilden zwei eine Klammer und die anderen beiden aneinandergefügte
Einrollungen. Der Gesamtentwurf ist symmetrisch, aber nicht mehr so geschmeidig wie frühere,
besser gelungene Stücke.

Besprechen wir noch eine Reihe von Objekten der Kleinkunst, die manchmal von ergreifender
Anmut sind, etwa in der Tierplastik. Die Kelten hatten sich schnell an das seßhafte Leben ge-
wöhnt, weil sie vor allem Gebiete in der gemäßigten Zone Europas in Besitz genommen hatten,
wo lediglich Wälder dem Kultur- und Weideland den Rang abliefen. Sie waren nicht wie die
Skythen in erster Linie auf Viehherden und Pferdezucht angewiesen, und sie nomadisierten nicht.
Auch lebten sie nicht in ständigem Kontakt mit den Tieren der Wildnis und waren nicht von
Raubtieren bedroht. Nur der Wolf, das Wildschwein und in geringerem Maße der Bär sowie
Schlangen konnten ihnen gefährlich werden. Die Kelten schätzten auch die Berge nicht sehr,
sondern sie zogen die sanft abfallenden Hänge vor. Schließlich waren sie keine Fischer und See-
fahrer: Wasserpflanzen, Krebsgetier und Muscheln kommen in ihrem Kunstrepertoire nicht
vor; selbst Fische sind rar. Vielmehr ist die Fauna vertreten durch die Vögel des Waldes und der

165 - Frasnes-lez-Buissenal (Hainaut) - Ausschnitt eines ‹torques› mit Pufferenden und Verschluß. 2. bis
1. Jh. v. Chr. - *Gold; Durchmesser 0,20 m* - New York, The Metropolitan Museum of Art

167 - Freisen (Saarland) - Pferdestatuette. 4.Jh. v.Chr. - *Bronze; Länge 0,12 m* - Trier, Rheinisches Landesmuseum

in Irland so häufigen Seen und Teiche, durch das Wild in Wald und Feld (die Kelten hatten alle den scharfen Blick des Jägers), die Schlangen im Fels, in Flüssen und Tümpeln, die gezähmten oder domestizierten Vierbeiner wie das Pferd, der Hirsch, das Rind und das Schaf. Besonderes Prestige genießt der Vogel: Wasservögel und Zugvögel; der hochaufsteigende Adler mit dem scharfen Blick, der mit geöffneten Fängen wie der Blitz auf sein Opfer hinabstößt; der Uhu und die Eule, die mit leuchtenden Augen, schwerem Flügelschlag und schauerlichem Geschrei nachts ihr Wesen treiben; der Rabe, der dem Krieger Schrecken einjagt und seinen Leichnam frißt; der Stelzenläufer, Kranich, Reiher und vielleicht der Storch mit seinem mächtigen Schnabel. Inschriften und Skulpturen der Römerzeit verraten uns, daß die Kelten all diese Tiere, deren Instinkt und Kraft dem Menschen Achtung einflößten, göttlich verehrt haben. Nur die Insekten fehlen merkwürdigerweise in diesem Repertoire. Die Leichtigkeit, mit der die Kelten menschlich-tierische oder auch nur tiergestaltige Mischwesen schufen und wie sie Metamorphosen in beiderlei Richtung vornahmen – die mittelalterliche Literatur der Britischen Inseln ist voll davon –, ist ein weiterer Beweis für ihr Talent, die Tierwelt scharf zu erfassen. Sie haben sie in der Kunst auf zweierlei Art dargestellt: realistisch-stilisiert oder karikiert.

Allerdings geht ihrem Realismus die Bewegung, alles Gewaltsame, auch die gesammelte Kraft der Muskulatur ab, die die italischen Stämme, die Etrusker und die Skythen auszudrücken verstanden, und wir können ohne romantische Aufwallung sagen: mehr Pompon als Barye; fast immer bei der Metallkleinkunst. Hübsche, kaum stilisierte Statuetten stammen aus Šárka Abb. 367

166 - Lough na Shade (Irland) - Schalltrichter einer Trompete. 2.-1.Jh. v.Chr. - *Bronze; Durchmesser 0,203 m* - Dublin, National Museum of Ireland

(Böhmen), aus Weltenburg (Bayern) oder stehen im Museum von Vaduz (Liechtenstein): ein fast grazil dastehender Keiler; ein anderer brutal vor Kraft berstend; ein unbändiger Jungstier mit aufgeworfenem Kopf. Wozu diese Objekte bestimmt waren, wissen wir nicht. Falls keine Exvotos, was das wahrscheinlichste ist, wären sie die einzigen Figürchen, von denen man annehmen könnte, sie seien als ‹Nippsachen› verwendet worden. Ganz anders, eindeutig karikaturhaft aufgemacht sind dagegen Keiler und Stiere auf besonders schönen armoricanischen, aber auch auf anderen Münzen. Wesentliche Züge davon finden sich, höchst ausdrucksvoll ins Große übersetzt, auf Bronzestatuen aus Ungarn, Böhmen, Großbritannien und Irland wieder: eines der besten Beispiele ist das Wildschwein aus Báta (Ungarn), das auf dem Rückgrat anstelle der Borsten eine längliche Platte mit Spiraldekor trägt.

Das Pferd seinerseits erscheint auf der Rückseite der Münzen in der zwar am stärksten stilisierten Form, aber auch am lebendigsten, was die allgemeine Haltung und die anatomischen Details betrifft. Allerdings bietet auch schon die bronzene Pferdestatuette von Freisen (Saar), eines der ältesten dieser kleinen Meisterstücke, ein genaues und elegantes Abbild. Wir könnten hier auch sonst noch näher auf die Münzen eingehen mit ihrem phantastischen Bestiarium, ihrer Monstergalerie, die beweisen, daß sich das Tier dem Kelten nicht nur für das Auge darbot, sondern daß es ihn in mancherlei Metamorphose auch im Geiste heimsuchte.

Wenn man, nicht ohne einen gewissen Mißbrauch des Terminus, von keltischer Tierkunst spricht, könnte man sie vielleicht durch die Darstellungsweise charakterisieren: vom Objekt wird im allgemeinen, wenn auch nicht durchweg, nur der Kopf wiedergegeben, mit oder ohne Andeutung des Körpers; der Kopf steht – *pars pro toto* – für das Ganze. Außer auf den Münzen und bei den bronzenen Tierstatuetten sehen wir fast immer nur den Kopf, Nacken und im Höchstfall noch den Oberteil des Tierkörpers beziehungsweise die Flügel. Man ginge fehl, wollte man hierin eine Vereinfachung sehen, auch wenn es dem Künstler erspart wurde, das

168 - Weltenburg (Bayern) - Statuette eines Stierkalbs. 2.-1. Jh. v. Chr. - *Bronze;* *Länge 0,114 m* - München, Prähistorische Staatssammlung

169 - Báta (Ungarn) - Statuette eines Wildschweins. 1. Jh. v. Chr. - 1. Jh. n. Chr. - *Bronze; Länge 0,109 m* - Budapest, Magyar Nemzeti Muzeum

ganze Tier – in Ruhe oder Bewegung – genau wiederzugeben. Vielmehr erklärt sich die Tatsache im allgemeinen rein funktionell: der Kopf genügt als Zierat einer Fibel, als Henkelattasche, auf einem Armreif oder an einem Gürtelhaken; der vollständige Körper wäre fehl angebracht, und es ist um so bezeichnender, daß der Künstler es vorzog, dem Kopf allein seinen stärksten Ausdruck zu verleihen, ob nun durch Stilisierung, Karikierung oder kühn dekorative Plastik. So verhält es sich bei dem halluzinierenden Eulengesicht auf den Vorstecknägeln des Wagens von Manching (Bayern).   Abb. 368

Differenzierung finden wir sodann noch einmal bei den Fibeln. Ein neuer Typus tritt auf, bei dem das charakteristische unregelmäßige S-Profil verdrängt ist: auf dem Bügel sitzt zwischen zwei Perlen ein rechteckiger Schild, den drei gelbe und drei blaue Emaileinlagen beleben (Boljevci, Kroatien).

Ein merkwürdiger Steinkopf beschließt dieses so schaffensreiche schöpferische Jahrhundert. Er stammt aus einer quadratischen Einfriedung, einem Heiligtum bei Mšecké Žehrovice (Böhmen). Der Kopf hat Naturgröße, eine kannelierte Frisur, die über Stirn und Nacken abrupt endet, und um den Hals trägt er einen *torques* mit profilierten Enden. Dargestellt ist auf ungeschlachte und doch auch gesuchte Art ein Mann mit flachem Gesicht, vorspringenden Augen, breiten Backenknochen und starkem Kinn. Schnurrbart und Augenbrauen bestehen aus quasi vegetabilischen Spiralen als Dekor. Die Konturen sind deutlich umrissen; das Ganze ist wieder einmal eine Mischung aus plastischer und graphischer Darstellungsweise. Dieses Gesicht, von dem die ursprüngliche Bemalung nicht erhalten ist, schaut uns hermetisch verschlossen an. Doch birgt sein Ausdruck, wenn auch mit ganz anderen Mitteln erzielt, durchaus etwas von der Kraft, die den Köpfen von Entremont oder den ‹Hermen› von Roquepertuse innewohnt; allerdings stellt er mit seinem linearen Charakter und den Spiralschnörkeln authentischeres Latène dar.

Im Verlauf von mehr als zwei erfahrungsreichen Jahrhunderten ist die keltische Kunst des Festlands in ihr Reifestadium eingetreten. Sie hat dort, wo die Kelten am dichtesten siedelten, originelle Werke geschaffen, sich dann im Osten der Donau entlang bis ans Schwarze Meer ausgebreitet und hat im Westen auf den Britischen Inseln Fuß gefaßt. Heterogene Elemente, von auswärts stammende wie lokale, fremde und einheimische, haben sich in ihr wie in einem Schmelztiegel vermischt. Wenn wir diesen Ausdruck auf einen größeren Teil Europas beziehen, dann betonen wir damit das Übergewicht der Kelten, das sich während dieser Epoche des Aufschwungs und der Neuschöpfungen auf dem Gebiet des Ästhetischen eindeutig bestätigt.

Die Kelten haben sich mediterrane Formen zu eigen gemacht und sie verändert, indem sie sie durch Verbindungszonen und ineinander übergehende Kompositionen zusammenfaßten. Um sie sich noch gefügiger zu machen, haben sie diese Formen ineinander verschmelzen lassen, spiegelbildlich oder umgekehrt symmetrisch angeordnet, andeutungsweise, weitergehend oder vollständig umgestaltet: etwa eine Pflanze zu einem Tier oder zu einem Menschen mit Pflanzen-

170 - Boljevci (Jugoslawien) - Fibel. 2.-1. Jh. v. Chr. - *Bronze und Email* - Zagreb, Arheoloski Muzej

171 - Mšecké Žehrovice (Böhmen) - Kopf eines Mannes. 2.-1. Jh. v. Chr. - *Stein; Höhe 0,25 m* - Prag, →
Národní Museum

auswüchsen; durch Zwitterbildung wurden Phantasiegestalten geboren. Bestimmte Motive entstanden: die Pelta, die Ranke in all ihren Spielarten und Drehungen, die Blattspirale, die Blätterkrone, das von einem Kreis umgebene S-Motiv (beziehungsweise die beiden mit Spitze und Kopf umgekehrt gegenständigen Kommata), das Geflecht als Grundmuster, Leerräume, die zu eigenen Motiven wurden, Fülldreiecke und so fort. Neue Objekttypen entstanden oder entwickelten sich in einer Weise, die speziell für die uns betreffende Periode charakteristisch ist: der *torques* mit Pufferenden, Armreife oder Knöchelringe mit Hohlbuckeln, die Latènefibel, die verzierte Schwertscheide, Henkelvasen, die Münzen. Die dritte Dimension wurde stärker betont bei den Armreifen mit Buckeln und bei der Steinskulptur, die zu guter Letzt rezipiert wurde, und zwar im Relief wie auch als Rundplastik (vereinzelt in den mittelmeerfernen Gebieten, Statuengruppen in Südgallien). Die Keramik nahm neue Profile an, die bald – vermittels der Töpferscheibe – verfeinert wurden. Vasenmalerei ist dagegen nicht bezeugt; die Polychromie kommt bei den Glasperlen und durch das Email zur Geltung. Kurz, die keltische Kunst hat sich von ihren Vorbildern freigemacht, an Formen und Mustern bereichert und mit einem Geist erfüllt, der – zumal im Gestalterischen – weder zuvor seinesgleichen hatte noch auch später wieder haben sollte.

Es sind vier Merkmale, durch die wir die keltischen Kunstdenkmäler definieren können: das Dominieren des Pflanzlichen; die plastische Ausführung; die fortlaufende Komposition und das Praktizieren der Umgestaltung, der Metamorphose. Jedem dieser Merkmale liegt die Freiheit zugrunde, die sich der Künstler der Natur wie auch der bildnerischen Strenge der Vergangenheit gegenüber herausnahm. Ohne diese Grundhaltung, die Hand in Hand mit der politischen Unabhängigkeit geht, hätte die keltische Kunst als solche nicht existiert. Diese Grundhaltung bezieht sich aber ebensosehr auf den graphischen Dekor (zum Beispiel auf den Schwertscheiden), der nach wie vor, wie in der Frühlatènekultur, mit dem Relief zusammengeht. Der Stil ist, wenn wir überhaupt von einem solchen sprechen wollen, vegetabilisch und fortlaufend ungezwungen in der Plastik, aber auch im graphischen Bereich; dabei versteht sich, daß bestimmte Gattungen, unter anderem die Bronzeringe und die Keramik, weiterhin auch mit symmetrischen oder mit dem Zirkel konstruierten Motiven verziert sein können; freilich rivalisiert damit immer mehr der kurvolineare Dekor.

Zu den ursprünglichen Kerngebieten keltischer Siedlung kamen neue hinzu, und um sie herum entstanden Randzonen, die nur bedingt keltisch geprägt waren. Da aber Kunstwerke von einem Ort zum anderen geraten, also auf ihre Weise auch wandern, ist es sehr schwer, sich über die genaue Verteilung klarzuwerden. Immerhin scheint gesichert, daß die Hohlbuckel in der Hauptsache von Österreich bis in die Karpaten und nördlich vom Balkan verteilt sind, während die bronzenen *torques* mit Pufferenden besonders von der ‹Marne› her stammen. Gesichter mit ‹Blätterkrone› finden sich nur zwischen Rheinland und Slowakei. Größere Mengen verzierter Schwertscheiden sind nur in der Schweiz, in Ungarn, in Jugoslawien zum Vorschein gekommen; allerdings ist die Gattung mit bemerkenswerten Einzelexemplaren auch auf den Britischen Inseln vertreten. Henkelgefäße – zumal solche mit figürlichen Henkeln – entstanden an der mittleren Donau in einer Berührungszone von Hellenismus und einheimischer Kultur, und sie finden sich dann auch weiter südlich in Jugoslawien. Keramik, die gestempelt und mit Hilfe des Zirkels dekoriert ist, gibt es dagegen von einem Ende des festlandskeltischen Europa bis zum anderen, von Armorica bis zum Balkan; allerdings scheint im Osten die geometrische, im Westen die pflanzliche Komponente zu überwiegen. Glas ist vor allem östlich des Rheins in größerer Menge anzutreffen, doch kam es auch schon an der ‹Marne› vor. Die Wahlheimat der Münzen ist Gallien, doch haben sie auch in Böhmen und entlang der Donau bis nach Ungarn an der Latènekunst teil. Die Tradition der Silberverarbeitung ist besonders im mittleren und östlichen Bereich zu Hause. Skulptierte Steine kommen hauptsächlich aus der Provence, aus Armorica, dem Rheinland und Irland. Schließlich stellen wir Metallgeräte in Durchbrucharbeit, deren Leerräume eine konstante und für den Dekor relevante Form haben, vor allem bei Erzeugnissen von den Britischen Inseln fest. Dort ist auch das Email auf dem Wege, sich einen hervorragenden Platz zu erobern.

Es wird die Aufgabe künftiger Forschung sein, Schulen, Werkstätten, Stile und engere regionale Stilgruppen zu definieren. Es lassen sich aber schon jetzt drei große Bereiche absehen, in denen die keltische Kunst sich entfaltete: im Raum von Gallien bis Böhmen hat sie ihre dichteste und schöpferischste Reife erlebt; im Karpatenbecken und bis zum Balkan hin trat sie in einer abgeschwächten Form auf, um dann unterzugehen; auf den Britischen Inseln bereitete sie sich darauf vor, aus eigener Kraft verstärkt noch Jahrhunderte zu überdauern.

Angesichts eines so weiten und verschiedenartigen Verbreitungsraums nimmt es nicht wunder, daß sich die einzelnen Gattungen so ungleichmäßig verteilen. Wichtiger ist zu betonen, daß die Gattungen bei aller Mannigfaltigkeit doch überall eine Ähnlichkeit der Motive und eine Verwandtschaft in der Gestaltung aufweisen, die sich unschwer auf gemeinsame Prinzipien zurückführen lassen. So erklärt sich die Einheit und sozusagen Allgegenwart von Geist und Kunst der Latènezeit: stets geschmeidig, fließend, gekennzeichnet durch Einfallsreichtum im Dekor, Umgestaltungen und Metamorphosen, versessen auf das Phantastische, auf Illusion, Ironie, das Sichverflüchtigende. Der Faden, mit dessen Hilfe man im europäischen Labyrinth den Weg zu den keltischen Phänomen finden kann, ist ein verschlungenes Band, dem man auch auf unvermuteten Umwegen folgen muß. Dann wird man zum Sinn dieser harmonischen, verträumten, bisweilen drohenden Werke vordringen. Die Kelten der Eisenzeit waren schon auf dem Höhepunkt ihrer Schöpferkraft ein Volk, das die Wunder liebte und sich nur allzugern in eine verzauberte Welt fortreißen ließ.

IV

VOM FESTLAND AUF DIE BRITISCHEN INSELN,
VOM HEIDENTUM ZUM CHRISTENTUM

Vom 1. Jahrhundert v. Chr. bis zum 4. Jahrhundert n. Chr.

Beim Anbruch des 1. Jahrhunderts v. Chr. schufen politische, wirtschaftliche und soziale Wandlungen veränderte Bedingungen für die Herstellung von Kunstgegenständen. Im Mittelmeerraum schaute Rom, das schon in Spanien fest Fuß gefaßt hatte, begehrlich auf den Süden Galliens. Die Anwesenheit der Fremden auf dem provençalischen Küstenstrich und der drohende Ansturm der germanischen Massen bewirkte im Inneren Europas eine Konzentration von Reichtümern, Rohstoffen und Werkstätten auf Orte, die entweder von Natur aus leicht zu verteidigen oder mit Befestigungen versehen waren: auf die *oppida*. Das waren noch keine Städte im mittelmeerischen Sinne des Wortes, sondern präurbane Ortschaften, in denen die Hauptaktivitäten eines Volksstammes zusammenliefen. Da wurden die Werkstätten eingerichtet, die für den Stammesfürsten und seine Umgebung arbeiteten. Modelle wurden von einem Zentrum aufs andere übertragen, und daraus entstand ein ebenso abwechslungsreiches wie vereinheitlichtes Formengemisch. In dieser Zeit setzte auch eine Art Handel ein, italische Kaufleute brachten in den ‹barbarischen› Gegenden schon Artikel in Umlauf, die dann allmählich eine normierende Wirkung ausübten. Im selben Sinne machten sich hellenistische Einflüsse geltend; sie gingen von den griechischen Kolonien am Schwarzen Meer, in Süditalien und in Südgallien aus.

Ab 50 v. Chr., nach der Eroberung durch Caesar, erlosch die Latènekunst in Gallien schneller als überall sonst – das war die Folge einer planmäßigen Ausbeutung dieses fruchtbaren Landes durch den römischen Imperialismus. Aber im übrigen erlebte das letzte Jahrhundert der Antike eine andauernde künstlerische Produktivität, die sich auf dem Kontinent bis zum großen Donauknie erstreckte. Auf den Britischen Inseln entstanden dagegen immer eigenständigere Arbeiten, die sich besonders in Irland, das vom Festland weitgehend isoliert war, noch lange hielten, so lange, bis die Inselkunst eine Erneuerung durch das Christentum erfuhr. Vorher noch, etwa von der Mitte des 1. Jahrhunderts v. Chr. an, gerieten der Süden und die Mitte Großbritanniens durch bewaffnete Eroberung unter mittelmeerischen Einfluß. Norditalien war seit dem letzten Viertel des 3. Jahrhunderts v. Chr. durch und durch romanisiert. Am Anfang unserer Ära konnte die keltische Kultur östlich des Mittellaufs der Donau – wenn auch schwach – überleben; ungefähr ein Jahrhundert später war sie in den Karpaten und südlich vom Unterlauf der Donau erloschen. Auf dem Kontinent hat sich die mehr oder weniger starke Konzentration der Kelten auf bestimmte Gegenden und ihr mehr oder weniger langer Widerstand nicht im Sinne einer ästhetischen Bereicherung ausgewirkt, auch die stilistische Einheit wurde dadurch nicht begünstigt. Je mehr die territorialen Besitztümer abbröckelten, um so armseliger wurde das, was die Werkstätten hervorbrachten – auch deshalb, weil in dieser noch freien, aber von

172 - In der Themse bei Battersea (Middlesex) gefunden - Ausschnitt aus der Mitte eines kleinen Prunkschildes. Anfang 1. Jh. n. Chr. - *Bronze mit Email eingelegt; Gesamtlänge 0,775 m* - London, Britisches Museum. Vgl. Abb. 223

überallher bedrohten Welt die Edelmetalle seltener verarbeitet wurden. Statt Gold wurde Silber und vor allem Bronze verwendet, und selbst diese noch in schlechter Qualität. Schließlich tauchte sie in der Münzprägung auf und spielte da bald die Hauptrolle.

1. Das Nachlassen der Kräfte auf dem Festland: Das 1. Jahrhundert v. Chr.

Aus dieser unmittelbar vorrömischen Zeit hätten wir nur wenige, dazu noch sehr weit verstreute Zeugnisse der Latènekunst auf dem Festland – wenn es keine Münzen gäbe. Doch Gallien erlebte zahlreiche Münzausgaben verschiedener Typen. Als dann die Römer den Süden in der Hand hatten, war die Münzherstellung bis zur Eroberung durch Caesar und noch eine Zeitlang danach auf die noch unabhängigen Städte beschränkt. Auch in der ‹Provinz› hielten sich keltische Münzen, dort wurde der italische Denar erst zur Kaiserzeit eingeführt. Die erste Hälfte des 1. Jahrhunderts v. Chr. war also eine Epoche zahlreicher verschiedener Münzserien. Am ansehnlichsten war das Geld der Parisier aus Lutetia (vgl. Anm. 19, S. 241); einmal verwendeten sie Gold, das spricht für den Wohlstand des kleinen Volksstammes (er saß überaus günstig auf

Abb. 378 und 387

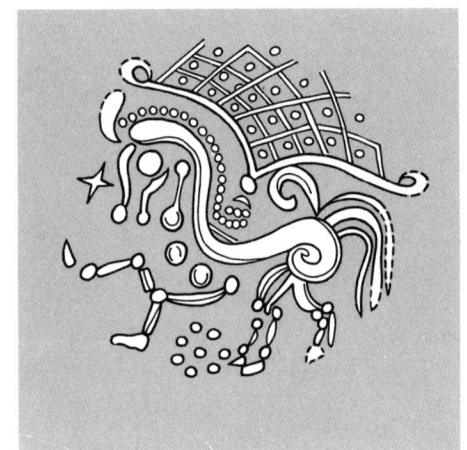

173

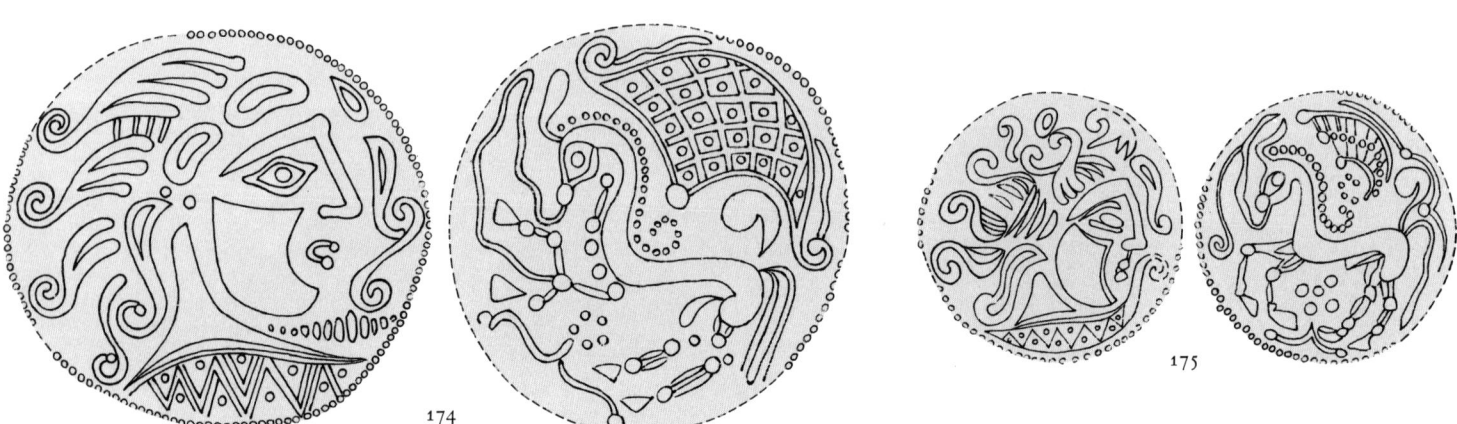

174

175

173 bis 175 - Münzen der Parisier - Verschiedene ergänzende Umzeichnungen (Vorderseiten und Rückseiten). Erste Hälfte 1. Jh. v. Chr.

170

176 - Münze der Parisier (Rückseite). Erste Hälfte 1. Jh. v. Chr. - *Gold; Durchmesser etwa 0,02 m* - Paris, Bibliothèque Nationale, Cabinet des Médailles

einer Seine-Insel, was die Überschreitung des Flusses für Fremde erschwerte und für die Parisier erleichterte), und dann hatten sie ausdrucksvolle und originelle Münzbilder. Seit dem Anfang des Jahrhunderts ging man dazu über, Vorder- und Rückseite mehr und mehr zu schematisieren. Der Kopf erscheint stark vereinfacht, wobei das mächtige Profil und die stilisierte Frisur bei- behalten werden, und das Pferd weist in dem Freiraum über Hals und Rücken ein riesiges ‹Netz› auf (auf den Viertelstateren gleicht es einer Hohlmuschel). Das Netz ist eine in ihrer Art einmalige Umbildung des früheren Wagenlenkers, der aber auch schon von anderen Völkern umgeformt worden war. Zusätzliche Bänder, Rosetten und Zickzacklinien mit Punkten lassen beide Seiten reicher erscheinen. So bilden die Stücke ein mannigfaltiges und doch homogenes Ganzes: Einheit und Vielfalt gelten ja als Merkmal der keltischen Kunst. Eine in diese Zeit

177 - Münze der Parisier (Vorderseite). Erste Hälfte 1. Jh.
v. Chr. - *Gold; Durchmesser 0,02 m* - Paris, Bibliothèque
Nationale, Cabinet des Médailles

178 - Münze der Parisier (Vorderseite). Erste Hälfte 1. Jh.
v. Chr. - *Gold; Durchmesser 0,015 m* - Paris, Bibliothèque Nationale, Cabinet des Médailles

179 - Münze der Osismier (Vorderseite) - Ergänzende Umzeichnung. Um 70 v. Chr.

gehörende Goldmünze aus dem Jura zeigt eine Verformung des *philippos*: der Wagenlenker, Abb. 388
das Rad und die beiden Pferde sind wie immer vorhanden, aber die Pferdebeine umgeben einen
Dreierwirbel.

Eine Münze der Redoner, also der Leute von Rennes, auch aus Gold und in dieselbe Zeit Abb. 389
gehörig, trägt ein ganz anderes Bild: eine nackte Kriegerin, die den Schild mit dem rechten
Arm hält (eine Anomalie!), ist dabei, ein sich aufbäumendes Pferd rittlings zu besteigen. Im
unteren Teil des Münzbildes steht gut erkennbar eine Lyra, nicht etwa eine Kithara, das Instrument der Inselbarden. Eine andere Reiterin mit Hörnermütze, wie eine Amazone gekleidet, hält Abb. 390
in der linken Hand den ovalen, gallischen Schild und in der rechten eine ‹tête coupée› mit ge-
sträubten Haaren. Beide stellen Kriegsgöttinnen oder deren Dienerinnen dar. Ein Stück, bei den
Osismiern von Finistère gefunden und in das Jahrzehnt datiert, das dem Gallischen Krieg voraus- Abb. 381
geht, ist schon ausgiebig interpretiert worden. Es zeigt einen Kopf mit schönen regelmäßigen
Locken; die bei früheren Stücken betont männlichen Züge haben den mutwilligen Ausdruck
eines weiblichen Profils angenommen. Ein Kreuz und andere undefinierbare Zeichen umrahmen das zarte junge Gesicht unter seiner gewaltig schweren Frisur aus kunstvoll gelegten Rollen.

Das gesamte Münzwesen des Nordens ging von Tarent aus, und so steht auch ein Stater aus
Tarent hinter einer Erscheinung, die zum ersten Mal bei den Belgern auftrat. Ein Kopf im Profil
wurde vollständig aufgelöst, und die Elemente wurden dann zu einer ungegenständlichen Kom-

180 - Münze der Veliocasser (Vorderseite). Um 80-75 v.Chr. - *Gold; Durchmesser 0,017 m* - Paris, Bibliothèque Nationale, Cabinet des Médailles

position neu geordnet – ein Anzeichen für eine Rückkehr zum linearen Stil. In diesem Geist, aber schon etwas früher, stellen die sogenannten Augenmünzen der Veliocasser (vgl. Anm. 20, S. 242) das Auge hypertroph und wie unter dem Dach einer unproportionierten Nase dar, das Haar ist auf eine Reihe schräger Streifen reduziert, die Wange, Kinn und Hals bedecken. Rein

Abb. 380 geometrisch ist ein anderes Münzbild der Nervier, auf dem es nur noch Kreise und Vierecke gibt, die eine ‹Sichel›, ein V und ein Epsilon in der Mitte der Münze umgeben: man ging in den ‹positiven Deformationen› (der Ausdruck stammt von R. Bianchi Bandinelli) so weit, daß man die Symmetrie in sie einführte, die der disziplinierten Kunst der römischen Eroberer entlehnt war. Einige Jahre später, an der Schwelle zum Gallischen Krieg, erschien im Westen, vielleicht

Abb. 379 bei den Pictonen von Poitou, das menschliche Gesicht doch noch in naturnaher Gestalt: die Locken der Frisur sind zwar vereinfacht, aber ein fast spiralförmig aufgedrehter Schnurrbart erinnert an den Kopf von Mšecké Žehrovice und zeigt uns sicher einen Kelten jener Zeit. Eine

Abb. 391 belgische Goldmünze (von den Atrebaten aus Arras?) stilisiert das Bild des Pferdes bis zu der Grenze, über die hinaus es unkenntlich würde: es ist in dicken, aber noch weich geschwungenen Linien skizziert, hat einen karikierten Kopf und rein dekorative große Punkte darum herum.

Abb. 392 Noch schematischer ist der silberne ‹Pegasus› der Elusaten (Eauze, Gers). Er ist mit Strichen graviert, die durch Kugeln unterbrochen sind; ein großes verziertes Dreieck über ihm sieht ganz wie ein Flügel aus. Die Münze stammt aus derselben Zeit wie die vorige – aber welch ein

174

181 - Münze der Nervier (Vorderseite). Um 70-60 v.Chr. - *Gold; Durchmesser 0,018 m* - Paris, Bibliothèque Nationale, Cabinet des Médailles

Unterschied! Dann wieder die Vorderseite einer Münze der ‹emigrierten Senonen›: da ist der
Lockenkopf nur ein Wirbel langer Kommata – dergleichen findet man sonst etwa auf chinesischen Bronzevasen des 12. bis 8. Jahrhunderts v. Chr. Diese Arbeiten kommen aus Städten,
die schon weitab vom Zentrum Galliens lagen; alles weist darauf hin, daß man in Gebieten, die
an weniger entwickelte Völkerschaften grenzten, zu übertriebener Formauflösung tendierte, und
jede Provinz – Belgien war den Germanen, Aquitanien den Iberern benachbart – entfaltete bei
der Rückkehr zum Geometrischen einen besonderen Stil. Die Goldmünzen aus den Hochalpen
bestätigen diese Hypothese, die Arbeiten der Uberer vom oberen Rhônelauf noch deutlicher Abb. 382
als die der Salasser vom Aostatal: aus derselben Zeit stammend, zeigen sie einen völligen Ge- und 383
staltverlust des behelmten Kopfes, der zu einem einfachen Dreieck mit Rechtecken oder Rauten
in der Mitte umgebildet ist. Das ist der Endpunkt der Entwicklung, bei der man in manchen Gegenden früher, in manchen später, das menschliche Profil und das Pferd in Bilder umsetzte,
deren heterogenes Ganzes barock zu nennen ist.

Man spricht am besten von regionalen Typen, die entstanden waren, weil sich die Münzausgaben der Städte oder Städtegruppen von denen ihrer Nachbarn unterscheiden sollten. Von

182 – Ausschnitt aus der Mitte einer Münze der Osismier (Rückseite). Mitte 1. Jh. v. Chr. - *Scheidemünze; Durchmesser 0,023 m* - Paris, Bibliothèque Nationale, Cabinet des Médailles

Schulen kann man wohl nicht reden, aber so viel läßt sich ohne Risiko über die eigenständigsten Arbeiten aus den verschiedenen Landschaften sagen: es gab einen belgischen Stil, einen armoricanischen und sogar einen Lokalstil der Parisier. Zwei Phänomene binden aber dennoch alle Verschiedenheiten in die Geschlossenheit der keltischen Kunst ein: auf den Münzen findet man in Miniatur dieselben Zeichen wie auf vielen anderen Dingen (Dreierwirbel, S-Ornamente, Perlreihen oder fortlaufende Bänder), und es kommen die gleichen Tierbilder, entweder karikiert wie Wildschwein und Stier oder als Ungeheuer wie das ‹Seepferdchen› vor. Dann sieht man auch Motive und Kompositionsformen, die wohl vom Metallschmuck übernommen worden

Abb. 369 und 393 sind. Auf einer Münze der Osismier aus den letzten Jahren der ‹Unabhängigkeit› erhebt das androzephale Pferd sein menschliches Profil zwischen zwei kleinen ‹*têtes coupées*›, die mit Ranken verziert sind; die Ranken laufen oben in eine dreiblättrige Blüte zusammen und bilden so eine figürliche Klammer. Dergleichen könnte man sich sehr gut auf einer durchbrochen gearbeiteten oder gravierten Platte vorstellen. In seiner statischen Art schafft das ausgewogene Ornament einen Gegensatz zu der heftigen Bewegung des Monstrums, das zu galoppieren scheint in infernalischem Ritt, ein Bild von Alptraum und Mächtigkeit. Eine späte Arbeit ist auch der den Bajocassen (von Bayeux) zugeschriebene, stark vereinfachte menschliche Kopf mit S- und halbmondförmigen Locken. Mit ihren immer schärfer ausgeprägten Besonderheiten – mögen sie nun durch örtliche Gruppierungen oder durch die Nachbarschaft zu fremden Völkern bedingt sein –, veranschaulichen die Münzbilder die Zersplitterung des keltischen Münzwesens kurz vor der Eroberung Galliens durch die Römer. Abb. 384
Abb. 371
bis 373

Abb. 377

Dennoch gaben nur einige fortlebende Elemente den Arbeiten noch künstlerischen Wert. Eine ‹Belinos› signierte, der augusteischen Zeit zugeschriebene Prägung, die am oberen und mittleren Donaulauf vorkommt, zeigt auf der Vorderseite eine Maske mit gleichsam geometrisierter, kurvolinearer Frisur, die mit Locken in halber S-Form umgeben ist. Alles ist hier vernünftig und symmetrisch. Dann wird in dieser Gegend ein gehörnter Reiter geprägt, eine zeitgenössische Replik der nackten Kriegerin der Redoner. In Gallien trugen die Imitationen der römischen Denare, die unmittelbar vor und nach der Gründung der Gallia Narbonensis entstanden waren, bald die Namen der nationalen Stammesfürsten. Zur selben Zeit tauchten Bronzemünzen ohne ästhetischen Wert und Silbermünzen ‹mit dem Kreuz› des Languedoc auf, die von Marseiller Vorbildern angeregt waren. Schließlich wurde in allen Städten die Münzprägung dadurch vereinfacht, daß man gegossene Potine in bereits geprägten Gußformen herstellte. Dabei entstanden kleine Münzen aus Bronze, mit silberhaltigem Blei vermischt. Sie sind massiv und von einem leichten Wulst umgeben; das Münzbild hebt sich in weichem Relief ab. Einige Serien tragen das Bild eines Ebers oder Steinbocks mit schematischem Profil; die karikaturistische und nicht unelegante Stilisierung erinnert an Stücke aus besseren Zeiten. Manchmal kommen Blumen, Dreierwirbel, *torques* und Sterne vor, die – besonders bei den Bojern Mitteleuropas – nicht einmal mehr deformiert sind. Abb. 386

Abb. 370

Abb. 374
und 375

Solange sich die Kelten von hellenistischen Stateren anregen ließen und dann sekundär von den Imitationen, die sie mit immer größerer Freiheit davon anfertigten, haben sie in Gallien immer wieder originale Münzbilder geschaffen. Als man anfing, römische Denare zu kopieren und schlechtes Metall prägte oder goß, hatten die silbernen und bronzenen Münzbilder bald jeden künstlerischen Wert verloren. Aber trotz regionaler Abweichungen ließen sich auf den keltischen Münzen doch eher als auf anderen Zeugnissen der materiellen Kultur menschliche Gesichter in allen Graden der Schematisierung wiedergeben, daneben auch Szenen und mythologische Legenden darstellen. Die Münzen forderten dazu heraus, mit virtuoser Technik winzige Kompositionen zu schaffen, Ungeheuer zu erfinden und üppige geometrische Gebilde aus geraden und geschwungenen Linien. Der mögliche Symbolgehalt von all dem ist für uns meist nicht zu erfassen: viele Motive lassen an – nicht genauer benannte – militärische und politische Macht denken, an wirtschaftlichen Reichtum und an Herrschaft, die durch ein ganzes Volk von Fabelwesen unterstützt wurde – sie führen uns in eine übernatürliche Welt des Zaubers und der Metamorphose.

Die erste Hälfte des 1. Jahrhunderts v. Chr. wird sozusagen von den keltischen Münzen repräsentiert; aber auch andere gut belegte Denkmälerkategorien zeugen in diesem Jahrhundert für den Geist der Latènezeit, dem, zusammen mit den *oppida*, die von den Römern nach und nach geschleift wurden, von Region zu Region die baldige Vernichtung drohte.

Da ist zum Beispiel die Keramik: von der Latènekunst geprägt ist zumindest die auf schnell drehender Töpferscheibe in eleganten Formen (immer ohne Henkel) hergestellte Ware, die auch wieder bemalt oder graviert wurde wie in der Frühlatènezeit; nur lassen die Muster die stilistischen Neuerungen erkennen, die sich seit dieser weit zurückliegenden Zeit entwickelt

183 - Basel (Schweiz) - Bemalte Vase. Erste Hälfte 1. Jh. v. Chr. - *Gebrannter Ton; Höhe 0,375 m* -
Basel, Historisches Museum

hatten. Tief eingedrückte, kleine und große Wellenbänder schmücken den schwärzlichen Topf
Abb. 396 aus Éprave (Belgien). Origineller sind bemalte Gefäße; aus Třísov und Stradonice (Böhmen)
Abb. 394 kommen Vasen mit braunen und weißen Streifen in rechteckig abgeteilten Feldern. Aus Basel
stammt das Gefäß, dessen obere Hälfte große kurvolineare Motive, schräge, langgezogene
Kurven und dicke, in Kreise eingefügte ‹Kommata›, aufweist, die vom Formenschatz der Bri-
tischen Inseln angeregt sein könnten. Und um die Mitte einer Vase aus Yverdon (Schweiz)
windet sich eine breite weiße Welle zwischen großen Kreisen; beide sind mit kleinen geradlinigen
Mustern in mehr auffälliger als lockerer Mischung verziert. Die vortrefflichen Stücke sind vor
dem Ende des 1. Jahrhunderts v. Chr. anzusetzen, vor dem völligen Verlust der Unabhängigkeit,
Abb. 395 genauso wie die schönen geometrisch bemalten Gefäße aus dem *oppidum* Manching in Bayern.

Vereinfacht und regelmäßig angeordnet erscheinen Latènezeitmotive noch auf recht weit
verbreiteten Metallgegenständen. Die silbernen Phaleren des Pferdegeschirrs aus Manerbio sul
Mella (Lombardei) tragen in der Mitte einen Dreierwirbel von sehr fortentwickelter Form und
im äußeren Umkreis einen Kranz von Masken – das Ganze zeigt die steifere Art des 1. Jahrhun-
Abb. 398 derts v. Chr. Um 50 v. Chr. ist ein hohler, gegliederter Gold*torques* mit Pufferenden aus Mailly-le-
Camp (Aube) anzusetzen; auch da stellen die beiden Gravierungen, die sich nur schwach von
dem punktierten Grund absetzen, eine verarmte Weiterentwicklung fortlaufender Motive aus
der besseren Zeit dar. Der dicke Bronzering aus Stradonice (Böhmen), viel stärker als ein Fingerring, ist mit vier in Kügelchen auslaufenden Hornpaaren versehen, die an Stierköpfe erinnern.

184 - Yverdon (Schweiz) - Bemalte Vase, zum Teil ergänzt. Erste Hälfte 1. Jh. v. Chr. - *Gebrannter Ton; Höhe 0,24 m* - Yverdon, Museum im Schloß

185 - Stradonice (Böhmen) - Fingerring mit kugelbesetzten Hörnern. 1. Jh. v. Chr. - *Bronze;*
Höhe 0,044 m - Prag, Národní Muzeum

Seine Bestimmung ist rätselhaft, am ehesten traut man ihm die Kraft eines Talismans zu. In dem
Abb. 399 schmiedeeisernen Adlerkopf aus Kappel (Baden-Württemberg) mischen sich Realismus, Stilisierung und Phantasie: man erkennt die wahre Kraft des Raubvogels, die Betonung seiner
natürlichen Waffe durch die übertriebene Länge des Schnabels und schließlich die zwei großen
Löcher für die Hörner, die man sich an den Seiten des Schädels befestigt vorstellen muß. Vielleicht war es ein Zierat von einem doppelten Feuerbock mit vier Ständern. Der goldene Finger-
Abb. 400 ring aus Muri (Aargau, Schweiz) besteht aus einem profilierten Band, das sich zur Spirale ein-
rollt und so die Ringplatte bildet. Dieser Schmuck ist ein kleines Meisterwerk, zeigt Können und
Einfachheit; er würde moderner Juwelierkunst alle Ehre machen.

Eine neue Form des Schwertknaufs besteht aus einem stilisierten männlichen Körper, wobei
die Arme und Beine fast zur Kreuzform abgewinkelt sind; ihre verdickten Enden gaben der
Hand des Kriegers, der den Körper umfaßte, Halt. Betont wurde vor allem das menschliche
Antlitz, etwa bei dem Stück aus Châtillon-sur-Indre (Indre), das einem anderen aus Stradonice
ganz ähnlich sieht. Das seltsame Gesicht hat große Rehaugen, die nach oben gegen die Schläfen
spitz zulaufen, einen kleinen Mund und über Stirn und Ohren eine fast weiblich gelegte Frisur.
Bei einzelnen Köpfen, die nicht zu solchen Waffen gehörten, sind die Gesichtszüge anders
wiedergegeben. Nahe bei Křivoklát fand sich eine kleine Bronzemaske, die sich von einer rechteckigen Grundplatte abhebt; die in Rippen angeordneten Haare sind über der Stirn kurz ge-
halten, die Augen sind geschlossen, die Nase hat eine dreieckige Form, die Lippen sind aufein-
andergepreßt. Eine Arbeit aus Stradonice (Böhmen; vgl. Anm. 21, S. 242) zeigt über einem

186 - Manerbio sul Mella (Lombardei) - Phalere vom Pferdegeschirr. 1. Jh. v. Chr. - *Silber; Durchmesser 0,192 m* - Brescia, Museo civico romano

187 - Stradonice (Böhmen) - Verzierung eines Schwert-
griffs. 1. Jh. v. Chr. - *Bronze; Höhe etwa 0,025 m* - Prag,
Národní Muzeum

189 - Gegend von Křivoklát (Böhmen) - Kleine männliche Maske. 1. Jh. v. Chr. - *Bronze; Höhe 0,015 m* - Prag, Národní Muzeum

eisernen Nagel (?) einen schnurrbärtigen Rundkopf mit Naturlocken und pathetischem Ausdruck; er gleicht am meisten den konventionellen Porträts des ‹Galliers› und ‹Galaters›, wie sie die hellenistische und römische Skulptur hinterlassen haben. Bei drei ähnlichen Masken von Welwyn (Hertfordshire) ist der große Schnurrbart horizontal stilisiert. Mit Hilfe von Münzbildern und solcher kleiner Metallplastiken könnte man eine Bildnisgalerie zusammenstellen, die vielleicht eine richtigere Vorstellung von den Kelten gäbe, als wir sie durch ihre Feinde haben. Neben Gesichtern, die wohl absichtlich in so hohem Maße stilisiert sind, daß sie hermetisch verschlossen erscheinen, gibt es auch realistische Darstellungen. Sie mögen selten sein, aber ihre Schöpfer zeigten das gleiche Bemühen, den Menschen zu erfassen, das zu der Zeit auch die römischen Porträtisten, Maler, Bildhauer und Münzbildner an den Tag legten.

Über das ganze Festland verstreute Dinge, vereinzelte Gruppen von Kleinkunst sind nicht so wichtig wie ein Stück, das ikonographisch und besonders mythologisch von Bedeutung ist, nämlich das in einem vertorften Moor bei Gundestrup (Aars, Jütland, Dänemark) gefundene

188 - Châtillon-sur-Indre (Indre) - Schwertgriff. 1. Jh. v. Chr. - *Bronze; Höhe 0,14 m* - Nantes, Musée Thomas Dobrée

190 - Stradonice (Böhmen) - Kleiner Kopf eines Mannes mit Schnurrbart. 1. Jh. v. Chr. - *Bronze auf Eisenschaft; Höhe 0,035 m* - Wien, Naturhistorisches Museum

191 - Welwyn (Hertfordshire) - Kleine männliche Maske. 1. Jh. v. Chr. - *Bronze; Höhe etwa 0,038 m* - London, Britisches Museum

große Kultbecken, das außen, innen und auf dem Grund mit vergoldeten Silberplatten ge-schmückt ist. Herkunft und Datierung waren und sind noch sehr umstritten. Der getriebene Dekor ist höchst vielfältig zusammengesetzt: die Leiber von menschengestaltigen, halb mensch-, halb tiergestaltigen Göttern und von Tiergöttern sind typisch keltisch, zum Beispiel der Gott mit Hirschgeweih oder der Gott mit dem Rad. Einige Soldaten tragen einen Raubvogel auf dem Helm, andere blasen die Kriegstrompete (*carnyx*), deren Schalltrichter die Form eines Tier-kopfes hat. Andererseits zeigen Art und Anordnung der wilden und domestizierten Vierfüßler, auch die Behandlung der Grundfläche, die an Mithras-Darstellungen erinnert, eindeutig orientalische Einflüsse, hauptsächlich aus dem Bereich des Schwarzen Meers. Die Beschränkung auf eine einzige Darstellungsebene durch einfaches Nebeneinandersetzen ist archaische Tra-dition, aber die Technik läßt auf eine Entstehungszeit um die Mitte des 1. Jahrhunderts v. Chr. schließen. Wurde das Becken im Norden Galliens oder eher im Osten hergestellt? Wenn es nicht älter ist, wäre es entweder ein verspätetes Produkt der kaum verlorenen Unabhängigkeit oder eines der ersten, bei denen alte Elemente in einem Werk der neuen Zeit lebendig blieben. Es ist das einzige vor die eigentlich keltisch-römischen Kulturen zu datierende Stück, das Szenen darstellt und keltische Götter und Mythen abbildet – wenn man von ein paar Münzbildern ab-

192 - Gundestrup (Jütland) - Ausschnitt aus einem Kultbecken (Galvanoplastik in Saint-Germain-en-Laye, Musée des Antiquités nationales). Etwa Mitte 1.Jh. v.Chr. - *Silberplatten, teilweise vergoldet; Gesamtdurchmesser 0,69 m* - Kopenhagen, Nationalmuseet

sieht, die aber noch nicht richtig gedeutet sind. So erstarrte Gesichtszüge sind auch an anderen Werken des 1.Jahrhunderts v.Chr. zu beobachten: an dem kleinen Kopf der Applik aus Stradonice, an den Masken von Manerbio, auf Münzen vom oberen und mittleren Donaulauf, auf Scheiben vom Schwarzen Meer, auf dako-getischen Silberblechen und auf thrakischen Schmuckscheiben. O. Klindt-Jensen hat deshalb vorgeschlagen, diese Arbeiten unter der Bezeichnung ‹Stil von Gundestrup› zusammenzufassen. Ich möchte sie eher keltisch-pontisch und neokomposit nennen, da sie dem Ende der Latènezeit auf dem Festland zugehören und mit Elementen Südost-Europas vermischt sind. Die Einflüsse des romanisierten Europa beginnen hier auf die Latènekunst zu wirken (und sie zu ersticken) und auch die aus Europas Randgebieten im Umkreis des Schwarzen Meeres, wo sich die Kulturen des Alten Orients, der Steppen und der hellenistischen Welt vermischen. Von J. S. V. Megaw stammt der Ausdruck: ‹istro-pontisch›, ebenfalls zutreffend, weil sich in diesem Gebiet so viele verschiedene Wege kreuzen (Istros ist der antike Name für die Donau, die in den Pontus Euxinus = das Schwarze Meer mündet).

193 - Gundestrup (Jütland) - Ausschnitt aus einem Kultbecken: Krieger mit Helm oder mit Kriegstrompete (Galvanoplastik). Etwa Mitte 1. Jh. v. Chr. - *Silberplatten; Gesamthöhe 0,42 m* - Kopenhagen, Nationalmuseet

194 - Gundestrup (Jütland) - Ausschnitt aus einem Kultbecken: Gott mit Hirschgeweih (Galvanoplastik in Saint-Germain-en-Laye, Musée des Antiquités nationales). Etwa Mitte 1.Jh. v.Chr. - *Silberplatten; Gesamthöhe 0,42 m* - Kopenhagen, Nationalmuseet

2. Überlebende Elemente der Festlandskunst: Das 1. Jahrhundert n. Chr.

Kann man nun, nach dieser einmaligen Offenbarung einer wenig bekannten Mythologie, überlebende Elemente aus der Latènezeit in den Festlandssiedlungen nachweisen, die in die Hände der Römer, Germanen, Skythen, Daker und Thraker gefallen waren? Einige wenige Beispiele zeigen hinlänglich, daß in reichen, dichtbevölkerten Ländern wie Gallien die Romanisierung so kräftig durchorganisiert wurde, daß über die augusteische Zeit hinaus (siebzig Jahre nach

Caesars Eroberung) vom eigentlich Latènezeitlichen in der ‹gallo-römischen Kunst› fast nichts mehr übrig war. In afrikanischen, griechischen oder asiatischen Provinzen war das anders; nur drückte sich hier das gallische Element dank eingeführter Techniken in Bereichen aus, die ihm bisher fremd waren: neu waren die Architektur aus behauenen Steinen und Mauerwerk, Mosaik und Wandmalerei, Groß- und Kleinplastik aus Stein, Marmor oder Bronze, Hochrelief, Keramik, gegossene Figürchen und geblasenes Glas. Wie aus dem Keltischen und dem Lateinischen eine romanische Sprache hervorging, die dem eigentlich Gallischen wenig verdankt, so ließ die Begegnung mit Rom völlig neue Bildwerke entstehen. Die Kelten haben römische Formen übernommen, ihr eigenes plastisch-graphisches Genie im Dekorativen und ihre Miniaturtechnik aber nicht mehr darin zur Geltung gebracht. Auch ihre mündlich überlieferte Dichtung haben sie nicht in lateinischen Buchstaben aufgeschrieben. Trotzdem gab es eine gallo-römische Literatur; sie drückte ein bestimmtes Temperament aus, nur unterschied sie sich von den von Mund zu Mund gehenden Erzählungen aus der Zeit der Unabhängigkeit.

Die ersten – und letzten – Überlebensspuren der Latènezeit in Gallien sind hauptsächlich in die Regierungszeiten von Augustus und Tiberius zu datieren. In Bouray (Essone) wurde am Ufer der Juine die große Statuette eines auf gallische Art sitzenden Gottes gefunden; sie besteht aus Bronzeblech und hat noch ein mit Email eingelegtes Auge. Die Technik ist einheimisch, so wie sie damals noch eine Zeitlang gallisch-römisch blieb. Auch die Haltung ist keltisch; die Gottheit scheint Quadrupedenfüße zu haben. Dann ist die Frisur nicht augusteisch, vielleicht hielt sie sich an eine nationale Mode. Die Disproportion des Kopfes im Verhältnis zum Körper geht wohl auf die beschränkten Fähigkeiten des Provinzbildhauers zurück. Noch weniger ‹klassisch› Abb. 401 sind in Neuvy-en-Sullias (Loiret) entdeckte Votivbilder, schmale Statuetten und große Tiere aus Bronze. Das Wildschwein aus diesem Fund wirkt karikiert mit seinen hypertrophierten Wesensmerkmalen; so sah es auch auf den Münzbildern aus, die vielleicht in dieser Zeit noch kursierten. Die kleine Statuette einer nackten Frau brauchte ein großer Künstler unseres Jahrhunderts nicht zu verleugnen: mit ihren leichten Füßen berührt sie kaum den Boden, eine Hand rafft das Haar zusammen, der Rumpf ist übergroß, doch schmal, die Oberschenkel sind sehr lang. Im ganzen stellt sie das Gegenteil eines griechisch-römischen Werkes dar, und auch mit den aufgedunsenen ‹Venus›-Statuetten der Vorgeschichte hat sie nichts gemein. Wie die Holzplastik aussah, erkennen wir wenigstens ungefähr an einigen hundert Votivgaben, die sich in der feuchten Erde des Heiligtums an den Quellen der Seine (Côte d'or) erhalten haben; dann sind noch Tausende an einem wohl auch heiligen Ort, in Chamalières bei Clermont-Ferrand (Puy-de-Dôme; vgl. Anm. 22, S. 242), gefunden worden. Unter diesen gibt es viele nur grob ausgeführte Stücke, aber auch einige Meisterwerke: teils erinnern sie an latènezeitliche Umformungen wie das in weicher Modellierung geschnittene Pferd mit übermäßig langen Beinen, teils kündigen sie die römische Skulptur an wie der porträthafte Kopf einer Frau mit Schleiertuch (freilich trägt die Gallierin den *torques* ihrer Voreltern). Die Steinpfeiler-Statuette aus Euffigneix (Haute-Marne) zeigt eine männliche Gestalt mit *torques*, dessen Pufferenden zur Verzierung gepickt sind. Die Statuette ist ohne Feinheiten der Modellierung und wirkt wie aus einem einzigen Stück Holz geschnitten. Auf der Vorderseite des Rumpfes trägt die männliche Gestalt das Flachrelief eines Ebers in bestem Tierstil, auf der linken Seite das Relief eines riesigen, wie der Eber vertikal stehenden Auges, das offensichtlich eine apotropäische Funktion hatte. In keinem anderen Werk auf dem Festland lebt das Keltische so kraftvoll weiter, weder zu dieser Zeit – die man mit Jean-Jacques Hatt als ‹früh-gallo-römisch› bezeichnen kann – noch später, selbst nicht in der großen Bronzestatuette einer Göttin, die in Kerguilly en Dinéault (Finistère; vgl. Anm. 23, S. 242) gefunden worden ist. Der Helm verbindet zwei Symbolwesen miteinander: die Helmwölbung ist als Eule gestaltet, und der Helmbusch liegt auf dem Rücken eines wilden Schwans,

195 - Bouray-sur-Juine (Essone) - Statue einer Gottheit. Ende 1.Jh. v.Chr. - Anfang 1.Jh. n.Chr. - *Bronzeblech und Email; Höhe 0,45 m* - Saint-Germain-en-Laye, Musée des Antiquités nationales

198 - Heiligtum an den Seinequellen (Côte-d'Or) - Votivgabe: Frauenstatue. 1.Jh. n.Chr. - *Holz; Höhe 1,50 m* - Dijon, Musée archéologique

197 - Heiligtum an den Seinequellen (Côte-d'Or) - Votivgabe: Stierstatuette. 1.Jh. n.Chr. - *Holz; Höhe 0,38 m* - Dijon, Musée archéologique

← 196 - Neuvy-en-Sullias (Loiret) - Frauenstatuette. 1.Jh. n.Chr. - *Bronze; Höhe 0,14 m* - Orléans, Musée historique de l'Orléanais

199 - Chamalières (Puy-de-Dôme) - Votivgabe: Ausschnitt vom Brustbild einer Frau mit Schleier. 1.Jh.
n.Chr. - *Eichenholz; Gesamthöhe 0,41 m* - Clermont-Ferrand, Musée Bargoin

der zum Abflug ansetzt. Die Skulptur hat von römischen Techniken die Kraft zu einem letzten
Aufschwung bekommen.

Daneben zeigen aber ein paar Metallgegenstände, daß man in Gallien noch immer kurvolineare
Abb. 402 Verzierungen schätzte. Der unbeschädigt in einem Kultbrunnen in Vieille-Toulouse (Haute-
Garonne) gefundene kleine Holzeimer mit ornamentierten Bronzeblechbändern ist kurz vor dem
1. Jahrhundert v. Chr. entstanden. Die Blechbänder zeigen regelmäßige Folgen von großen zusammenhängenden Spiralen, deren schräge Verbindungslinien von annähernd vertikalen
S-Kurven gekreuzt sind. Auf der durchbrochen gearbeiteten Phalere aus Kerilien en Plounéventer (Finistère) sind drei Amphibien, Tritonen mit hier S-förmig zurückgebogenen Schwänzen,
zu einer Kreisbewegung zusammengeschlossen. Ein gleiches Stück, auch aus der Kaiserzeit,
befindet sich in Ungarn (Museum des heiligen Stefan in Szekesféhervár). Beide weisen auf die
Fortdauer und Allgegenwärtigkeit des Tierstils der Latènezeit.

Ein Gürtelhaken ist mit Kugeln besetzt, deren Rillen noch punktförmige Vertiefungen haben,
und endet im Kopf eines Schwimmvogels (?). Solche stilisiert-naturalistische Kleinplastik

200 - Euffigneix (Haute-Marne) - Fragment einer männlichen Pfeilerstatue. 1.Jh. n.Chr. - *Sandstein;*
Höhe 0,30 m - Saint-Germain-en-Laye, Musée des Antiquités nationales

lebte also in Kroatien weiter, in diesem Fall in Sotin. Vielleicht gehört zu diesen Genregegenständen auch der Hund aus gegossenem und gezogenem polychromem Glas, ein seltenes Stück, das in Wallertheim (Rheinland-Pfalz) gefunden wurde.

Das sind nur dürftige Überlebensspuren im Vergleich zur letzten Blüte der bemalten Keramik, wie sie in Roanne (Loire; vgl. Anm. 24, S. 242) und Umgebung zutage kam. Vielfältige, aber einfache und besonders kleine Formen (das Kugelgefäß zum Beispiel), die regelmäßige Verteilung kunstvoll angeordneten Pflanzendekors verraten den mediterranen Geist. Er setzte sich am Anfang des 1. Jahrhunderts v. Chr. in Gallien durch, wo ja ohnehin schon der Einfluß italischer Techniken wirksam war (etwa mit der schnelldrehenden Töpferscheibe). Aber in der römischen Terrakottakunst gibt es nichts Entsprechendes zu den feinen Ornamenten, die mitunter Tierfiguren in einem hauptsächlich pflanzlichen Dekor erscheinen lassen. Er hat noch immer die Grazie der Latènezeit, ist nur regelmäßiger durch die durchdachte und monotone klassische Komposition. Erwähnt sei, daß es genauso regelmäßig geformte und harmonisch angeordnete Blumenmotive schon auf chinesischen Schalen in neolithischer Zeit gab (Da-duntse). Das Kunstgewerbe stellt auch bei Dingen, die zeitlich und räumlich weit auseinander-

202 - Kérilien en Plounéventer (Finistère) - Phalere mit Tritonen. Römerzeit - *Bronze; Durchmesser 0,08 m* - Rennes, Université Rennes

201 - Kerguilly en Dinéault (Finistère) - Kopf einer Göttin mit einem Schwan als Helmaufsatz. 1. Jh. n. Chr. - *Bronze; Höhe 0,182 m* - Rennes, Musée de Bretagne

203 - Sotin (Kroatien) - Gürtelschließe mit Haken. 1. Jh. n. Chr. - *Bronze und Email* - Zagreb, Arheoloski Muzej

204 - Wallertheim (Rheinland-Pfalz) - Figürchen eines kleinen Hundes. 1. Jh. n. Chr. - *Gegossenes und gezogenes Glas; Länge 0,021 m* - Mainz, Mittelrheinisches Landesmuseum

Abb. 397 liegen, den Kunsthistoriker immer wieder vor überraschende Analogien. Am Anfang der römischen Kaiserzeit wurden in der Gegend von Genf, in Annecy und in Ungarn (Funde in Nagyvenyim) andere Gefäße hergestellt, auf denen aber Vögel und Cerviden mit derselben Steifheit behandelt sind wie die umgebenden geometrischen Muster. Saft und Kraft des Keltischen scheinen da völlig ausgetrocknet zu sein.

Merkwürdigerweise beziehen wir auch bei der Architektur unsere geringen Kenntnisse von einzelnen Elementen, die in späteren Zeiten weitergelebt haben. Eine Ausnahme bilden die Überreste einfacher ‹Kultportikus› aus dem 3. bis 2. Jahrhundert v. Chr., die der Deponierung von Totenschädeln oder anderen Zwecken gedient haben mögen und die in der keltisch-ligurischen Provinz zutage kamen (Roquepertuse, Glanum, Entremont). Dort und in Ensérune (Hérault), wo man Säulchen und Kapitelle gefunden hat, geht der Quaderstein noch immer auf importierte hellenische Techniken zurück. In römischer Tradition steht wahrscheinlich der kleine Tempel mit Giebeldach und zwei Fassadensäulen, der auf Silbermünzen der Spätlatènezeit erscheint, die im mittleren und unteren Seinetal gefunden wurden. Der Tempel ist dabei

Abb. 403 hinter einem Pferd oder göttlichen Adler abgebildet, der fast so groß ist wie das Gebäude selbst. Dagegen kennen wir den echten keltischen Tempel, in der Kaiserzeit aus dauerhaften Materialien erbaut, durch mehr als zweihundert Unterbauteile und noch stehende Reste; er hat ein Verbreitungsgebiet, das von Großbritannien bis zum Mittellauf der Donau reicht; die meisten, recht unterschiedlichen Exemplare befinden sich in den gallischen und germanischen Provinzen. In mehreren Fällen sind noch Spuren von Holzkonstruktionen zu sehen, auf denen die Grundmauern ruhen. Sie sind durch gallische Münzen datiert: sie wurden am Ende der Unabhängigkeit erbaut oder sind früh-gallo-römisch. Es handelt sich mit Sicherheit um Heiligtümer der Einheimischen.

196

Durch drei nahezu konstante Merkmale unterscheiden sie sich grundlegend vom rechteckigen griechisch-römischen Tempel. Der Grundriß ist quadratisch oder fast quadratisch, rund, polygonal oder kreuzförmig. Die hohe und schlecht beleuchtete Cella ist oft mit einer niedrigeren, gedeckten Umlaufgalerie umgeben, die unterbrochen oder geschlossen sein konnte. Außer bei einigen topographisch bedingten Ausnahmen ist die Eingangsseite nach Osten gerichtet. Ein gutes Beispiel dafür sind die Unterbauten des kleinen Tempels von Saint-Ouen-de-Thouberville Abb. 404 (Eure); und schöne gallo-römische Ruinen geben ein Bild von der Bedeutung dieser heiligen Stätten; sie zeigen, daß die Kelten zumindest in späterer Zeit ihre Götter – wahrscheinlich in der Gestalt von Statuen – in einem nur ihnen eigenen Gebäudetypus verehrten. Ein quadratischer Tempel fand sich in Autun (Saône-et-Loire) außerhalb der Mauern, ein runder mitten in der Abb. 405 Stadt Périgueux: ‹der Turm der [Göttin] Vesone›.

Von der restlichen Architektur, selbst von den anzunehmenden Nachklängen in späteren Bauten, wissen wir nichts. Aus der Zeit der Unabhängigkeit stammen Viereckschanzen, die Kultzwecken gedient haben. Sie sind aus dem westlichen und mittleren keltischen Bereich be-

205 - Roanne (Loire) - Bemalte Kugelvase. Ende 1.Jh. v.Chr. - Anfang 1.Jh. n.Chr. - *Gebrannter Ton* - Roanne, Musée Joseph Déchelette

kannt. Von dem halb in die Erde versenkten, strohgedeckten gallischen Haus, wie es Strabo beschreibt, sind keine Spuren erhalten, die Rückschlüsse auf Konstruktion und Ausschmückung
zuließen; Pfähle und Balken, Strohlehm, Flechtwerk aus Schilf und Stroh sind für immer vergangen. In Alesia zum Beispiel beginnt man jetzt, die bequemen Keller der gallo-römischen
Häuser und die nebeneinandergeordneten, langgezogenen Wohnstätten zu erforschen. Entdeckt
man da nun überlebende Elemente und Abkömmlinge frühgeschichtlicher Vorläufer? Im Bau-
wesen ist das Erbgut am wenigsten greifbar.

3. Die Stärke des Keltischen auf den Inseln: 1. Jahrhundert v. Chr. bis 2. Jahrhundert n. Chr.

Die keltischen Traditionen blieben weiter vorherrschend, sogar im südlichen Zentrum Großbritanniens, das gegen die Mitte des 1. Jahrhunderts n. Chr. römische Provinz geworden war und
damit kontinentalen Einflüssen offenstand. Aber erst als Folge der angelsächsischen Eroberungen fünfhundert Jahre später – im restlichen Großbritannien und in Irland dauerte es sogar noch
länger – wurde die keltische Kultur durch germanische und christliche Einflüsse tiefgründig umgeformt, nicht ohne daß Keltisches dauerhaft fortlebte. Es ist eine große Spanne latènezeitlichen
Schaffens, die es – mit oder ohne die festländischen Anregungen – zu untersuchen gilt. Die vom
Zerfall des Römischen Reiches herrührenden Wirren und die Unsicherheit auf den Meeren
brachten die irische Kunst nur dazu, ihre besondere Eigenart stärker auszubilden; durch die
Insellage nahm die Kunst einen ‹ultrakeltischen› Charakter an, der sie allmählich von ihren Ur-
sprüngen entfernte, von dem Feuer, das wir haben entstehen, ausstrahlen und verlöschen sehen
und das bis an die äußersten Grenzen der westlichen Welt getragen worden war.

Gehen wir zurück ins 1. Jahrhundert v. Chr. Es ist schwer, die Latènekunst Britanniens aus
dieser und der folgenden Zeit von der Irlands zu unterscheiden. Die irische Kunst war genauso
glanzvoll, aber sie ist weniger gut bekannt, weil es keine Grabungen gibt, die größere Einheiten
erfassen. Die teils friedlichen, teils kriegerischen Kontakte zwischen den beiden Inseln waren
stetig, besonders die beiden nördlichen Gegenden Ulster und Schottland standen immer in
Verbindung. In Irland sind fast alle Stücke vereinzelt gefunden worden und jetzt auf die Museen von Dublin und Belfast konzentriert; in Großbritannien besitzen zahlreiche Städte Samm-
lungen mit wichtigen Serien. In Irland gibt es keine Münzen, in Großbritannien ausgiebige Folgen importierten belgischen Geldes. Trotzdem weisen gemeinsame Merkmale die Arbeiten von
den beiden Inseln als eng verwandt aus.

Abb. 410   Auf der Insel Anglesey, die der gallischen Küste zugewandt ist, kam im Orte Llyn Cerrig eine
Metallplatte in der Form eines geschlossenen Halbmondes zutage, der eine große runde Öffnung
umgibt. An der stärksten Stelle hat der Halbmond eine ovale Verzierung, die an beiden Seiten
mit zwei großen, wohl vegetabilischen Motiven und in dem verbleibenden Rund mit einem
ebenfalls getriebenen, unregelmäßigen Dreierwirbel ausgefüllt ist. Er besteht aus einem kleinen
Körper und drei großen, verschieden ausgerichteten ‹Kommata›. Diese ergeben eindeutig das
Profil eines in einen Kreis eingesetzten Vogels; zwei nach Inselart fein modellierte Blätter fassen die Köpfe der ‹Kommata› zusammen, deren abgestuftes Relief durch Gravierung betont
ist. Die sichtbaren Teile der Grundfläche haben die Form eines Dreiecks mit geschwungenen
Seiten – eine für die Inseln typische Form. Eines ist noch wenig klar: welches sind die bestim-
menden Umrisse des Dekors, durch die so oft die eigentümlichen negativen Motive aus der
Leerfläche oder dem Zierfeld ausgeschnitten werden? Die durchbrochenen Arbeiten vom Festland kennen diese negativen Motive nicht. Eine Analyse, der es gelänge, die maßgeblichen positiven Partien zu isolieren und zu klassifizieren, würde viel zum besseren Verständnis des
Wesentlichen am Inselstil beitragen: zum Verständnis der besonderen Kombinationen von eigen-
artigen Bogenlinien.

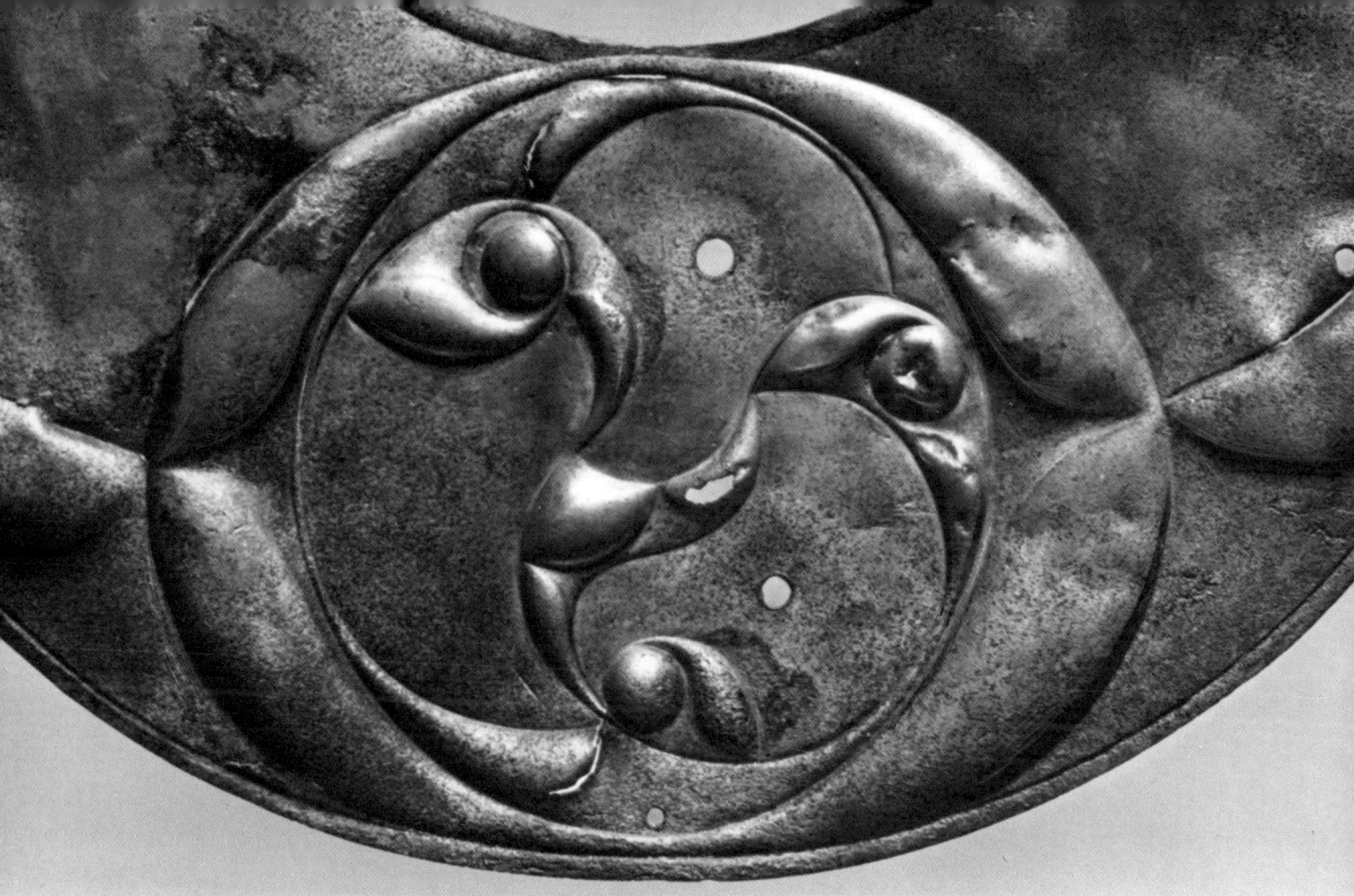

206 - Llyn Cerrig (Insel Anglesey) - Mittelpartie einer Platte in Form eines geschlossenen Halbmondes. Anfang 1.Jh. v.Chr. - *Bronze; Durchmesser 0,183 m* - Cardiff, National Museum of Wales

Ein gutes Beispiel für die goldenen *torques* in Irland ist das in Broighter (Derry) gefundene Abb. 406 Exemplar. Es hat Pufferenden, in die ein Verschluß eingearbeitet ist und die nachträglich in den Reif eingepaßt sind. Wie die hohlen Halsreife vom Festland ist er an das Ende des 1.Jahrhunderts v.Chr. zu datieren. Er trägt hauptsächlich Pflanzendekor, Knospen und verschiedene Blätter, aber einige ‹Kommata› verwandeln sich in Vogelköpfe, und das Ganze ist mit langen ‹Trompeten› verbunden. Mit seinen kunstvollen Windungen bedeckt der Dekor die gesamte sichtbare Oberfläche, nur nicht die Puffer, deren einer mit einer dreifachen Perlenreihe geschmückt ist. Die vom Reliefdekor freien Ausschnitte der Grundfläche sind virtuos mit Flechtwerk gefüllt, mit einer Gravierung aus sich kreuzenden Bogenlinien; die verschiedenen Gruppen scheinen konzentrisch ausgerichtet zu sein. Solches Flechtwerk kennen wir schon von Durchbrucharbeiten wie der Phalere von der ‹Marne› (Écury-sur-Coole). Eine anscheinende Dissymmetrie verschleiert eine im Grunde regelmäßige Anordnung, die virtuos mit einer pseudodiagonalen Komposition spielt. Dieser *torques* ist das schönste und am reichsten verzierte Stück von allen. Plastische Feinheit, sanft abfallende Ränder und auslaufende Rundungen erinnern an das Relief von Dünenlandschaften. Dadurch haben sich die Arbeiten von den Britischen Inseln immer deutlicher hervorgetan. Der in Snettisham (Norfolk) gefundene *torques* aus Elektron ist Abb. 407 aus acht Schnüren zusammengedreht, die ihrerseits aus gezwirnten Drähten bestehen. Die beiden großen Ringe, die anstelle der Pufferenden angebracht sind, und das Flechtmuster auf einem Teil ihrer Grundflächen, das den Reliefdekor der beiden unabhängig vom Rest hergestellten

Endstücke zur Geltung bringt, sind so gut wie ausschließlich Merkmale von Inselarbeiten. Von dem vergleichbaren Gold*torques* aus Netherurd (Peebles, Schottland) ist nur noch einer dieser Endringe erhalten. Die Verzierung der Ringe und ihrer Ansatzstücke besteht aus ‹Kommata›, ‹Trompeten› und Blättern, die für die Inselkunst bezeichnend sind. Das gilt auch für die Grundflächen, die meist die Form von Dreiecken mit stark kurvolinearen Seiten haben; sie sind mit Kügelchen besetzt. Die fessellose Freiheit und die gewollte Dissymmetrie in der Komposition weichen stark von der gemäßigteren Freiheit ab, die sich die regelmäßig formenden Künstler der Latènezeit gestatteten. Damit sind wir schon weit vom Festland entfernt. So weit, daß man diese Kunstwerke besser nicht wie die fernen Prototypen vom Festland als latènezeitlich, sondern als ‹inselkeltisch› bezeichnet.

Abb. 409 Die vergoldete Kugel eines in Ulceby (Lincolnshire) gefundenen Pferdezaumzeugs hat die gleiche Art Verzierung, mit dem Unterschied, daß die Grundflächen nicht bearbeitet sind. Auch

207 – Broighter (Derry) – ‹torques› mit Pufferenden und Verschluß. Ende 1. Jh. v. Chr. – *Gold; Durchmesser 0,195 m* – Dublin, National Museum of Ireland

208 - Snettisham (Norfolk) - Gedrehter «torques» mit zwei Ringen anstelle der Pufferenden. Mitte 1. Jh. v. Chr. - *Elektron; Durchmesser 0,20 m* - London, Britisches Museum

eine beachtliche Serie ringförmiger Schmuckstücke aus Ipswich (Suffolk) ist hier zu erwähnen. Es sind goldene Halsreife, die alle zum gleichen Typus gehören, aber verschieden gestaltet sind. Die Enden tragen vorspringende Linien, die mit großer Ungezwungenheit ausgeführt sind, und nur die Eleganz der feinen Netze, in denen jeder Strich den Blick anzieht, kommt ihr gleich. Diese mit Reliefdekor versehenen Stücke aus Großbritannien haben fast alle irgendein völlig regelmäßiges Detail, etwa eine Perlenreihe wie der irische *torques* aus Broighter. Man sieht, daß diese Arbeiten einem gemeinsamen Geist Mittelostenglands entsprungen sind, denn sie haben einen gemeinsamen Kompositcharakter insofern, als sie sehr freie Motive mit gänzlich stereotypen Mustern verbinden. Eine solche Mischung findet sich auf dem Goldarmring von Snettisham. Da folgen die gegenständig zu ‹Lyren› angeordneten S-Kurven, die miteinander verbundenen ‹Trompeten›, ‹Kommata› und Spiralen einander mit anscheinender Regelmäßigkeit. Aber in Wirklichkeit sind alle Lyren verschieden, und nur bei einigen der kreisrunden Motive sind die Grundflächen ganz oder teilweise mit Geflecht versehen.

Luxuswaffen, die entweder zu Prunkzwecken oder als Weihgaben dienten, tragen Ornamente von großem ästhetischem Reiz. Der bei Wandsworth aus der Themse gefischte Schildbuckel stammt vom Anfang des 1. oder schon vom Ende des 2. Jahrhunderts v. Chr. Zwei freilich seitenverkehrte, aber doch symmetrische Kompositionen schmücken das ringförmige Feld

Abb. 408

Abb. 417

209 - Ulceby-on-Humber (Lincolnshire) - Verzierte Kugel von einer
Pferdetrense. 1. Jh. v. Chr. - *Bronze und Eisen; größter Durchmesser
0,088 m* - Liverpool, City Museum

und die Mittelwölbung: es handelt sich um je eine mit Blättern verzierte S-Kurve, die in einem
Raubvogelkopf endet; dieser ist mit einem großen dekorativen Flügel verlängert, der wiederum
in eine umfangreiche Blattspirale ausläuft. Zwei große, pflanzenhaft gebogene Motive trennen
die Hauptkompositionen; vielleicht sprießen sie aber auch beide aus dem entgegengesetzten
breiten Flügel. Alles scheint miteinander verbunden zu sein, aber das ist eine Illusion. Zwei
einwärts gekrümmte ‹Trompeten› in der Nähe der Vogelköpfe wirken wie lose auf dem Bildfeld schwebend. Außerdem befinden sich winzige Gravierungen in den Flügeln, in den Schnäbeln und in manchen Blättern. Darin zeigt sich die Mischung von Plastischem und Graphischem,
die sich besonders in der Inselkunst behauptete: durch Phantasievögel, dekorative, übergroße
Gestalten, Fledermausschwingen oder auch kleine geometrische Muster. Daß der Dekor in der
Mitte des Schildes eine aggressive oder apotropäische Bedeutung hatte, daran ist nicht zu zweifeln. Das gilt auch für die jüngeren, gegenständig angeordneten Masken und schematisierten
Abb. 411   Vogelköpfe, deren Träger, zwei getriebene Bronzebleche aus Tal-y-Llyn (Wales), sicher einen
Abb. 412   Schild schmückten. Rein abstrakt ist dagegen das äußerst zarte Netz, das einen Helm mit
großen, allzu gerade abstehenden Hörnern mit Mustern überzieht. Man hat ihn in London nahe
der Waterloo-Bridge aus der Themse gezogen; er gehört ins letzte Viertel des 1. Jahrhunderts
v. Chr. Auf der Helmwölbung sieht man drei große Knospen, die mit geschwungenen Linien
verbunden sind; mit ihren blattförmigen Einrollungen erinnern sie an den Schildbuckel von
Wandsworth, die Halbmonde, Dreiecke mit kurvolinearen Seiten und die mit Flechtwerk ausgefüllten Kreise erinnern an die oben beschriebenen Schmuckgegenstände; und der duftige
Charakter des ganzen Musters und die beiden mit kleinen Kugeln besetzten ‹Hörner›, von denen
die eine Seite beherrscht wird, lassen an die großen leeren Flächen und das kleine Peltamotiv
in der Kopfbedeckung aus Torrs (Schottland) denken. Das leicht Plastische und das Graphische
sind hier eine enge Verbindung eingegangen. Wichtig ist: der Komposition sind hier keine anderen Grenzen gesetzt als eben die der auszuschmückenden Fläche.

Tiere werden hier oft anders aufgefaßt als auf dem Festland. Vögel – besonders Enten –, Fische,
Stiere, Pferde, Wildschweine, Widder und Schlangen kommen vor, aber als solche wurden sie
selten dargestellt und auch dann nicht ganz: eher erscheinen sie als plastischer Besatz oder als
Ergänzung. So etwa der Henkel in Form eines Entenkopfes mit langem Hals, der zu einer großen
Abb. 413   Bronzeschale aus dem Shannon in Keshcarrigan (Leitrim) gehörte und an den Anfang des
1. Jahrhunderts v. Chr. zu datieren ist. Auf den Britischen Inseln war dieses Motiv bei den deko-

210 - In der Themse bei Wandsworth (Middlesex) gefunden - Schildbuckel. Ende 2. (?) - Anfang 1. Jh. v. Chr. - *Bronze; Durchmesser 0,382 m* - London, Britisches Museum

211 - In der Themse bei London gefunden - Helm mit Hörnern. Letztes Viertel 1.Jh. v.Chr. - *Bronze und Koralle; Höhe des Helmkopfes 0,16 m* - London, Britisches Museum

rierten Gefäßen lange beliebt. Seltener erscheint der Fisch, und wenn, dann mehr in karikierten Formen. Aus dem 1.Jahrhundert v.Chr. stammt der in Felmersham-on-Ouse (Bedfordshire) gefundene Fischkopf mit großen Augen und offenem Maul, der den Rand eines Gefäßes schmückte. Er ist ein kühn schematisiertes plastisches Werk und sollte Schrecken erregen. Ein ähnliches Stück derselben Funktion und derselben Herkunft aus dem äußersten Westen ist bis nach Polen Abb. 414 verschlagen worden (gefunden in Leg Piekarski, Turek). Auf Bronzebändern eines Holzeimers aus Aylesford (Kent) sieht man nach hinten schauende, fadendünne Pferde, mit drahtförmigen Federbüschen geschmückt und paarweise symmetrisch gegenübergestellt, mit einem regelmäßig kurvilinearen Motiv zu beiden Seiten. Hier werden schon vom Festland her bekannte Motive einer dekorativen Anordnung unterworfen. Zum Vergleich denke man an ein ähnliches, doppelt so großes Stück, den Kübel aus Marlborough (Wiltshire), wo pflanzenhaft veränderte Pferde mit Masken abwechseln. Beide Gefäße stammen aus der Zeit kurz vor oder nach Christus, aus der auch typisch keltische Plastik überliefert ist: die stark stilisierten Widderköpfe aus Harpenden (Hertfordshire) und die seltsam mit einer Art kugelbesetzten Mähne versehenen Stierköpfe vom Capel Garmon (Denbigshire), die einen – vielleicht aus einem Grab stammenden – prunkvollen Feuerbock schmückten. Dieses Stück ist übrigens an seinen Standfüßen mit Ösen und übereinandergesetzten Kugeln verziert, in einer für einen Gebrauchsgegenstand recht manierierten Anordnung. Geradezu komisch sind die beiden kleinen Appliken in Stierform aus Bulbury (Dorset); sie haben vier abgespreizte Hufe und einen aufgebogenen Schwanz, der mit Abb. 415 einer dicken Rosette verziert ist. In die Mitte des 1. Jahrhunderts v. Chr. gehört der Beschlag aus Stanwick (Yorkshire; vgl. Anm. 25, S. 242), eine sehr rein schematisierte Pferdemaske; die Nüstern sind durch Rundungen betont, die von fern an Palmetten erinnern; die Linien des Nasenrückens und der Brauen laufen harmonisch zusammen. Dann ist da noch in einer ähnlichen Mischung aus Naturalismus und plastischer Stilisierung, allerdings mit einem Hang zur schreckenerregenden Karikatur, der Wildschweinkopf aus Bronzeblech, der einer *carnyx* als Schalltrichter diente. Er ist in Deskford (Banffshire) in Schottland gefunden worden. Das weit geöffnete Maul des Wildtiers sollte Auge und Ohr des Gegners erschrecken. Das Stück gehört

212 - Felmersham-on-Ouse (Bedfordshire) - Gefäßattasche in Form eines Fischkopfes. 1. Jh. v. Chr. - *Bronze; Länge 0,097 m* - Bedford, Bedford Museum

214 - Capel Garmon (Denbighshire) - Ausschnitt von einem Feuerbock: Stierkopf mit kugel-
besetzter Mähne. Ende 1.Jh. v.Chr. - Anfang 1.Jh. n.Chr. - *Eisen; Gesamthöhe 0,75 m* -
Cardiff, National Museum of Wales

215 - Aylesford (Kent) - Eimer mit Randbeschlag: Ausschnitt mit gegenständigen Pferden. Anfang 1.Jh. n.Chr. - *Bronze; Durchmesser des Eimers 0,276 m* - London, Britisches Museum. Vgl. Abb. 213

← 213 - Aylesford (Kent) - Attasche eines Eimers: Maske auf dem Randbeschlag. Anfang 1.Jh. n.Chr. - *Bronze; Durchmesser des Eimers
0,276 m* - London, Britisches Museum

217 - Deskford (Banffshire) - Schalltrichter einer Kriegstrompete («carnyx») in Form eines Wildschweinkopfes. 1. Jh. n. Chr. - *Bronze; Länge 0,216 m* - Edinburgh, National Museum of Antiquities of Scotland

zu der halb realistischen, halb expressionistischen Art, die für die Tierdarstellungen der Britischen Inseln sehr charakteristisch ist: es hat kein genaues Gegenstück auf dem Festland.

Seit dem Anfang des 1. Jahrhunderts n. Chr. oder etwas früher erschienen auf der großen Insel Dekors mit Motiven, die – flach angelegt und geschickt mit dem Grund spielend – plastische Vorbilder gehabt haben könnten, gleichsam als wären plastische Figuren auf ebenen Flächen in sich zusammengefallen. Bei Datchet (Berkshire) ist eine eiserne Lanzenspitze mit zwei gegenständig angeordneten Bronzeauflagen aus der Themse gezogen worden. Deren Ornamente weichen etwas voneinander ab, sind aber gleicher Art: Spiralen oder dicke ‹Kommata› und Scheiben heben sich von einem Grund mit Flechtmuster ab. Die Irreführung der Augen ist subtil, die Verschiedenheiten sind erst auf den zweiten Blick erkennbar.

Solche illusorische Regelmäßigkeit beobachtet man weiter an einer Reihe bedeutender großer Bronzespiegel mit einfacher Gravierung; auf den Rückseiten entfalten sich zum Teil symmetrische, zum Teil asymmetrische Muster im Flamboyantstil. Vor kurzem hat man festgestellt, daß die Gravuren doch unter sehr geschickter Verwendung des Zirkels angefertigt worden sind. Mit ihren gegossenen Griffen und ihren Gravierungen folgen die Spiegel typologisch mittelmeerischen Vorbildern; die herrlichen griechischen und etruskischen Spiegel stehen hinter den keltischen. Die Arabesken auf zwei Stücken aus Desborough (Northamptonshire; vgl. Anm. 26, S. 242) und Birdlip (Gloucestershire) sind mit Arabesken auf augusteisch-römischen Reliefs und Silbergeräten verglichen worden. Man denkt bei ihrem Anblick gern an die disziplinierten Blumenmotive des gotischen Flamboyantstils. Abb. 416

Noch etwas fällt an den Spiegeln auf: ‹Desborough› und ‹Birdlip› sind Synonyme für die Rückkehr zum graphischen Gleichgewicht. Gewiß, es ist von fremdem Geist angeregt, aber die

216 - Stanwick (Yorkshire) - Beschlag in Form eines Pferdekopfes. Mitte 1. Jh. n. Chr. - *Bronze; Länge 0,109 m* - London, Britisches Museum

Ausführung deutet auf einen ausgeprägten Sinn für fortlaufende kurvolineare Formen und auf eine profunde Kenntnis der Kompositionsmöglichkeiten, die ein rundes Bildfeld bietet. Diese runden Kompositionen sind das Ergebnis vielfältiger und langer Erfahrung und haben unzählige Vorbilder in der Latènekunst, zum Beispiel auf Phaleren und Münzen. Das Wechselspiel zwischen den Zierflächen und den freien oder mit Flechtwerk versehenen Grundflächen schafft die Illusion von durchbrochener Arbeit; bei neuer Bronze, poliert und goldglänzend, muß der Eindruck noch stärker gewesen sein. Die Perfektion des Musters wurde mit dem Zirkel erreicht, seine Verwendung ist der Zeichnung noch anzumerken, auch verrät sie sich durch die Mitteleinstiche. Diese Arbeiten sind fast alle vor die römische Eroberung und damit in die Mitte des 1. Jahrhunderts n. Chr. zu datieren; sie kamen aus einem Land, das zwar noch unabhängig, aber dem latinisierten Festland am nächsten gelegen war. Auf der Oberfläche des Stücks aus Old Warden (Bedfordshire) brilliert beherrschte Phantasie und eine Symmetrie, die zwar nicht für

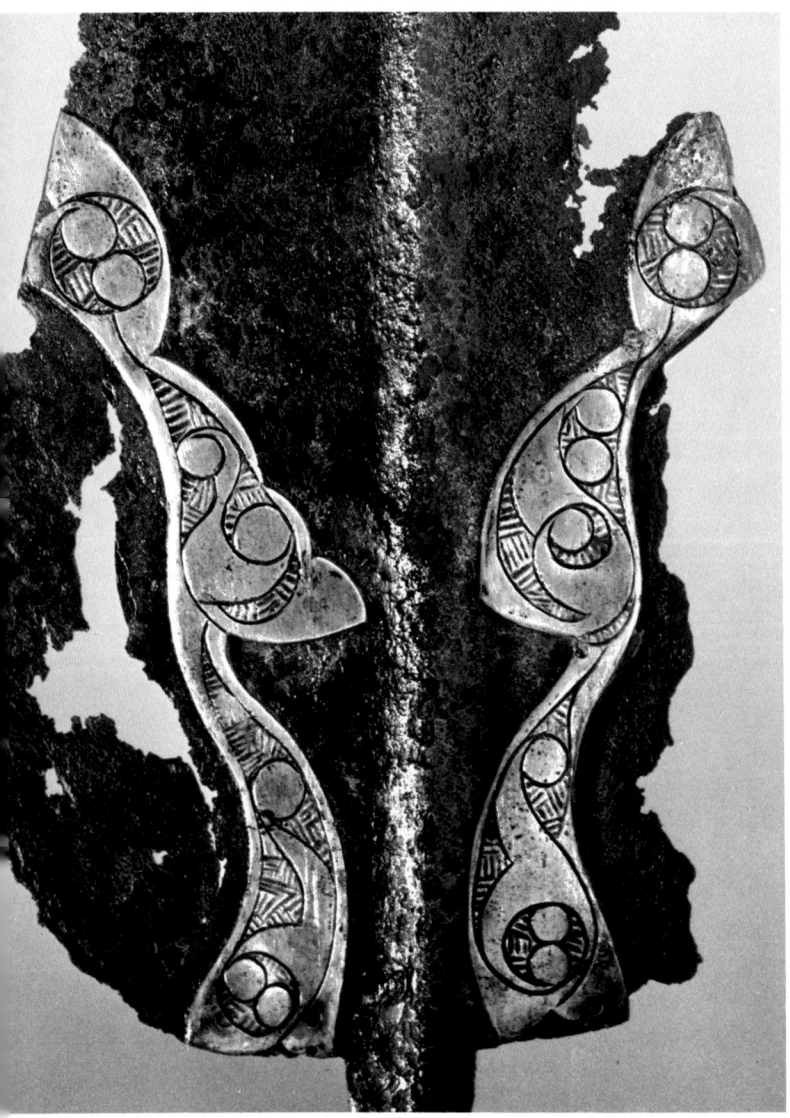

218 - In der Themse bei Datchet (Berkshire) gefunden - Ausschnitt einer Lanzenspitze. Anfang 1. Jh. n. Chr. - *Bronze auf Eisen; Gesamthöhe 0,30 m* - London, Britisches Museum

219 - Old Warden (Bedfordshire) - Griff eines Spiegels. Anfang 1. Jh. n. Chr. - *Bronze; Gesamthöhe des Spiegels 0,283 m* - Bedford, Bedford Museum

220 - Desborough (Northamptonshire) - Rückseite eines Spiegels. Erste Hälfte 1. Jh. n. Chr. - *Bronze; Gesamthöhe 0,36 m* - London, Britisches Museum

221 - Südostengland (?) - Rückseite eines Spiegels. Ende 1.Jh. v.Chr. - Anfang 1.Jh. n.Chr. - *Bronze; Höhe 0,225 m* - Liverpool, City Museum

das Detail gilt, wohl aber für das Ganze der drei großen Kreise. Von einem unbekannten Ort, vielleicht in Südostengland, stammt der ‹Mayer-Spiegel›, er bietet eine scheinbare Unordnung aus leicht windschiefen Peltamotiven und Dreiecken mit kurvolinearen Seiten dar. Die Komposition ist aus ‹Grundflächen› zusammengesetzt, die durch schmale, mit Flechtmuster ausgefüllte, gebogene Bänder abgegrenzt sind. Nur in durch und durch keltischer Umgebung konnten solche Musterumkehrung, so delikates Spitzengewebe entstehen, und wie sie die Illusion von Abwechslung und Regelmäßigkeit erzeugen, machen sie den instinktiven Widerstand gegen das Herankommen des Klassizismus deutlich und enthüllen die geheime tiefe Affinität zur ‹neu-strengen› Art des Spätlatènestils. Und dann geht von diesen im Dienst der Schönheit stehenden Dingen oft ein betörender Zauber aus; gewiß übertrug er sich auf den, der zugleich die Frau mit dem Spiegel und die rätselhafte, einem Talisman wohl anstehende Zeichnung des Dekors anschaute,

222 - Old Warden (Bedfordshire) - Ausschnitt der Rückseite eines Spiegels. Anfang 1.Jh. n.Chr. (?) - *Bronze; Gesamthöhe 0,283 m* - Bedford, Bedford Museum. Vgl. Abb. 11

der ihm zugewandt war. Man hat behauptet, solche Spiegel wären mit dem Griff nach oben ge-halten worden, vielleicht, weil die Ornamente von oben oder von unten betrachtet werden kön-nen. Doppeldeutigkeit gesellt sich da zu Grazie und weiblicher Zartheit, aber die Metamorphose findet nicht mehr statt: alles ist pflanzlich und geometrisch. Und dieser Charakter setzte sich in der Inselkunst immer mehr durch; mit einigem Recht hat man solche Bilder mit subtil orchestrier-ter Musik verglichen.

Ähnlich frei und doch durch eine Gliederung gemäßigt findet man so elegante Biegsamkeit auch auf Schwertscheiden. Ihr Mundblech, mitunter durch eine Mittelkante geteilt, trägt wieder ein-gravierte Zeichnungen, die wohl im ganzen symmetrisch erscheinen, es in den einzelnen Motiven Abb. 418 aber nicht sind. Bei dem Stück aus Meare (Somerset) heben sich von einem nach verschiedenen Richtungen orientierten Flechtmustergrund Kreise ab, die wiederum zwei Kreise oder ein Drei-eck mit konkaven Seiten umschließen; dann sieht man größere Dreiecke, die auch kurvolineare Seiten haben (dieses ursprünglich für Grundflächen geschaffene Motiv spielt jetzt eine positive Rolle), und schließlich zwei große ‹Blätter›, die teilweise von den Kreisen überdeckt sind. Das ganze Muster hat den Umriß einer auf dem Kopf stehenden ‹Lyra›, aber alles folgt hier einer absichtlich falschen Geometrie, die Entsprechung von rechter und linker Seite ist nur illuso-risch – die beiden Seiten sind aber auch wieder eng miteinander verschmolzen. Das Stück aus Abb. 419 Hunsbury (Northamptonshire) ist sinnigerweise durch eine senkrechte Mittellinie geteilt: die beiden gegenständigen großen S-Kurven-Motive, die sie trennt, sind bis auf den allgemeinen Umriß ganz verschieden; jede auslaufende S-Spirale enthält auf einem Flechtmustergrund Zeichnungen ähnlich wie die oben beschriebene Schwertscheide. Es ist eine merkwürdige Art einer Komposition, in der alles Kurve ist und wo Kreise und Kügelchen vorherrschen – wie Seifenblasen oder kunstvoll in wohlerwogene Figuren geordnete Luftballons sieht das aus. Es ist dieselbe Inspiration, die manchen Spiegeln zugrunde liegt. Viel später – 1925 – findet man dergleichen an französischem Kunstgewerbe als spielerische Reifenmuster wieder.

Andere, auch für Krieger bestimmte Arbeiten zeigen eine stärker betonte Symmetrie: zum Beispiel der kleine Prunkschild, der bei Battersea (Middlesex) aus der Themse gefischt wurde. Er stammt spätestens vom Anfang des 1. Jahrhunderts n. Chr. und sein kraftvoll ausgewogener, auf drei aneinandergereihte Kreise verteilter Dekor kann genausogut römischen Einfluß wider-spiegeln wie die keltische Manier, die Verzierungen auf solchen Gegenständen regelmäßig an-zuordnen. Wie die beiden anderen Kreise ist das große Mittelrund eine auf den Grund aufge-setzte Scheibe mit Schildbuckel. Sie ist aus reliefierten Linien gebildet, die in reiner Inseltradi-tion kunstvoll modelliert sind und sich zu vier Elementen zusammenfügen; dabei sind jeweils zwei gleiche einander gegenübergestellt – das eine Element besteht aus zwei sich berührenden Spiralen, das andere aus einer Art Peltamotiv mit einer Spitze in der Mitte. Einen Teil der leeren Flächen nehmen Klammern, Blattspiralen und ‹Trompeten› in einander entsprechenden Lagen ein. Die kleinen Doppelmedaillons enthalten eingesetzte, svastika-ähnliche Zeichen, die sich von rotem Email abheben. Sie sind alle nach einer Richtung orientiert, anstatt sich beiderseits der Achsen in gegensätzlichem Sinne zu drehen – und das bringt eine leise Ungleichförmigkeit in das Ganze. Die äußeren Scheiben haben dieselben runden Farbmedaillons, nur die Zeichen darin drehen sich in umgekehrtem Sinne; die Emailstellen sind in einem Muster verteilt, das von fern an die Kopfbedeckung von Torrs erinnert, sich aber entschlossener an die Regelmäßigkeit hält: man sieht zwei ausgedehnte, miteinander verbundene und gegenständig angeordnete Lyren. Dieses einmalige, größere Werk vermittelt vor allem den Eindruck wohlorganisierter Mannigfaltigkeit; auch ist es beispielhaft dafür, daß die Freiheit in der keltischen Kunst keine untergeordnete, fast unauffällige Rolle mehr spielte; wahrscheinlich kommt der Eindruck durch Nachlässigkeit im Detail zustande.

223 - In der Themse bei Battersea (Middlesex) gefunden - Kleiner Prunkschild. Anfang 1. Jh. n. Chr. -
Bronze, mit Email eingelegt; Gesamtlänge 0,775 m - London, Britisches Museum

Ganz und gar regelmäßig und vollkommen symmetrisch sind die beiden emaillierten Bronze-platten von Pferdegeschirren, die in Santon (Norfolk) gefunden wurden. Ihre wesentlichen Motive sind Spiralen oder verbundene und gegenständig angeordnete halbe S-Kurven, die zu falschen Klammern zusammengefügt sind, und Teile von Rankenwerk, das noch durch zwei dickere Ranken verstärkt ist, so daß aus der Mittelpartie eine große Raute wird. Das farbige Material, das die Höhlungen des getriebenen Metalls ausfüllt, bildet hier die Grundfläche; aber einige Teile davon werden wieder selbst zum Motiv, zum Beispiel in der Mitte die beiden gegen-ständigen Peltamotive – ein auf den Britischen Inseln immer wieder anzutreffendes Verfahren. Dreht man das Stück um neunzig Grad, begibt sich etwas wie eine Metamorphose: jede Seite der Mittelpartie wird zu einem Gesicht mit eng beieinander stehenden Augen. Das emaillierte Pferdegeschirrteil aus Polden Hill (Somerset) hat die übliche Form einer Palmette, aber so sehr vereinfacht, daß man sie kaum mehr erkennen kann. Die Glaspaste bildet keine bestimmten Mu-ster, aber die Bronzepartien, die aus Halb-Peltamotiven und aus mit Kreisen verzierten großen Blättern bestehen, spielen in die Form von Phantasievogelköpfen hinüber, wie sie die Inselkunst Abb. 420 herausgebildet hat. Die Zügelringe aus Stanwick (Yorkshire), die einer auf den Britischen Inseln besonders gut vertretenen Gruppe zugehören, tragen fünf ausladende Scheiben; drei davon sind doppelt und geben mit ihrem scharfen Relief dem ringförmigen Ganzen ein solides Gleich-gewicht.

Die halbmondförmige Applik aus Balmaclellan (Kirkcudbrightshire) in Schottland, die wohl zu einem Schild gehörte, ist mit einer Folge von miteinander verbundenen Spiralen verziert. Stil und Technik sind nicht ohne Reminiszenzen an manche Spiegel. Jede Spirale umschließt eine Flechtmustergravierung, die sich von der blanken Bronze abhebt. Was das Stück interes-sant macht, ist die symmetrielose Verschiedenheit der Motive aus S-Kurven, ‹Kommata› und

224 - Polden Hill (Somersetshire) - Platte vom Pferdegeschirr. 1. Jh. n. Chr. - *Bronze mit Email; Breite 0,151 m* - London, Britisches Museum

225 - Santon (Norfolk) - Ausschnitt einer Platte vom Pferdegeschirr. Mitte 1. Jh. n. Chr. - *Emaillierte Bronze; Gesamtbreite 0,079 m* - Cambridge, University Museum of Archaeology and Ethnology

Dreiecken mit konkaven Schenkeln – wobei auch die Grundflächen manchmal die Form von Motiven haben. Im ganzen vermittelt das Werk einen Eindruck von Regelmäßigkeit bis zur Banalität.

Die geritzte Keramik Großbritanniens verbindet einfache Gefäßformen mit Ornamenten aus sanft kurvolinearen Linien. Die Ornamente sind denen auf Metallgegenständen erstaunlich ähnlich. Vor allem nimmt die Keramik den graphischen Dekor der Spiegel und Schwertscheiden vorweg. So ähnelt eine Scherbe aus Meare (Somerset) mit ihren Kreisen, die ein Dreieck mit kurvolinearen Seiten (zweifellos von einem zentralen Fixpunkt aus gebildet) einschließen, der Schwertscheide aus demselben Ort. Und andere Scherben aus Glastonbury (Somerset) tragen S-Ornamente mit auffallenden Kreisen, wie man sie auf der Schwertscheide von Hunsbury findet. Die Muster der verzierten Keramik von Großbritannien und von Armorica haben oft genaue Entsprechungen, und das ist leicht zu erklären, wenn man die einfachen Verbindungen über das Meer bedenkt. Auch die großen ‹Piedestal›-Urnen der Belger wurden auf der Insel übernommen, erhielten da aber kleinere Ausmaße. Jedenfalls kann man versuchen, anhand von Metall- und Tongegenständen die regionalen Typen in Großbritannien zu bestimmen – mit Hilfe von Tonwaren sogar noch zuverlässiger, weil sie meist aus lokaler Produktion stammen und nicht so leicht exportiert werden konnten; die Untersuchungen darüber sind im Gange.

Abb. 423

Abb. 421

Abb. 422
und 424

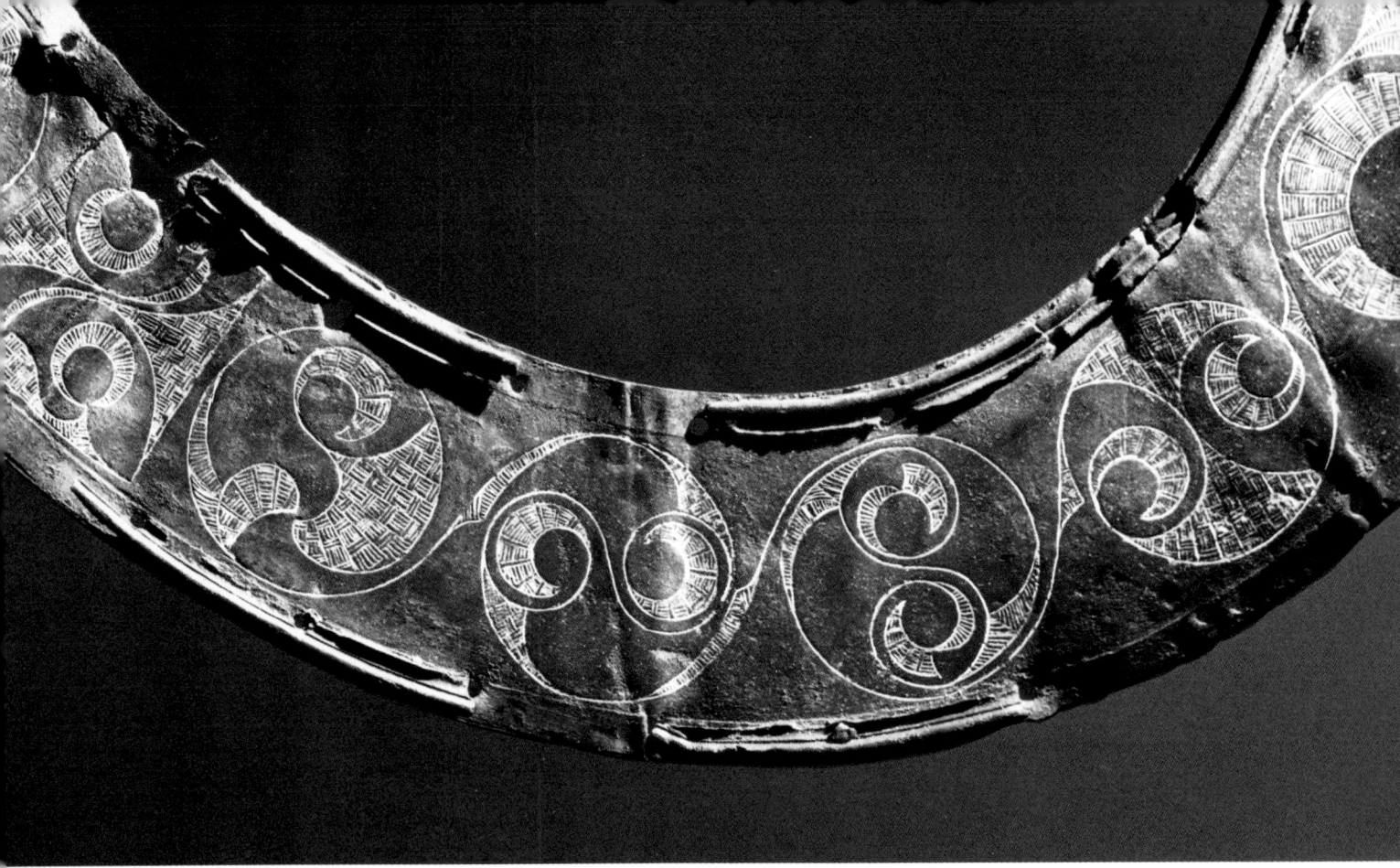

226 - Balmaclellan (Kirkcudbrightshire) - Ausschnitt einer halbmondförmigen Platte. 1.Jh. n.Chr. (?) - *Bronze; Durchmesser 0,33 m* - Edinburgh, National Museum of Antiquities of Scotland

Abb. 425   Ein rechteckiges Holztäfelchen aus Glastonbury (Somerset), wahrscheinlich das Fragment eines gedrechselten Behälters, ist eines von zwei überlieferten Stücken aus Holz mit eingeschnittenem beziehungsweise Brandmalerei-Dekor. Er ist bemerkenswert, weil er hauptsächlich aus Rankenwerk mit weitausgreifenden Einrollungen besteht, die noch in verschiedene Enden auslaufen: in ‹Fächer›, Kugeln und große ‹Klammern› aus kleinen Karos mit einem Punkt in der Mitte. Da die Einschnitte mit Feuer vertieft sind, stellt das Stück aus verziertem Holz eine zwiefache Rarität dar.

Abb. 376   Die Münzen der Belger waren, was die Stilisierung angeht, schon sehr weit entwickelt – und importierten Belgermünzen wurden die Münzen Großbritanniens nachgebildet. Die schon in ihre Bestandteile zerlegten Bilder der Vorderseiten wurden sehr bald nachdrücklicher schematisiert: die Münzschneider beteiligten sich an einem schon fortgeschrittenen Werk der Formauflösung und Neuzusammenfügung; sie brauchte nur noch ihrer ‹geometrischen› Erfindungskraft freien Lauf zu lassen. Die Werkstätten lagen im Südosten und in Mittelengland. Außerdem ist römischer Einfluß an der Systematisierung symmetrischer Motive spürbar; das gilt auch für die Art, Legenden anzubringen. Eine Münze vom Ende des 1.Jahrhunderts v. Chr. wurde von Abb. 385 den Catuvellaunern ausgegeben, die nordöstlich der Themse saßen. Von ihrem wie kreisend wirkenden Zeichen geht eine große dekorative Kraft aus – wie von noch vielen Kompositionen der Zeit, die wie Teppichmuster aussehen. Sie erreichen eine Symmetrie, die außer auf Potinen nur selten auf Münzen vom Festland erscheint. Solche Potinmünzen sind übrigens auf den Britischen Inseln in Unzahl vorhanden.

    Während des 1.Jahrhunderts n.Chr. kommen, verstreut über die Britische Insel, einzelne

218

227 - Münze der Catuvellauner von Großbritannien (Vorderseite). Ende 1. Jh. v. Chr. - *Elektron; Durchmesser etwa 0,017 m* - Paris, Bibliothèque Nationale, Cabinet des Médailles

Arbeiten vor, die das Fortschreiten des latènezeitlichen Erfindungsgeistes deutlich machen. Die vergoldete Silberfibel aus Birdlip (Gloucestershire), wahrscheinlich ganz am Anfang des 1. Jahrhunderts n. Chr. entstanden, hat nicht mehr die Weichheit des keltischen Profils; sie stellt schon den römischen Typus vor, der keine Rückwendung des Fußes zur konvexen Krümmung des Bügels kennt. Der zum Teil graphische, zum Teil plastische Dekor stellt zwei Arten von Köpfen mit Augen nebeneinander. Der eine Kopf hat einen kräftigen, spitzen, zurückgebogenen Schnabel. Auf dem Festland gab es zu dieser Zeit Fibeln mit Maske, zum Beispiel in Sainte- Abb. 426
Blandine bei Vienne (Isère), wo die Maske deutlich apotropäischen Charakter hat. Aber diese Fibel hier unterscheidet sich von ihnen durch eine Schematisierung der Zeichnung in reinstem keltischen Stil. Auf der Brosche aus Great Chesters (Northumberland) vom Ende des 1. Jahrhunderts n. Chr. entwickeln sich auf ebenen und gewölbten Flächen weitgehend symmetrische Reliefmotive in flamboyanter Manier; sie sind verschnörkelt und miteinander verbunden; ungefähr erkennt man S-Kurven, Lyren, ‹Trompeten› und Blätter, wobei sich ein Element aus dem anderen entfaltet. Betrachtet man die Fibel von der Spiralrolle aus zum Fuß hin, dann lassen drei Knopfpaare an die Augen teuflischer Gesichter denken; zwei Gesichter könnte man auch gehörnt nennen – es ist wohl ein Fall von doppelter Lesbarkeit. Der sogenannte Drachentypus bei gebogenen Fibeln ist keinem anderen Typus ähnlich.

Von der Mitte des 1. Jahrhunderts n. Chr. an wurden noch von der Latènekunst bestimmte Werke seltener, sogar im Norden, bis sie im Laufe des 2. Jahrhunderts völlig verschwanden. Der römische Einfluß machte sich geltend – es erschien die Fibel mit Scharnier. In Wales wurde bei Trawsfynydd (Merioneth) ein großer Holzbecher mit einem Beschlag und einem Henkel aus

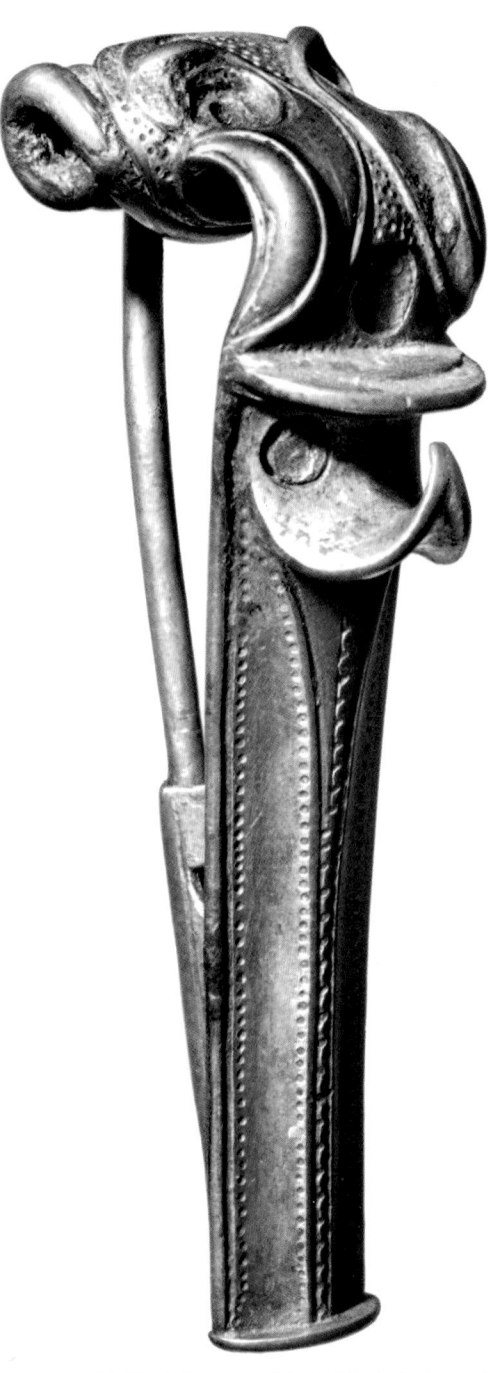

228 - Birdlip (Gloucestershire) - Fibel. Anfang 1.Jh. n.Chr. - *Silber plattiert; Länge 0,061 m* - Gloucester, City Museum and Art Gallery

229 - Great Chesters (Northumberland) - Fibel. Ende 1.Jh. n.Chr. - *Bronze; Länge 0,115 m* - Newcastle-upon-Tyne, Museum of Antiquities

230 - Trawsfynydd (Merionethshire) - Holzbecher mit Henkel und Randbeschlag aus Bronze. 1. Jh. n. Chr. - *Holz und Bronze; Höhe 0,142 m* - Liverpool, City Museum

Bronze gefunden. Der Henkel zeigt eine gut ausgewogene durchbrochene Arbeit: ein schräg-liegendes S-Ornament füllt die Mitte, oben und unten schließen sich je zwei offene Kreispaare mit Dreierwirbel an, die sich in den jeweils gegenüberstehenden Kreisen in gegensätzlicher Richtung drehen. Das kontrastreiche Relief ist von einer Feinheit, die das Werk den gelungen-sten Schöpfungen der Britischen Inseln an die Seite stellt.

Neu im keltischen Bereich war der bei Griechen und Römern seit langem übliche Armreif aus einem mehrfach aufgerollten Bronzeband. Er ist in Snailwell (Cambridgeshire) gegen die Mitte des 1. Jahrhunderts n. Chr. (oder später) anzutreffen, und kürzlich fand er sich auch in Schottland in Culbin Sands (Moray). Das erste Exemplar stellt ein langes Reptil dar, dessen beide Enden wie ein stilisierter, langgezogener Widderkopf aussehen: Symbol für die – hier doppelte – Mächtigkeit der gehörnten Schlange, die bei den Kelten gleichsam vergöttlicht und auf dem Festland öfter dargestellt wurde, besonders auf Münzen. Das schottische Stück ist schwerer, die Windungen liegen enger beieinander, die Enden, denen die farbige Füllung fehlt, erinnern nicht mehr an ein Tier, und der Körper ist mit abwechselnd ovalen und länglichen Mustern be-deckt. Die Schwerfälligkeit des Ganzen ist bei dem emaillierten Armring aus Drummond Castle (Pitkelloney, Pertshire, Schottland) noch stärker ausgeprägt. Er ist aus drei übereinander-gelegten offenen Ringen gebildet, die an beiden Enden in ein einziges dickes schweres Medaillon münden. Diese Medaillons haben in der Mitte eine Art Rosette und sind mit geschwungenen Linien in flachem Relief, mit ovalen Knospen und mit Doppelstrichen verziert. An zwei Stellen entsteht so in der gleichen Form etwas wie ein luftiges vegetabilisches Netz. Auf dem Reifen befinden sich Reliefs in Lippenform und angedeutete ‹Trompeten›. Alles ist hier linear und ab-strakt, ohne Anklang an lebende Formen. Von diesem fast geometrischen Schmuck ist der Über-gang leicht zu den latènezeitlichen Reminiszenzen in den ersten Manuskripten, die von Mön-chen in Irland und Northumberland illuminiert worden sind.

Es ist sehr viel schwieriger, keltisches Erbgut auf der bis in den Süden Schottlands hin roma-

231 – Snailwell (Cambridgeshire) – Armring mit langgezogenen Widderköpfen an den Enden. Mitte 1. Jh. n. Chr. – *Bronze; Durchmesser 0,11 m* – Cambridge, University Museum of Archaeology and Ethnology

232 – Culbin Sands (Morayshire) – Armring. 1.-2. Jh. n. Chr. – *Bronze und Email (nicht mehr vorhanden); Durchmesser 0,11 m* – Edinburgh, National Museum of Antiquities of Scotland

233 - Drummond Castle (Pitkelloney, Pertshire) - Armreif aus dreispiralig übereinandergelegten Ringen. 1.-2. Jh. n. Chr. - *Bronze und Email; Durchmesser 0,114 m* - London, Britisches Museum

nisierten Britischen Insel aufzuspüren, als es im römischen Gallien nachzuweisen, wo unendlich viel mehr produziert wurde. Am Ende des 1. Jahrhunderts n. Chr. und im 2. kommen die ‹Trompeten› noch an bronzenen *triquetra* vor, die entweder durchbrochen gearbeitet (ein Stück aus South Shields, Durham) oder eingelegt sind (Exemplar aus Moel Hiraddug, Flintshire). Aber selbst wenn sich das Relief vom Leerraum oder von einer Grundfläche abhebt, hat das Motiv mit seinen auslaufenden Krümmungen, die der Drehbewegung zuwiderlaufen, doch nicht mehr die mitreißende dynamische Biegsamkeit des Dreierwirbels. Die zurückgebogenen Beine bilden alle sehr spitze Winkel, und das steht dem kreisenden Schwung entgegen.

Abb. 430

Der Steinkopf aus Benwell (Northumberland), der eine Gottheit darstellt, gehört ins 2. oder 3. Jahrhundert n. Chr. Nur die in schwere Strähnen gelegte Frisur erinnert noch mit den beiden S-förmigen Locken über den Stirnhaaren an die gekonnt geschwungenen Linien der keltischen Kunst, die sterben mußte, weil sie sich nicht römischen Formen anpassen konnte. Vom 1. und 2. Jahrhundert n. Chr. an kommen bronzene Halsreife – hin und wieder emailverziert – mit vereinfachtem Latènedekor vor; ihre Reliefs wirken abgeflacht und die Komposition verarmt. Sie ist mitunter in gerade Linien eingezwängt (Stichill, Roxburghshire), manchmal ist sie symmetrisch (Portland Island, Dorset), oder sie beschränkt sich auf monotone Wiederholungen (Wraxall, Somerset); dazu sind die Reife sehr viel flacher als die früheren *torques*, die anscheinend aus der Mode gekommen waren, obschon die Enden noch an sie erinnern, wie etwa bei dem Stück aus Portland Island.

Abb. 427

234 - South Shields (Durham) - Applik in Form eines durchbrochenen Dreischenkels
(«triquetrum»). Ende 1.-2. Jh. n. Chr. - *Bronze; Durchmesser zwischen 0,065 und
0,061 m* - Newcastle-upon-Tyne, Museum of Antiquities

4. Irland und irische Ausstrahlungen

Das keltische Land im äußersten Westen Europas war wohl reich an Gold, aber ohne Städte,
Münzen und verzierte Keramik. Es hat armoricanische, britische und schottische Einflüsse erfahren – also Einflüsse vom Festland und von den Inseln. Irland hat die Vorbilder übernommen
und sie dann dem eigenen Ingenium gemäß umgebildet; dabei lag ihm das Graphische mehr als
das Plastische. Anders als Großbritannien hat Irland die Entstehungszeit der Latènekunst noch
nicht miterlebt, auch die letzte Phase der *oppida* war ihm unbekannt. Was den großen Wert der
Kunst Irlands ausmacht, ist ihre eigenständige Entwicklung bis zum Herannahen der christlichen Kunst, die dann erst keltische, angelsächsische und orientalische Elemente miteinander
verband – denn vor allem durch die Ausbreitung des Mönchtums wurden enge Beziehungen
zwischen den Britischen Inseln, dem nahen oder fernen Festland und dem christlichen Orient
geknüpft. Zu der Zeit, als Gallien schon romanisiert war, gab es in Irland noch lediglich Kleinkönige, Barden und Goldschmiede, und die Schätze waren entweder in Fürstenhand oder zu
Kultzwecken bestimmt.

Die Inselkunst und ihre Vorläuferin haben sich auf sich selbst konzentriert und sich unter dem
Schutzdach der römischen Invasion bis zur Einführung des Christentums ohne Unterbrechung
weiterentwickelt. Vom 6. Jahrhundert n. Chr. an wurden Klöster und Friedhöfe zu Pflanzstätten
für Buchmalerei und Skulptur; Dekors aus heidnischer Zeit nahmen nun christliche und ger-

235 - Benwell (Northumberland) - Kopf einer Gottheit. 2.-3. Jh. n. Chr. - *Stein; Höhe 0,305 m* - Newcastle-upon-Tyne, Museum of Antiquities

manische Elemente auf. Die so entstandenen Formen gelangten durch irische Missionare bis in das Innere des Festlands, besonders auf illustrierten Manuskripten. Dort kamen diese Formen dann in den Gegenden zur Blüte, in denen sie ursprünglich erschaffen worden waren, wo man aber davon nichts mehr wußte. Die meisten Arbeiten aus heidnischer Zeit vom 1. bis zum 4. Jahrhundert n. Chr. sind, wenn sie isoliert aufgefunden werden, durch Entwicklungsmerkmale und stilistische Vergleiche nur schwer zu datieren. Nur mit diesem Vorbehalt können wir hier einige Stücke aus ‹vorchristlicher Zeit› anführen, in der Hoffnung, daß vereinzelte Funde zu methodischen Grabungen anreizen. Es ist ein ärgerliches Paradox, daß diese ‹ultrakeltischen› Arbeiten, die schließlich den jüngsten Sproß der alten keltischen Kunst bilden, wegen fehlenden archäologischen Kontextes am schwersten zeitlich festzulegen sind. Doch darf man nicht der Versuchung erliegen, Gegenstände, die eher das Endergebnis einer lang andauernden kontinuierlichen Herstellung waren, zu früh zu datieren, etwa in die vorchristliche Zeit.

Abb. 428   Irland und Schottland, beides Länder mit einer keltischen, gälisch sprechenden Bevölkerung, waren in den ersten nachchristlichen Jahrhunderten eng verbunden. In ihrer gemeinsamen Tradition steht die bronzene Schwertscheide mit den klaren Linien, die in Mortonhall (Midlothian, Schottland) gefunden wurde und vielleicht vom Ende des 1. Jahrhunderts v. Chr. stammt. Oben wird durch zwei sich kreuzende, kugelig endende S-Linien ein Svastikamotiv gebildet, unten befindet sich ein feines pflanzliches Muster; von beiden führt zu vier Ringen in der Mitte eine Verbindung, die durch zwei unmerklich ausgezogene Bogenlinien in leichtem Relief geschaffen wird. Etwas jünger scheint eine Reihe gravierter Knochenplatten aus Lough Crew (Meath, Irland) zu sein. Die vollständigsten Exemplare tragen feine Zeichnungen, die, ähnlich wie auf manchen britischen Spiegeln, typisch wären für höchstmögliche Freiheit, wären sie nicht sichtlich mit dem Zirkel angefertigt. Mit seiner Hilfe entstand die Grundlage für den endgültigen Dekor nach kunstvollem Schema: alles ist miteinander verbunden und setzt sich fort

236 und 237 - Lough Crew (Meath) - Gravierte Knochenstücke in Form von Messerklingen. 1. Jh. n. Chr. - *Knochen; Länge 0,10 m und 0,132 m* - Dublin, National Museum of Ireland

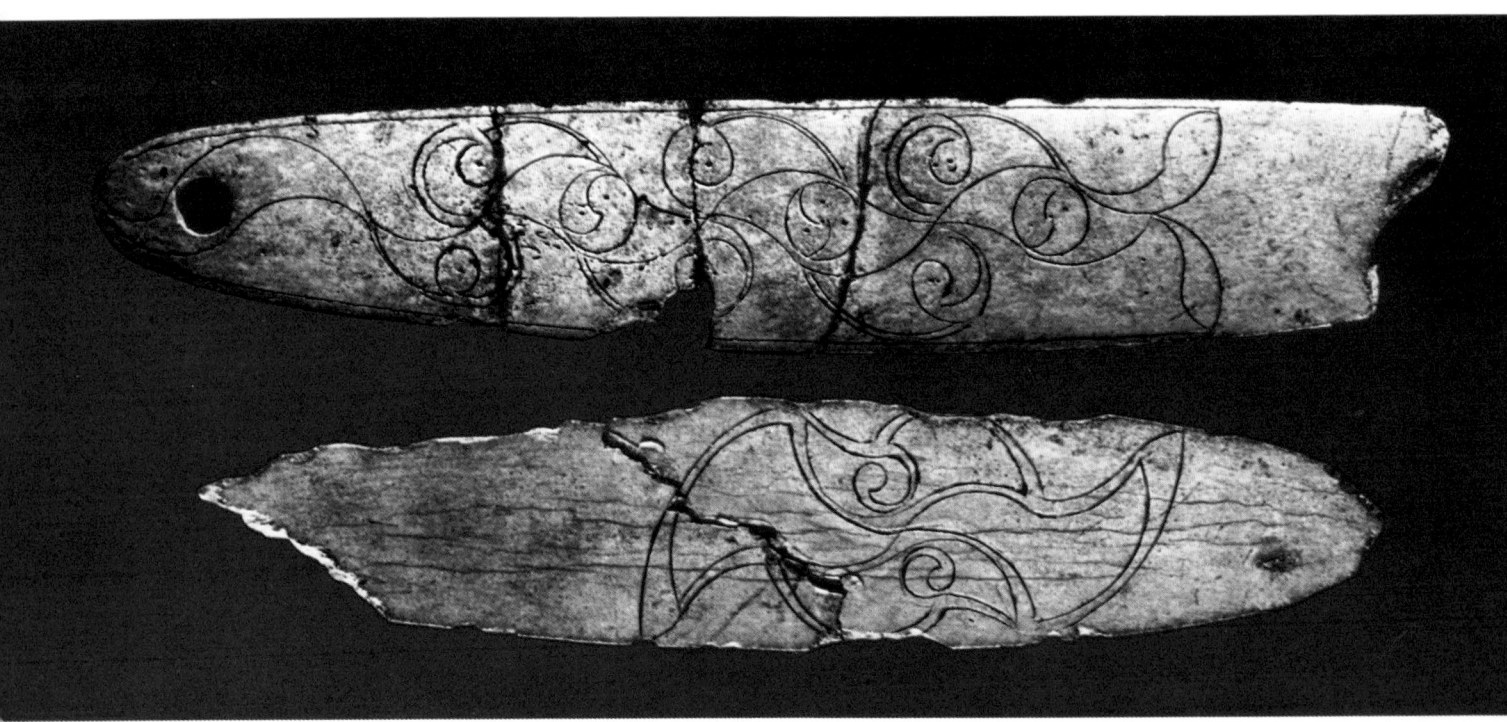

238 - Korleck (Cavan) - Kopf mit drei Gesichtern. Vorchristlich - *Stein* - Dublin, National Museum of Ireland

in noch wirklich latènezeitlichen geometrischen Aufrissen, und nur ein paar Blätter und als Blumen gestaltete Kreise erinnern noch an den Ursprung der weichen Linien. Bei der Punktierung mancher Grundflächen denkt man an älteste Metallarbeiten. Solche Punktierung findet man mit einfacheren Mustern auch auf kleinen Spateln, die entweder als ‹Löffel› (für Schminke? für Weihrauch?) oder als Kastagnetten bezeichnet werden – Kastagnetten waren in Irland so gut bekannt wie in Großbritannien und in der ‹Marne›-Gegend (sonst nicht auf dem Festland). Abb. 431

Als Beispiel für eine Fibelform, die nur in Irland in einigen Exemplaren vorkommt, sei das Stück aus der Grafschaft Armagh genannt. Die Fibel zeigt eine raffinierte plastische Modellierung mit kunstvoll geführten Schrägen, die durch zarte ‹Trompeten› zeichnende Kanten betont sind. Die Form im ganzen ist einmalig in ihrer Art: die durchbrochene Gestalt läßt an ein weibliches Geschlecht denken; wie auch hier befindet sich manchmal ein emailliertes Medaillon in der Mitte; darüber ist eine Erweiterung, die das Schambein sein könnte, und nach unten zu erstreckt sich der Umriß eines männlichen Gliedes. Aber das Ganze ist verwischt durch Stilisierung und verschleiert durch die Anmut der Übergänge, durch das Zurückhaltende der Reliefkonturen, die nur mit einer leichten Punktierung der Flächen zur Geltung gebracht sind. Eine so vielfältig zusammengesetzte Symbolisierung der totalen Schöpferkraft erscheint sonst nirgends in der keltischen Kunst. Sie gehört hier offensichtlich in die heidnische Zeit. Die Nadel funktioniert übrigens anders als bei der Latènefibel: anstelle der Spirale muß man sich ein Scharnier denken, das auf römische Weise die Nadel festhielt.

Steinskulpturen fehlen in der lang währenden Kunst Irlands nicht völlig: der Kopf aus Korleck (Cavan) mit den drei flüchtig ausgeführten Gesichtern rundum unter einem frisurlosen Schädel ist eines der wenigen Beispiele. Die Modellierung ist hier noch kaum merklich, die Züge sind sehr flach, aber die Trizephalie verleiht den geheimnisvollen Gesichtern, indem sie entsprechend dem polytheistischen Prinzip der ‹Wiederholung der Intensität› die Mächtigkeit des Dargestellten verdreifacht, eine innere Kraft, wie man sie unter Vorbehalt aller sonstigen Unterschiede am ‹Hermes› von Roquepertuse (Bouches-du-Rhône) beobachtet. In seiner Art ist der Kopf genauso originell wie die Steinskulpturen von Turoe und Castlestrange.

Selbst von Gebrauchsgegenständen geht eine solche typische Originalität aus. In Cornalaragh (Monaghan) wurde der Deckel einer kleinen zylindrischen Büchse gefunden, der auf den ersten Blick simpel dem Latènestil wie dem Inselstil zu entsprechen scheint: ein durchbrochener Kreis in der Mitte wird so von einem S-förmigen Steg geteilt, daß die ausgesparten Hälften des Kreises die Umrisse von zwei ‹Trompeten› erhalten. Aber der Gitterstreifen um den Kreis hat ein kunstvolles geometrisches kurvolineares Muster aus Maschen in fortschreitender Größe. Den aufmerksamen Blick leitet es in drehende Bewegungen, so wie das Netzwerk auf dem *torques* aus Broighter, wie die Halbkreise auf der Phalere von Cuperly (Marne) und schließlich wie das ‹Netz› über dem Pferd auf Münzen der Parisier. Ein wegen seiner großen Einfachheit selteneres
Abb. 429 Stück ist die kleine Scheibe aus Somerset (Galway). Sie hat ungefähr dieselben Ausmaße wie der Deckel. Von einem partienweise verschieden punktierten Grund mit eingravierten konzentrischen Kreisen hebt sich als Relief ein aufgerolltes Horn ab; es hat einen ungleichen Durchmesser, und das Mundstück war wohl mit einer großen Kugel versehen. Nichts ist auf die Mitte ausgerichtet, die Kreise sind im Verhältnis zum Horn verschoben, und das Horn selbst ist in dem gravierten Rund exzentrisch untergebracht. Wer den Kurven folgen will, erlebt eine optische Täuschung: für eine Weile scheinen sich die einzigen regelmäßigen Elemente, die von dem Horn eingehüllten Kreise, in entgegengesetzten Richtungen zu drehen.

Abb. 432 Eine vielleicht aus Nordirland stammende Nadel hat einen durchbrochenen, plastisch ausgearbeiteten Kopf mit einem Dreierwirbel. Am Ansatz unter dem Kopf macht die Nadel einen anscheinend unnützen Knick, der sich nur so erklären läßt, daß die Nadel der Fibel beim Herausziehen gegen die Achse des Fußes zurückgebogen wurde. Es ist aber doch eine lange Nadel, die über die symbolhaltige Verzierung des Kopfes mit ihren subtilen Reliefs hinaus nahe der
Abb. 433 Spitze noch ein zartes Schrägstrichmuster trägt. Lanzenschuhe waren lange Bronzespitzen, die in die Erde gerammt wurden und so als Lanzenständer dienten. Bei einem Exemplar unbekannter Herkunft ist nahe der mit einer Zierleiste versehenen Fassung, in die das Holz eingelassen ist, ein gestreiftes Blatt eingraviert, das durch eine gewellte Ader zweigeteilt ist.

Zwei wichtige Fundgruppen – die zweite findet man nur in Irland – sind auf dieselbe Weise gearbeitet, aber unterschiedlich in der Form. Pferdegeschirre, die auf beiden Inseln Verzierungen tragen, sind in Irland besonders reich geschmückt. Sie sind aus Bronze fein geformt und haben an den Kappen Emailfüllungen in Grubenschmelztechnik. Manchmal stellen die Emailmotive schematische Masken dar, manchmal symmetrisch angeordnet pflanzliche Linien, die wie auf dem Stück aus Attymon (Galway) hauptsächlich spiral- und S-förmig sind. Es ist eine reiche Sammlung, die gerade typologisch untersucht wird. Die gleiche Machart zeigen die rein irischen Gehänge in der Form von riesigen Sporen, die vielleicht vorn am Pferdehals hingen. Bei einem auch in Attymon gefundenen Stück sind die beiden Seitenzweige mit Grubenschmelzeinlagen verziert, und die Kugel, die den unteren Teil abschließt, ist ganz mit reliefierten Linien bedeckt (sehr wahrscheinlich hatten die Grundflächen farbige Emaileinlagen). Sie zeichnen

239 - Navan Rath (Armagh) - Durchbrochene Fibel. Vorchristlich - *Bronze und Email (nicht mehr vorhanden); Länge 0,082 m* -
Dublin, National Museum of Ireland

240 - Attymon (Galway) - Ausschnitt von einer Pferdetrense. Vorchristlich - *Bronze* - Dublin, National Museum of Ireland

Spiralen und S-Kurven mit unerwarteten Wendungen, so daß leere Flächen in der Form von Dreiecken mit kurvolinaeren Seiten entstehen, so wie sie auf irischen Steinskulpturen und auf manchen britischen Spiegeln und Schwertscheiden auftreten. Das Muster dieser kleinen Kugeln veranschaulicht besser als irgendein anderes die sehr enge Beziehung zwischen Träger (oder seiner funktionellen Entsprechung) und Dekor. Dieser Tatbestand ist von den Kunsthistorikern, die sich mit der Insel beschäftigen, sehr gut als grundlegender Zug der alten keltischen Kunst beschrieben worden: das ja selbst erhabene Muster entwickelt, umschließt und bildet mit seinem Netz aus Bogenlinien die gesamte Form. Man kann ihm nicht wie der Linienumkleidung anderer Gegenstände vorwerfen, es handle sich nur um eine Gestaltung der Oberfläche, die nichts mit der inneren Struktur zu tun hat, die sie bedeckt. Diese innere Struktur kommt hier tatsächlich nur noch bei Gefäßen, Spiegeln, Münzen und Schwertscheiden zur Geltung – und da ist die Zeichnung immer vollkommen der Form des Trägers angepaßt, sei sie nun kugelig, rund oder wie auch immer. Wo es eine innere Ordnung gibt – etwa bei Lebewesen – bedeutet die Gleichgültigkeit des Musters gegenüber dem Dargestellten eher Antinaturalismus als Oberflächlichkeit. Beispiele dafür bietet das Münzwesen, wo ein aus den Fugen geratenes Gesicht mit abstrakten Linien karikiert wird, oder es gibt Fälle, in denen irreale Kompositwesen geschaffen werden. Wenn man den Latènedekor zu Recht als linear und farbig bezeichnen kann, so ist er doch selbst in Irland, wo er sich betont graphisch gibt, öfter respektvoll gegenüber seinem Träger, zumindest was dessen Form angeht, als das Gegenteil.

Die großen in Irland gefundenen Bronzescheiben, die man im Nationalmuseum in Dublin oder im Britischen Museum sehen kann, sind nach Herkunft und Verwendungszweck nicht zu bestimmen. Ihr plastischer Dekor – Kreise, Spiralen und ‹Trompeten›-Ausläufer – ist auf den nur wenig bedeckten Grundflächen lang ausgezogen. Einerseits scheint der Dekor rein abstrakt und einfach zu sein, andererseits (die Spiralen oben) läßt er an ein Gesicht mit großen Augen denken, das einem Fisch mit weit geöffnetem Maul gehören könnte: unsichere Spuren einer Metamorphose. Die sehr luftige, mit großen Strichen hingeworfene Komposition tritt dann bei späteren Arbeiten auf, zum Beispiel bei der dreimal so kleinen Scheibe, einer Art Anhänger, die Abb. 434 bei Longban Island (Derry) in Ulster aus der Bann gefischt wurde. Sie zeigt einen auf Mitte gesetzten Dreierwirbel, der aus dünnen, mit dem Zirkel vorgezeichneten reliefierten Linien besteht. Sie bilden vollendete Kurven und laufen in winzige karikierte Vogelköpfe mit geradem Schnabel und Federbusch aus. Es gibt in dieser plastischen Kunstform nichts Feineres als dieses Ornament, aber seine technische Ausführung wirft noch Fragen auf. Man befindet sich hier an der äußersten Grenze des wieder graphisch gewordenen Plastischen. Der für Irland typische Vorgang spiegelt sich später in Elementen wider, die man behelfsweise unter dem Namen ‹Petrie-Krone› zusammenfaßt und die wohl in die Übergangszeit zwischen der spätesten heidnischen Inselkunst und den Anfängen der christlichen Kunst gehören.

Gebrauchsgegenstände des frühen Mittelalters wie lange Nadeln mit offenem Ring in ‹Omega›-Form, auch merkwürdige Beschläge aus verzierten Scheiben und gebogenen Drähten zeigen noch Motive aus der Eisenzeit. Schwimmvögelköpfe und kurvolineare Muster wurden verwendet, aber doch zurückhaltender als bei der Buchmalerei. Was man auf Manuskripten und behauenen Grabsteinen aus Irland und Northumberland findet, sind tatsächlich die Latènemotive, die von den Inselkelten intensiv übernommen und doch eigenständig benutzt worden waren – Blätter, ‹Kommata›, Dreierwirbel, Wirbel, S-Kurven im Kreis und Kombinationen aus Kreisen und geschwungenen Linien. Die Motive gehen in einer Flut von christlichen Symbolen und von Flechtbändern germanischen und orientalischen Ursprungs fast unter, aber man bemerkt sie doch gleich. Was die mittelalterliche Kunst Westeuropas den alten Kelten verdankt, das machen diese Motive deutlich mit ihrem überreizten Gespür für virtuose Dekoration und für den ‹Seiltanz am Rande der Realität› (die schöne Definition stammt von Françoise Henry, ‹Art

242 - In der Bann bei Longban Island (Derry) gefunden - Kleine Scheibe mit einem Dreierwirbel, der in Vogelköpfe ausläuft. Vorchristlich - *Bronze; Durchmesser 0,105 m* - Belfast, Ulster Museum

241 - Cornalaragh (Monaghan) - Durchbrochener zylindrischer Deckel. Vorchristlich - *Bronze* - Dublin, National Museum of Ireland

243 - Irland - Scheibe mit plastischem Dekor. 1.-2. Jh. n. Chr. - *Bronze; Durchmesser 0,273 m* - London, Britisches Museum

irlandais›, Dublin, 1954) – und das zeigen die Goldschmiedearbeiten, in denen frühgeschichtliche Techniken noch verfeinert sind. Und so sind die Gottheiten der Eisenzeit als legendäre
Heroen in die Epen des christlichen Irland übernommen worden. Diese Epen waren übrigens
die erste große Literatur des Mittelalters, die nicht lateinisch geschrieben war.

Auf dem ‹entkelteten› Festland starb die Latènekunst stellenweise plötzlich, aber zur selben
Zeit verdankte sie dem Treibhauswachstum ihres Inselzweiges Gegenstände eigener Art, tech-
nische Errungenschaften, Kompositionsverfahren und besondere Motive. An Gegenständen:
Armringe, Gehänge für Pferde, Fibeln mit sexueller Symbolik, kleine und große Scheiben mit
erhabenen Linien, gebogene Nadeln, Lanzenschuhe und erstaunlich verfeinerte und verzierte
Pferdegeschirre. An Techniken: Vervollkommnung feiner Reliefs mit ineinander übergehenden
Schrägen, häufige Mischung von Plastischem und Graphischem, geschickte Verwendung von

Grubenschmelzemail, Benutzung feiner und besonders scharfer Grate. In der Komposition: das Spiel mit anscheinender Symmetrie, flamboyante Arabesken, Gebrauch einer scheinbar spontanen Freiheit, Aussparung außergewöhnlich weiträumiger Felder, Rückkehr des Reliefs zu einem linearen Aufriß. Und schließlich an Motiven: abgewandelte Formen von ‹Kommata›, Buckel, ‹Trompeten›, Dreiecke mit kurvolinearen Seiten auf Zierflächen oder Leerräumen, Geflecht nicht nur zur Füllung der Grundflächen, sondern auch der Dekorteile, aus einem Blatt hervorwachsende Enten, Phantasievögel . . . Alle diese Neuerungen (neu an sich oder neu in der Verallgemeinerung des Gebrauchs) waren an der allgemeinen Tendenz der Rückkehr zur graphischen Kunst beteiligt, die mit einer fortschreitenden Preisgabe der Metamorphose verbunden war. Die Metamorphose kam dann bald wieder durch die Buchmalerei zu Ehren. Weniger als auf dem Festland neigte die Kunst auf den Britischen Inseln dazu, Linien aufzublähen oder Wülste und Austriebe zu kultivieren. Die Inselkunst leistete Hervorragendes im leichten Relief, das aus genauest analysierten Linien entstanden war. Zu den Linien kehrte sie mit Leichtigkeit wieder zurück und konnte dadurch lange überleben.

Aber die Rückkehr vom Relief zur Linie war nur durch äußerste Feinheit des Volumens möglich. Durch wiederholtes Polieren und behutsames Zurücknehmen des Reliefs wurde allmählich wieder die ebene Fläche erreicht, von der man während der Mittellatènezeit ausgegangen war. Die Rückentwicklung hat mehrere Jahrhunderte lang gedauert – eben die lange Zeit der Freiheit, die der Kunst auf dem Festland zur Erneuerung und Umbildung gefehlt hatte.

Die Arbeit der Reinigung, die auf den Britischen Inseln stattfand, war zwar mit einer gewissen Austrocknung verbunden, aber in ihrem Verlauf entstanden Dinge wie Spiegel, Fibeln und Pferdegeschirre von einer Qualität, Eleganz, Feinheit und Harmonie, die auf dem Festland nicht ihresgleichen haben. Höchstens die besten armoricanischen und parisischen Münzen, die Pferdegeschirr- und Wagenverzierungen der Champagne, der Goldschmuck aus dem Rheinland und die verzierten Schwertscheiden vom Donaugebiet sind vergleichbar. Manchmal grenzt die Verfeinerung an Preziosität.

Unvergleichlich ist die Anmut keltischer Formen.

SCHLUSSWORT

Wenn dieser Versuch ein Ergebnis haben soll, dann muß er zeigen, wie es über die Entstehung, das Aufblühen, den Niedergang und das Weiterleben keltischer Formen hinweg eine Einheit und ein wenn auch wandlungsfähiges Beharrungsvermögen der keltischen Kunst gab. Das Nebeneinanderbestehen vielfältigster Werke bürgt für eine echte Kunst.

Am Anfang haben die Kelten Kompositwesen und sogar einige Kampfszenen übernommen und weiterentwickelt, die eher über Italien aus dem Orient als über die Skythen aus den Steppen zu ihnen gedrungen waren. Diese Bilder haben sie nach und nach aufgegeben und statt dessen ihnen näherliegende Mischwesen, abstraktere Bildformen und naturnahe, aber doch auch karikierend stilisierte Tiere gestaltet. Ihre Stärke waren nichtfigürliche Darstellungen – aber eine absichtliche Reaktion gegen den Naturalismus, den Idealismus oder den Realismus der Griechen und Römer kann man deshalb auf dem Höhepunkt der keltischen Kunst doch nicht nachweisen. Soweit man sieht, folgten sie ihrem angeborenen Hang zum Irrealen. Ihre Begabung für genau berechnete Komposition stellten sie dabei in den Dienst der Imagination. Durch die regulierende Wirkung der Nachbarschaft zu römischen Werken haben sie schließlich immer dünnere, weniger plastische Reliefs zu einem betont graphischen Ausdruck zurückgeführt, der manieristische Züge hat. Auf den Britischen Inseln hat sich so das älteste Repertoire christlicher Buchmalerei herausgebildet. Der anfängliche Charakter der Kunst hat sich zur selben Zeit umgebildet: zuerst dynamisch, magisch, kraftvoll, wurde er allmählich sanft und flüchtete sich in elegante Abstraktion, die manchmal harmonische Unverbindlichkeit streift.

Es ist zum großen Teil eine Kunst der kleinen Dinge: also ‹Kunstgewerbe›? Ja, soweit das bedeutet, Formen zu erfinden und Nutzflächen auszuschmücken, die wie Münzen, Fibeln und Glaswaren industriell hergestellt wurden oder vorzugsweise handwerklich wie Tonwaren. Aber es gilt nicht für Statuen aus Bronze und Stein und für Arbeiten aus Holz, auch nicht für Architektur und Großplastik, die uns völlig unbekannt sind, deren Existenz wir aber doch voraussetzen dürfen.

War diese Kunst religiös? Das wäre zuviel behauptet, denn in den fast immer kleinen überlieferten Arbeiten sind Moral und Geistigkeit nicht zu ergründen. Auch die mit der Kunst verbundenen Begräbnisriten oder den eigentlichen Votivcharakter der Werke kennen wir nicht. Sicher sind die Arbeiten immer von einem beschützenden oder aggressiven Zauber geprägt, immer nah am Mysterium und am Rätsel, aber es wurde eine Symbolik verwandt, die uns verborgen ist. Im wesentlichen ist es eine für Lebende geschaffene Kunst, für deren Annehmlichkeit, Prestige und Sicherheit. Wenn in einem rein vegetabilischen Dekor ein menschliches Gesicht oder vage ein Tierkopf suggeriert wird, so legt das dem Betrachter eine Entzifferungsübung nahe, und die Andeutung von Metamorphose schafft ihm leises Unbehagen – ist doch das Übernatürliche immer gegenwärtig, sogar in der mit Fauna und Menschenwelt wieder vereinten Flora. Diese Kunst ist magisch, also ist sie nicht nur funktionell. Masken wurden nicht deshalb so oft angebracht, weil sie technisch unproblematischer sind (das beweisen die Profilbildnisse auf Münzen), nein der Blick der beiden Augen muß von vorn gesehen werden, nur so kann er seine Macht ausüben.

244 - Kells (Meath) - Das Buch von Kells: Ausschnitt aus einer Buchillustration (f⁰33r⁰). Ende 8. Jh. - Anfang 9. Jh. n. Chr. - *Malerei auf Pergament; Maße einer Seite 0,32 × 0,25 m* - Dublin, Trinity College Library

Die Wandlung oder eben die Metamorphose wurde mit allen graphischen und plastischen Mitteln versucht: mit Symmetrie durch Umschlagen oder Drehung, mit Verschmelzung der Motive und Formen, mit Zerstückelung, Umwendung, Längung, gelenkter Stilisierung, mit Karikatur, mit Mischwesen, Doppeldeutigkeit der Motive und mit der positiven Rolle von negativen Formen (dem Nebeneinander von Leerräumen und Zierflächen). Das ganz andere: die Unregelmäßigkeit, die Dissymmetrie und das Niegesehene waren ebenso bewußt und genau berechnet wie die gängige Symmetrie. Die keltische Kunst tendierte somit nicht zum immer Üblichen, sondern zum jeweils neuen Einmaligen.

Man hat gesagt, sie habe der Darstellung des Menschen widerstanden, weil er ‹anikonisch› sei. Das hieße die Gesichter zu gering achten, die in den dekorativsten Kompositionen erscheinen, auch die höchst vielfältigen Metallarbeiten, die menschliche Köpfe darstellen, die Bildnisse auf Münzen, die unter hellenistischem Einfluß entstandenen großplastischen Versuche und schließlich die Köpfe und Statuetten aus Bronzeblech, die doch wohl reine Latènekunst sind.

Auch die Tierplastik, die Szenen auf einem so großen Werk wie dem Becken von Gundestrup und das Bestiarium der Münzen, muß man der Bildkunst zurechnen. Nur fehlt uns da für ein angemessenes Urteil alles, was an Materialien vergänglich war – besonders Holz und Leder, die sich ungewöhnlich gut für naturalistische Darstellungen eignen. Die Freude der Kelten an der Karikatur bürgt aber doch für ihre Beobachtungsgabe und ihre Anteilnahme am lebenden Geschöpf. Denn am Ausgangspunkt einer naturfernen Abbildung stand bei ihnen immer die profunde Kenntnis des Dargestellten.

Es ist zu oft gesagt worden, die keltische Kunst sei vor allem linear gewesen. Bis zuletzt hat es sie gereizt, ihre graphischen Eingebungen in Relief zu übertragen, und ständig hat sie in die Plastik eine ‹geometrische› Härte gebracht, die nur durch eine immer wieder errungene Freiheit gemildert war. Und am Ende hat sie das plastische Volumen, zu dem sie die vegetabilische Linie allmählich entwickelt hatte, wieder auf Gravierungen reduziert. Vielleicht ist sie bei Holzarbeiten sehr viel weitergekommen, als wir ahnen können, aber soweit die keltische Kunst nicht mit dem Mittelmeerraum in Verbindung stand, hat sie keine rechten Skulpturen hervorgebracht – es wurden lediglich die Motive, die sie für kleine und mittelgroße Metallgegenstände geschaffen hatte, auf Stein und Terrakotta ins Große übertragen oder auch ins Kleinste auf die Rundungen von Münzen.

Die Kelten haben also etwas zustande gebracht, was es sonst nirgends in der antiken Kunst gibt, nämlich Dekors, die meistens nichts darstellen, die sich nur auf das genau berechnete Spiel der geschwungenen Linie gründen, in den Raum zu übertragen und sie darin zu entwickeln. Es ist dies die schönste Frucht ihrer Reifezeit. An der Reliefkunst, die wir behelfsweise plastisch nennen, sind Modellierung, Skulptur und Ziselierung gleichermaßen beteiligt. Besonders auf den Britischen Inseln sind die Reliefs von einer Weichheit, die auf Polierung schließen läßt, und sie zeigen Schrägen, die an Sanddünen mit ihren Schatten und geschwungenen Gratlinien erinnern. Und unauffälliger Wechsel der Ebenen ist aller Umwandlung, aller Bildung von plastischem Volumen günstig. Dieser Bereich zwischen dem gravierten Strich und der aufgeblähten Linie, zwischen dem geometrischen kurvolinearen Ornament und dem Reliefmotiv ist die eigentliche Domäne der Kelten gewesen. Vor allem erhob die Plastik das lineare Kalkül in die dritte Dimension – es war eine graphisch-plastische Kunst. Ihre dem Metall abgewonnenen Errungenschaften findet man erst spät, bei Bildhauern des 20. Jahrhunderts wieder. In viel größerem Umfang treten sie da in kaum merklichen, aber doch kraftvollen Bewegungen wieder auf, die in hartem Stein wie Marmor oder in Bronze geschaffen wurden. Ich denke an Henri Laurens und die hinreißende Kraft seiner mehr oder weniger gegenständlichen Werke, an Pompon und die subtile Modellierung seiner Tierplastik.

In der Antike gab es einen malerischen Expressionismus, der durch die Darstellung von Lebewesen in unnatürlichen Farben erzielt wurde: in der kretisch-mykenischen Malerei, auf etruskischen Fresken und auf römischen Mosaiken. Die keltische Kunst bot dagegen einen plastischen Expressionismus, der sehr ins Abstrakte ging, und das macht seine Originalität aus.

Auch wenn diese tastbare Äußerung der Empfindsamkeit der alten Kelten ohne direkte Nachfolge blieb, sollte man sie mit den beständigeren Äußerungen zusammen sehen, die erst in der bildenden Kunst vorkamen und dann in der frühchristlichen und der mittelalterlichen Literatur der Insel aufschienen: der Reiz des Phantastischen und die Vertrautheit mit dem Übernatürlichen, die Lust am Träumen, der Hang zum Widersprüchlichen und Irreführenden, eine Vorliebe für die Magie der Metamorphose und den Zauber, der stets unmittelbare Zugang zu allem, was uns verborgen ist – die instinktive Projizierung der tiefinnerlich geformten Anschauung auf die erfahrbare Welt. Die Hoffnung ist begründet, daß ihre ureigensten, zwischen Traum und Wirklichkeit stehenden Bildschöpfungen ein paar Themen und Gestalten aus den Mythen und Legenden wieder aufleben lassen. Das wäre über Generationen hinweg eine Botschaft der Barden.

ANMERKUNGEN

1. - *zu Abb. 22 und S. 45* - Weiskirchen (Saarland) - Durchbrochene Gürtelplatte. Durchaus regelmäßige Komposition aus vier Kompositwesen. Es sind geflügelte Quadrupeden mit menschlichen Vorderbeinen und Gesichtern; keine Löwen oder Adlerköpfe wie bei Greifen. Sie sind gegenständig, nur ihre zurückgewendeten Köpfe liegen Hinterkopf an Hinterkopf. Die Maske in der Mitte ist im Stil norditalischer Silene gestaltet. Ein komplexes Werk; die orientalisierenden Ungeheuer, ähnlich wie auf dem Halsring aus Erstfeld (Schweiz), kamen sicher auf dem Umweg über Norditalien, nicht direkt aus der Kunst der Steppenvölker. Die Anordnung ist regelmäßig, aber das Ganze wirkt schon latènezeitlich durch das enge Ineinandergreifen der Elemente, die man auf den ersten Blick nicht auseinanderhalten kann.

2. - *zu Abb. 26 und S. 47* - Weiskirchen (Saarland) - Goldblech. Masken und Palmetten alternierend zwischen Lotosblättern. Jedes Blatt gehört zwei verschiedenen Blattpaaren an, je nach Lesung einem normal geöffneten und einem umgekehrten Paar, das eine Maske einrahmt. So entsteht aus Formenverschmelzung doppelte Lesbarkeit, aber auch ein neues Motiv - umgekehrte Blätter umrahmen ein Gesicht wie eine ägyptische Hathorenfrisur. Kehrte man die Blätter wieder von unten nach oben, entstünde ein Kopf mit ‹Blätterkronen›-Frisur, wie er in verschiedenen Größen und mit wechselnder Anordnung der Blätter um die Maske besonders im Rheinland und bis nach Böhmen hin vorkommt.

3. - *zu Abb. 40, 41 und S. 61* - Heidelberg (Baden-Württemberg) - Doppelkopf. Er hat eine Hauptansicht mit einem Gesicht in sehr schematisierter, nur wenig vorspringender Modellierung und eine kleinere Seite mit eingeschnittenen Strichen, die so zu einer dekorativen Komposition umgeformt sind, daß sie nur von fern an ein menschliches Gesicht erinnern. Jedenfalls handelt es sich nicht um den oberen Teil eines doppelköpfigen Wesens, sondern um einen Kopf mit zwei Gesichtern. Diese trennt eine wulstige Frisur in Form zweier ‹Blätter›, die vorn und hinten gleich aussehen. Ihre Spitze liegt über den Ohren, die breiten oberen Partien treffen auf dem Scheitel zusammen, und analog zu der aus Blättern gebildeten Krone auf manchen Münzbildern nennt man sie ‹Blätterkrone›. Nur handelt es sich hier nicht um eine Krone, weil die Blätter sich unten nicht berühren. Ist es nun lediglich ein gut gestaltetes Phantasieornament in einer rein dekorativen Darstellung der Maske oder doch die Nachbildung einer wirklichen Gala-, Ritual- oder Götterfrisur? Welches Zubehör sollten die ‹Blätter› wiedergeben? Natürliche große Blätter doch wohl nicht! Aber sie erscheinen nur in der keltischen Kunst. Und obwohl sie bei den verschiedenen Arbeiten immer anders um den Kopf angeordnet sind und am Scheitel einmal mehr, einmal weniger auseinanderstehen, kann man sehen, daß sie auf umgekehrte Lotosblätter

zurückgehen, die ein Gesicht umschließen - wie auf der Platte von Weiskirchen. Nur durch eine vergleichende Untersuchung sämtlicher ‹Blätter› könnte man diese Frage klären. In jedem Fall ist das Motiv alt in der Latènekunst; der Heidelberger Steinkopf gehört zu den ältesten bekannten keltischen Skulpturen. Gegenstände mit diesem Motiv sind offenbar zumindest in der Frühlatènezeit nur in den rheinischen Gegenden entstanden und von dort nach Osten, bis nach Böhmen hin exportiert worden (Phalere von Hořovicky), nicht aber in den Westen.

4. - *zu Abb. 14, 43 und S. 64* - Reinheim (Saarland) - *torques* aus Gold. Aus dem Fürstengrab von Reinheim stammt goldener Ringschmuck mit Kompositdekor, der zu den Meisterwerken keltischer Goldschmiedekunst aus der Frühlatènezeit gehört. Der Dekor ist noch von orientalisierenden und norditalischen Einflüssen abhängig. Selbst die menschlichen Gesichter haben ein fremdartiges Profil mit starker, sehr gerader Nase und kugeligen Augen. Man beobachtet keine Metamorphose, eher eine Nebeneinanderordnung der Elemente. Dagegen zeigt der Schmuck von Erstfeld (Schweiz) hybride Wesen, die manchmal sogar zu zwei und zwei verschmolzen sind. Latènezeitlich ist in Reinheim besonders der Eier- und Palmettendekor; auch setzt die Qualität der komplexen, im Guß in verlorener Form hergestellten plastischen Arbeit die entstehende keltische Kunst ins rechte Licht.

5. - *zu Abb. 50 und S. 69* - Cuperly (Marne) - Durchbrochene Schmuckscheibe. Die feine, kunstvolle Komposition ist nicht mit dem Zirkel ausgeführt, wie man auf den ersten Blick meinen könnte: dieser Gefahr erliegt man leicht bei analytischer Graphik mit regelmäßigem Strich. Beachtlich an der durchbrochenen Arbeit ist das kurvolineare Gitterwerk - es läßt das Licht spielen, zieht den Blick in verschiedene Richtungen und überträgt seine Dynamik auf das Ganze, das seiner Regelmäßigkeit wegen sonst gar nicht so latènezeitlich wirkt. Diese Art Gitterwerk findet man auf dem *torques* von Broighter (Irland), auf dem Deckel einer irischen Büchse und auf der Rückseite von Münzen der Parisier (in dem Netz über dem Pferd).

6. - *zu Abb. 67 und S. 80* - Hölzelsau (Österreich) - Dreieckiger Gürtelhaken. Solche Gürtelhaken sind in Norditalien, im südlichen Gallien (in Ensérune) und in der Marnegegend, in Süddeutschland und in Österreich belegt. Sie geben ein Bild davon, wie der Dekor an die Form des Trägers angepaßt wurde, und sie zeigen den apotropäischen Charakter der Verzierung von Trachtbestandteilen. Ihren Ursprung haben sie wahrscheinlich in Norditalien. Die nach Norden und Westen exportierten Gürtelhaken sind später wohl auch nachgeahmt worden. Auf der Fläche konnte man im breiten Teil ein zentrales Motiv oder zwei gegenständige Motive unterbrin-

gen, die sich nach oben verjüngen. Untereinander und mit dem Rahmen sind sie durch Attaschen verbunden, die sich um durchbrochene Stellen legen. Die Attaschen sind oft kurvolinear und so weich geschwungen, daß sie an Ranken erinnern. So entstand ein Dekor - mit Varianten im Detail -, der hauptsächlich einen oder mehrere stilisierte Quadrupeden darstellte. Sie sind zu ‹Pseudo-Seepferdchen› umgebildet, einem ursprünglich orientalischen Motiv, das hier und überall, wo es sonst noch doppelt erscheint, als ‹zoomorphe Lyra› behandelt ist (auf einigen Schwertscheiden etwa ist es überwuchert von typisch latènezeitlichem Blattwerk). Einige noch unzulänglich gedeutete, durchbrochene Wagenornamente (zum Beispiel aus La Bouvandeau, Marne) haben eine erheblich längere Form, die eine Übereinanderstellung mehrerer solcher Motive nahelegte.

7. - *zu Abb. 70, 71 und S. 83* - Waldalgesheim (Rheinland-Pfalz) - *torques* und Armreif aus Gold. Zwei Hauptwerke aus diesem Fund. In der ersten Hälfte des 4. Jahrhunderts v. Chr. setzen sich die neuen Latènedekors mit ihren Merkmalen durch: vegetabilisch, fortlaufend, graphisch und plastisch oder graphisch-plastisch (je nach dem, welche Technik überwiegt). Im Rhein-Donau-Bereich und in seinen östlichen und westlichen Randgebieten schufen keltische Künstler aus Motiven, die zwar von Italien entlehnt, aber wohl schon in keltischer Umwelt im Norden der Halbinsel dem Latènestil entsprechend ausgeführt worden waren, das, was ihre große Errungenschaft ausmacht: die vollständige Verbindung kurvolinearer Motive zu einer oder zwei fortlaufenden Linien (eine außen, eine innen), die dann ein geschlossenes Netz bilden. Die meist entlehnten, aber sehr eigenständig geformten Elemente - Palmette, Lotos, Lyra, S-Ornament, Peltamotiv - sind darin stark vereinfacht und fügen sich zu Übergangs- und Verlängerungszonen zusammen, in denen sie am Ende die Form verlieren. Zusatzornamente mediterraner Herkunft wie Rosetten, Hörner, Granulierung und Filigran sind häufig Opfer dieser Vereinfachung. Dort, wo sie noch erkennbar sind wie auf dem Gold*torques*, den das Britische Museum in Belgien erworben hat, stellen sie ein starkes Indiz für italischen Einfluß oder sogar italischen Ursprung dar; dort, wo alles kurvolinear und fortlaufend geworden ist, bildet sich eine neue Art von Komplexität heraus - das Übermaß an Windungen, die starke Neigung zu übrigens seltenen und praktisch auf Waldalgesheim beschränkten Schnörkeln und die Monotonie der unendlich wiederholten Kurven und Gegenkurven erzeugen ein Wurmgeschlinge, das von fern eine ungute Erscheinung des Jugendstils ankündigt, die man folglich auch ‹Nudelstil› nennt.

8. - *zu Abb. 3, 84 und S. 92* - Pfalzfeld (Rheinland-Pfalz) - Kleiner Obelisk. Dazu erheben sich zwei Fragen: gab es einen skulptierten Aufsatz über dem Bruch (Menschenkopf?), und wie deutet man die untere Halbkugel, derentwegen man das Ganze phallisch genannt hat - ohne Grund, denn die Basis muß eingegraben gewesen sein. Das Graphische des Reliefs ist typisch für latènezeitliche Steinskulpturen (außer für einige hellenistisch-keltisch-ligurische aus Südgallien). Die ‹Blätterkrone› gehört in die Gegend. Warum vier gleiche Seiten? Ökonomie? Eher ‹Wiederholung der Intensität›: jede Seite hat mit ihrer Maske einen intensiven apotropäischen Charakter. Ein Freiluftmonument - Votivgabe oder Grabmal?

9. - *zu Abb. 92 und S. 103* - In der ‹Marne› gefunden - Scheibenhalsring. Dieser Typ Halsring, der im 3. Jahrhundert v. Chr. zuerst auftrat, ist in mancher Hinsicht bemerkenswert: da ist das gleichzeitige (und alternierende) Vorkommen von gegossenen plastischen Dekorteilen und Scheiben mit rotem Email, das heißt, die Einführung der Farbe in ein recht zusammengewürfeltes und überladenes Formengemisch, das man im üblen Sinne des Wortes barock nennen möchte - dann das Abwechseln von festen plastischen ‹Perlen› mit den Scheiben, Überresten von Pufferenden, die keine Funktion mehr haben, weil der Ring an der Stelle geschlossen ist und eine verborgene Öffnung hat (sie ist an verschiedenen Stellen angebracht, je nach Beschaffenheit dieser Halsringe). Der plastische Charakter der Ringe ist beibehalten, aber es sind Elemente hinzugefügt worden, die hauptsächlich Farbträger sein sollen.

10. - *zu Abb. 65, 95 und S. 107* - Ciumeşti (Rumänien) - Helm mit Raubvogelaufsatz. Der Helm ist das einzige bekannte Stück einer Art, wie wir sonst nur auf anderen Denkmälern abgebildet finden (Becken von Gundestrup) oder aus Texten kennen (Titus Livius über keltische Krieger in Italien). Die Kelten und besonders die Gallier trugen rundplastische Darstellungen von Kampfvögeln auf ihrem Helm. Die Federn auf Rücken, Bauch, Kopf und Füßen haben unterschiedliche, aber einigermaßen realistische Formen, die Flügelfedern wirken sehr schematisch durch die in Abständen aufgesetzten schrägen Wellen- oder Zickzacklinien. Der Schnabel ist eine moderne Ergänzung aus Plastik, ebenso ein Auge, für dessen Farbe keinerlei Anhaltspunkt vorlag; auch die geometrische Form der Unterlagen aus blauer Plastik, auf denen die Reste der mit Scharnieren befestigten Flügel liegen, ist fiktiv. Soll man sich vorstellen, daß die Flügel im Wind schlagen und so den Gegner noch mehr schrecken konnten? Es gab da wohl eher eine besondere Befestigungstechnik, die den Flügeln mehrere Stellungen ermöglichte. Die genaue Form von Schnabel und Flügeln ist nicht sicher zu rekonstruieren.

11. - *zu Abb. 100 und S. 108* - Roquepertuse (Bouches-du-Rhône) - Kleiner Portikus. Das einzige Architekturteil aus keltischer Zeit, das uns erhalten ist. Es handelt sich noch um ein mit mediterraner Steinschneidetechnik errichtetes Monument der hellenistisch-keltisch-ligurischen Zone. Wie die Teile von Großplastiken, mit denen er zusammen in einer Art Freilufttheiligtum gefunden wurde, schreibt man ihn dem 3. Jahrhundert v. Chr. zu. Rechts und links ist der Portikus wahrscheinlich unvollständig, denn der ungenau wieder aufgelegte Türsturz war mindestens noch um einen Block breiter. Das Ganze gehört eher zur ‹primitiven Mittelmeerkunst› oder zur ‹Peripher›-Kunst des Hellenismus als zur eigentlich keltischen Kunst.

12. - *zu Abb. 149* - La Tène (Neuchâtel) - Ausschnitt einer verzierten Schwertscheide. Die Gravierung ist wenig geschickt, sieht aus, als wären einige Striche abgerutscht, aber der Dekor ist typisch latènezeitlich. Er besteht hauptsächlich aus drei ‹Tränen› oder ‹Blättern› mit kurvolinear fortlaufendem Umriß.

13. - *zu Abb. 114, 117 und S. 122* - Cernon-sur-Coole (Marne) - Verzierte Schwertscheide (Rückseite). Dies ist bestimmt der üppigste, vollkommenste und bestausgeführte Scheidendekor, der auf dem Festland gefunden worden ist. Das Medaillon oben enthält zwei Kopf bei Fuß gestellte Blätter in einem Kreis. Darunter entwickeln sich große Bogenlinien, S-Kurven und Spiralen, die zusammenhängen und unten links in

einem Punkt enden. Aus dem Muster entspringt in halber Höhe ein Fabeltierkopf - wie der eines Vogels mit Mandelauge. Es ist eine der wenigen in Gallien gefundenen verzierten Schwertscheiden, und schon bevor ein Vergleich mit einem Exemplar aus Drňa (Slowakei) zeigte, daß hier eine Arbeit aus dem Südosten in den Westen importiert worden ist, konnte man an ihrem gallischen Ursprung zweifeln. Die Dekors dieser Scheide erinnern aber auch merkwürdig an die Vase aus Kaloz-Nagyhörcsök (Ungarn) und an einige ungarische Schwertscheiden. Die Herkunft aus dem Donaubereich ist deshalb nicht auszuschließen. Beachtlich ist die Gravierungstechnik, vor allem die Guillochierung der Grundflächen und die im Tremolierstich gezogenen Wellen - sie ist so fein, daß sie an die vollkommensten westlichen Festlands- und Inselarbeiten denken läßt.

14. - *zu Abb. 136 und S. 135* - Entremont (Bouches-du-Rhône) - Statue eines sitzenden Kriegers. Die ganze Großplastik aus dem *oppidum* Entremont ist repräsentativ für die hellenistisch-keltisch-ligurische Kunst, mehr als für die eigentlich keltische Kunst. Das Problem ist hier aber vielschichtiger als in Roquepertuse. Die Skulpturen sind jünger: die von Roquepertuse stammen aus dem 3. Jahrhundert v. Chr., die von Entremont aus dem 2. Jahrhundert v. Chr. Die Köpfe haben das Profil mancher etruskischer Stücke aus derselben Zeit. Dabei waren die Kelten im Süden zahlreicher vertreten als im vorhergehenden Jahrhundert; und da es sich hier bei den Statuen um Krieger handelt, nicht um Priester oder Gottheiten wie in Roquepertuse, sind ihre Rüstungen und ihr Schmuck (Schwert, Armreif) typisch keltisch. Stimmt nun, was man gleich nach der Entdeckung etwas voreilig behauptet hat, daß wir hier keltische Großplastik vor uns haben? Das Problem ist fast dasselbe wie bei den Darstellungen des Galaters oder ‹Galliers› in der hellenistischen Plastik, besonders der aus Pergamon: das Thema ist keltisch, die Details von Rüstung und Schmuck sind latènezeitlich, weil das Werk in gallischer Umgebung angefertigt wurde, Technik und Ausführung jedoch sind mittelmeerisch. Was wiederum an Gebräuchen und Glaubensvorstellungen zum Ausdruck kommt, das kann der keltischen Kultur zugerechnet werden (‹têtes coupées›, das Auflegen der Hand auf den Kopf des Verstorbenen).

15. - *zu Abb. 143 und S. 142* - Münze der armoricanischen Veneter (Rückseite). Dieses Münzbild kommt in den armoricanischen Gegenden und ihren Randgebieten, aber auch bei den Belgern besonders häufig vor; es ist in vieler Hinsicht eine keltische Schöpfung. 1. Die Stilisierung des Pferdekörpers, einziger Rest des makedonischen *zweirädrigen* Wagens auf den Stateren Philipps II., die als Vorbilder gedient haben. 2. Der Menschenkopf macht das Tier zu einem einzigartigen Fabelwesen, denn Kentaur und Pferdesilen haben auch Rumpf und Arme eines Menschen. Von Münzen abgesehen, ist noch ein Beispiel eines Equiden mit bärtigem Menschenkopf und großen Ohren bekannt: die in etruskisch-italischer Tradition stehende kleine Bronzestatuette auf dem Deckel der Röhrenkanne von Reinheim. Die mythologische Figur des mit Intelligenz und menschlicher Rede begabten Pferdes bedarf noch der Erklärung. 3. Das kleine Fabelwesen über dem Pferdeschweif hat sich aus dem makedonischen Wagenlenker entwickelt. Es sieht auf den einzelnen Münzserien verschieden aus, aber immer recht unwirklich; hier zum Beispiel scheint die Person mit ihrem Unterkörper, der zu einem spiralig aufgerollten Schwanz umgebildet ist,

wie in einem Traum über dem Tier zu schweben, das sie lenkt und das selbst übernatürlich wirkt.

16. - *zu Abb. 363 und S. 152* - Kakasd (Ungarn) - Vase mit Henkeln. Dieses Stück ist besonders typisch für die Vasen des keltischen Südosteuropa, die sich formal an vereinfachte hellenistische Vorbilder halten - besonders mit dem plastischen Henkel (die Drehung ist aus der griechischen Keramik wohlbekannt), nur die Behandlung ist latènezeitlich. Der andere Henkel stellt einen menschlichen Körper dar, der so zurückgebogen ist, daß dieser Teil des Gefäßes seine Grifffunktion erfüllen kann. Das Neue daran, die Asymmetrie, ist durchaus keltisch, obwohl es die Henkelvase im keltischen Westen nicht eigentlich gibt. Andere Vasen aus Ungarn weisen oben an den Henkeln Menschen-, Stier- und Lurchköpfe auf. Wieder andere sind mit einem nichtfigürlichen Ornament verziert, oft einer Profilierung in halber Höhe.

17. - *zu Abb. 160 und S. 154* - Mihovo (Jugoslawien) - Armreife aus durch Schleudern gewonnenem Glas. Es gibt viele abwechslungsreiche latènezeitliche Glasarbeiten in den verschiedensten Farben und aus allen Zeitstufen (auch aus der Frühlatènezeit, in den Gräbern der ‹Marne›-Gegend). Perlen, kleine Ringe, Armreife, Halsreife und Anhänger. Was nicht mit Latèneornamenten verziert werden konnte, sind Elemente und Perlen von polychromen Halsketten, Maskenperlen aus Karthago oder in karthagischer Überlieferung, Halsketten mit kleinen Amphoren aus weißem Glas und die kleinen Tierplastiken. Daneben bleibt aber eine Menge von Armbändern und kleinen Ringen, auf denen der Dekor vereinfacht dieselbe Anordnung zeigt wie auf Metallschmuck, oder man findet sehr großzügige, wie freihändig gezeichnete kleine Motive und wohl einfache, aber im kurvilinearen Stil gehaltene Ornamente, etwa Wellen.

18. - *zu Abb. 165 und S. 157* - Frasnes-lez-Buissenal (Hennegau, Belgien) - *torques* mit Pufferenden. Er gehört zu einer Reihe von hohlen, röhrenförmigen Halsreifen mit Pufferenden und einem Scharnier hinten, damit man eine Hälfte umdrehen und den Schmuck um den Hals legen oder abnehmen konnte. Sie sind leicht, zerbrechlich und oft überreich verziert. Hier weist der scharf hervortretende Reliefdekor als Hauptmotiv einen Stierkopf auf, wie er sonst auf keinem *torques* belegt ist. S-Kurven, Spiralen und in Vögel hinüberspielende Blätter in regelmäßiger Anordnung bilden einen typischen Latènerahmen darum.

19. - *zu Abb. 5, 176 und S. 170* - Münze der Parisier (Vorderseite und Rückseite). Die Münzen der Parisier zeichnen sich vor allen anderen gallischen Münzen durch typologische und stilistische Homogenität aus. Die Stücke aus der ersten Hälfte des 1. Jahrhunderts v. Chr. haben alle auf der Vorderseite einen schematisierten Kopf und auf der Rückseite eine Art Netz (Stater) oder eine Hohlmuschel (Viertelstater) über einem Pferd mit wellenförmigem Körper, Ergebnis der Verformung des Wagenlenkers. Die Komposition beider Seiten ist harmonisch. So ist die Verformung des Pferdes nicht übertrieben, der Körper nicht wie anderwärts in Kugeln und Stöcke zerfällt, sondern er bleibt ein einziges Stück, nur die Beine sind davon abgelöst. Das ‹Fragezeichen› über dem Hinterteil ist vielleicht der Überrest der Kruppe des zweiten Pferdes vor dem makedonischen Wagen. Das Bild der Vorderseite ist immer leicht unvollständig, das gravierte Rund größer als der Münzstempel.

20. - *zu Abb. 180 und S. 174* - Münze der Veliocasser (Vorderseite). Dieses Bild, das Endprodukt einer starken Zersetzung, leitet sich von einem Stater aus Tarent ab, der auf der Vorderseite einen Menschenkopf trug. Es steht auf der Grenze zwischen Formauflösung und Neuordnung. Das Gesicht ist nur noch als hypertropher Teil des Profils erhalten, das gewaltige Auge hatte wohl apotropäische Bedeutung. Die Frisur ist in quasi geometrische Elemente aufgelöst. Der Effekt ist deshalb so auffallend und irreführend, weil das Bild unvollständig ist; das Münzbild der Vorderseite war zu groß für die Münze, und folglich konnte es nicht zur Gänze aufgeprägt werden - außerdem ist es beim Prägen noch etwas verrutscht. Durch solche technische Unzulänglichkeit (für die man die Gründe nicht genau kennt) erhielt die keltische Münzkunst eben den auseinanderfließenden Charakter, der so vielen keltischen Ornamenten eigen ist.

21. - *zu Abb. 190 und S. 180* - Stradonice (Böhmen) - Kleiner Kopf eines schnurrbärtigen Mannes. Realistische Menschendarstellungen sind selten in der keltischen Kunst, aber dieser besonders ausdrucksvolle Kopf zeigt, daß sie ihr doch nicht fremd waren. Da nur wenige lebensgroße Köpfe aus Stein oder Bronzeblech erhalten sind, müssen uns Kleinplastiken aus Metall und Münzbildnisse lehren, wie keltische Künstler das menschliche Antlitz empfanden - denn die Masken innerhalb dekorativer Kompositionen auf Gefäßen oder Metallplastik sind immer schematisch und unpersönlich.

22. - *zu Abb. 199 und S. 188* - Chamalières (Puy-de-Dôme) - Votivgabe: Büste einer Frau. Durch über 8000 skulptierte oder grob angelegte Holzarbeiten, die verschiedene menschliche Körperteile und gelegentlich Pferde abbilden, kennen wir die Holzplastik des römischen Gallien aus dem 1. Jahrhundert n. Chr. - für die Kelten, die im bewaldeten Europa lebten, lag diese Kunst nahe. Mehrere hundert ähnliche Stücke sind auch im Heiligtum der Seine-Quellen gefunden worden. Die meisten sind ungeschlacht, viele sind unvollendet, aber einige Arbeiten sind vollendet, technisch sicher und stilistisch sehr schön. Es sind Votivgaben - mitunter als heilbringend aufgefaßt - für eine Quellgottheit. Hier haben wir die erste Gelegenheit, antike Holzplastik aus westlichen Bereichen zu untersuchen. Mehr als am Stein, den die Kelten nicht zu jeder Zeit bearbeiteten, läßt sich am immer verwendeten Holz eine kontinuierliche Entwicklung verfolgen.

23. - *zu Abb. 201 und S. 188* - Kerguilly en Dinéault (Finistère) - Kopf einer Göttin mit Schwanenhelm. Der Körper fehlt, nur Arme und Beine sind erhalten. Es handelt sich um eine Kriegsgöttin, eine keltische Minerva. Der Helm in Form eines Eulenkopfes trägt einen Schwan in Kampfstellung. Der Schwan spielt in inselkeltischen Legenden eine wichtige Rolle, aber zur Latènezeit ist er nur auf einer kürzlich in der Tschechoslowakei gefundenen Latènevase belegt. Nur Apoll als Gott der Musik und des Gesanges hat ihn unter den mittelmeerischen Göttern zum Attribut. Hier sehen wir das einzigartige Bild einer römisch dargestellten keltischen Göttin. Allerdings ist wie bei vielen gallo-römischen Arbeiten der Kopf zu gewichtig, und das Gesicht ist nicht sehr klassisch modelliert.

24. - *zu Abb. 205 und S. 195* - Roanne (Loire) - Bemalte Schale. Schalen dieser Art stellen die letzte bemalte Latènekeramik dar. Die Anordnung des Dekors ist regelmäßig und macht mittelmeerischen Einfluß deutlich. Aber solchen vegetabilischen Dekor aus großflächigen Elementen gibt es in der gleichzeitigen römischen Keramik nicht - sie kennt ja auch weder Malerei, noch ist diese Schalenform üblich. Also ist dies Latèneüberlieferung, die letztmalig zum Ausdruck kommt. Der Dekor, halb vegetabilisch, halb geometrisch, findet sich auch auf geritzten Vasen aus Großbritannien.

25. - *zu Abb. 216 und S. 205* - Stanwick (Yorkshire) - Platte in Form eines Pferdekopfes. Dieses kleine stilistische Meisterwerk ist durch seinen intensiven Ausdruck einerseits naturalistisch, andererseits symmetrisch in der Linienführung. Es steht auf halbem Wege zur Formauflösung der Gestalt eines Lebewesens: die beiden Linien, die von der Stirn herabgezogen sind und unten die Nüstern zeichnen, bilden bereits eine ‹Lyra›, die auf beiden Seiten teilweise durch zwei Kurven in stärkerem Relief betont ist. Die Linien oder besser Grate genügen in ihrer Reinheit und Einfachheit, um einen etwas karikierten Pferdekopf zu evozieren. Es findet keine Metamorphose statt, nur werden pflanzenhafte Biegsamkeit und dekorative Schematik zur Tierdarstellung genutzt. Typisches Beispiel für graphisch-plastische Technik.

26. - *zu Abb. 220 und S. 209* - Desborough (Northamptonshire) - Rückseite eines Spiegels. Solche Spiegel sind fast ausschließlich in Großbritannien belegt; zusammen mit dem sogenannten ‹Mayer›-Spiegel ist der ‹Desborough›-Spiegel das reichstverzierte Stück. Das Graphisch-Plastische der keltischen Kunst ist hier ins rein Graphische übersetzt, und man beobachtet eine Rückkehr zur Regelmäßigkeit, die auf mittelmeerischen Einfluß schließen läßt - der südliche Teil der Insel stand kurz vor der Eroberung durch die römischen Legionen. Der Dekor ist im einzelnen völlig präzis, obwohl er frei zu wuchern scheint. Dieser Eindruck und die durch Umlegen entstandene Symmetrie legen die Bezeichnungen ‹arabeskenhaft› und ‹flamboyant› unwiderstehlich nahe. Besieht man den Spiegel mit dem Griff nach oben, bildet das Muster eine unten geschlossene ‹Lyra›, deren obere Enden auswärts gebogen sind und sich schließlich wie Ranken einrollen. Der Dekor besteht aus Flechtwerkpartien, die mit ‹Leerflächen› des Grundes abwechseln, aber eben diese zeichnen die Hauptmotive - etwa mit einem Kreis versehene ‹Kommata›, die einen Vogelkopf andeuten. So behält das Flechtwerk hier seine Rolle als Grundflächenornament, während es auf anderen Spiegeln (dem ‹Old-Warden›-Spiegel zum Beispiel) dazu dient, die Zierflächen auseinanderzuhalten. Doppelte Lesbarkeit ist mitunter möglich, und der ungegenständliche Dekor gewinnt entschieden die Oberhand über vage Andeutungen von Tier- und Pflanzenmotiven. Kleine Unvollkommenheiten der Ausführung wie das Abrutschen eines Striches oder das Fehlen eines Kreises fallen auf an dem nahezu vollkommenen Werk.

ZWEITER TEIL

PHANTASIE UND IHRE GESTALTUNG

Teilaspekte einer allgemeinen Stilistik

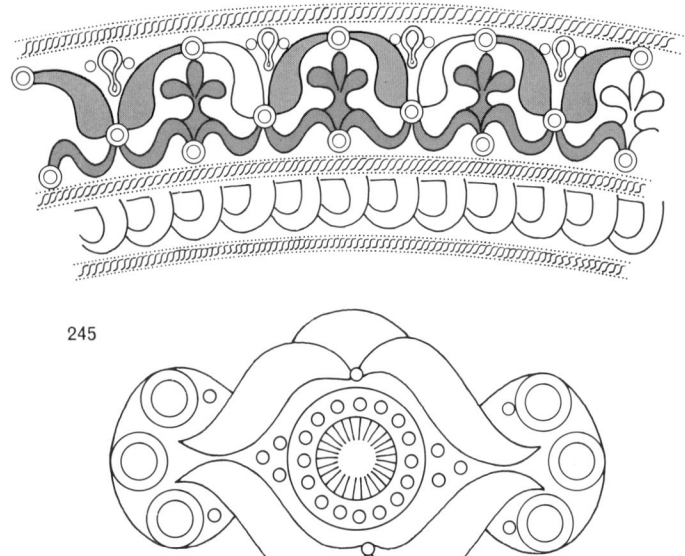

245

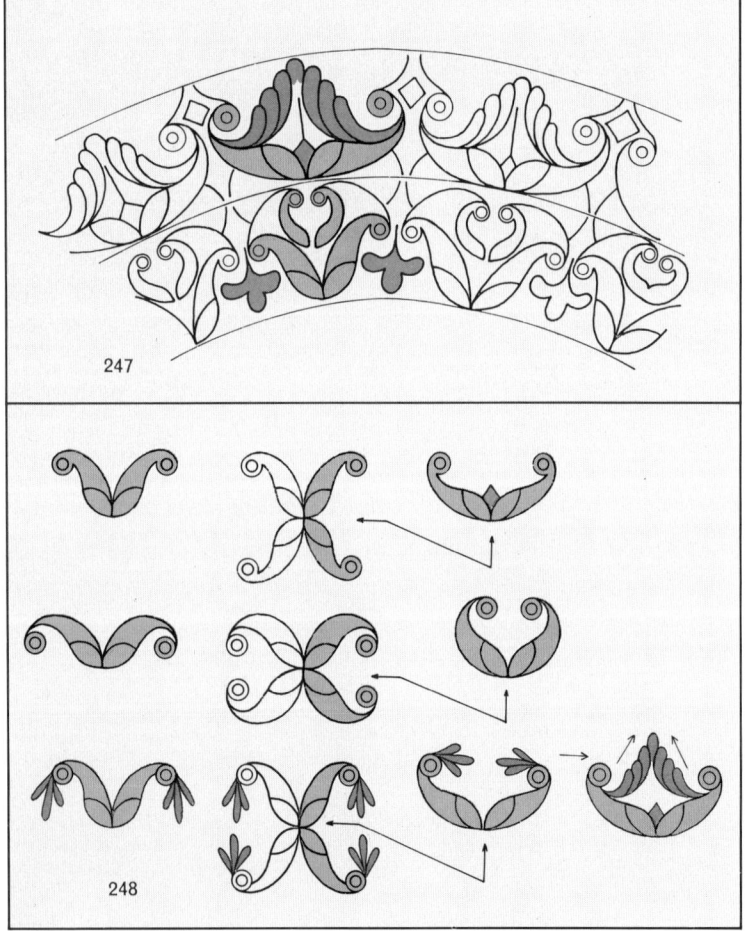

246

247

248

BEISPIELE FÜR DIE STRENGE KOMPOSITION AUS SCHEMATISIER-
TEN ENTLIEHENEN ELEMENTEN - Abb. 245 bis 248

245 - zu Abb. 20 und S. 44 - Das Schmuckband hat wohl den
obersten, breitesten Teil des Horns umschlossen. Es ist aus
dreiblättrigen Palmetten, schematisierten Lotosblüten, Klammern, die sich vielleicht von geviertelten ‹Lyren› herleiten,
aus Schnüren und stilisierten, eingebogenen ‹Hörnern› zusammengesetzt. Die Motive lassen sich schon zweifach deuten, entweder als Lotosblätter in ihrer natürlichen Blüten-
Anordnung oder als einfassendes Dach über den Palmetten.

246 - zu Abb. 24 und S. 47 - Vervollständigtes Schema. Zwei
gegenüberstehende Paare langgezogener Blätter mit verschieden großen Kreisen in regelmäßiger, symmetrischer Anordnung. Vielleicht zwei überweit geöffnete Lotosblüten.

247 - zu Abb. 39 und S. 56 - Ausschnitt der zwei Bänder:
unten umgekehrte Palmette, Lotosblütenblätter, ‹Körbe›
oder ‹Kelche mit aufgerollter Lippe› und Übergangsdreiecke;
oben ‹Körbe› oder ‹Kelche mit aufgerollter Lippe› mit
Knopf, aufgebogene Halbpalmetten und Übergangsdreiecke.

248 - zu Abb. 39 und S. 56 - Erklärung, wie durch Drehung
Motive entstehen, die nicht mehr naturalistisch sind: ‹Körbe›
oder ‹Kelche mit aufgerollter Lippe›. Auch die Leerflächen
haben eine Funktion, unten bilden sie eine Art Lotosblätter
mit eckiger Basis; die Naturnähe ist hintangestellt, die Anordnung bleibt streng.

---

249 - zu S. 44 - Klein Aspergle (Baden-Württemberg) - Dekorative Beschläge einer rotfigurigen attischen Schale. 450-425
v. Chr. - *Gold und gebrannter Ton* - Stuttgart, Württembergisches
Landesmuseum. Goldplättchen, ausgeschnitten in der typisch
keltischen Form von langgezogenen, abgerundeten Blättern
(oft auch ‹Fischblasen› genannt), waren zwischen den Henkel-
attaschen und auf dem Rand der Schale liegend befestigt. Das
Verfahren, Metallverzierungen an Gefäßen aus anderem Material anzubringen, ist nicht mittelmeerisch; im keltischen
Raum findet man es auch sonst noch, etwa in Schwarzenbach
und Brno-Maloměřice. Die Goldblätter sind eine unbestimmte Zahl von Jahren nach Herstellung und Import des
Gefäßes hinzugefügt worden. Sie müssen vor dem Ende des
5. Jh. v. Chr. entstanden sein.

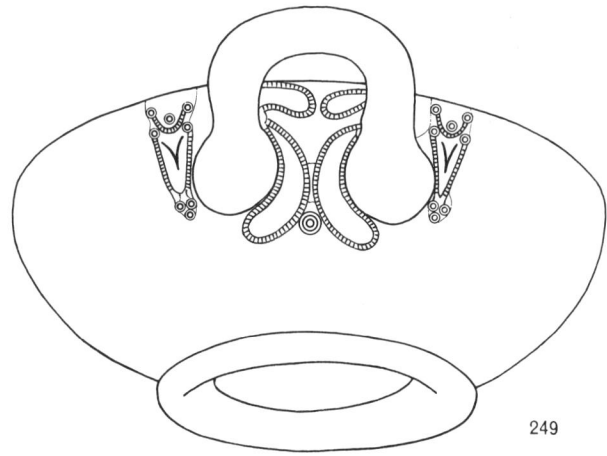

249

250

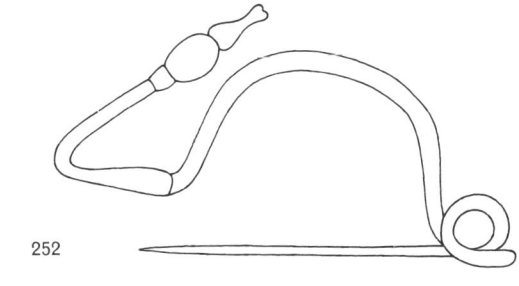

252

250 - *zu S. 47* - Rodenbach (Rheinland-Pfalz) - Fingerring. Ende 5. - Anfang 4. Jh. v. Chr. - *Gold; Durchmesser 0,021 m* - Speyer, Historisches Museum der Pfalz.

251 - *zu S. 54* - Die Entwicklung der Latènezeit-Fibel, etwa 450 v. Chr. - Anfang 1. Jh. n. Chr. Die Fibeln von den Inseln zeigen häufig den Typus mit stark gewölbtem Bügel.

252 - *zu S. 54* - Duchcov (Böhmen) - Fibel: Schema des Typus der Duxer Fibel. Etwa Mitte 4. Jh. v. Chr. - *Bronze* - Nach V. Kruta.

253 und 254 - *zu Abb. 9 und S. 54* - Basse-Yutz (Moselle) - Ausschnitte von den Henkeln der beiden Schnabelkannen.

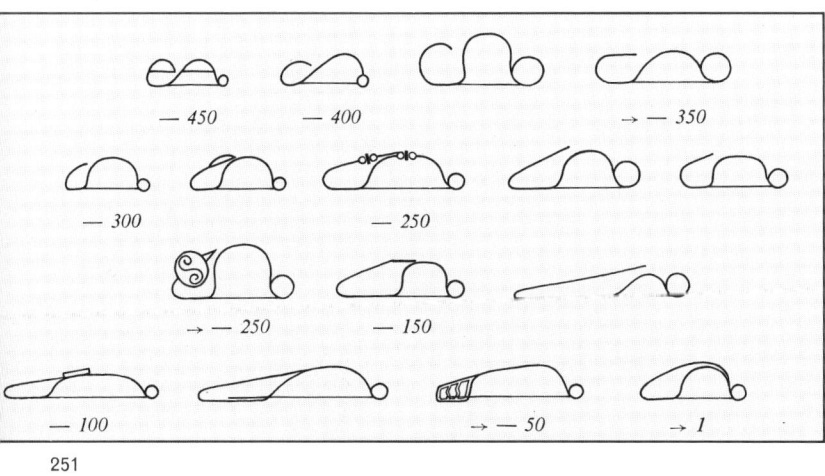

251

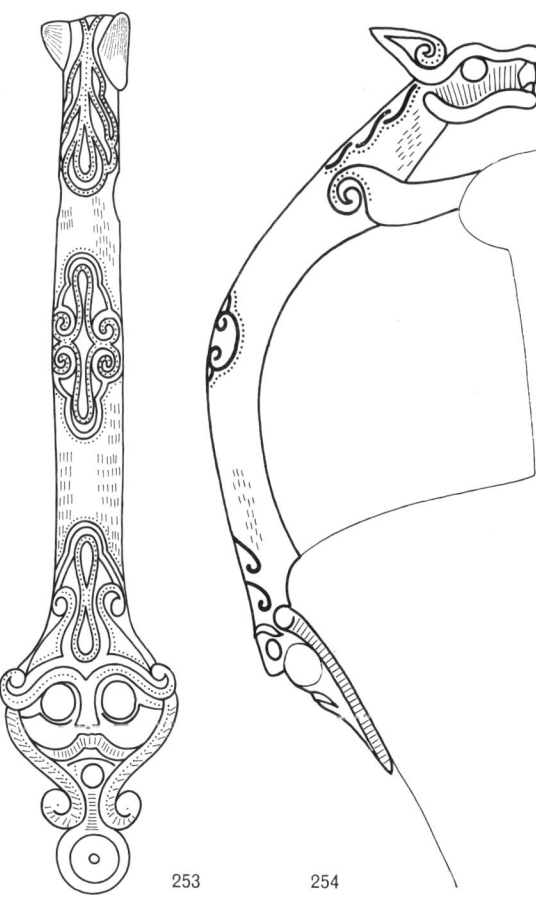

253   254

255

256

258

257

255 - *zu S. 56* - Écury-sur-Coole (Marne) - Ausschnitt einer Phalere. 4. Jh. v. Chr. - *Bronze; Durchmesser 0,145 m* - Saint-Germain-en-Laye, Musée des Antiquités nationales. Der Dekor, eine aufgelöste Palmette zwischen zwei stark ausgezogenen S-Kurven, ist sehr raffiniert. Das Motiv ist symmetrisch angeordnet, aber unregelmäßig im Detail.

256 - *zu S. 56* - Écury-sur-Coole (Marne) - Ausschnitt einer Scheibe. Ende 4. Jh. v. Chr. - *Bronze; Durchmesser 0,060 m* - Saint-Germain-en-Laye, Musée des Antiquités nationales. Der Dreierwirbel ist in Tremolierstich hergestellt; die Arbeit wirkt duftig trotz der Größe des Motivs, vollkommen in seiner Art. Die Scheibe war vielleicht Teil der Phalere Abb. 255.

257 - *zu Abb. 49 und S. 64* - Ausschnitte, schematisierte Umzeichnung, nach dem Original. Regelmäßige Anordnung im ganzen - unregelmäßige Zeichnung im einzelnen (vier verschiedene Motive). Maske.

258 - *zu S. 64* - Reinheim (Saarland) - Fibel in Form eines Hahns. Ende 5. - Anfang 4. Jh. v. Chr. - *Bronze und Koralle; Länge 0,063 m* - Saarbrücken, Landesmuseum für Vor- und Frühgeschichte.

VASEN AUS GEBRANNTEM TON MIT RITZDEKOR, AUS DEM 4. JAHRHUNDERT V. CHR. - Abb. 259 bis 263

Freihändige Zeichnung und Malerei waren die mitunter gleichzeitig angewandten Dekorationsverfahren der Latènekeramik. Nur mit großen Strichen geritzt sind z. B. die armoricanischen Vasen und einige ‹Marne›-Vasen der Frühlatènezeit.

259 - *zu Abb. 58 und S. 74* - Abrollung des Ritzdekors nach dem Original.

260 - *zu S. 74* - Pendreff en Commana (Finistère) - Zusammengesetzte Scherben eines Gefäßes in Form einer Pseudo-Situla. *Gesamthöhe 0,21 m* - Saint-Guénolé-Penmarc'h, Musée Préhistorique Finistérien. Umzeichnung. Auf Hals und Schulter große, breite, horizontal verbundene S-Kurven, mit Linien und punktierten Stellen verziert; kleine gestempelte Kreise und gekreuzte gerade Linien in den Leerflächen. Die beiden S-Kurvenreihen verlaufen - mit einer leichten Verschiebung - gegenständig. Ein weiträumig und frei sich hinziehendes Muster, wahrscheinlich vergrößert nach einem Metallvorbild.

261 - *zu S. 74* - Le Blavet (Côtes-du-Nord) - Umzeichnung einer Vasenscherbe. *Höhe 0,075 m* - Guingamp, Grabungsdepot. Geritztes, guillochiertes und gestempeltes Muster. Ein Palmettensurrogat zwischen zwei großen, schräg fortlaufenden S-Kurven. Oben ein ‹laufender Hund›.

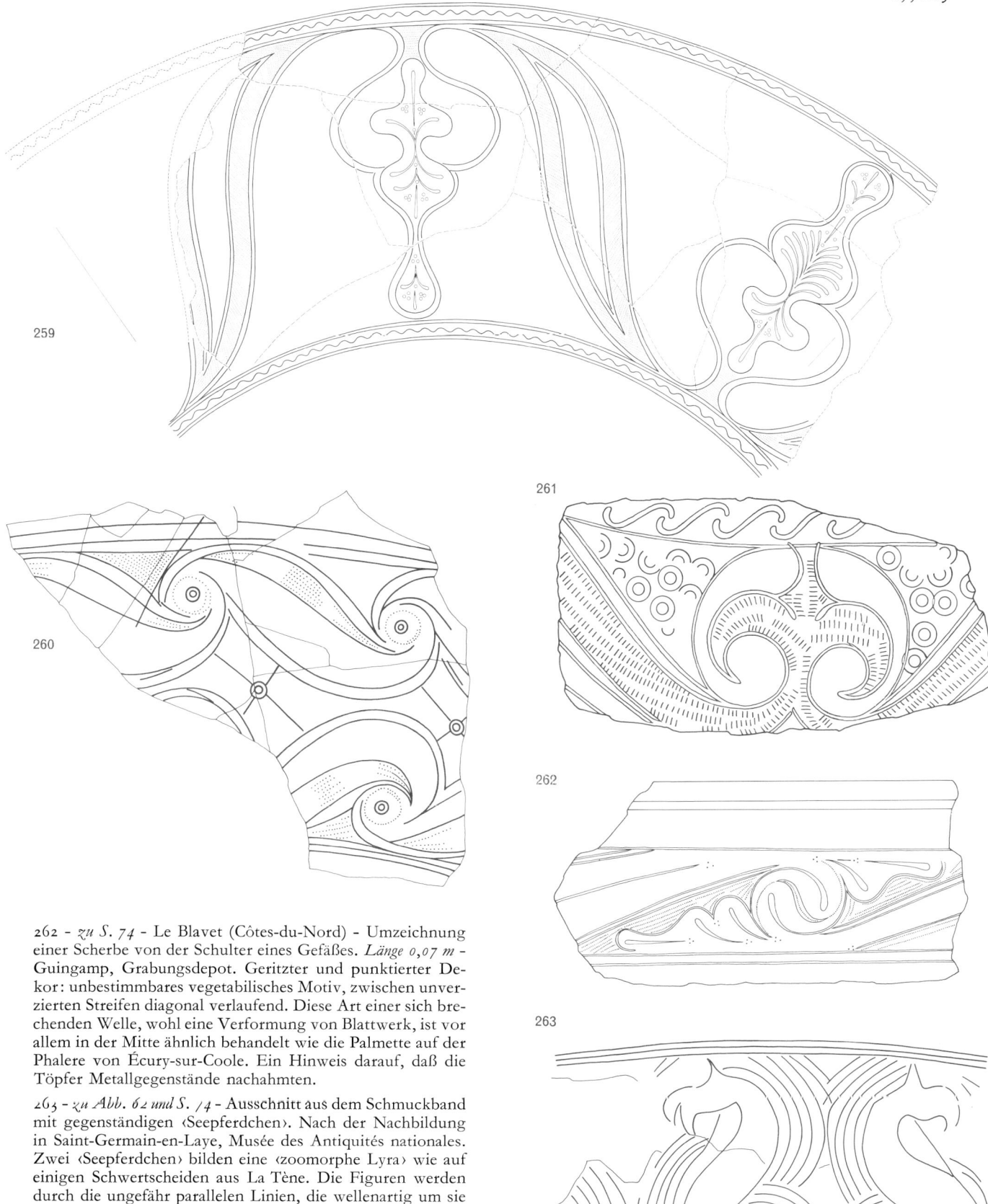

259

260

261

262

263

262 - *zu S. 74* - Le Blavet (Côtes-du-Nord) - Umzeichnung
einer Scherbe von der Schulter eines Gefäßes. *Länge 0,07 m* -
Guingamp, Grabungsdepot. Geritzter und punktierter Dekor: unbestimmbares vegetabilisches Motiv, zwischen unver-
zierten Streifen diagonal verlaufend. Diese Art einer sich bre-
chenden Welle, wohl eine Verformung von Blattwerk, ist vor
allem in der Mitte ähnlich behandelt wie die Palmette auf der
Phalere von Écury-sur-Coole. Ein Hinweis darauf, daß die
Töpfer Metallgegenstände nachahmten.

263 - *zu Abb. 62 und S. 74* - Ausschnitt aus dem Schmuckband
mit gegenständigen ‹Seepferdchen›. Nach der Nachbildung
in Saint-Germain-en-Laye, Musée des Antiquités nationales.
Zwei ‹Seepferdchen› bilden eine ‹zoomorphe Lyra› wie auf
einigen Schwertscheiden aus La Tène. Die Figuren werden
durch die ungefähr parallelen Linien, die wellenartig um sie
gezogen sind, deutlich hervorgehoben. In geringerem Umfang
wird das Verfahren bei den S-Kurven der Vase von Pendreff
en Commana angewendet.

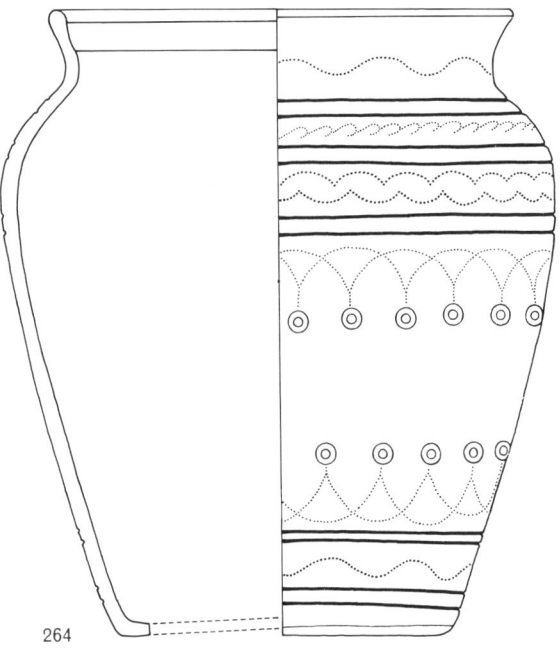

264

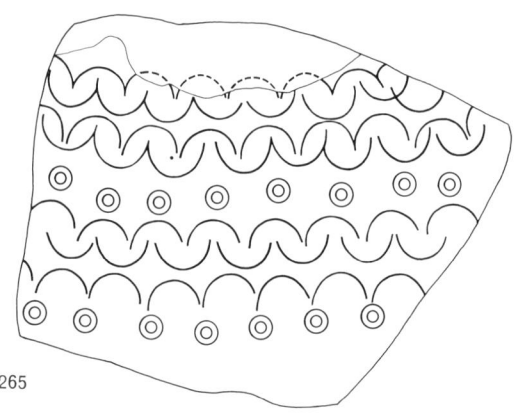

265

266

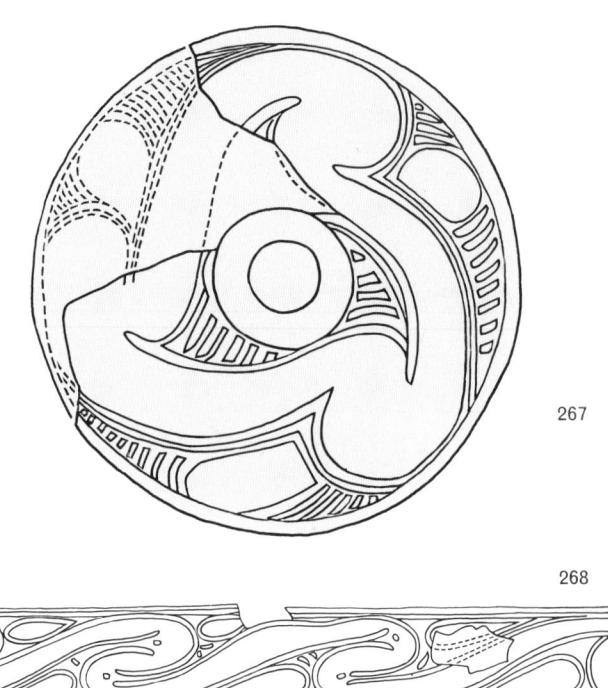

267

268

BEISPIELE FÜR BOGENDEKOR - Abb. 264 bis 266

In Mittel- und Osteuropa erscheinen auf ein und demselben Gefäß Bogendekor und freiere, gestempelte Ornamente. Die meist mit dem Zirkel gezogenen Bogen, die Metallvorbilder - besonders norditalische - haben, sind vom Prinzip her regelmäßig; sie beruhen weniger auf einem Stil als auf einer Technik, die auch für gebrannten Ton, nicht nur für Metall verwendet wurde. Der Gebrauch von Stempel und Zirkel zum Ziehen und Kombinieren von Kreissegmenten ermöglichte sehr vielfältige, oft virtuos ausgeführte Dekorelemente und Motive. Der Zirkel wurde überall in der keltischen Welt benutzt, besonders in Armorica und in der Bretagne. Die gleiche Art Dekor kommt aber auch freihändig gezogen vor.

264 - *zu S. 76* - Pendreff en Commana (Finistère) - Vase. 4. Jh. v. Chr. - *Gebrannter Ton; Höhe 0,21 m* - Saint-Guénolé-Penmarc'h, Musée Préhistorique Finistérien. Nach P. R. Giot. Die Form wurde von den Metallsitulen Norditaliens angeregt. Dekor aus runden Stempelmustern und punktierten Bogenlinien, eher freihändig als mit dem Zirkel gezogen.

265 - *zu S. 76* - Prag-Podbaba - Gefäßscherbe. 4. Jh. v. Chr. - Prag, Národní Muzeum. Nach F. Schwappach. Dekor aus gestempelten Kreisen und aus Halbkreisen oder Bogen, die auch eher freihändig oder mit dem Stempel als mit dem Zirkel gefertigt wurden.

266 - *zu S. 76* - Chlum (Böhmen) - Kappe einer Zwinge. 4. Jh. v. Chr. - *Bronze; Durchmesser 0,09 m* - Prag, Národní Muzeum. Nach F. Schwappach. Der schöne, sehr regelmäßige Dekor, Bogen, die durch zusätzliche punktierte Linien betont werden, ist mit dem Zirkel gezogen. Das zeigen die vereinzelten Punkte, die von den Mitteleinstichen herrühren (auf der Zeichnung scheinen sie aus der Mitte gerückt, eine Folge der Wölbung des Deckels). Eine Unregelmäßigkeit (nahe am äußeren Kreis, rechts auf der Zeichnung): zwei Bogen stoßen nicht wie alle anderen der äußeren Reihe zusammen; zwei Bogen der inneren Reihe, genau gegenüber, überschneiden sich.

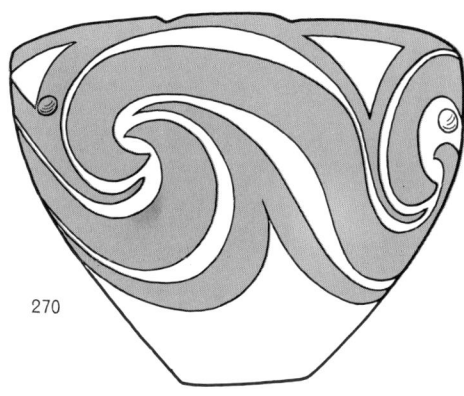

269

270

271

VERGLEICHENDE BETRACHTUNG VON KERAMIK MIT KURVO-
LINEAREM DEKOR - Abb. 267 bis 274

Die Kelten haben das, was man in einem sehr allgemeinen
Sinn den kurvolinearen Stil nennt, nicht erfunden. Sie haben
ihn aber auch nicht von anderen gleichzeitigen oder älteren
Kulturen übernommen. Durch Verschmelzung von Motiven
haben sie eigenständig Nutzen daraus gezogen, da ihnen die
Dynamik biegsamer, vegetabilischer und weiblicher Formen
lag: von der gleichen Art ist die fortlaufende Verbindung,
anderer Art ist die Umbildung, die Metamorphose. Diese haben sie weiter vorangebracht als jedes andere Volk der Alten
Welt, so weit, daß sie die nicht-klassische europäische Kunst
damit beeinflußten. Auch sonst überall, wo die Kunst die
graphische Kurvenlinie verwendete, wurden unabhängig ähnliche Motive wie in der keltischen Kunst geschaffen, nur
unterschiedlich im Geist, in der Behandlung und im Detail.

NEOLITHISCHE DONAULÄNDISCHE KUNST - IV. - III. JAHR-
TAUSEND

267 - *zu S. 77* - Tirpesti (Rumänien) - Schale mit Randlappen
(Ergänzung). *Durchmesser 0,112 m* - Piatra-Neamt, Regionalmuseum. Sogenannte Prä-Cucuteni-Kultur. Nach S. Marinescu-Bilcu. Zentrierter schwerer Dreierwirbel und in parallelen Strichen eingeritzte Füllmotive.

268 - *zu S. 77* - Izvoare (Rumänien) - Ornamentstreifen einer
Vase. *Höhe 0,06 m* - Piatra-Neamt, Regionalmuseum. Nach
S. Marinescu-Bilcu. Sehr langgezogene, miteinander verbun-
dene S-Kurven und eingeritzte Tropfen.

269 - *zu S. 77* - Šipenicy (Schipenitz; Bukowina, UdSSR) -
Ornamentstreifen von gravierten und bemalten Vasen. Wien,
Naturhistorisches Museum. Nach O. Kandiba. Verbundene
S-Kurven in verschiedenen Strichen, mit Fülldreiecken.

270 - *zu S. 77* - Kamnik (Albanien) - Gravierte und bemalte
Schale. *Höhe 0,33 m* - Tirana, Museum für Archäologie und
Ethnographie. Nach M. Korkuti. Große und breite miteinander verbundene S-Kurven bedecken fast die ganze Höhe
des Gefäßes. Diese kurvolinearen Motive findet man später
in der keltischen Kunst wieder; in der neolithischen Kunst
des Donaugebiets ist ihre Zahl noch sehr begrenzt, ihre Anordnung regelmäßig und ihre Form etwas grobschlächtig,
hauptsächlich durch die Schwere der Dekorelemente.

KRETISCH-MYKENISCHE KUNST - III.-II. JAHRTAUSEND

271 - *zu S. 77* - Eine Auswahl von Motiven zeigt hinlänglich,
daß die Kelten Dekorelemente neu entdeckt haben, die schon
auf bemalten und gravierten Vasen aus minoischer und myke-
nischer Zeit gängig waren. Einige Motive gingen in die griechische und hellenistische Keramik ein; dagegen wurden sie
bei den Kelten besonders auf Metallarbeiten bevorzugt. Aber
vor der Latènekunst kannte nur die kretisch-mykenische
Kunst eine ähnliche Freiheit gegenüber den Forderungen
regelmäßiger Anordnung.

272

273

274

NEOLITHISCHE KUNST IN CHINA

272 - zu S. 77 - Da-dun-tse (Distrikt Pi-hien-Kiang-su) - Becken mit einem Dekor aus geometrischen Blütenblättern. *Gebrannter Ton, bemalt; Höhe 0,165 m.* Den bemalten Vasen der Spätlatènezeit vergleichbar.

273 - zu S. 77 - Lantschou (Kansu) - Schale auf ‹teou›-Fuß. *Gebrannter Ton, bemalt; Höhe 0,164 m.* Das Innere schmückt ein viereckiges Motiv, dessen kurvolineare Seiten aus vier dicken S-Kurven bestehen. Das Motiv gab es zu neolithischer Zeit im Donaugebiet, in der kretisch-mykenischen, in der griechischen und in der keltischen Kunst.

GRIECHISCHE KERAMIK

274 - zu S. 77 - Durch die keltische Kunst entlehnte und modifizierte Dekors. Über Italien sind Motive der griechischen Keramik, wo sie in regelmäßigen Formen verwendet wurden, in die Latènekunst eingegangen: Palmette und Lyra, Palmette und Lotos, Spirale, S-Kurve, Dreierwirbel; auch Ranke usw.

ENTFALTUNG UND AUSSTRAHLUNG

BEISPIELE FÜR DEN FORTLAUFENDEN STIL IN GRAPHISCH-PLASTISCHER TECHNIK - Abb. 275 bis 277

Vollständiges Zusammenhängen in einem einzigen Zug oder teilweises Zusammenhängen bestimmen den Charakter der Dekors, die sich gegen Mitte des 4. Jahrhunderts v. Chr. herausbildeten. Die Linien sind teils eingeritzt, teils leicht vorspringend, oder sie liegen als Relief auf ebener Oberfläche.

275 - zu Abb. 69 und S. 80 - Ausschnitt des Musters in leichtem, wie getriebenes Leder wirkendem Relief. Ein und derselbe Strich umschließt den noch sehr einfachen Dekor aus Palmetten, die sich zu einem karikierten Gesicht fügen, großen, langgestreckten S-Kurven, ‹Ranken› und ausgleichenden Dreiecken. Diagonale Streckung der Ornamente durch die lange, rechteckige Form des Bildfeldes. Wegen der ‹Ranken› zu seiten der Maske vgl. den Diskus von Brentford.

276 - zu Abb. 80 und S. 89 - Ausschnitt eines Frieses mit Dreierwirbeln, die durch schräge Kurven verbunden sind. Der Strich ist getrieben, dadurch leicht vorspringend.

277 - zu S. 86 - Rust (Österreich) - Ausschnitt vom Dekor einer Fibel. 4. Jh. v. Chr. - *Bronze; Länge 0,072 m* - Eisenstadt, Burgenländisches Landesmuseum. S-Kurven, Dreierwirbel und Spiralen in mehreren gesonderten Abschnitten.

275

276

277

BEISPIELE FÜR RINGFÖRMIGEN BRONZESCHMUCK DER ‹MARNE-
KULTUR› MIT FORTLAUFENDEM DEKOR, VOM 4. JH. V. CHR.
ENTWICKLUNGEN IM GRAPHISCHEN - Abb. 278 bis 281

278 - *zu S. 104* - ‹Marne› - ‹torques› mit Pufferenden. *Bronze* -
Nancy, Musée historique lorrain. Nach V. Kruta. Fortlaufende Dekors, aus einem einzigen Strich bestehend; symmetrisch auf dem Pufferende, frei auf dem Ring, mit Elementen wie dem ‹Fächer›, die man in der Inselkunst wiederfindet
(auf den Hörnern von Torrs z. B.). Bemerkenswert ist die
Quasi-Umbildung des Dekorsausläufers nahe am Ringende
zu einem Tierkopf.

279 - *zu S. 104* - ‹Marne› - ‹torques›. *Bronze* - Nancy, Musée
historique lorrain. Nach V. Kruta. Am Ende punktiertes
Laubwerk. Der Dekor ist im wesentlichen zusammenhängend, aber zusätzlich mit punktierten Füllelementen verziert.
Die Anordnung ist allgemein dieselbe wie beim vorhergehenden Stück, auch mit einem Peltamotiv ungefähr in der Mitte,
aber reichhaltiger im Detail und komplexer in der Erscheinung.

280 - *zu S. 104* - ‹Marne› - ‹torques›. *Bronze* - Saint-Germain-
en-Laye, Musée des Antiquités nationales. Nach V. Kruta.
Getrennte Elemente eines zusammenhängenden Dekors. Die
Anlage beider Seiten ist im ganzen die gleiche, aber im einzelnen weicht der Motivaufbau stark voneinander ab.

281 - *zu S. 80* - Prunay (Marne) - ‹torques›. *Bronze* - Reims,
Musée Saint-Rémi. Nach V. Kruta. Ausgearbeitete und völlig
symmetrische Dekors; deformierte Palmetten in großen Lyren, mit schraffierten Fülldreiecken in den Lyren und neben
dem Ansatz von Rankentrieben. Am äußersten Ende eine
Reihe von Hörnern.

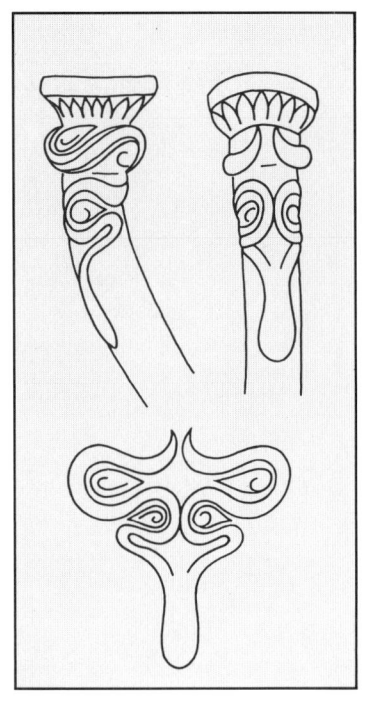

Beispiele von entwickelten fortlaufenden Dekors aus Südost-Europa - Abb. 282 bis 284

282 - *zu Abb. 93 und S. 103* - Umzeichnung eines Ausschnitts nach dem Original. Die mit Punkten versehenen Girlanden und die Stichelung der Grundfläche hat von allen bekannten ‹torques› nur dieser eine (sonst noch auf der Vase aus Alsopel). Der fortlaufende Dekor enthält an der breitesten Stelle einen Entenkopf mit eingerolltem Schnabel, in der Mitte ein unbestimmbares Motiv mit zwei reich ausgeführten Einrollungen, am Ende eine Folge von schematisierten Blättern.

283 - *zu S. 86* - Oploty (Böhmen) - Ausschnitt eines ‹torques›. *Gold* - Wien, Naturhistorisches Museum. Nach P. Jacobsthal. Symmetrisches Motiv, das eine Maske mit langer, spatelförmiger Nase entstellend wiedergibt.

284 - *zu Abb. 286 und S. 92* - Toužetín (Böhmen) - Ausschnitt des Dekors einer Fibel. Ende 4. Jh. v. Chr. - *Bronze* - Prag, Národní Muzeum. Nach V. Kruta. Symmetrische Zick-Zack-Anordnung auf gesticheltem Grund, mandelförmige Elemente

282   283   284

285

286

287

mit je vier Kreisen mit einem Punkt in der Mitte; in den Zwickeln Dreierwirbel, die nach entgegengesetzten Richtungen orientiert sind: Unregelmäßigkeit im Detail.

285 - *zu S. 82* - Dražičky (Böhmen) - Ausschnitt einer Schwertscheide. Anfang 4. Jh. v. Chr. - *Bronze; Gesamtlänge 0,565 m* - Tábor, Okresní Muzeum.

286 - *zu Abb. 284 und S. 92.*

287 - *zu S. 92* - Ceretolo (Bologna) - Fibel. Ende 4. - Anfang 3. Jh. v. Chr. - *Bronze; Länge 0,07 m* - Bologna, Museo civico archeologico.

288

289

288 - *zu S. 92* - Sedlec (Böhmen) - Abgerollter Dekor eines Armreifens. Ende 4.- Anfang 3. Jh. v. Chr. - *Bronze; äußerer Durchmesser 0,053 m* - Orlik nad Vltavou, Schloß Orlik. Nach V. Kruta.

289 - *zu Abb. 85 und S. 95* - Umzeichnung nach dem Original. Zwei Haupt- und zwei Nebenansichten. Unterhalb der vier Bildfelder und oberhalb der rohen Partie, die eingegraben war, verläuft ein Fries mit aneinandergehängten S-Kurven auf punktiertem Grund; oben, unter dem leicht abgestumpften Gipfel, sieht man eine Art ‹offenen› Mäander, der stellenweise unregelmäßig ist. Die vier Bildfelder sind unterschiedlich mit Einritzungen und umrandetem Relief verziert. Eine Nebenseite zeigt rechts eingeritzte Kreise, links kleine Näpfchen. Mischung zweier geometrischer Formprinzipien: geradlinig und kurvolinear; Symbolhaltigkeit (kosmisch? astronomisch?) einiger Bildfelder; Koexistenz keltischer und mediterraner Motive, z. B. auf dem Stein von Turoe.

290 - *zu S. 98* - Šardice (Mähren) - Knöchelring mit Verschluß. 3. Jh. v. Chr. - *Bronze; äußerer Durchmesser 0,125 m* - Wien, Naturhistorisches Museum.

290

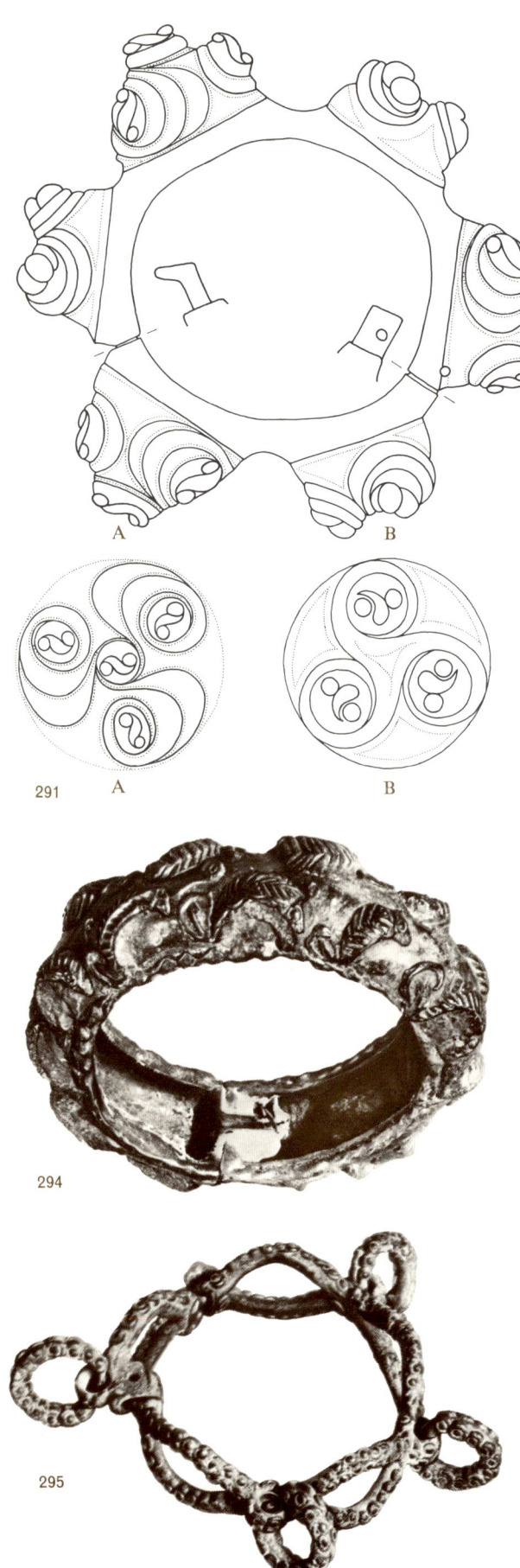

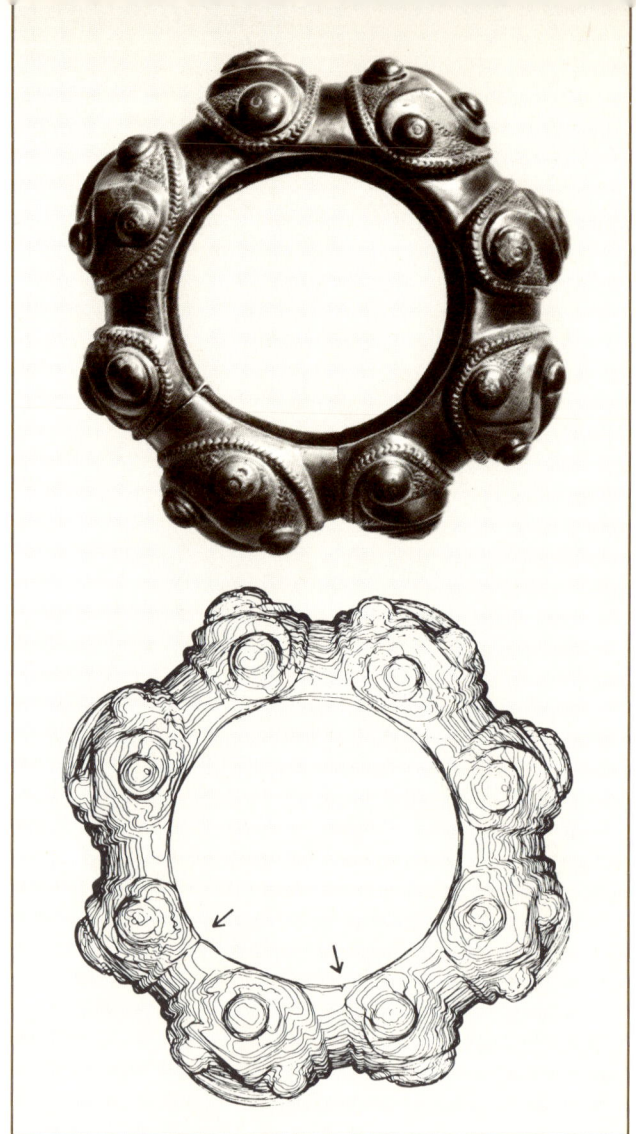

291

294

295

291 - *zu S. 99* - Stankovice (Böhmen) - Knöchelring mit gegossenen und verzierten Hohlbuckeln, mit Verschluß; und Ausschnitte der Hohlbuckel. 3.-2. Jh. v. Chr. - *Bronze; Durchmesser 0,08 m* - Žatec, Polankovo Muzeum. Nach V. Kruta.

292 und 293 - *zu Abb. 89 und S. 99* - Gesamtansicht und photogrammetrische Umzeichnung des Conseil scientifique de photogrammetrie de l'Institut Géographique National. Mit 0,5 mm gleich weit entfernte Schichtlinien. Dies ist das einzige genaue Verfahren für Stärkemessungen. Die Pfeile zeigen auf die Stellen der Gelenkverschlüsse. Die Hohlbuckel springen sehr viel weniger vor als auf den mitteleuropäischen Ringen desselben Typs. Dies ist das einzige in Gallien gefundene Exemplar. Da es technisch sehr sicher wirkt, ist es wohl eher eine westliche Imitation als ein Importstück; die Form ist ziemlich abgeflacht, aber der schwere und sorgfältig ausgeführte Dekor ist von ähnlicher Art wie auf dem Halbbuckelring aus Stankovice.

294 - *zu S. 101* - Křinec (Böhmen) - Armband mit Verschluß, mit Fischen verziert. 3. Jh. v. Chr. - *Bronze; Durchmesser 0,09 m* - Prag, Národní Muzeum.

295 - *zu S. 102* - Planany (Böhmen) - Durchbrochenes Armband mit Ringen. 2. Jh. v. Chr. (?) - *Bronze; Durchmesser 0,054 m* - Prag, Národní Muzeum.

296

297

298

299
300

296 - *zu S. 102* - Prag-Podbaba (Tschechoslowakei) - Durchbrochenes Armband. 3. Jh. v. Chr. - *Bronze; Durchmesser 0,065 bis 0,07 m* - Prag, Muzeum Hlraního Města Prahy.

297 - *zu S. 102* - Palárikovo (Tschechoslowakei) - Hohlbuckelring. 3.-2. Jh. v. Chr. - *Bronze; Durchmesser 0,07 bis 0,08 m* - Nitra, Archeologický ústav Slovenské Akadémie Vied.

298 - *zu S. 102* - Alsopel (Ungarn) - Drei von sechs Kartuschen einer Vase mit Ritzmuster. Ende 4. Jh. v. Chr. - *Gebrannter Ton; Höhe der Vase 0,40 m* - Budapest, Magyar Nemzeti Muzeum. Kurvolineare Motive, von denen einige erkennbar sind (Lyra, Dreierwirbel, S-Kurve), andere weniger. Punktierung der Grundflächen und einiger Motivpartien, worunter die Lesbarkeit leidet. Kreise und Dreiecke aus lockeren Punktreihen außerhalb der unteren Begrenzung der Kartuschen. Die mittlere Kartusche zeigt statt der unteren Begrenzung Girlanden wie der Dekor des ‹torques› aus Gorni-Cibar (Bulgarien).

299 - *zu S. 103* - Potypuszta (Ungarn) - Ausschnitt einer verzierten Schwertscheide. Ende 4.- Anfang 3. Jh. v. Chr. - *Bronze; Gesamtlänge 0,61 m* - Szombathely, Savaria Muzeum.

300 - *zu S. 103* - Dipsa (Rumänien) - Fibel mit Fußscheibe. Anfang 3. Jh. v. Chr. - *Bronze und Koralle oder Email; Länge 0,10 m* - Sibiu, Muzeul Brukenthal. Starke Plastizität.

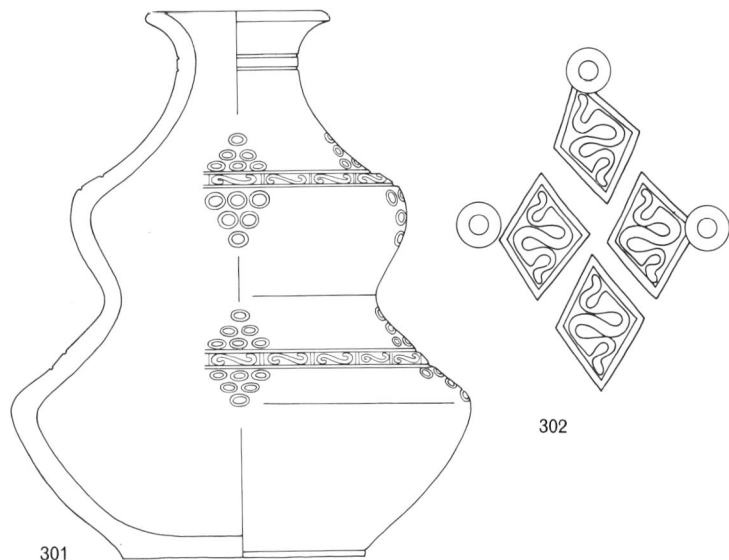

301

302

BEISPIELE FÜR TONGEFÄSSE MIT STEMPELMUSTER AUS UNGARN, 3. JH. V. CHR. - Abb. 301, 302

301 - *zu S. 104* - Hidegseg (Ungarn) - Dekor einer Vase. *Höhe 0,157 m* - Eisenstadt, Burgenländisches Landesmuseum. Nach F. Schwappach. Ausgeprägte Form, der Dekor auf beiden Schultern besteht aus gestempelten S-Kurven und in Dreiecken angeordneten Kreisen. Die symmetrische, regelmäßige Komposition ist wenig latènezeitlich: wir befinden uns schon im östlichen keltischen Bereich, wo sich einheimische und hellenistische Einflüsse geltend machen.

302 - *zu S. 104* - Sopron (Ungarn) - Ausschnitt vom Dekor einer Vasenscherbe. *Höhe der Rauten 0,015 m* - Sopron, Listz Ferenc Muzeum. Nach F. Schwappach. Vier ähnliche rautenförmige Stempel sind ungeschickt zu einer großen Raute gruppiert. An drei Ecken dieser Raute sind noch Rundstempel aufgedrückt, zwei davon schneiden die Ecken. Das Motiv ist eine symmetrisch angeordnete Schlange ganz im Latènestil. Das gleichzeitige Vorkommen solchen Dekors mit Kreisen und Bogen auf ein und derselben Vase ist übrigens typisch für die Keramik Mittel- und Osteuropas.

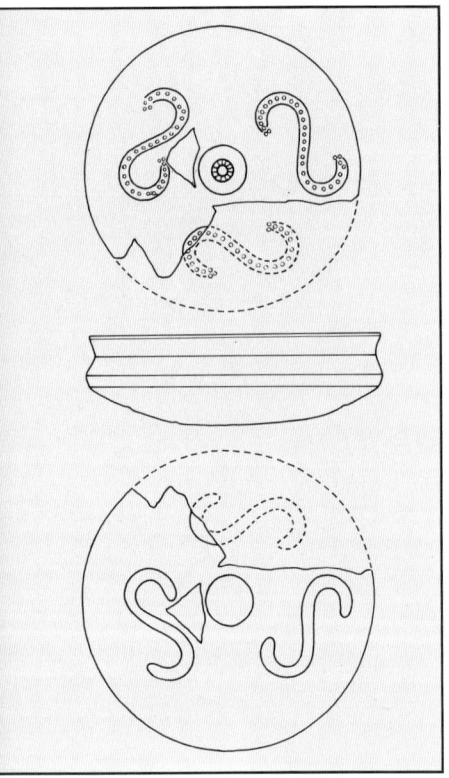

303

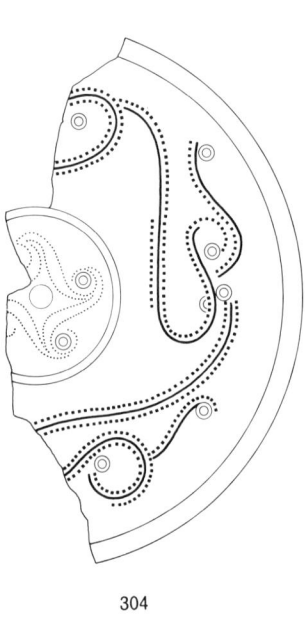

304

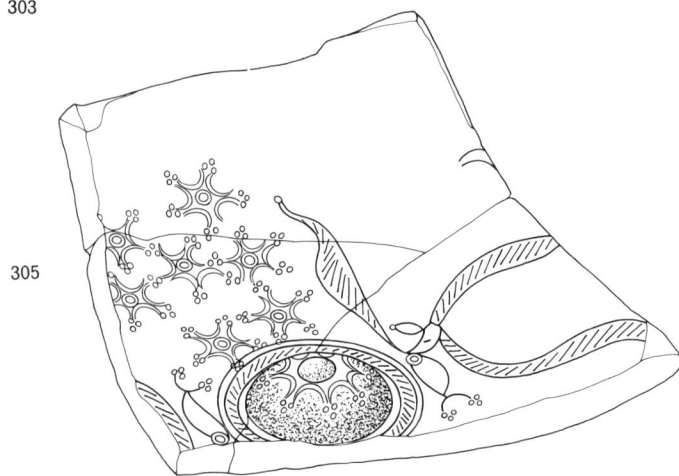

305

BEISPIELE VON OMPHALOSSCHALEN DES SOGENANNTEN BRAUBACHER TYPS - Abb. 303 bis 305

Seit dem 4. Jh. v. Chr. gab es in Braubach eine Werkstatt für mehr oder weniger fein ausgearbeitete Schalen. Die Form mit einem vorspringenden Omphalos in der Mitte des Grundes geht auf alte europäische wie auch auf mittelmeerische Überlieferung zurück. Der Dekor, der vielfältiger ist, als es scheint, nimmt ohne Unterschied den Omphalos, das Schaleninnere und -äußere ein.

303 - *zu S. 104* - Hamminkeln (Nordrhein-Westfalen) - Ergänzte Schale: Innenansicht, Profil und Außenansicht. Duisburg, Niederrheinisches Museum der Stadt. Nach F. Schwappach. Oben das Innere: recht einfacher Dekor aus drei großen, tief eingeritzten S-Kurven mit Punkten; auf dem Omphalos konzentrische Kreise; unten das Äußere: die S-Kurven des Inneren, nur hervortretend.

304 - *zu S. 104* - Thalmässing (Bayern) - Fragment einer Schale. Nürnberg, Germanisches Nationalmuseum. Nach F. Schwappach. Innendekor mit sehr fein ausgeführter Ritzung und Stempelung (Kreise und Linien aus kleinen viereckigen Punkten). Auf dem Omphalos vier S-Kurven aus Punktlinien, im Karree zusammenhängend; auf dem Umkreis ein freier Dekor aus rankenähnlichen Bogenlinien, wahrscheinlich in vier Gruppen.

305 - *zu S. 104* - Sobůlky (Tschechoslowakei) - Zusammengesetzte Scherben einer Schale. Privatsammlung. Nach F. Schwappach. Beachtlich vielfältiger Innendekor. Neben dem Omphalos auf der einen Seite: Motivkomplex aus sternförmig zusammengesetzten, punktbekrönten Girlanden (ein solcher Stern auch auf dem Omphalos selbst); auf der anderen Seite (mit noch gering sichtbarem Gegenüber) sehr freie vegetabilische Einritzungen aus lang ausgezogenen ‹Blättern› und kleine gestempelte Kreise. Es waren also wohl vier Motive vorhanden, je zwei und zwei entsprechende standen sich gegenüber, beide sehr verschieden in der Art, aber durch ihre Technik miteinander verbunden. Alles wirkt so, als hätte der Töpfer, einerseits der Tradition der immer geschätzten Stempelmuster verpflichtet, bei der anderen Hälfte der Verzierung einer freieren Richtung nachgegeben.

306

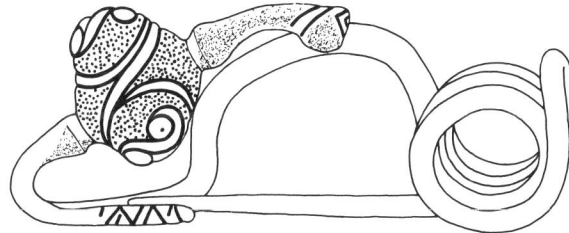

307

308

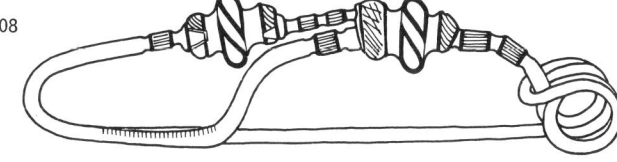

306 - *zu S. 117* - Leval-Trahegnies (Hennegau) - Vorstecknagel. 3. Jh. v. Chr. - *Eisen und Bronze; Länge 0,05 m* - Brüssel, Musées royaux d'Art et d'Histoire.

307 - *zu S. 119* - Kosd (Ungarn) - Fibel mit großem Fußknoten. 3. Jh. v. Chr. - *Bronze; Länge 0,065 m* - Budapest, Magyar Nemzeti Muzeum.

308 - *zu S. 119* - Kbel (Böhmen) - Fibel mit profilierten Motiven. 3. Jh. v. Chr. - *Bronze; Länge 0,13 m* - Prag, Národní Muzeum.

309 - *zu S. 107* - Braa (Jütland) - Applik eines Kessels und Rankendekor. 3. Jh. v. Chr. - *Bronze* - Moesgaard, Hoejbjerg, Forhistorisk Museum. Nach O. Klindt-Jensen. Eine der über den Rand hinweggreifend befestigten Appliken dieses großen Kessels stellt einen stark stilisierten, ausdrucksvollen Eulenkopf dar. Auf der Attasche hinter dem Kopf verläuft eine Ranke in eleganten Kurven und Gegenkurven die Außenwand des Gefäßes hinab. Auf den Rand von Kesseln sich vorbeugende Tierköpfe zu setzen, die den Inhalt scheinbar bewachen oder begehren, das ist orientalischer, hellenistischer und etruskischer Brauch. Die Kelten haben ihn übernommen (und auf Keramik übertragen, jedenfalls im Donaugebiet), aber an die Stelle von drohenden Ungeheuern (wie Greifen) setzten sie vertraute Tiere.

309

310

311

312 313 314

310 - *zu S. 119* - Klobúky (Böhmen) - Abgerollter Dekor eines Armbandes. 4.-3. Jh. v. Chr. - *Bronze; Durchmesser 0,06 m* - Prag, Národní Muzeum. Nach V. Kruta.

311 - *zu S. 119* - Prag-Žižkov (Böhmen) - Abgerollter Dekor eines Armreifs. Anfang 3. Jh. v. Chr. - *Bronze; Durchmesser 0,059 m* - Prag, Národní Muzeum. Nach V. Kruta.

312 - *zu S. 120* - Kosd (Ungarn) - Verzierter Mundsaumbeschlag einer Schwertscheide. 3. Jh. v. Chr. - *Eisen; Gesamtlänge 0,74 m* - Budapest, Magyar Nemzeti Museum. Gegenständige ‹Drachen›.

313 - *zu S. 120* - München-Obermenzing (Bayern) - Verzierter Mundsaumbeschlag einer Schwertscheide. 3.-2. Jh. v. Chr. - *Eisen; Gesamtlänge 0,85 m* - München, Prähistorische Staatssammlung. Dreierwirbel mit Raubvogelköpfen.

314 - *zu S. 146* - La Tène (Neuchâtel) - Verzierter Mundsaumbeschlag einer Schwertscheide. 2. Jh. v. Chr. - *Bronze; Gesamtlänge 0,74 m* - Biel, Museum Schwab. Abwandlung der ‹Drachen›.

258

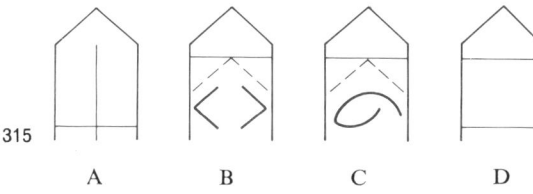

315

A   B   C   D

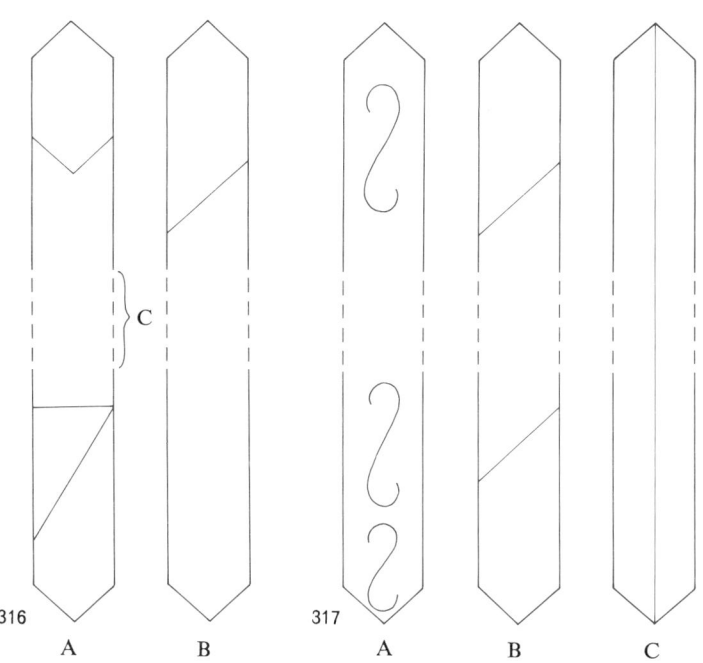

316   317

A   B   A   B   C

SUMMARISCHE TYPOLOGIE DER VERZIERTEN SCHWERTSCHEI-
DEN - Abb. 315 bis 317 und S. 120

315 - Nur im oberen Teil verziert - Symmetrischer Dekor:
A - mit Trennungslinie: gegenständige Drachen; B - ohne
Trennungslinie; C und D - mit asymmetrischem Dekor.

316 - A - Dekor oben und unten; B - Dekor oben und in
der Diagonale; C - oben, unten und in der Mitte.

317 - A - Dekor von oben bis unten; B - oben und unten in
der Diagonale; C - auf der ganzen Länge mit Mittelgrat.

319

318

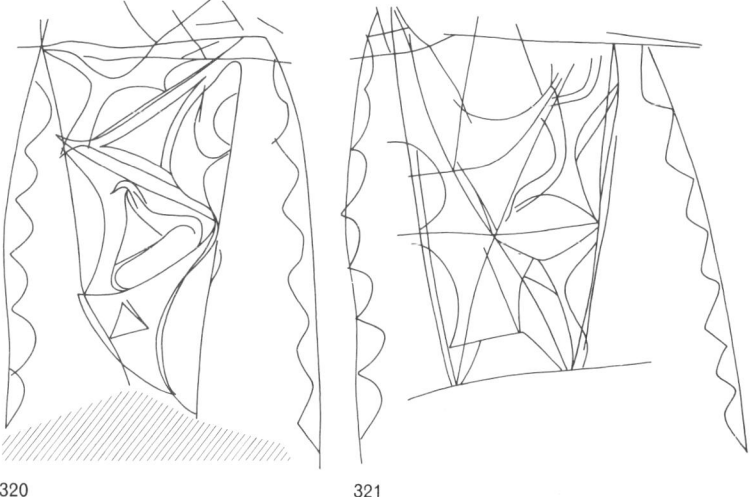

320   321

318 - *zu Abb. 114 und S. 127.*

319 - *zu S. 127* - Drňa (Tschechoslowakei) - Dekor einer
Schwertscheide. Rimavská Sobota, Museum.

320 und 321 - *zu Abb. 115 und S. 127* - Ausschnitte in Umzeichnung. Die Ritzmuster unter beiden Henkeln, die nach
unten enger werden oder sogar spitz zulaufen, sind eine
skizzenhafte, mit erhobener Hand angefertigte Übertragung
eines Scheidendekors, wie er auf den Stücken von Cernon-
sur-Coole und Bodroghalom vorkommt.

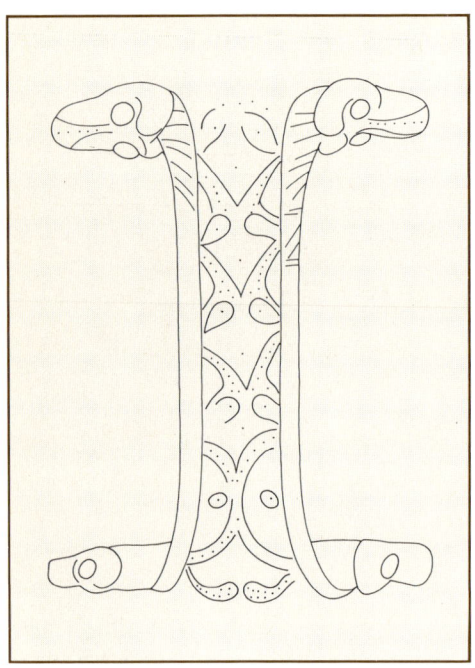

322

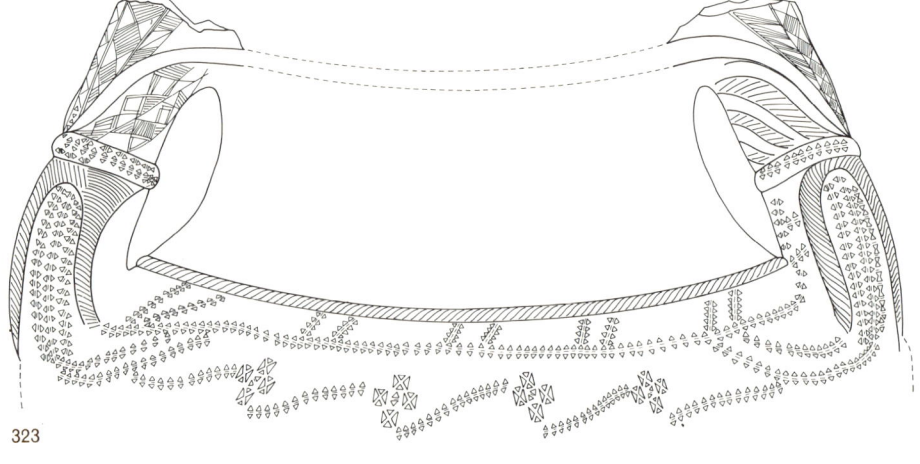

323

RITZMUSTER AUF VASEN DES KELTISCHEN OSTENS AUS DEM 3. JH. V. CHR. - Abb. 322 bis 324

322 - *zu S. 127* - Novomesto (Jugoslawien) - Verzierter Henkel eines Pseudokantharos. *Gebrannter Ton* - Novomesto, Dolenski Muzej. Nach einem Abdruck im Museum von Ljubljana. Plastischer und geritzter Dekor: an dem geradlinigen Henkel sitzen vier Widderköpfe, zwei oben, zwei unten; der Henkel trägt ein recht einfaches Ritzmuster aus Querbalken mit Tropfen, Kreisen und Punkten.

323 - *zu S. 127* - Belgrad-Karaburma (Jugoslawien) - Dekor eines Kantharos. *Gebrannter Ton; Gesamthöhe 0,42 m* - Belgrad, Muzej grada Beograda.

324 - *zu S. 127* - Apahida (Rumänien) - Ausschnitt vom abgerollten Dekor einer Gefäßschulter. *Gebrannter Ton* - Cluj, Museum. Nach V. Zirra. Sehr frei komponiertes Ritzmuster mit kleinen gestempelten Kreisen, Lyren und Peltamotiven.

324

325

325 - *zu Abb. 126 und S. 129* - Analyse des Dekors und Ausschnitte davon. A - Der fortlaufende innere Strich und der fortlaufende äußere Strich, aus denen der Dekor gebildet ist. B - Die Palmettensurrogate: Peltamotive, die zu Masken werden, und Ranken, die sich in Entenköpfe verwandeln - und die Art, wie sie zusammenhängen. C - Abrollung der beiden Arten von Dekorelementen.

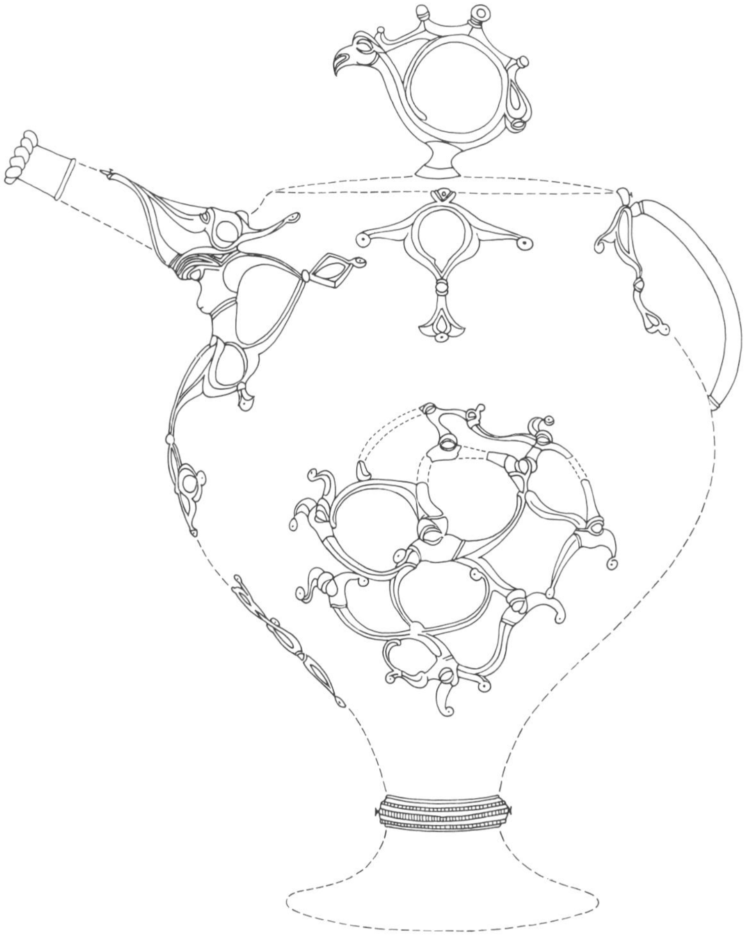

326

327

328

329

326 - *zu Abb. 127-131 und S. 131* - Rekonstruktion der Frag-
mente eines Vasenbeschlags. Nach O. Klindt-Jensen. Am
wahrscheinlichsten ist die Anordnung auf einer Vase mit
Röhrenausguß und Deckel; das Gefäß war wohl eher aus
Holz als aus gebranntem Ton. Eine Rekonstruktion zu einem
Jochbeschlag, die man versucht hat, ist weniger einleuchtend.

327 - *zu S. 133* - Vukovar (Jugoslawien) - Fibel mit Rosetten.
3.-2. Jh. v. Chr. - *Bronze* - Zagreb, Arheološki Muzej.

328 - *zu S. 133* - Prozor (Jugoslawien) - Fibel, die aus drei
Ovalkörpern besteht. 3.-2. Jh. v. Chr. - *Bronze* - Zagreb,
Arheološki Muzej.

329 - *zu S. 134* - Mukačevo (Subkarpatische Ukraine) - Fragment eines Gürtels. 3.-2. Jh. v. Chr. - *Bronze; Länge 0,06 m* -
Sibiu, Muzeul Brukenthal.

330

331

330 und 331 - *zu S. 135* - Entremont (Bouches-du-Rhône) - Ausschnitte der Armringe von Kriegerstatuen. 2. Jh. v. Chr. - *Stein* - Aix-en-Provence, Musée Granet. Nach den Erhebungen des Service d'architecture antique des C.N.R.S. in Aix-en-Provence.

- Einfacher Dekor aus zwei durch einen Faden getrennten Wellen. Schmaler Armreif, am Oberarm getragen. Wahrscheinlich ist hier eher ein gegossener Glasarmring in Stein wiedergegeben worden als einer aus Metall.
- In senkrechten Abteilungen ein Dekor aus dicken S-Kurven und aus kleineren, paarweise zusammenhängenden S-Ornamenten. Wahrscheinlich Fragment eines Unterarmreifens, und hier liegt der Steinwiedergabe wohl eher ein Metallvorbild zugrunde - jedenfalls ist diese Dekoranordnung auf keinem vorhandenen ringförmigen Schmuck belegt. Sie ist trotzdem typisch für den Latènestil.

332

333

332 - *zu Abb. 137 und S. 137* - Die Dekors von Haupt- und Nebenseite. Nach M. Duignan und nach dem Original gezeichnet. Es handelt sich um Flachrelief, nicht um Einritzung. Es gibt drei Denkmäler dieser Art in Irland: in Turoe, Castlestrange und (sehr fragmentarisch) in Killiclugin. Die Dekors sind offenbar vergrößerte Motive von kleineren Vorbildern, z.B. auf Metall. Die Bedeutung dieser ins freie Feld gesetzten Steine ist unbekannt. Am Fuß befindet sich ein Mäander wie am oberen Rand der ‹Pyramide› von Kermaria: Zusammentreffen von mediterranen und Latènemotiven. Stilistische Verwandtschaft mit armoricanischen Steinskulpturen und dem Obelisken von Pfalzfeld.

- Eine der beiden Hauptansichten: frei arrangierte Elemente eines fortlaufenden Dekors; man erkennt Motive, die von der Kunst der Britischen Inseln her vertraut sind - ‹Kommata› und Leerflächen in der Form von Dreiecken mit geschwungenen Seiten oder von ‹Fächern›. Ungefähr regelmäßige Elemente: an den äußersten Rand verlegte ‹Kommata›, z.B. in den beiden unteren Ecken.
- Eine der beiden Nebenansichten: besser komponiert als die vorige, ein Dreierwirbel in der unteren Mitte, oben ein Entenkopf, der mit einem dekorativen Rüssel verschönt ist, und Kommata an den Rändern.

333 - *zu S. 137* - Sainte-Anne en Trégastel (Côtes-du-Nord) - Gravierte oder reliefierte Stele. 3.-2. Jh. v. Chr. - *Granit; Höhe 1,94 m* - Ty Guard, nahe beim Strand von Coz-Pors, Eigentum de Bélizal (Privatsammlung). Nach dem Original gezeichnet.

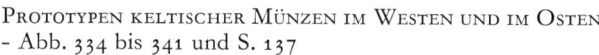

PROTOTYPEN KELTISCHER MÜNZEN IM WESTEN UND IM OSTEN
- Abb. 334 bis 341 und S. 137

Westlich der Rhône-Rhein-Linie wurde Gold verwendet; der
Stater Philipps II. von Makedonien wurde im Innern und im
Westen Galliens nachgeahmt, eine Kolonialmünze aus Tarent
bei den Belgern, dann nach 121 v.Chr. der römische Silberdenar in den Grenzgebieten und im Innern der Gallia Narbonensis; kurz vor dem Gallischen Krieg wurden Bronzemünzen geprägt und Potine gegossen. Umbildung der nachgeahmten Typen durch neue Formen, die von den in ihre
Bestandteile zerlegten Bildern der Vorderseite ausgingen, und
durch Rückkehr zur Geometrie, besonders in der Bretagne.
Östlich der besagten Linie wurde Silber verwendet. Im Gebiet von Save, Drau und Donaumittellauf, auch in Siebenbürgen, wurden der Stater und die silberne Tetradrachme
Philipps II. und Alexanders des Großen nachgeahmt, nördlich und südlich der oberen Donau, besonders in Böhmen,
die Münzen der Nachfolger Alexanders (Goldstater Alexanders III., Silberstater von Antigonos Gonatas). Die Vorbilder
wurden geschickt imitiert, mit Stilisierung, Kraft und Eleganz. Auf der Rückseite einige latènezeitliche Umbildungen.

334 - Tarent - *Gold; Durchmesser 0,011 m und 0,012 m*
335 - Philipp II. von Makedonien - *Gold; Durchmesser 0,017
und 0,0175 m -*
336 - Philipp II. von Makedonien - *Silber; Durchmesser 0,023
und 0,026 m -*
337 - Alexander III. von Makedonien - *Gold; Durchmesser
0,018 und 0,013 m -*
338 - Alexander III. von Makedonien - *Silber; Durchmesser
0,025 und 0,027 m -*
339 - Marseille - *Silber; Durchmesser 0,013 und 0,018 m -*
340 - Rhodos - *Silber; Durchmesser 0,019 und 0,020 m -*
341 - Ampurias - *Silber; Durchmesser 0,012 und 0,012 m -*
Alle Paris, Bibliothèque Nationale, Cabinet des Médailles.

BEISPIELE FÜR DIE ENTWICKLUNG VON MÜNZVORDERSEITEN
IM 2. JAHRHUNDERT V. CHR. - Abb. 342 bis 344

342 *zu S. 140* - Stater Philipps II. von Makedonien - *Gold;
Durchmesser 0,018 m* - Paris, Bibliothèque Nationale, Cabinet
des Médailles.

343 - *zu S. 140* - Stater der Veneter - *Gold; Durchmesser etwa
0,020 m* - Paris, Bibliothèque Nationale, Cabinet des Médailles.

344 - *zu S. 140* - Stater der Bellovaker - *Gold; Durchmesser
etwa 0,025 m* - Paris, Bibliothèque Nationale, Cabinet des
Médailles.

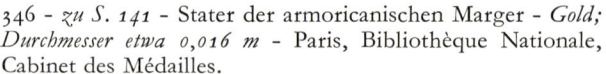

345

346

347

348

349

BEISPIELE FÜR DIE ENTWICKLUNG VON MÜNZRÜCKSEITEN IM 2. JH. V. CHR. - Abb. 345 bis 349

345 - *zu S. 140* - Stater Philipps II. von Makedonien - *Gold; Durchmesser 0,018 m* - Paris, Bibliothèque Nationale, Cabinet des Médailles.

346 - *zu S. 141* - Stater der armoricanischen Marger - *Gold; Durchmesser etwa 0,016 m* - Paris, Bibliothèque Nationale, Cabinet des Médailles.

347 - *zu S. 142* - Stater der armoricanischen Marger - *Gold; Durchmesser etwa 0,022 m* - Paris, Bibliothèque Nationale, Cabinet des Médailles.

348 - *zu S. 141* - Den Bajocassen zugeschriebener Halbstater. *Gold; Durchmesser 0,016 m* - Paris, Bibliothèque Nationale, Cabinet des Médailles.

349 - *zu Abb. 143 und S. 142* - Stater der armoricanischen Veneter.

350 - *zu Abb. 145 und S. 143* - Abgerollter Dekor, schematisiert. Der Scheitel des Kopfes ist auf der Abbildung unten. Die zwei großen Kreise an den Seiten markieren die Öffnungen für die Ohren. Das mit Strichlinie eingefaßte Oval in der Mitte bezeichnet die - beschädigte - Stelle, an der die beiden ‹Hörner› befestigt waren.

351 und 352 - *zu Abb. 144 und S. 144* - Torrs (Kirkcudbrightshire) - Dekors der beiden ‹Hörner›. Sie sind umgekehrt gegenständig dargestellt. Das eine weist zwei gerade Linien auf, das andere nur eine einzige; so entsteht eine Art Zweiteilung der runden oder ovalen Partien (ähnlich dem Verfahren auf der Vase von Basel).
- An einem Ende, ein falsches ‹jin und jang›, das durch eine gerade Linie zweigeteilt ist. In der Mitte eine kleine Maske, die in einem reichen, durch eine gerade Linie verunstalteten Motiv verloren wirkt.
- An einem Ende ein falsches ‹jin und jang›, das durch eine gerade Linie zweigeteilt ist. ‹Fächer› mit Rippen.

350

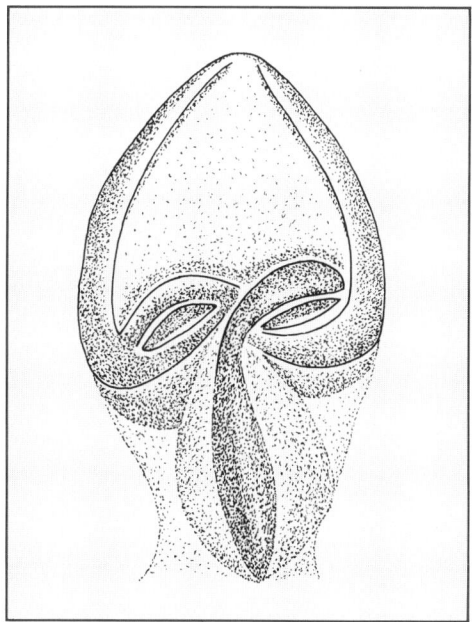

353

353 - *zu S. 146* - Irland - Ende eines Trensenknebels. 2. Jh. v. Chr. (?) - *Bronze; Gesamtlänge 0,13 m* - Dublin, National Museum of Ireland. Nach B. Raftery.

354 - *zu S. 146* - Lisnacroghera (Antrim) - Ausschnitt einer verzierten Schwertscheide. 2. Jh. v. Chr. - *Bronze* - Belfast, Ulster Museum.

355 - *zu S. 146* - La Tène (Neuchâtel) - Verzierte Schwertscheide. 2. Jh. v. Chr. - *Eisen; Länge 0,72 m* - Neuchâtel, Musée Cantonal d'archéologie. Nach J. M. de Navarro. Große S-Kurven mit vegetabilischen Ausläufern.

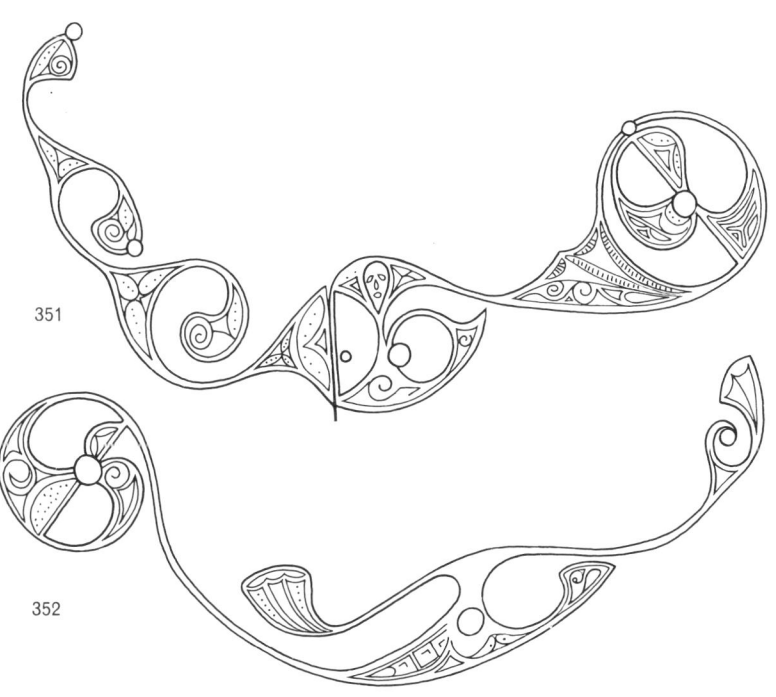

351

352

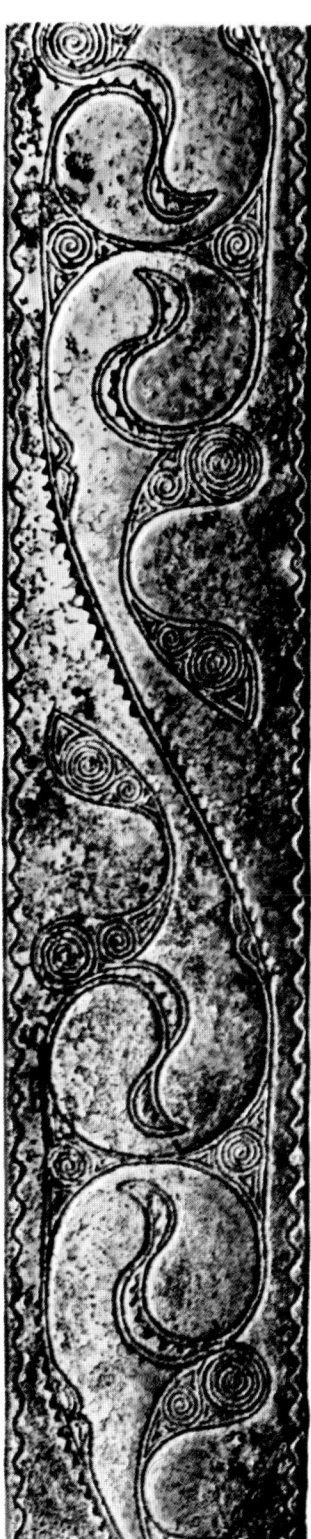

354

355

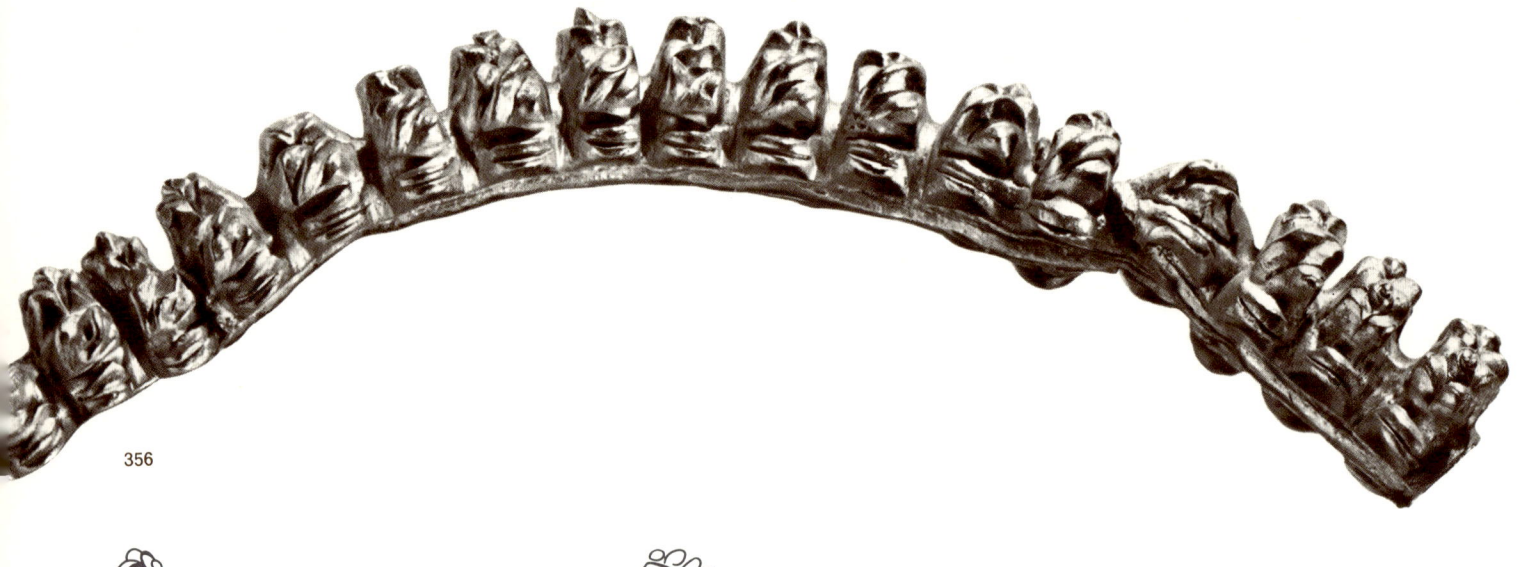

356

357

358

359

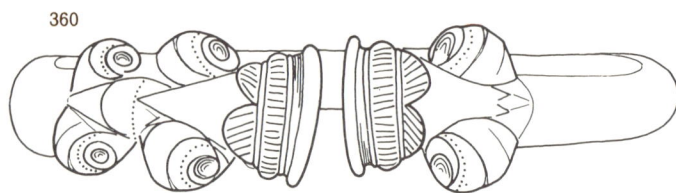

360

AUSSCHNITTE VON REICHVERZIERTEM RINGFÖRMIGEM
SCHMUCK, DER BLÜTENANSAMMLUNGEN DARSTELLT,
2. JAHRHUNDERT V. CHR. - Abb. 356 bis 360

356 - *zu S. 146* - Gašic (Jugoslawien) - Ausschnitt eines
‹torques› mit Rosetten. 3.-2. Jh. v. Chr. - *Gold; äußerer Durchmesser 0,138 m* - Budapest, Magyar Nemzeti Muzeum.

357 - *zu Abb. 154 und S. 146* - Nach dem Original gezeichnet.
Die Zeichnung gibt die subtile Plastizität dieses Schmucks
nur unvollkommen wieder. Zusammen mit den folgenden
Stücken gehört er zu den schönsten keltischen Goldschmiedearbeiten. Samenkapseln, Knospen, vielleicht auch Blätter,
dazu die verschieden schrägen Ebenen der keltischen Plastik,
im Guß in verlorener Form hergestellt. Zwei Blumenringe
sind übereinandergelegt. In jedem Teil sind zwei Buketts
umgekehrt gegenständig angeordnet; die Stengel sind mit
einer Hülle versehen, aus derem einem Ende etwas Zehenartiges schaut. Bei dem einen Ring weisen alle Hüllen mit
allen Stengeln und allen Blumen in eine Richtung, bei dem
anderen auch, aber in die entgegengesetzte Richtung. Haben
wir die Kopie eines Blumenarmbandes vor uns?

358 - *zu Abb. 153 und S. 146* - Nach dem Original gezeichnet.
Der Halsreif ist - einfacher als der Armreif - aus einem
einzigen Blumenring gebildet und mit einem doppelten Band
umwunden. Die Blumen, Knospen u.s.w. werden zur Öffnung hin üppiger.

359 - *zu Abb. 155 und S. 149* - Schema nach dem Original.
Seiner Blumenfülle wegen wäre dieses Stück das Meisterwerk
schlechthin, wäre es in seinem gegenwärtigen Zustand nicht
mit zwei ähnlichen Schmuckelementen verbunden, die so auf
zwei Reihen montiert sind, daß eine Partie des Dekors in eine
Richtung weist, die dem übrigen entgegengesetzt ist. Die
äußerst regelmäßige Anordnung der Motive kann man auf
den ersten Blick erkennen, denn drei der vier stetig abwechselnden Teile verlaufen diagonal.

360 - *zu S. 149* - Vršac-At (Jugoslawien) - Armring mit
Pufferenden. *Silber* - Vršac, Narodni Muzej. Nach J. Todorovic. Bei dem einen Pufferende zwei Paar Samenkapseln, bei
dem anderen nur ein Paar. Das Motiv ist ähnlich wie bei den
vorhergehenden Schmuckstücken, aber einfacher und genauer
ausgeführt.

361

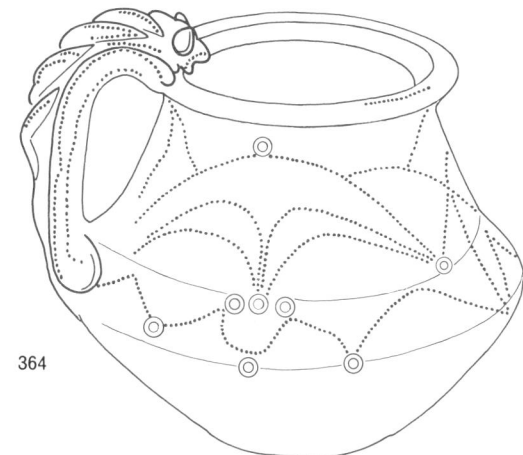

364

362

365

361 - *zu S. 150* - Telce (Böhmen) - Ausschnitt vom Kettengürtel einer Frau. Mitte 2. Jh. v. Chr. - *Bronze und Email* - Prag, Národní Muzeum.

362 - *zu S. 150* - Dalj (Jugoslawien) - Anhänger mit Haken, vom Ende eines Kettengürtels. Mitte 2. Jh. v. Chr. - *Bronze und Email* - Zagreb, Arheološki Muzej.

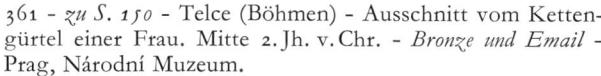

363

PLASTISCHE VASEN AUS DEM KARPATENBECKEN, 2. JH. V. CHR. - Abb. 363 bis 365

363 - *zu S. 152* - Kakasd (Tolna, Ungarn) - Vase mit zwei Henkeln, der eine gedreht, der andere anthropomorph. Mitte 2. Jh. v. Chr. - *Gebrannter Ton; Höhe 0,143 m* - Szekszard, Balogh Adam Muzeum.

364 - *zu S. 152* - Szob (Pest, Ungarn) - Vase mit einem Henkel. 3.-2. Jh. v. Chr. - *Gebrannter Ton; Höhe 0,104 m* - Esztergom, Ballassi Balint Muzeum. Nach M. Szabo und E. Petres. Dieser Vasentypus mit einem oder zwei plastischen Henkeln ist charakteristisch für die Kelten in den Donauländern. Hier sind Hals und Bauch - frei und etwas ungeschickt in der Anordnung - mit gepunkteten Bogenlinien und kleinen gestempelten Kreisen verziert. Der Henkel fällt durch seinen leicht monströsen Naturalismus auf: ein Kopf mit großen vorspringenden Augen und eine durch Punkte betonte Spiraldrehung, die einen Teil des Tierkörpers zu bilden scheint - man denkt an eine Mischung aus Lurch und Chamäleon.

365 - *zu S. 152* - Curtuiuseni (Rumänien) - Vase in Form eines Halbstiefels, dessen oberer Teil in ein Knickwandgefäß übergeht. *Höhe 0,14 m* - Secuieni, Museum. Nach V. Zirra. Die Verzierung besteht aus kleinen gestempelten Vierecken, die aneinandergereiht Schleifen, S-Kurven, Spiralen und ausgefüllte Dreiecke ergeben. Diese Gefäßform kommt in Ungarn und Rumänien vor; sie ist keltisch nur durch die kurvolinearen Motive des Dekors.

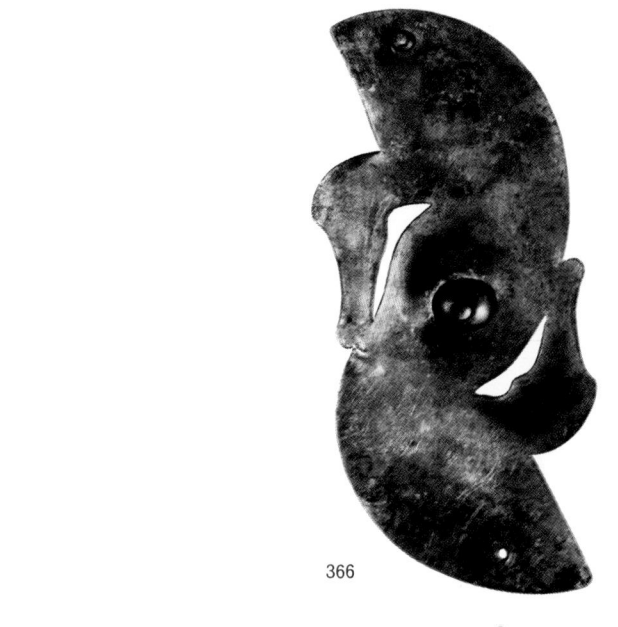

366

367

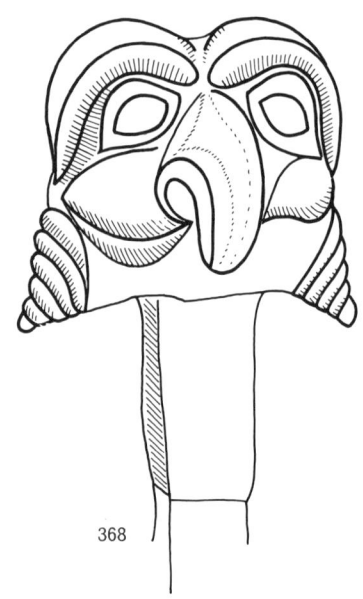

368

366 - *zu S. 154* - La Tène (Neuchâtel) - Durchbrochene Platte mit zwei gegenständigen, nach innen gekehrten Equidenköpfen. 2. Jh. v. Chr. - *Bronze* - Biel, Museum Schwab.

367 - *zu S. 161* - Šárka (Böhmen) - Statuette eines Ebers. 1. Jh. v. Chr. - *Bronze; Länge 0,115 m* - Prag, Národní Muzeum.

368 - *zu S. 163* - Manching (Bayern) - Wagenachsnagel in Form eines Eulenkopfes. 1. Jh. v. Chr. - *Bronze; Höhe 0,335 m* - München, Prähistorische Staatssammlung. Nach W. Krämer.

VOM HEIDENTUM ZUM CHRISTENTUM

TYPEN KELTISCHER MÜNZEN - Abb. 369 bis 376

369 - *zu Abb. 182 und S. 176* - Münze der Osismier (Vorderseite und Rückseite). A und B: Mit Hilfe mehrerer Exemplare derselben Münze zeichnerisch vervollständigte Vorder- und Rückseite. Die Vorderseite trägt das Wildschweinzeichen oben, drei kleine, durch Perlenschnüre aneinanderhängende ‹têtes coupées› und Zweige mit Blättern am Rand. Die Rückseite zeigt ein androzephales Pferd im Sprung, das Wildschweinzeichen und den Adler zwischen den Pferdebeinen und zwei ‹têtes coupées› als Dekormotiv rechts und links am Fuß der Ranke. C: Analyse beider Seiten und Einzeldarstellung ihrer dynamischen und statischen Elemente.

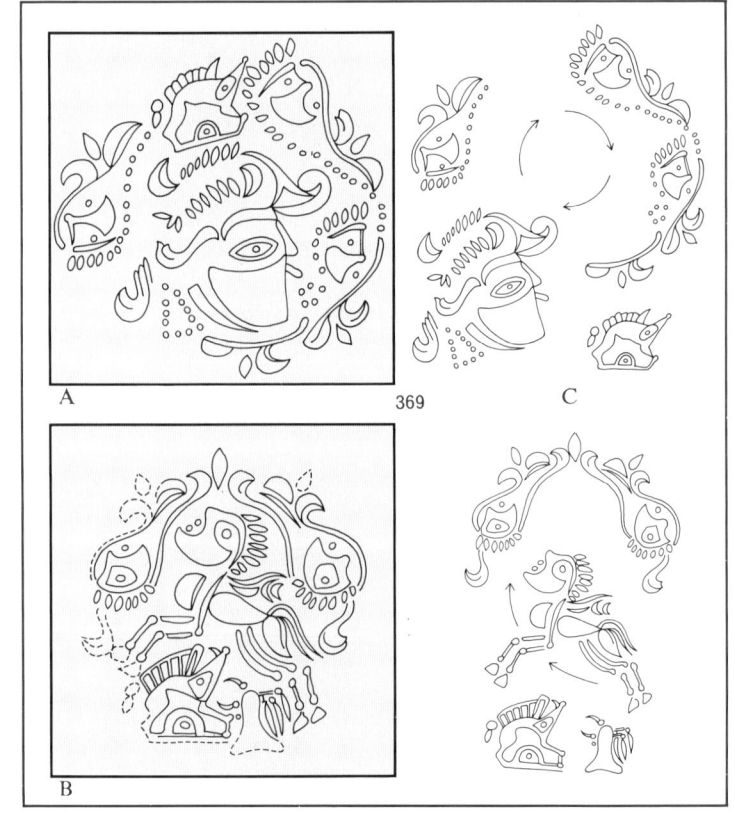

A   369   C

B

370

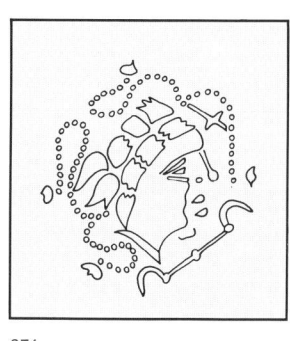

371

372

373

370 - *zu S. 177* - Münze der Herkunier (Rückseite). Erste Hälfte 1. Jh. v. Chr. - *Silber; Durchmesser 0,025/0,026 m* - Budapest, Magyar Nemzeti Muzeum. Gehörnter nackter Reiter, Dreierwirbel unter dem Pferd. Eine Münze, die den Latènestil in der Numismatik des keltischen Ostens bezeugt.

371 - *zu S. 177* - Münze der Namneter (Vorderseite). 1. Jh. v. Chr. - *Gold*. Vor dem Hals ein Joch. Um den Kopf herum vier winzige ‹têtes coupées›, je zwei und zwei mit Perlenreihen in der Form von Klammern verbunden. Mit Hilfe mehrerer Exemplare derselben Münze zeichnerisch vervollständigtes Bild.

372 - *zu S. 177* - Münze der Osismier (vollständige Rückseite). 1. Jh. v. Chr. - *Elektron; Durchmesser 0,0195/0,022 m* - Paris, Bibliothèque Nationale, Cabinet des Médailles. Androzephales Pferd, ein Raubvogel über der Kruppe, ein Stierzeichen unter dem Bauch. Vor dem Kopf hängt ein Kreuz an einer Perlenschnur.

373 - *zu S. 177* - Münze der Veneter (zeichnerische Rekonstruktion der Vorderseite). 1. Jh. v. Chr. - *Scheidemünze*. Stilisierter Kopf, von Blattwerk umgeben. Dieses ist durch Perlenschnüre verbunden, die zwei Klammern nachzeichnen. Die legendären ‹têtes coupées› sind hier zu einem rein dekorativen Motiv geworden.

374 - *zu S. 177* - Gegossene Potinmünze der Katalauner (Vorderseite). Ende der gallischen Zeit - *Durchmesser 0,021 m* - Paris, Bibliothèque Nationale, Cabinet des Médailles. Laufender nackter Mensch, mit ‹torques› und Waffe. Ein Gott?

375 - *zu S. 177* - Gegossene Potinmünze der Katalauner (Vorderseite). Ende der gallischen Zeit. *Durchmesser 0,020 m* - Paris, Bibliothèque Nationale, Cabinet des Médailles. Menschliche Figur im Schneidersitz, in der Rechten ein ‹torques›. Enface-Abbildung und ‹torques› lassen auf eine Gottheit schließen - eine der wenigen Darstellungen von Gottheiten auf keltischen Münzen. Gegossene Münzen tragen vollständige Bilder.

376 - *zu S. 218* - Münze von der Britischen Insel (Vorderseite). 1. Jh. v. Chr. - *Gold; Durchmesser 0,019 m* - Privatsammlung. Ungegenständliche Komposition aus Elementen des in seine Bestandteile zerlegten Kopfes; die schnurgeraden Rechtecke haben sich aus den Blättern des Lorbeerkranzes entwickelt. Es ist die Geometrie der ‹positiven Deformierungen› von belgischen Vorderseiten.

374

376

375

377

378

379

380

381

382

383

384

386

385

BEISPIELE VON MÜNZVORDERSEITEN AUS DEM 1. JH. V. CHR. -
Abb. 377 bis 386

377 - zu S. 177 - Münze der Veneter (zeichnerisch rekonstruierte Vorderseite). 1. Jh. v. Chr. - *Gold.*

378 - zu Abb. 178 und S. 170 - Münze der Parisier.

379 - zu S. 174 - Münze der Pictonen (?). *Silber; Durchmesser 0,016 m* - Paris, Bibliothèque Nationale, Cabinet des Médailles.

380 - zu Abb. 181 und S. 174 - Münze der Nervier.

381 - zu Abb. 179 und S. 173 - Münze der Osismier. Über der Frisur ein ovales Zeichen, das sich auf den anderen Exemplaren zusätzlich unter der Perlenschnur befindet, die den Hals betont. Hinter dem Kopf ein undefinierbares Motiv.

382 - zu S. 175 - Münze der Uberer (?). *Gold; Durchmesser 0,017 m* - Paris, Bibliothèque Nationale, Cabinet des Médailles.

383 - zu S. 175 - Münze der Uberer (?) (Vorderseite, Umzeichnung). 1. Jh. v. Chr. - *Gold* - Völlige Geometrisierung des Kopfes mit Helm.

384 - zu S. 177 - Münze der Bajocassen (?). *Scheidemünze; Durchmesser 0,020/0,021 m* - Paris, Bibliothèque Nationale, Cabinet des Médailles.

385 - zu Abb. 227 und S. 218 - Münze der Catuvellauner Großbritanniens.

386 - zu S. 177 - Münze aus Ungarn. Augusteische Zeit - *Silber; Durchmesser 0,022 m* - Paris, Bibliothèque Nationale, Cabinet des Médailles.

387

388

389

390

391

392

393

BEISPIELE FÜR MÜNZRÜCKSEITEN AUS DEM 1. JH. V. CHR. -
Abb. 387 bis 393

387 - *zu S. 170* - Münze der Parisier. Paris, Bibliothèque
Nationale, Cabinet des Médailles.

388 - *zu S. 173* - Münze aus dem Jura. *Gold; Durchmesser
0,022 m* - Paris, Bibliothèque Nationale, Cabinet des Médailles.

389 - *zu S. 173* - Münze der Redoner. *Gold; Durchmesser
0,020 m* - Paris, Bibliothèque Nationale, Cabinet des Médailles.

390 - *zu S. 173* - Münze der armoricanischen Marger. *Gold;
Durchmesser 0,015 m* - Paris, Bibliothèque Nationale, Cabinet
des Médailles.

391 - *zu S. 174* - Münze der Atrebaten (?). *Gold; Durchmesser
0,017/0,018 m* - Paris, Bibliothèque Nationale, Cabinet des
Médailles.

392 - *zu S. 174* - Münze der Elusaten. *Silber; Durchmesser
0,018 m* - Paris, Bibliothèque Nationale, Cabinet des Médailles. Stark schematisiertes geflügeltes Pferd.

393 - *zu Abb. 182 und S. 176* - Münze der Osismier.

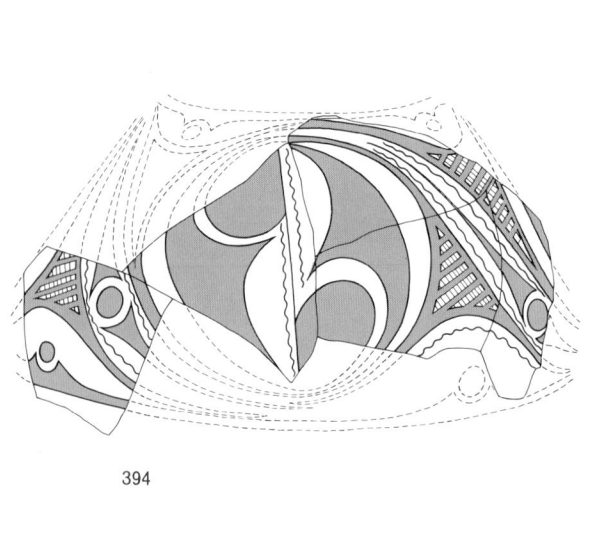

394

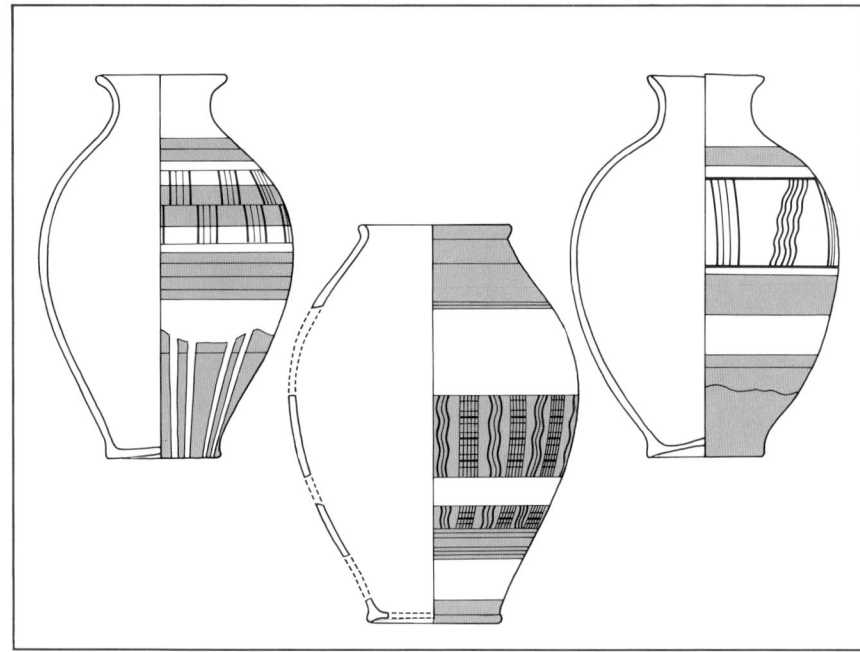

395

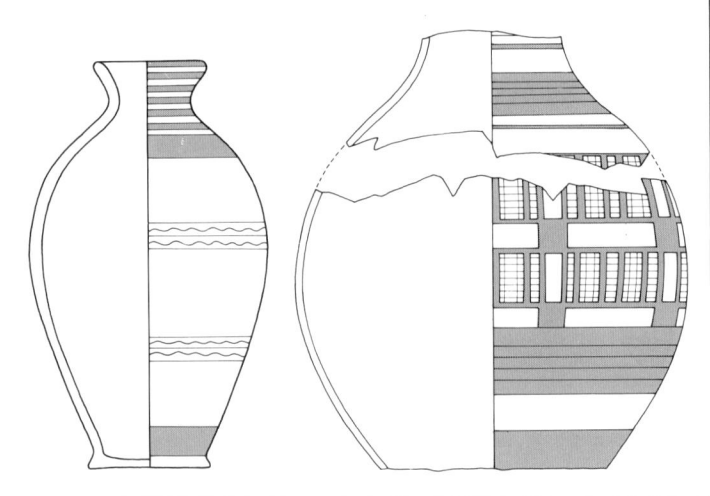

396

397

Drei Epochen mit regionaler Begrenzung bei typischem kurvolinearem Latènedekor auf der bemalten oder (und) geritzten Keramik sind zu unterscheiden: die Frühlatènezeit in der Champagne, in Armorica, in der Bretagne; die Spätlatènezeit in der Schweiz, in Bayern, in Böhmen; und das Fortleben in früh-gallo-römischer Zeit in Gallien in der Gegend von Roanne (Loire), in der Schweiz und in Ungarn.

394 - *zu Abb. 183 und S. 178* - Ausschnitt vom erhaltenen Teil des Dekors einer bemalten Vase. Auf der Schulter großflächige Motive. Mehrere Hauptmedaillons zwischen sehr offenen, schrägen S-Kurven und kleinen Fülldreiecken mit Kästchen-Unterteilung. Das große Motiv ist wohl eine an beiden Seiten geschlossene S-Kurve mit geradem Vertikalstrich (wie er auf den Hörnern von Torrs vorkommt) vielleicht, wie vermutet, durch die Teilung eines Motivs in zwei Hälften und die Drehung der einen Hälfte um 180⁰ entstanden. Das angenommene Originalmotiv ist jedenfalls in der keltischen Kunst sonst nicht belegt. Die Vielfalt des Dekors mit seinen einfachen und gewellten Linien, den kleinen Kästchen und zusätzlichen Kreisen unterscheidet ihn von dem viel einfacheren Dekor der Frühlatènezeit.

395 - *zu S. 178* - Manching (Bayern) - Verzierungsschemata von Vasen. *Durchmesser 0,284, 0,272 und 0,192 m* - München, Prähistorische Staatssammlung. Nach F. Maier. Geometrischer Dekor; die einzigen nicht gerade verlaufenden Linien sind vertikale oder schräge Wellen.

396 - *zu S. 178* - Třísov und Stradonice (Böhmen) - Verzierungsschemata von Vasen. Prag, Národní Muzeum. Nach J. Bren. Die gleiche Art der Geometrisierung mit horizontalen Wellen.

397 - *zu S. 196* - Nagyvenyim (Ungarn) - Verzierungsschema einer Vase. 2. Jh. n. Chr. - *Höhe 0,255 m* - Dunajvaros, Museum. Nach M. Szabo. Neben der Ranke oben und den unregelmäßigen Wellenlinien unten steckt kaum Latèneüberlieferung in diesen Arbeiten aus der Römerzeit (auf den bemalten Vasen aus Genf Vögel anstelle der Hirsche).

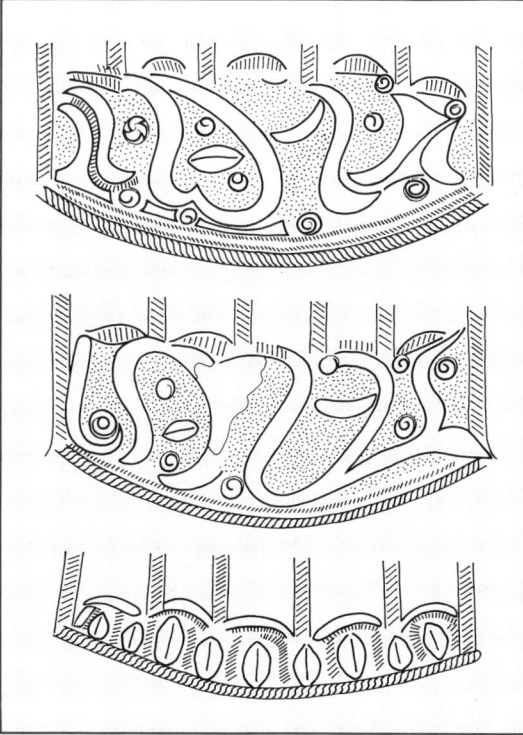

398

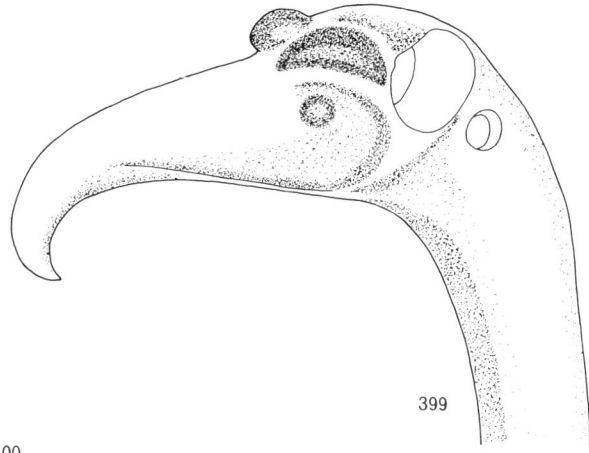

400

399

398 - *zu S. 178* - Mailly-le-Camp (Aube) - Ausschnitte vom Dekor eines ‹torques› mit Pufferenden. Mitte 1. Jh. v. Chr. - *Gold; äußerer Durchmesser 0,198 m* - Saint-Germain-en-Laye, Musée des Antiquités nationales.

399 - *zu S. 180* - Kappel (Rheinland-Pfalz) - Adlerkopf. Ende 1. Jh. v. Chr. - *Schmiedeeisen; Länge 0,18 m* - Buchau, Federseemuseum.

400 - *zu S. 180* - Muri (Schweiz). Fingerring, aus einem profilierten Band gebildet. 1. Jh. v. Chr. - *Gold; Durchmesser 0,018 m* - Bern, Bernisches Historisches Museum.

401 - *zu S. 188* - Neuvy-en-Sullias (Loiret) - Frauenstatuette. Anfang 1. Jh. n. Chr. - *Bronze; Höhe 0,13 m* - Orléans, Musée historique de l'Orléanais.

401

402

402 - *zu S. 192* - Vieille-Toulouse (Haute-Garonne) - Eimer mit verzierten Bronzebändern. Ende 1. Jh. v. Chr. - *Holz mit Bronze; Durchmesser 0,16 m* - Toulouse, Musée Saint-Raymond.

ZEUGNISSE FÜR DAS WEITERLEBEN DES KELTISCHEN TEMPELS - Abb. 403 bis 405

Von der Fassade des keltischen Tempels geben uns vielleicht gallische Münzen eine Vorstellung, vom ganzen Tempel die Gebäudetrümmer der Römerzeit, die sich vom römischen Tempel völlig unterscheiden und manchmal die Spuren vorhergehender Gebäude überdecken.

403 - *zu S. 196* - Mittleres und unteres Seinetal - Gegossene Münzen: Zwei Tempelfassaden mit Giebel. 1. Jh. v. Chr. - *Silber*. Mit Hilfe von mehreren Stücken aus verschiedenen Prägungen vervollständigte Zeichnung. Klassische Architektur mit etwas bauchiger Säule. Offenbar eine Vereinfachung eines komplexeren Gebäudes, vielleicht nur die Wiedergabe des klassischen mediterranen Tempels.

404 - *zu S. 197* - Saint-Ouen-de-Thouberville (Eure) - Gallorömisches ‹fanum›: Grundriß und hypothetische Rekonstruktion des Aufrisses nach dem Grundriß. Nach A. Grenier. Quadratischer Grundriß mit Ost-Orientierung, Umlaufgalerie um die Cella.

405 - *zu S. 197* - Autun (Saône-et-Loire) - Gallo-römischer Tempel, sogenannter Janus-Tempel: Rekonstruktion des Aufrisses und Querschnitt. Die Cella steht noch zum Teil, die Fundamente des Umgangs sind im Boden gefunden worden, die Höhe des Umgangs ist gesichert, die Säulenreihe ist hypothetisch.

403

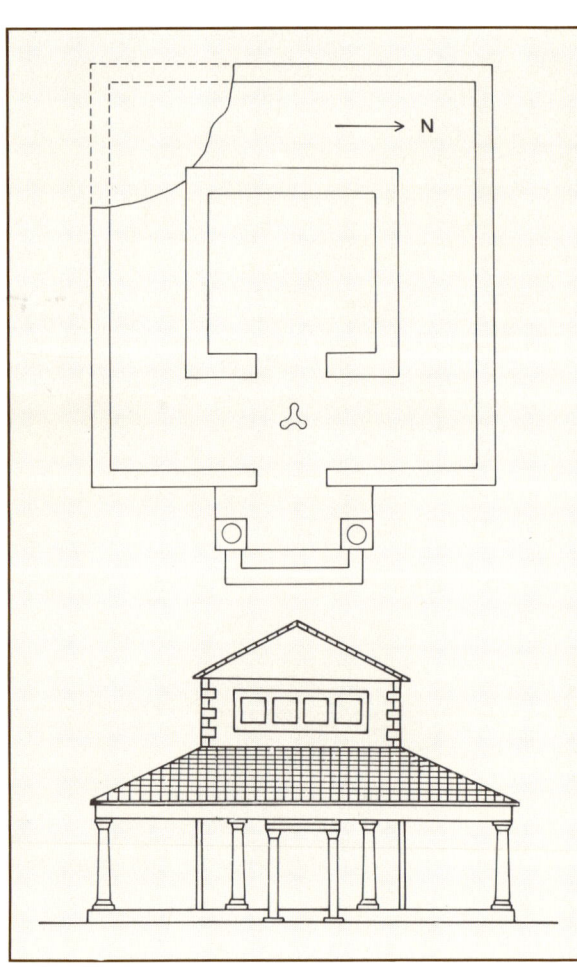

404

405

407

406

408

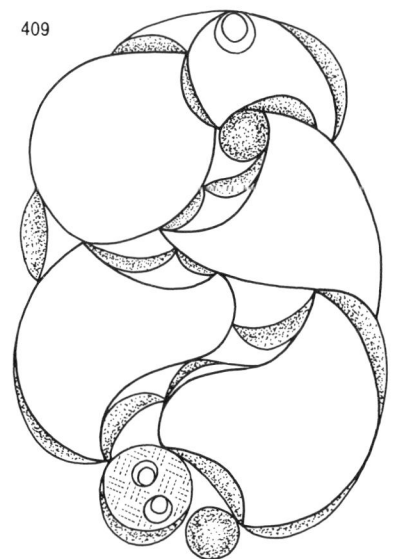

409

‹TORQUES›, ‹TORQUES›-RINGE UND GEBISSKUGELN, KUGEL-ENDEN VON PFERDEGEBISSEN - Abb. 406 bis 409

406 - *zu Abb. 16, 207 und S. 199* - Abgerollter Dekor vom Hauptteil und vom Pufferende eines ‹torques›. Die Umzeichnung zeigt die Mischung aus Symmetrie und Dissymmetrie des Dekors, die vom Manierismus nicht freie Reichhaltigkeit und das kunstvolle Gespinst der Grundflächen.

407 - *zu Abb. 208 und S. 199* - Ausschnitte und Abrollung vom Flechtwerkdekor der Ringe. Nach C. Fox. Dicker Ring anstelle des Pufferendes, wie bei den Schmuckstücken aus Ipswich. Gravierungen, aufgeblähte Linien, leichtes Relief, Flechtwerk-Grundflächen in Form von kurvolinearen Dreiecken, Motive wie Kreise und Kommata, Pseudofiligran. Die Umzeichnung gibt den prächtigen Anblick dieses ‹torques›-Teiles schlecht wieder, aber sie zeigt, wie frei der Dekor gestaltet und auf den Ringhals und einen Teil des Ringes selbst (nächst der Öffnung) verteilt ist.

408 - *zu S. 201* - Ipswich (Suffolk) - Ringenden eines ‹torques›. 1. Jh. v. Chr. (?) - *Gold; Durchmesser etwa 0,190 m* - London, Britisches Museum. Nach B. Cunliffe.

409 - *zu Abb. 209 und S. 200* - Schematische Umzeichnung des Dekors der Kugel eines Pferdegebisses. Nach C. Fox. Zweidimensionale Darstellung der verschiedenen räumlichen Ausbuchtungen eines sphärischen Ganzen. Die Zeichnung zeigt die Schwierigkeit, dreidimensionale keltische Arbeiten zu faksimilieren. Aber man erkennt die großen Zierflächen in der für die Britischen Inseln typischen Form des kurvolinearen Dreiecks - und die enorme Schwierigkeit, solch einen Dekor mit einem Blick zu erfassen.

275

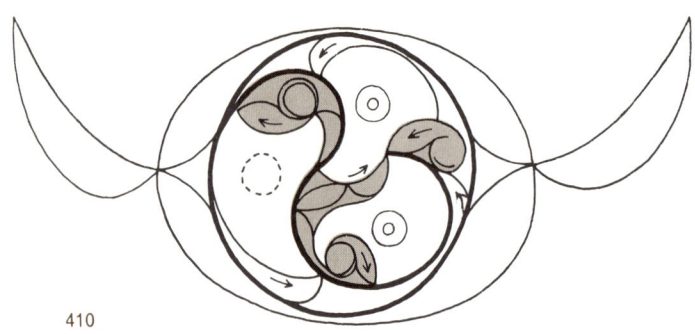

410

410 - *zu Abb. 206 und S. 198* - Zwischen zwei lang blattartigen Gebilden und innerhalb eines Ovals umgibt ein Kreis
einen reliefierten Dreierwirbel aus drei ‹Kommata›, die ihrerseits durch ein kurvolineares Y mit verschiedenen Graten
verbunden sind. Das Motiv läßt an einen Vogel denken, wobei das größte ‹Komma› den Kopf bildet. Der ‹Vogel› ist
um eine große S-Kurve geordnet, die den Kreis fast in zwei
Hälften teilt. Um den Rand herum drei Blätter im Relief.
Nichts ist hier symmetrisch, die Schrägen des Reliefs führen
in verschiedene Richtungen. Das Ganze ist typisch latènezeitlich, Inselmotive wie ‹Kommata› sind vorherrschend.

411 - *zu S. 202* - Tal-y-Llyn (Merionethshire) - Schildbe-
schlag (?). 1. Jh. v. Chr. - *Bronzeblech; größte Breite 0,104 m* -
Cardiff, National Museum of Wales.

411

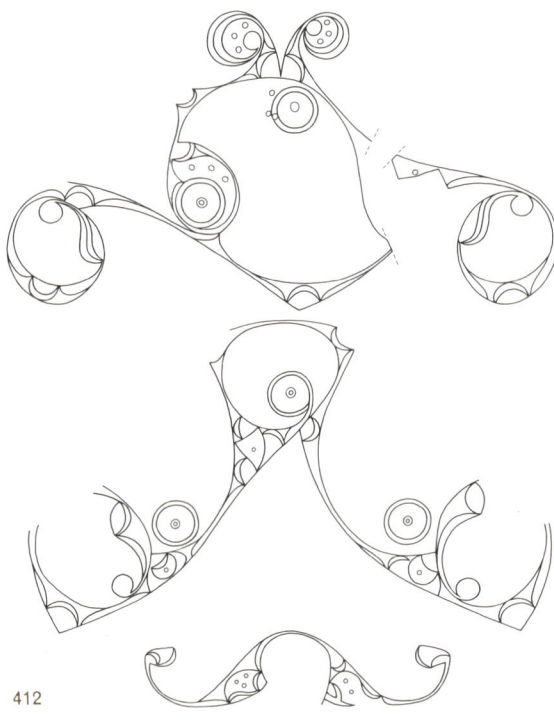

412

413

412 - *zu Abb. 211 und S. 202* - Schematische Zeichnung des
Helmdekors. Nach C. Fox. Der Dekor zieht sich vorn und
hinten über den Helmkopf hin, unten das Muster des Nacken-
schutzes. Bald zarte, bald aufgeblähte Linien, sehr ‹insel-
typische› Reliefs, vor allem die Trompeten. Die Anordnung
des Dekors ist zum Teil durch die Form der Unterlage bedingt, die der Symmetrie nicht förderlich ist. Seltsam, daß
das Mittelstück des oberen Ornaments in der Zeichnung die
Form eines von hinten gesehenen Helmes hat, mit einer Dop-
pelfeder obenauf.

413 - *zu S. 202* - Im Shannon bei Keshcarrigan (Irland) gefunden - Große Tasse. Anfang 1. Jh. n. Chr. - *Bronze; Durchmesser 0,142 m* - Dublin, National Museum of Ireland.

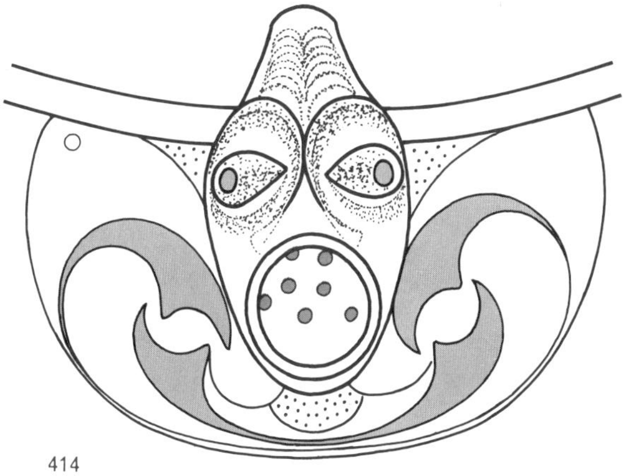

414

415

416

417

414 - *zu S. 204* - Leg Piekarski (Polen) - Ausgußtülle und Applik einer Schale. 1. Jh. v. Chr. - 1. Jh. n. Chr. - *Bronze; Durchmesser 0,255 m* - Warschau, Panstwowe Muzeum Archeologiczne. Nach J. V. S. Megaw.

415 - *zu S. 205* - Bulbury (Dorset) - Kleine Stiere (von einem Wagen?). Anfang 1. Jh. n. Chr. (?) - *Bronze; Länge 0,064 m* - Dorchester, Dorset County Museum.

416 - *zu S. 209* - Birdlip (Gloucestershire) - Rückseite eines Spiegels. Anfang 1. Jh. n. Chr. - *Bronze; Gesamthöhe 0,387 m* - Gloucester, City Museum and Art Gallery. Mit dem Spiegel aus Desborough ist dies eines der vollendetsten Exemplare in dem symmetrischen Flamboyantstil. Alle drei Hauptgruppen haben eine birnenförmige Umrißlinie, die an eine Folge von abwechselnd geraden und einwärts gebogenen ‹Lyren› erinnert (vgl. die Scheibe von Brentford).

417 - *zu S. 201* - Snettisham (Norfolk) - Ausschnitt eines Armreifs. Ende 1. Jh. v. Chr. - *Gold; Durchmesser etwa 0,097 m* - London, Britisches Museum.

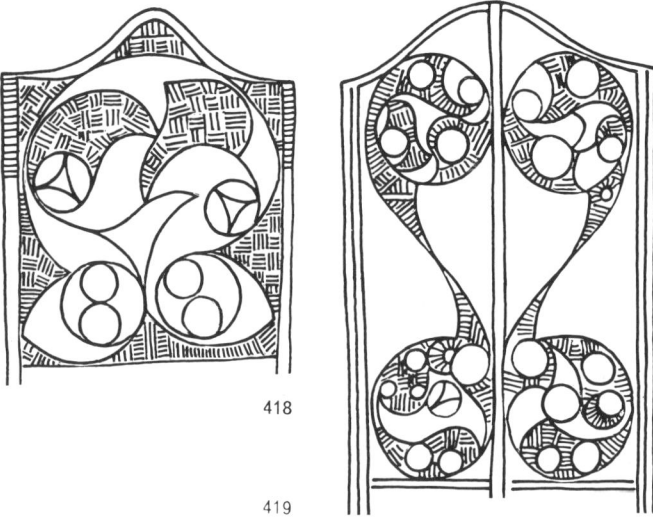

418

419

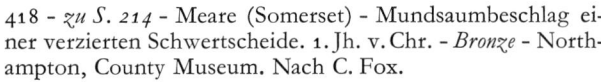

418 - *zu S. 214* - Meare (Somerset) - Mundsaumbeschlag einer verzierten Schwertscheide. 1. Jh. v. Chr. - *Bronze* - Northampton, County Museum. Nach C. Fox.

419 - *zu S. 214* - Hunsbury (Northamptonshire) - Mundsaumbeschlag einer verzierten Schwertscheide. 1. Jh. v. Chr. - *Bronze; Gesamtlänge 0,764 m* - Northampton, County Museum. Nach C. Fox.

420 - *zu S. 216* - Stanwick (Yorkshire) - Zügelringe. 1. Jh. n. Chr. - *Bronze* - London, Britisches Museum.

420

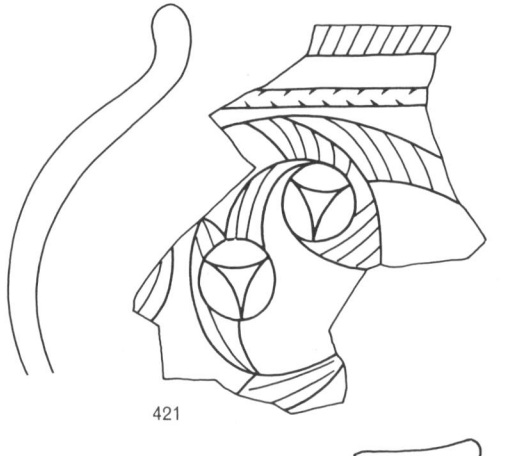

421

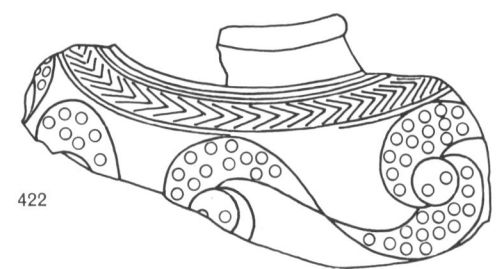

422

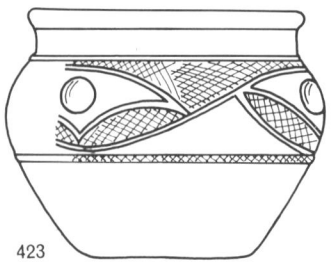

423

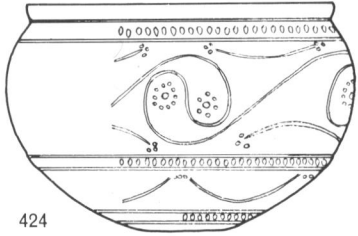

424

BEISPIELE FÜR GRAVIERTEN KURVOLINEAREN DEKOR AUF KERAMIK AUS GROSSBRITANNIEN - Abb. 421 bis 424

Man sollte sie immer mit entsprechenden armoricanischen Denkmälern vergleichen, die schon in der Frühlatènezeit belegt sind.

421 - *zu S. 217* - Meare (Somerset) - Scherbe vom Hals und vom Bauch einer Vase. 1. Jh. v. Chr. - Taunton, Somerset County Museum. Nach M. Avery. Vielfältiger Dekor, die Motive sind mit ungefähr parallelen, gebogenen Strichen ausgefüllt; zwei Kreise umschließen ein Dreieck mit konkaven Seiten, vielleicht bilden sie eine Nietenform nach. Für die Verwandtschaft des Dekors auf Metallscheiden und Keramik kennen wir schon ein ungarisches Beispiel (aus Kaloz-Nagyhöcsök).

422 - *zu S. 217* - Glastonbury (Somerset) - Scherbe von Hals und Schulter einer Vase. Glastonbury, Museum of the Antiquarian Glastonbury Society. Nach C. Fox. Dekor aus horizontal liegenden zusammenhängenden S-Kurven, die mit kleinen gestempelten Kreisen ausgefüllt sind.

423 - *zu S. 217* - Hunsbury (Northamptonshire) - Vase 1. Jh. v. Chr. - 1. Jh. n. Chr. - Northampton, County Museum. Nach C. Cunliffe.

424 - *zu S. 217* - Glastonbury (Somerset) - Vase. 1. Jh. v. Chr. bis 1. Jh. n. Chr. - Glastonbury, Museum of the Antiquarian Glastonbury Society. Nach B. Cunliffe.

278

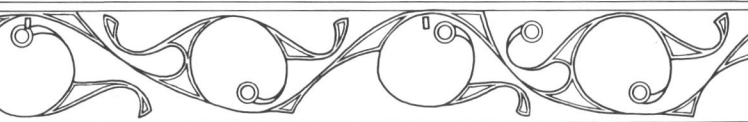

425

425 - *zu S. 218* - Glastonbury (Somerset) - Schema des De-
kors von einem Gefäßfragment. 1. Jh. v. Chr. - *Holz mit
Schnitz- und Brandmalereidekor* - Glastonbury, Museum of the
Antiquarian Glastonbury Society. Nach C. Fox.

426 - *zu S. 219* - Vienne, Sainte Blandine (Isère) - Ausschnitt
vom Dekor einer Fibel mit Maske. Spätlatènezeit - *Bronze;
Länge 0,084 m* - Vienne, Musée des Beaux-Arts et d'Archéologie. Nach G. Chapotat.

427 - *zu S. 223* - Wraxall (Somerset) - Halsreif. Mitte 1. Jh.
n. Chr. - *Bronze mit Glas; Durchmesser 0,175 m* - Bristol, City
Museum.

428 - *zu S. 226* - Mortonhall (Midlothian) - Schwertscheide.
Vorchristlich - *Bronze; Länge 0,58 m* - Edinburgh, National
Museum of Antiquities of Scotland.

429 - *zu S. 228* - Somerset (Galway) - Kleine Scheibe, Deckel
einer Büchse (?). Vorchristlich (?) - *Bronze* - Dublin, National
Museum of Ireland.

426

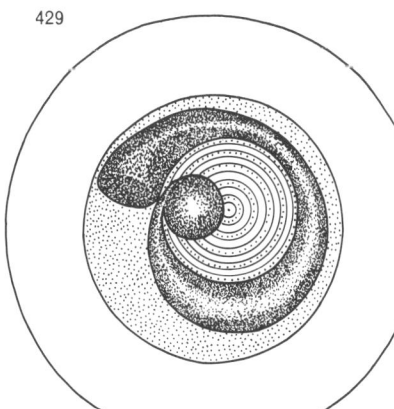

429

427   428

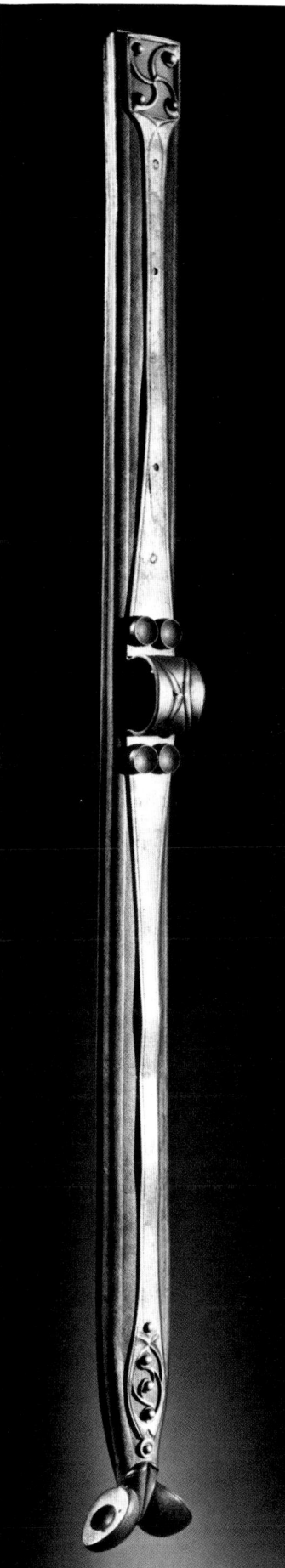

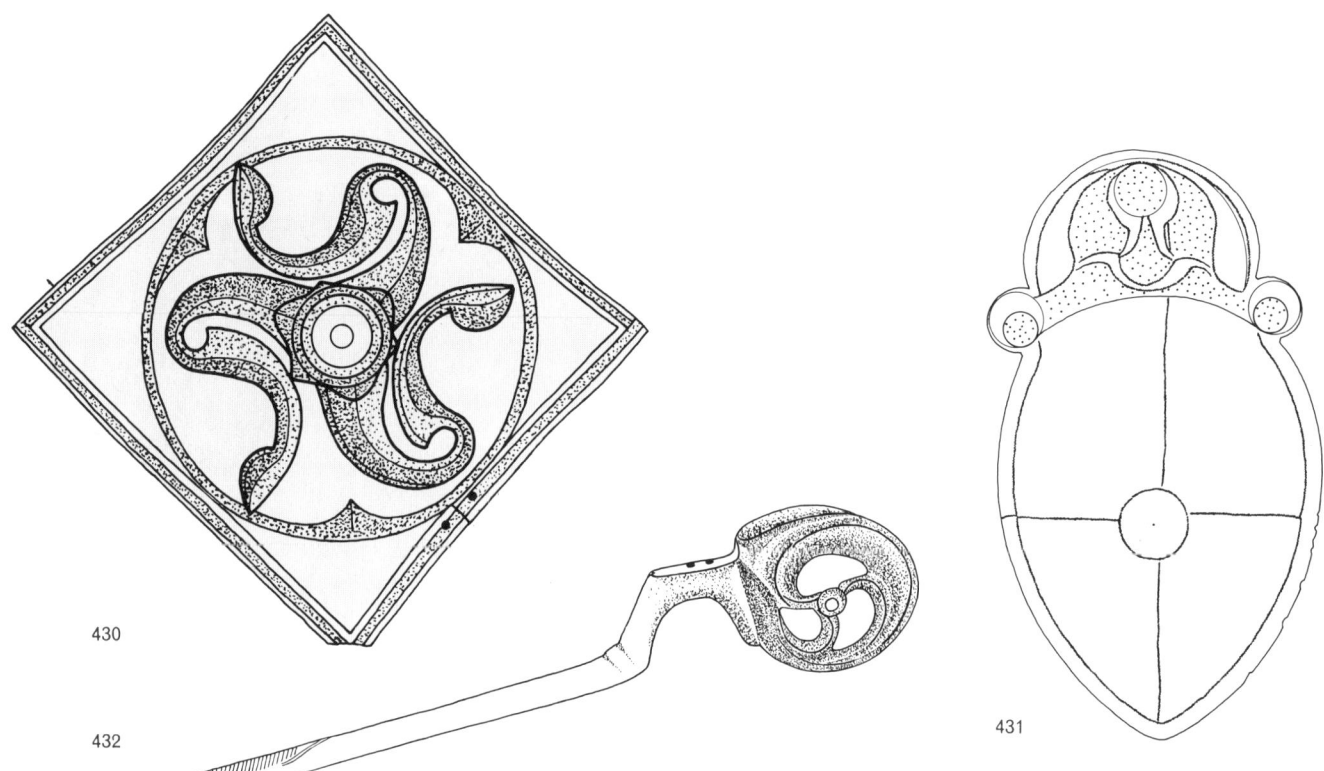

430

432

433

434

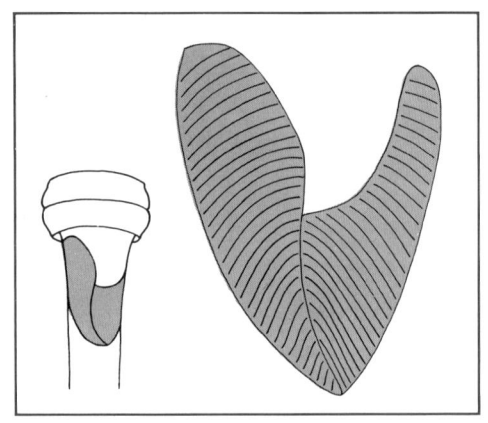

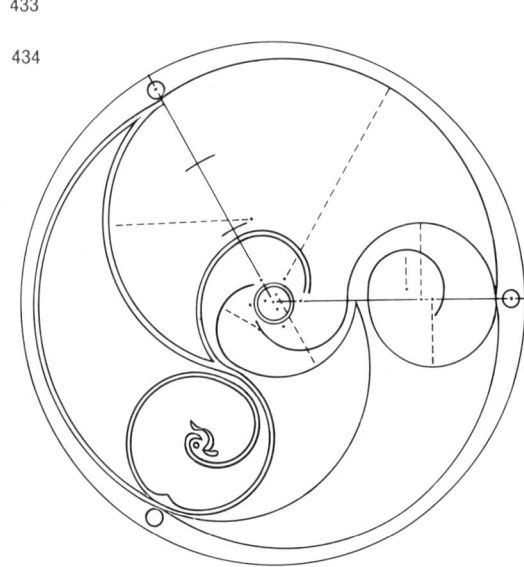

431

BRETONISCHE UND IRISCHE GEGENSTÄNDE AUS HEIDNISCHER
ZEIT - Abb. 430 bis 434

430 - *zu S. 223* - Moel Hiraddug (Flintshire) - Platte mit
‹triquetrum›. *Bronze; Länge einer Seite 0,153 m* - Cardiff, National Museum of Wales. Nach C. Fox. In einem Kreis, in
den drei spitze Vorsprünge eingefügt sind, die den Dreier-
rhythmus unterstützen, entwickelt ein ‹triquetrum› drei ‹Entenkopf›-Zweige. Die aufgebogenen Schnäbel bremsen etwas
die Kreisbewegung. Subtile Plastizität durch das Spiel der
Grate und Schrägen.

431 - *zu S. 227* - Irland - ‹Löffel› oder ‹Kastagnette›. *Bronze* -
Dublin, National Museum of Ireland. Auf der Griffzone ein
einfacher, manchmal mit zitterigem Strich gravierter Dekor
auf gepunktetem Grund. Er erinnert an manche Ornamente
auf latènezeitlichen Schwertscheiden. In einem Kreis in der
Mitte des Löffels vielleicht ein Zirkeleinstich - auf anderen
Exemplaren findet man da aber ein Loch.

432 - *zu S. 228* - Nordirland - Nadel mit durchbrochenem
Kopf. *Bronze; Länge etwa 0,16 m* - Dublin, National Museum
of Ireland. Diese Nadelform ist in Irland häufig belegt; sie
zeigt einen Knick, als leite sie sich von einer Fibel her, deren
Nadel in entgegengesetzte Richtung zurückgeführt wurde.
Der Kopf enthält einen Dreierwirbel, dessen Zweige in dem
dicken, profilierten Kreis aufgehen, der ihn umgibt.

433 - *zu S. 228* - Irland - Ausschnitte der breiten Partie und
des Dekors eines Lanzenschuhs. *Bronze; Höhe des Dekors
0,028 m* - Dublin, National Museum of Ireland. Nach dem
Original. Der breiteste Teil nahe dem Holzschaft trägt ein
geripptes, vegetabilisch anmutendes Motiv ohne ersichtliche
Daseinsberechtigung.

434 - *zu Abb. 242 und S. 230* - Schematische Darstellung des
Dekors einer kleinen Scheibe. Nach J. V. S. Megaw. Die hervortretenden Linien des Dreierwirbels sind durch Ausbohren
der restlichen Oberfläche entstanden. Das Muster ist mit den
leichten Anschwellungen und den Vogelköpfen sehr zart. Die
Zeichnung will zeigen, wie die Kurven mit dem Zirkel gezogen sind. Dies ist nur der Versuch einer Analyse.

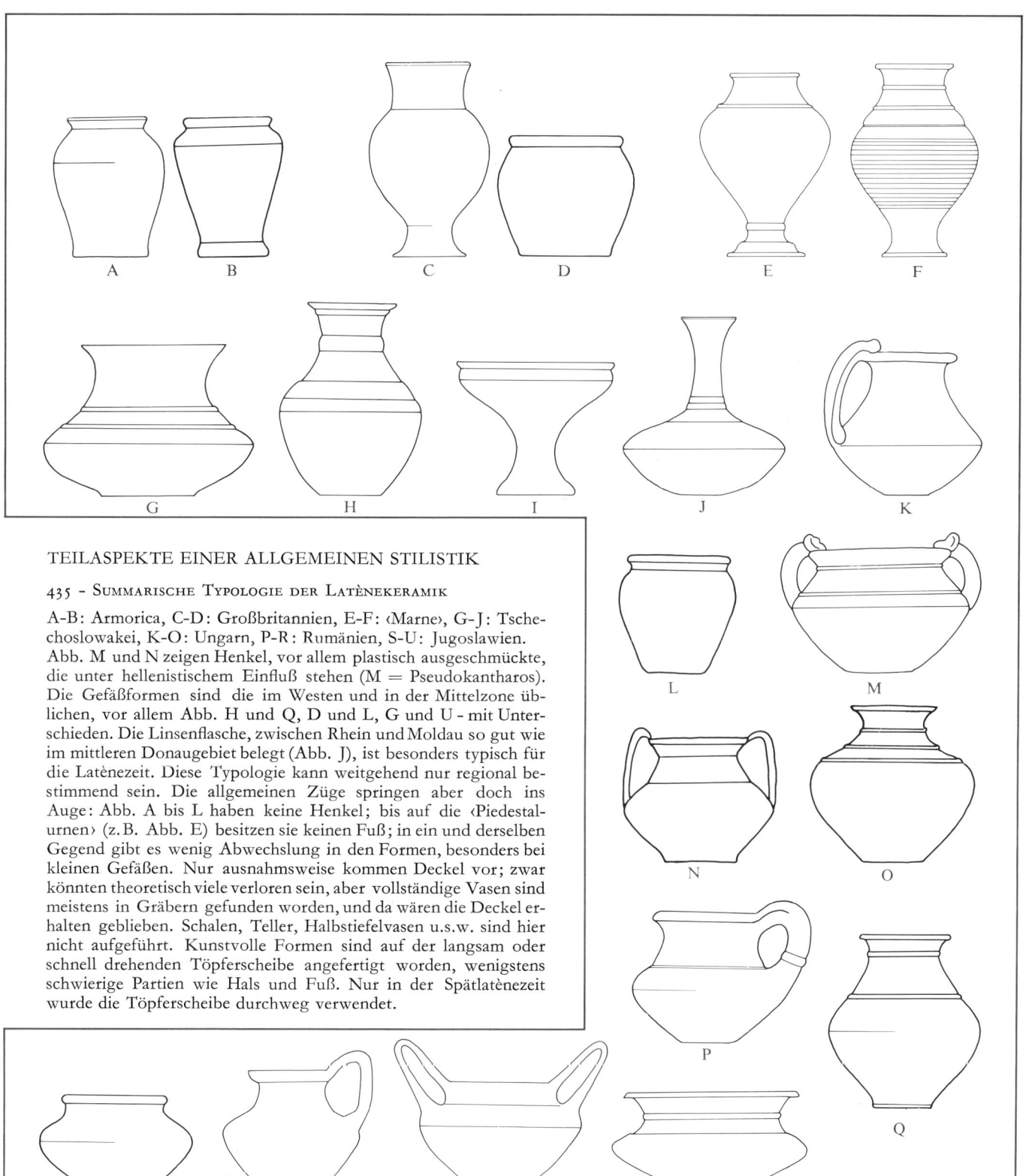

TEILASPEKTE EINER ALLGEMEINEN STILISTIK

435 – SUMMARISCHE TYPOLOGIE DER LATÈNEKERAMIK

A-B: Armorica, C-D: Großbritannien, E-F: ‹Marne›, G-J: Tschechoslowakei, K-O: Ungarn, P-R: Rumänien, S-U: Jugoslawien. Abb. M und N zeigen Henkel, vor allem plastisch ausgeschmückte, die unter hellenistischem Einfluß stehen (M = Pseudokantharos). Die Gefäßformen sind die im Westen und in der Mittelzone üblichen, vor allem Abb. H und Q, D und L, G und U - mit Unterschieden. Die Linsenflasche, zwischen Rhein und Moldau so gut wie im mittleren Donaugebiet belegt (Abb. J), ist besonders typisch für die Latènezeit. Diese Typologie kann weitgehend nur regional bestimmend sein. Die allgemeinen Züge springen aber doch ins Auge: Abb. A bis L haben keine Henkel; bis auf die ‹Piedestalurnen› (z.B. Abb. E) besitzen sie keinen Fuß; in ein und derselben Gegend gibt es wenig Abwechslung in den Formen, besonders bei kleinen Gefäßen. Nur ausnahmsweise kommen Deckel vor; zwar könnten theoretisch viele verloren sein, aber vollständige Vasen sind meistens in Gräbern gefunden worden, und da wären die Deckel erhalten geblieben. Schalen, Teller, Halbstiefelvasen u.s.w. sind hier nicht aufgeführt. Kunstvolle Formen sind auf der langsam oder schnell drehenden Töpferscheibe angefertigt worden, wenigstens schwierige Partien wie Hals und Fuß. Nur in der Spätlatènezeit wurde die Töpferscheibe durchweg verwendet.

435

281

Das erste der beiden chinesischen Wörter bezeichnet den schattigen Nordabhang eines Hügels, das zweite die besonnte Südseite. Für die taoistische Lehre, die bis in die chinesische Frühzeit hinabreicht, sind jin und jang die beiden gegensätzlichen und komplementären Prinzipien, nach denen die Ele-

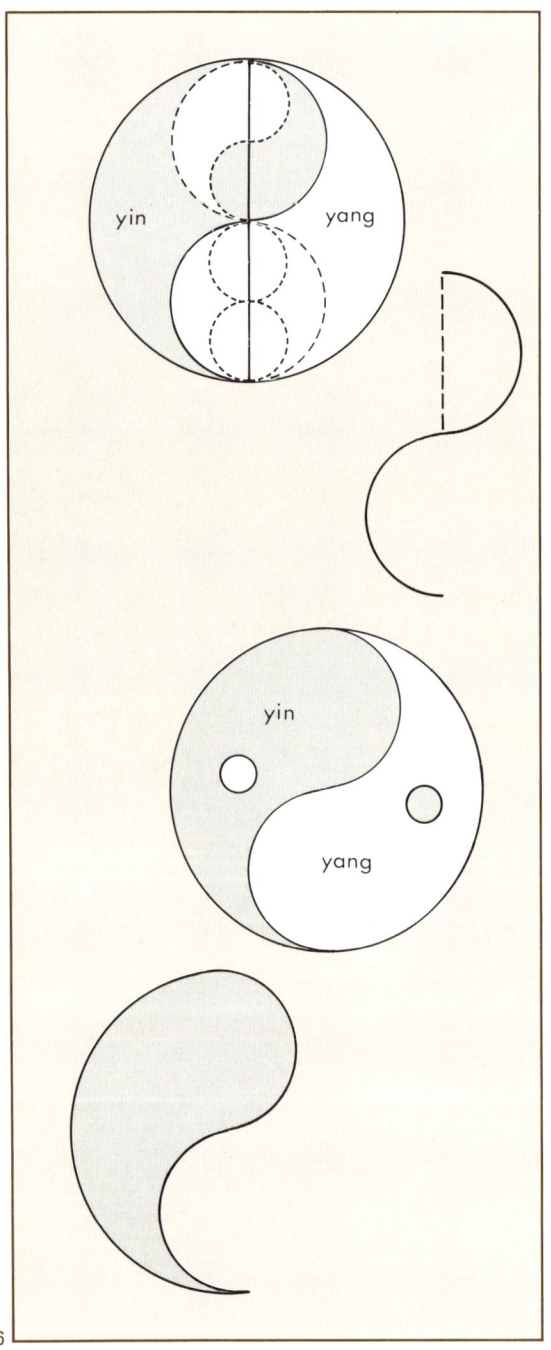

mente des Weltalls, der Natur, des Kalenders, der Geographie, aller Tätigkeit, der Gesellschaft und der Musik geordnet sind. Jin und jang umfassen die größten Gegensätze, die das All ausmachen: den sichtbaren und den unsichtbaren Teil des Mondes, Mond und Sonne, Tag und Nacht, Licht und Schatten, Sommer und Winter, schönes und schlechtes Wetter, Feuer und Wasser, Nord- und Südseite eines Stroms, Feuchtigkeit und Trockenheit, Ruhe und Bewegung, Hoch und Niedrig, rechts und links, Mangel und Überfluß, Brust und Rücken, Stärke und Schwäche, Muße und Tätigkeit, Mann (Himmel) und Weib (Erde). Die beiden Prinzipien spielen seit dem 5. Jh. v. Chr. in der Geographie eine Rolle, seit dem 3. Jh. v. Chr. sind sie im Kalender erwähnt; aber das Diagramm, das die Vereinigung und gegenseitige Durchdringung der beiden Elemente symbolisiert, erscheint in der chinesischen Ikonographie erst im 11. Jh. n. Chr. unter der Bezeichnung t'ai-ki, ‹der große Gipfel›. In einem Kreis sind zwei gleiche Teile (ein dunkler - jin, ein heller - jang) durch eine Linie getrennt, die sich so um den Durchmesser schlängelt, daß sie zwei Halbkreise bildet, deren Durchmesser dem halben Durchmesser des großen Kreises entspricht. Hell und Dunkel werden also durch eine S-Kurve getrennt, die vielleicht den Gipfel eines Hügels oder den Lauf eines Flusses symbolisiert. Die beiden inneren Kreise können jeweils wieder ein t'ai-ki bilden, das nochmals zwei weitere hervorbringen kann; das läßt sich unendlich fortsetzen. Das Diagramm ist später einfacher, die beiden inneren Kreise werden weggelassen, es besteht nur noch aus einem Kreis, der durch eine S-Kurve in eine helle und eine dunkle Hälfte unterteilt ist. Aber in das dunkle jin-Feld ist ein kleiner heller Kreis gesetzt und in das helle jang-Feld ein kleiner dunkler. Damit wird angedeutet, daß auf dem Gipfel, wenn sich die Sonne wendet, das jang zum jin wird und umgekehrt und daß sich die beiden Teile abwechselnd durchdringen.

Für ähnlich dekorative Latènemotive verwenden die Kunsthistoriker manchmal den Ausdruck ‹jin-jang›. Das ist eine anachronistische Analogie, denn zur Latènezeit existierte das Diagramm noch gar nicht in der chinesischen Kunst. Die Kelten, bei denen das Motiv ungefähr seit dem 3. Jh. v. Chr. vorkommt, erzielten es durch eine Kombination von Kurven und Gegenkurven, durch zwei Blätter oder durch zwei gegeneinander gesetzte, einwärtsgerichtete ‹Kommata›, ein Vorgang, der noch nicht genau geklärt ist.

Diese ‹S-Kurve im Kreis›, diese beiden ‹Blätter oder Kommata im Kreis› unterscheiden sich von dem chinesischen Diagramm durch folgende Kriterien: 1. werden die beiden Partien nicht immer durch gegensätzliche Farbgebung oder verschiedene graphische Behandlung auseinandergehalten; 2. kommen keine inneren Kreise vor, weder die des ursprünglichen chinesischen Diagramms noch die kleinen in der vereinfachten Form; 3. ist das Motiv manchmal plastisch ausgeführt; 4. befinden sich die beiden Teile nicht immer in einem völlig geschlossenen Kreis.

Hatte das Motiv für die Kelten einen Symbolgehalt wie Svastika und Dreierwirbel? Da es manchmal allein und exponiert angebracht wird, etwa oben an einer Schwertscheide, möchte man annehmen, in solchen Fällen war es apothropäisch. In zwei verschiedenen Farben, aber ohne innere Kreise hat es ein Mosaikleger auf dem Boden eines römischen Hauses dargestellt (Sousse, Tunesien).

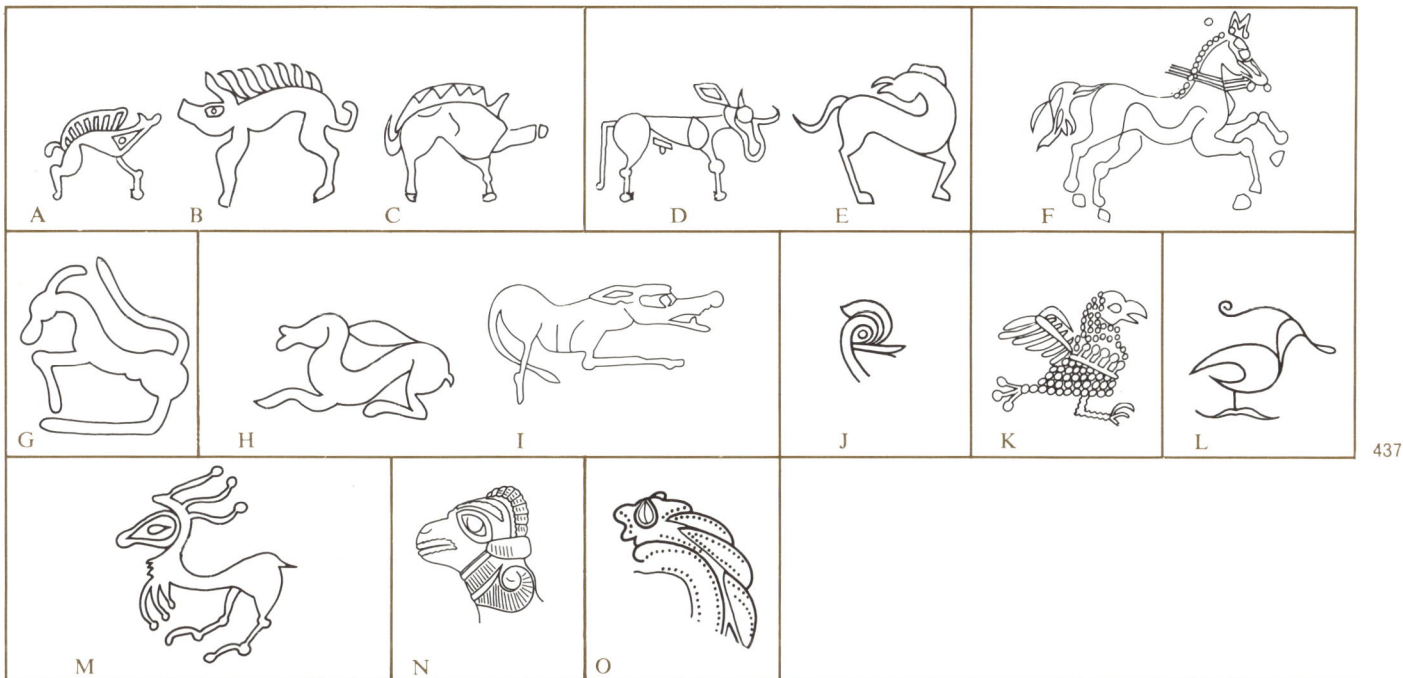

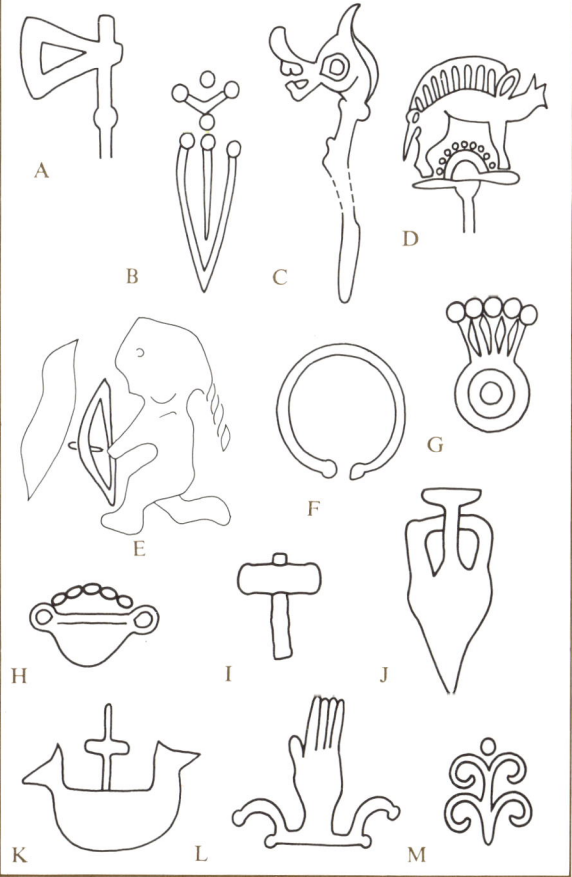

Einige Tiere und reale Gegenstände des täglichen Gebrauchs - Abb. 437 bis 439

Hauptsächlich in der Münzkunst, ausnahmsweise auch bei der Keramikdekoration haben die Kelten mit guter Beobachtungsgabe Tiere und reale Dinge dargestellt, die zwar sehr stilisiert, aber nicht zu Phantasiegebilden geworden sind.

437 - Tiere - A, B (Münzen), C (Schwertstempel): Wildschweinzeichen; D (Münze): Stierzeichen; E (Keramik), F (Münze): Pferd; G (Münze): stilisierter und verformter Equide oder Cervide; H (Vasenscherbe): Hase; I (Münze): Wolf; J (kleine Scheibe), K, L (Münzen): Vogel; M (Münze): Cervide; N (Fibel): Kopf eines Schafes; O (Vase): ‹Lurch›.

438 - Gegenstände und Pflanzen - A: Beil; B: ein Schwert in seiner Scheide; C: Kriegstrompete: («carnyx»); D: Wildschweinstandarte; E: Bogen; F: ‹torques›; G: Harfe; H: Kessel; I: Holzhammer; J: Amphore; K: Schiff mit Mast; L: Hand über einem Joch; M (nur auf Münzen): Blume oder Pflanze.

439 - Münze aus dem Donaugebiet mit dem Bild eines Mannes mit ‹torques›.

440 - Einige keltische Motive

Nur einige charakteristische Motive, entstanden aus Umformungen von entlehnten Motiven oder vegetabilischen Linien. Sie sind hier graphisch wiedergegeben, aber viele sind in Wirklichkeit plastisch ausgeführt. Andere sind Leerflächen, denen Zierflächen die Form besonderer Motive geben. A bis E: Umbildung der griechischen Palmette und der griechischen Lyra auf den Britischen Inseln; D: Peltamotiv; E: die beiden Teile einer Lyra, langgezogen zu sehr offenen schrägen S-Kurven; F: aus einer Lyra entstandene karikierte Maske; G: verschiedene S-Kurven; H: zum Dreierwirbel verbundene S-Kurven; I: Dreierwirbelvariante; J: drei Blätter; K-N: verschiedene Formen von Kommata; L: Komma aus zwei Blättern, ‹Kopf bei Fuß›, eingerollt; M: blattartiges, spiralig aufgerolltes Komma; N: Analyse eines plastischen Kommas; O: karreeförmig zusammenhängende S-Kurven; P: Blätter, so kombiniert, daß die Motive mehrere Lesarten zulassen; Q-S: Klammern; T: Trompeten; U: Fächer; V: Leerflächen in Form kurvolinearer Dreiecke, einige nah an der Fächerform; W: kurvolineares Dreieck, formal nah am Dreierwirbel; X: Varianten des Fächers, mit Umformungen; Y: Beispiele für Flechtwerkgrund.

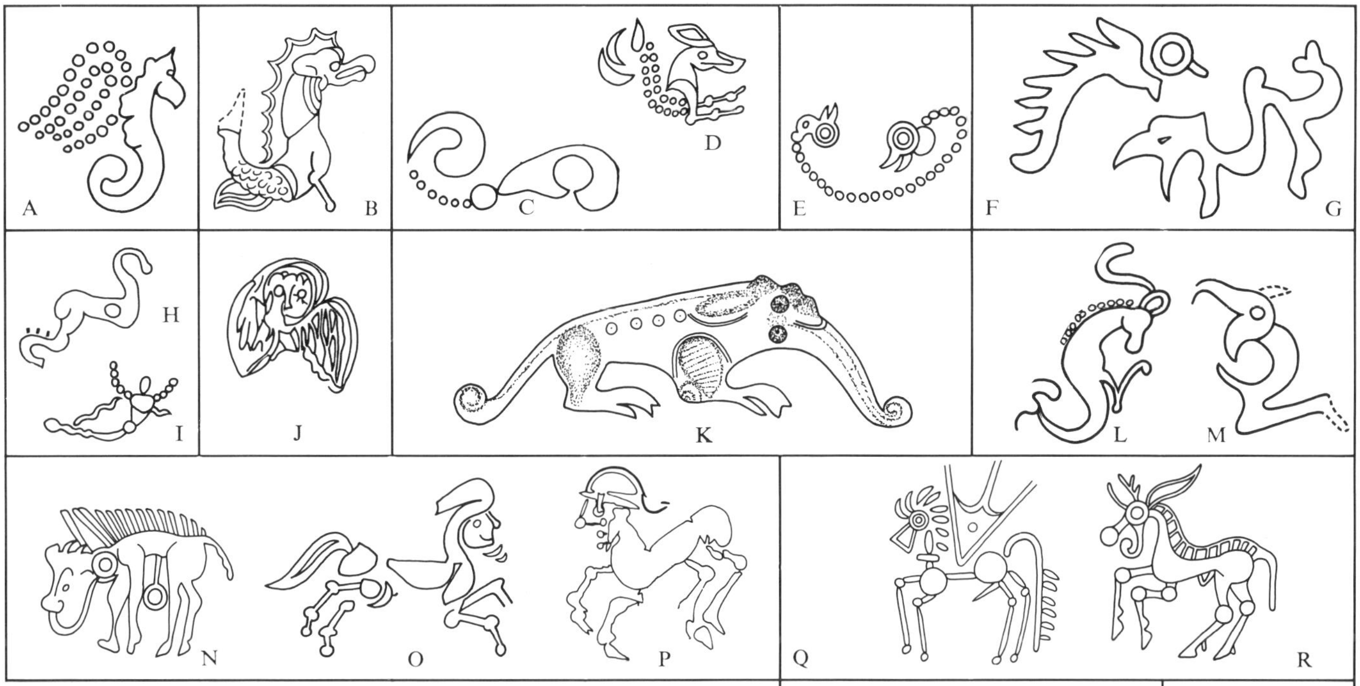

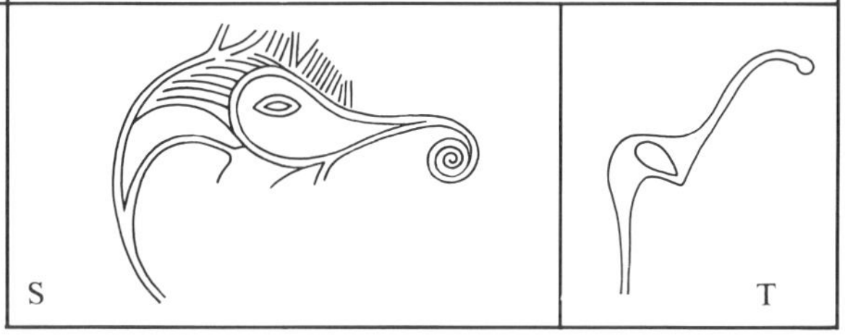

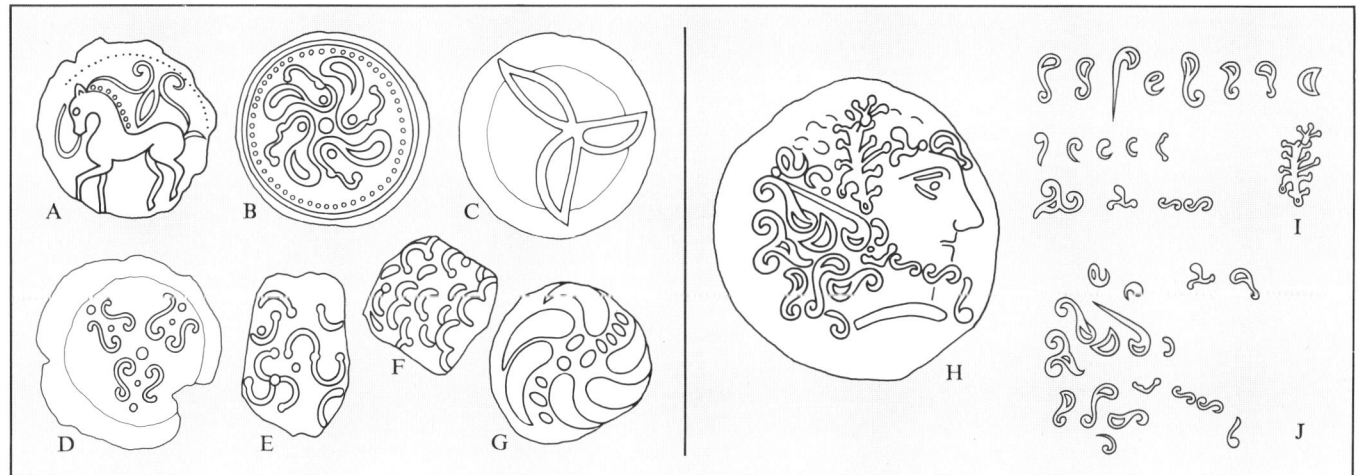

441 - FABELTIERE UND UNGEHEUER

Kompositwesen gehören zu den größten Schöpfungen keltischer Vorstellungskraft. Sie haben die verschiedensten Geschöpfe als Ausgangspunkte.

A-I, L, N-R: Münzen; J: Schwertstempel; K: Muster eines Bronzegefäßes; M, S, T: Schwertscheidenornamente; es gibt noch weitere Motive aus der Frühlatènezeit auf ringförmigen Schmuckstücken, Gürtelagraffen und Fibeln.

441

442 - BEISPIELE FÜR ZUSAMMENGESETZTE LINEARE MOTIVE AUF MÜNZEN

Der keltische Münzschneider verkleinerte nichtfigürliche Dekors, die vor allem von verzierten Metallgegenständen übernommen waren.

A: Bituriger, Cuber; B: Silvanekter; C, D: Bojer; E, F: Volci, Tektosagen; G: ausgewanderte Senonen; H: Aulerci, Eburoviker; I, J: Details der Münze der Aulerci, Eburoviker (Lockenfrisur, Lorbeerkranz und Bart in die Einzelmotive zerlegt, die auf Münzen besonders häufig sind).

442

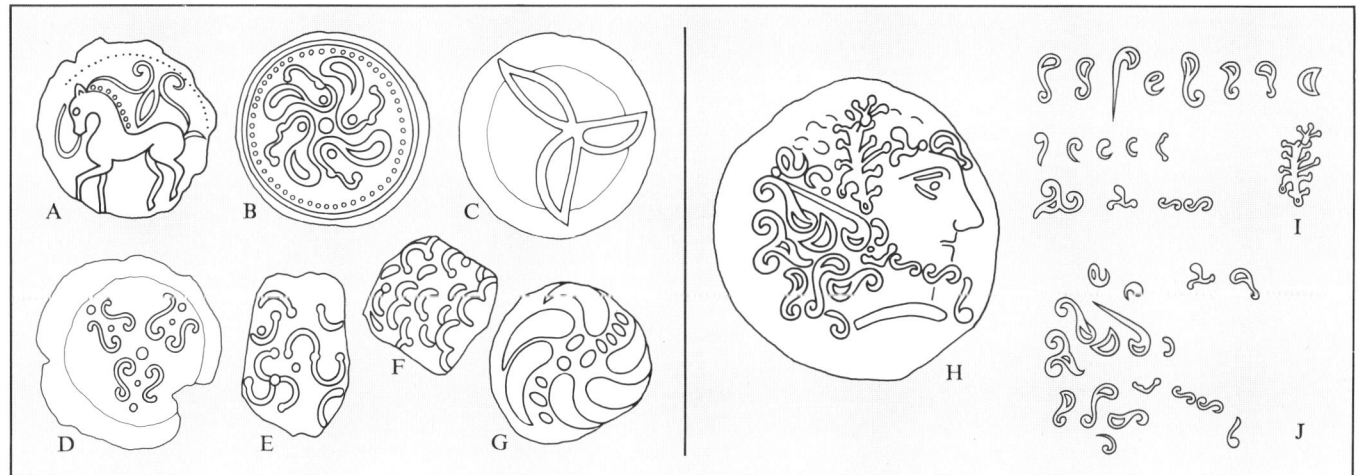

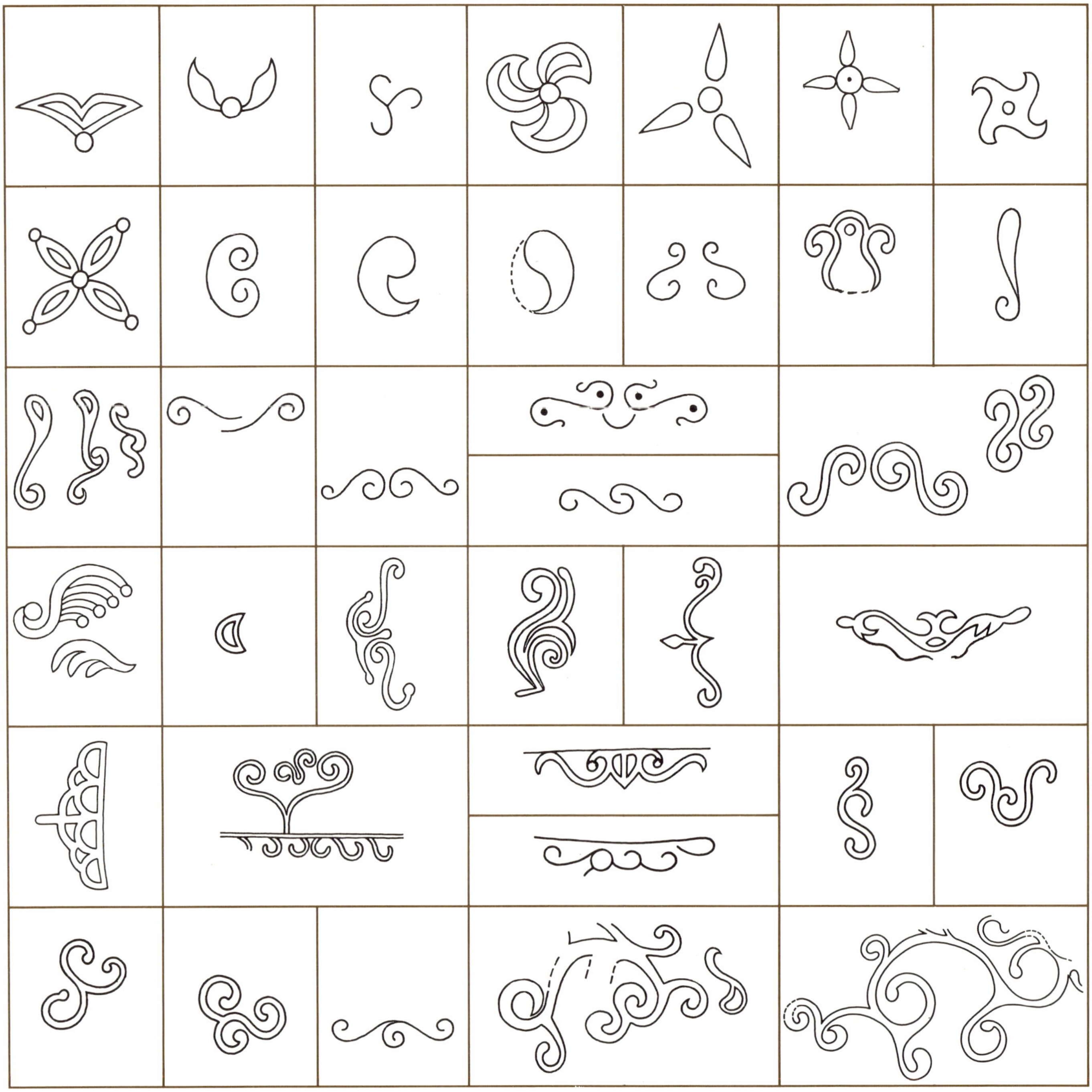

443

444

443 - EINIGE NICHTFIGÜRLICHE MOTIVE AUF MÜNZEN

Sie sind meistens von vegetabilischen Formen abgeleitet und entweder regelmäßiger oder bizarrer als die Naturform gestaltet. Nach La Tour und Lengyel.

444 - EINIGE NICHTFIGÜRLICHE MOTIVE VON SCHWERTSCHEIDEN

445

445 – VOM VEGETABILISCHEN ZUM VOGEL IN DER INSELKUNST

Auf diesem Gebiet der Formenübergänge von einem Lebewesen zum anderen findet man subtiles Gespür und lebendige
Annäherung zwischen Pflanze, Baum und Vogel, alle Grade
der Metamorphose - angedeutet, fortgeschritten, zu Ende
geführt. Die Beispiele stammen von Metallarbeiten der Britischen Inseln. Die pflanzlichen Elemente sind nicht mehr be-
stimmbar, kaum natürlich, die Vögel sind stilisiert, karikiert,
nicht wirklich identifizierbar.

446 – BEISPIELE FÜR ‹VEGETABILISIERTE› VIERFÜSSLER

So nennen wir Vierfüßler, Equiden, Cerviden oder ähnliche,
deren Körper verlängerte Auswüchse im Flamboyantstil, in
pflanzenhaft biegsamer Linie tragen. Die Beispiele stammen
von Münzen, Metallgegenständen und Keramik. Solche keltischen Arbeiten unterscheiden sich durch ihre fließenden
Formen, ihre zerbrechlichen Kompositionen und durch unterschiedliche Behandlung von entsprechenden Umbildungen in der skythischen und in der italischen Kunst. A-H:
keltische Equiden; I: skythisches Wildtier; J: italischer
Vierfüßler aus den Abruzzen.

446

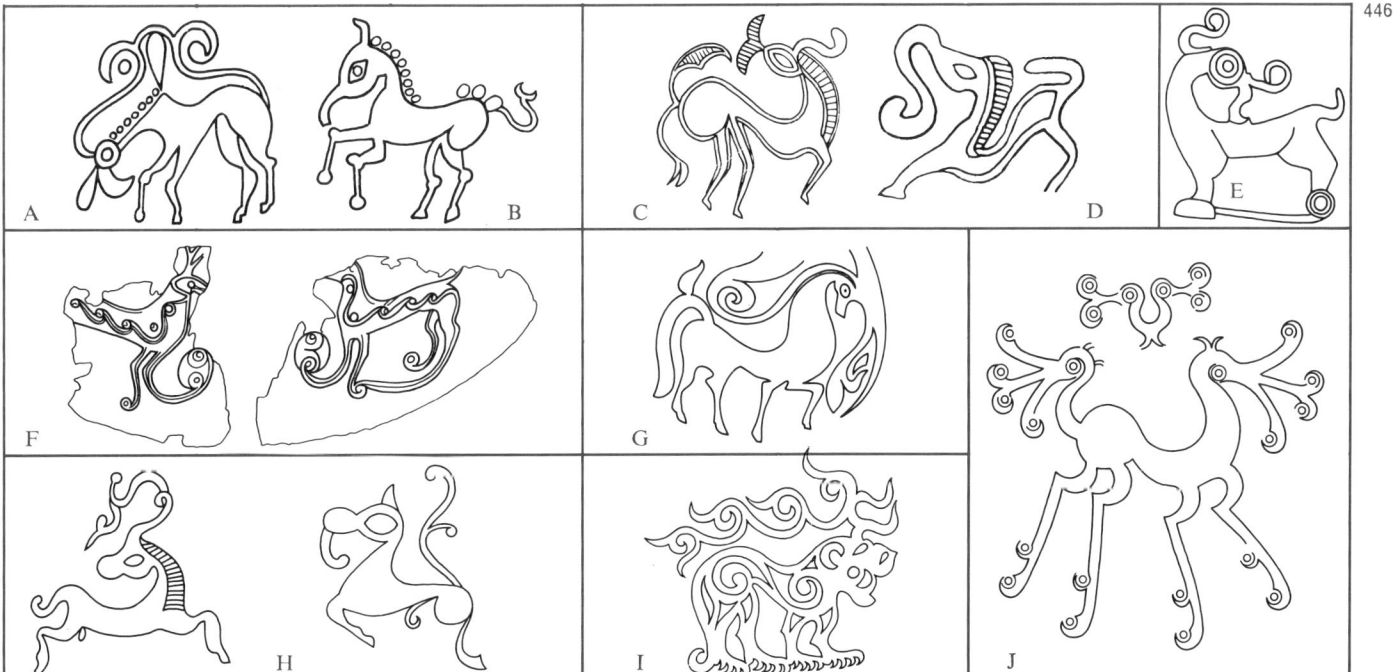

447 - Beispiele für phantastische Wagenlenker über Pferden auf gallischen Münzrückseiten

Fabelwesen, die sich von dem Wagenlenker auf hellenistischen Münzen herleiten. A-D: der menschliche Körper bleibt erkennbar, aber der Unterkörper verliert die Figürlichkeit; E: der Körper erhält das Aussehen eines Fischs; F: er hat nur noch einen Fischkopf; G, H: unförmiges (G) und normales (H) menschliches Wesen im Sprung über das Pferd.

DRITTER TEIL

ANHANG

Zeittafeln
Bibliographie
Namen- und Sachregister
Karten

I. VON DEN KELTEN BESIEDELTE GEBIETE

	SPANIEN PORTUGAL	IRLAND	GROSS-BRITANNIEN			GALLIEN							NORDITALIEN
			Norden	Süden	Mitte (Wales)	Norden (Belgien, Rheinland)	‹Marne-Gebiet› (Champagne Ardennen)	Mitte und mittlerer Westen	Westen (Armorica)	Mittlerer Osten (Schweizer Mittelland Burgund Alpen)	Süd-westen (Aquitanien)	Süd-osten (Languedoc / Provence Alpen)	

Zeitskala (von oben nach unten): 500, 450, 400, 350, 300, 250, 200, 150, 100, 50, J.-C., 50, 100, 150, 200, 250, 300, 350, 400, 450, 500

	SPANIEN PORTUGAL	IRLAND	GROSSBRITANNIEN	GALLIEN (UND RHEINLAND)		ITALIEN		BÖHMEN, OBERER DONAURAUM
500	*(Vermutete) Existenz der Keltiberer* Bei Herodot erste Erwähnung der Bezeichnung ‹Kelten› für einen kleinen Volksstamm in Westportugal		*Frühe Eisenzeit*	*Mögliche Gegenwart der Kelten seit Ende der frühen Eisenzeit Massalia besteht seit einem Jahrhundert* *Erste sagenhafte Wanderungen nach Italien und in den Donauraum, angeblich unter Belloves und Sigoves*	Anfänge der Latène-kultur: Erster Stil Skulpturen im Rheinland	Unter den Königen kamen bereits Bronzemünzen vor Etruskische Kunst, zum Teil hellenisiert Beginn der italiotischen Keramik Niedergang der großen etruskischen Kunst	*Anfänge der römischen Republik Süditalien ist bereits hellenisiert Rom beginnt Etrurien zu erobern Die Etrusker beginnen mit dem Norden Handel zu treiben Ankunft der Kelten Die Senonen erobern Nordetrurien*	Anfänge der Latène-kultur: Erster Stil
400				‹Marne›-Nekropolen (‹Fürsten›gräber mit Wagen) Freier und fortlaufender Stil (?) Die Arverner beginnen Goldmünzen zu schlagen		Die etruskische Plastik wird von der griechischen klassischen Kunst inspiriert Etruskische Deckel und Situlen Italische und etruskische Keramik Einführung der Silbermünze in Rom	*Um 385* Sturm der ‹Gallier› auf Rom Die Kelten erreichen Apulien Die zu Etrurien gehörende Po-Ebene wird zur Provinz *Gallia cisalpina*	Freier und fortlaufender Stil
300	Erste latènezeitliche Elemente *221 Sieg Hannibals über die Keltiberer* *212–205 Ende der römischen Eroberung*	*Erste sagenhafte Dynastie* *(?) Erster Import latènezeitlicher Kunstgegenstände, dann Imitationen Anfänge einer frühen Inselkunst in Irland*	*Mittlere Eisenzeit* Import latènezeitlicher Gegenstände, dann Imitationen	*(?) Erste gallische Inschriften in griechischen Buchstaben, im Süden* 225 In Telamon haben die Kelten goldene Arm- und Halsreife *Die Kelten erreichen das Languedoc*	Der plastische Stil setzt sich durch Griechisch-keltisch-ligurische Skulpturen	Hellenistische Einflüsse breiten sich in Italien aus Der römische Silberdenar wird geschaffen	*283 Die Senonen, dann auch die Bojer werden von den Römern geschlagen* *Um 270 Beginn der Unterwerfung Etruriens durch Rom* *225 Sieg der Römer über die keltischen Gesaten bei Telamon* *218–204 Kelten begleiten Hannibal*	Der plastische Stil setzt sich durch
200	*181–174 Erster Aufstand der Keltiberer* Silbermünzen der Keltiberer *154 Zweiter Aufstand der Keltiberer* *144 Dritter Krieg der Keltiberer* *133 Einnahme von Numantia*		*Späte Eisenzeit Ankunft der Belger mit Goldmünzen*	*154 Römischer Feldzug gegen die Salluvier der Provence* *125–117 Eroberung Südgalliens durch die Römer* *113–100 Einfall der Cimbern Entwicklung der ‹oppida›*	Polybios in Gallien In den Städten werden Gold-, Silber- und Bronzemünzen geschlagen Poseidonios beschreibt Südgallien Letzte Periode der Latènekunst mit neustrengem Stil	*191 Cornelius Scipio bekommt von den Bojern 1471 goldene Halsreife* *170 Der Senat bietet zwei transalpinen Scheinkönigen zwei fünfpfündige goldene Halsreife an Polybios besucht und beschreibt die Gallia cisalpina*	*200–191 Unterwerfung der Cenomanen, Insubrer und Bojer* *179 Letzter Einfall der Kelten in Italien* *178–171 Die Römer erreichen Istrien*	In Böhmen beginnt man, keltische Gold-, dann auch Silbermünzen zu schlagen *Entwicklung der ‹oppida›*
100	Bronzemünzen der Iberer	*Durch das Epos (‹Zyklus der Ulaten›) bekannte Königreiche*	Erste geschlagene Goldmünzen *Erneute Ankunft der Belger* *55 und 54 Landungen Caesars*	*76–74 Aufstand der Volsker* *62–61 Aufstand der Allobroger* *58–50 Eroberung des unabhängigen Gallien durch Caesar* *52 Sieg der Gallier bei Gergovia*	Gegossene Potinmünzen, Bronzemünzen	Diodor, Titus Livius, Strabon: Die alten ‹Gallier› (Kelten) liebten bestickte Gewänder und goldenen Schmuck	*88 Die Etrusker erhalten das römische Bürgerrecht*	Letzte Periode der Latènekunst Sogenannte ‹Regenbogen›-Schüsselchen (Münzen) aus Gold. Silbermünzen aus Biatec, Münzen der Bojer

BÖHMEN	OBERER DONAU-RAUM	MITTLERER DONAU-RAUM	KARPATENBECKEN			SLOWENIEN, SERBIEN	BOSNIEN	POLEN	BALKAN	GRIECHENLAND	GALATIEN	
	Oberpfalz	Österreich, Mähren und Schlesien			Rumänien Ostslowakei Sieben bürgen Ruthenien							
	Thüringen Bayern		West-slowakei	Ungarn					Thrakien Bulgarien			

Legend:

< ?   Unbestimmtes Ankunftsdatum

▨   Mehr oder weniger dichte keltische Besiedlung

▨   Eindringen von Kelten in nichtkeltische Bereiche

↑   Historisches Ereignis, das die Unabhängigkeit teils oder völlig beendete

↕   Schwer abzugrenzende Epoche wechselnder Besiedlung (+ – 25 Jahre)

▨   Periode der Romanisierung mit Fortleben keltischer Elemente

↓   Fortleben keltischer Elemente (feststellbar vor allem in sprachlichen Überbleibseln)

↓?   Fragliches Fortleben keltischer Elemente

→   Völkerwanderung

Wichtige Ereignisse politischer, staatlicher oder wirtschaftlicher Art
sind durch Kursivsatz gekennzeichnet.
Kulturelle Merkmale und vor allem die Perioden der keltischen Kunst
stehen in Normalschrift.

KARPATENBECKEN, UNTERER DONAURAUM, BALKAN	GRIECHENLAND	KLEINASIEN UND VORDERER ORIENT	SKYTHEN UND STEPPENVÖLKER	IRAN	AFRIKA	INDIEN	CHINA	
	Silbermünzen kommen seit dem 6. Jh. v. Chr. vor / Strenger Stil in der Keramik / Freier Stil in der (rotfigurigen) Keramik / Bau des Parthenon / Blühender Stil in der Keramik		5.–3. Jh. Tierstil der Westskythen und Gräber im Altaigebiet (Sibirien)	*Das Achaimenidenreich / Mederkriege* / Offizielle Kunst, vor allem Tierkunst (wirkliche Tiere, Phantasietiere, Monster)		(?) Anfänge des Buddhismus		500
335 Gesandtschaft der Kelten bei Alexander, an der Donau / *310 Die Kelten schlagen die illyrischen Autariaten*	*369 Keltische Söldner auf der Peloponnes* / 359–336 Goldmünzen Philipps II. von Makedonien / 336–323 Goldmünzen Alexanders III. / Ende der figürlich verzierten Keramik und des freien Stils			*331 Alexander erobert Persien* / *324 Gesandtschaft der Kelten bei Alexander in Babylon* / *312 Dynastie der Seleukiden*	*310 Keltische Söldner* / Punische Münzausgabe	*Alexander erobert das Industal*	*Beginn der Zeit der kämpfenden Reiche* / *Bau der Großen Mauer*	400
298 Die Kelten in Thrakien / Plastischer Stil und verzierte Schwertscheiden in Ungarn / *278 Die Scordisker zwischen Save und Donau* / *277 Keltisches Königreich Tylis in Thrakien* / *Ende des tylenischen Reichs*	Erste Bronzemünzen / *280 Die Kelten des Brennos in Delphi* / *274 Keltische Söldner in Nordgriechenland* / Entwicklung der hellenistischen Kunst	*278 Die Kelten gelangen nach Kleinasien* / *275 Die Kelten erhalten das Territorium, das zu Galatien wird* / Entwicklung der hellenistischen Kunst / *241–230 Sieg Attalos' I. von Pergamon über die Galater* / *218 Keltische Söldner bei Attalos I.* / Die pergamenische Kunst stellt die keltischen Krieger nach konventioneller Art dar	*250–200 Kunst der Sarmaten in den Steppen*	*250 Parthische Dynastie der Arsakiden*	*277 Aufstand der keltischen Söldner in Ägypten* / *241–237 Aufstand der keltischen Söldner in Karthago* / 215 Numidische Münzausgaben	*264–227 Herrschaft des Aschoka* / *Erste Inschriften*	Die Theorie des (nicht abgebildeten) ‹jin-jang› taucht in verschiedenen Schriften auf / *221 Einigung des Reichs* / *202 Westliche Han-Dynastie*	300
Ausbreitung der Latènekultur in Ungarn / Silbermünzen / Die Scordisker beginnen Münzen zu schlagen / *146 Römische Provinzen Achaia und Makedonien*		166 Aufstand der Galater gegen Pergamon / 130 Römische Provinz Asia	200–150 Emaillierte Silbergegenstände / *Die Sarmaten beginnen die Skythen zu verdrängen* / Graeco-orientalische Strömungen	*174–136 Mithridates I. erobert Persien*	*186 Keltische Söldner in Ägypten* / 118 Mauretanische Münzen	*189 Demetrios erobert Gandhara und Pandschab*	*Existenz eines chinesischen Reichs* / Blütezeit des Konfuzianismus / Seidenkunst	200
Sieg der Römer über die Scordisker / ‹Istro-pontische› Silberschmiede / Münzen der Bojer / *Sieg der Däker über die Bojer Pannoniens*		*63 Römische Provinz Syria*			*33–31 Ganz Nordafrika ist römisch*		Metallkunst, Einflüsse der Steppenvölker	100

	IRLAND	GROSSBRITANNIEN	GALLIEN (UND RHEINLAND)	ITALIEN	BÖHMEN, OBERER DONAURAUM	KARPATENBECKEN, UNTERER DONAURAUM, BALKAN	KLEINASIEN, NAHER OSTEN, IRAN	INDIEN, CHINA
	Conor *CúChulainn* *Conaire*	*50 Ankunft der Atrebaten und anderer Belger* / Gegossene Potinmünzen	Caesar sagt, die Gallier hätten «Anlagen zum Lernen»; Diodor bescheinigt ihnen «einzigartige Fähigkeiten, nachzuahmen und in die Praxis umzusetzen» / Ende der keltischen Kunst (bemalte Keramik)	Erste kaiserliche Goldmünzen / *42 Gallia cisalpina wird an Italien angeschlossen*	*16–12 Provinzen Noricum, Raetia, Vindelicia* / *9 Rom erobert Noricum, die Markomannen nehmen Böhmen und die Quaden Mähren ein*	*35–12 Rom erobert das Donautal bis nach Illyrien (27 v.Chr. römische Provinz)* / *12 Rom erobert Pannonien* Silbermünzen der Eravisker	*50 Beginn der iranischen Kriege gegen Rom* Graeco-iranische Kunst / *25 Galatien wird römische Provinz*	*50 Parthische Invasion in Indien*
Jésus-Christ	*Durch Epen bekannte Königreiche* / *Beginn der Kämpfe Leinsters gegen die Könige Irlands*	*43 Claudius erobert den Süden der Provinz Britannien* Ende der keltischen Münzausgabe / *61 Aufstand der Budicca* / *78–86 Agricola setzt die Grenze zum nichtrömischen Britannien zwischen dem Firth of Forth und dem Firth of Clyde fest Schottland und ein Teil von Wales bleiben unabhängig*	Ende der Emissionen gallischer Münzen / Beginn der ‹gallorömischen› Kunst / *68–70 Aufstand eines Teils von Gallien, Bürgerkrieg, Entscheidung, unter römischer Oberherrschaft zu bleiben* Plinius der Ältere bestätigt, daß die Gallier karierte Stoffe, die Verzinnung und die Versilberung erfanden	Die Ausbildung der augusteischen Klassik		*9 Römische Provinz Pannonia* / *15 Römische Provinz Moesia* / Fortleben keltischer Elemente in der Kunst		*25 Östliche Han-Dynastie, begründet durch Lin Hsin* / *60–70 Erstes Auftreten des Buddhismus in China* / Erstes Buddhabild in Indien
100	*Auftauchen der Fenianen*	Die keltische Kunst Britanniens erfährt mediterranen Einfluß / *117–138 Hadrian nimmt die Grenzmauer zurück* / *138–161 Antoninus Pius versetzt die Grenzmauer wieder zurück* / *180–192 Commodus verzichtet auf die ‹Mauer›*						
200		Fortleben der keltischen Kunst in Schottland und Wales, zunehmender Gebrauch von Email / *Erste Sachsenzüge*	Philostrat II. hält fest, daß die«Barbaren des Ozeans» (die Gallier) die Emaillierung auf Metall kennen / *253–273 Sogenannte Periode der ‹gallischen Kaiser›*	*275 Rom muß sich eine befestigte Umfassungsmauer errichten*			*224 Iranische Dynastie der Sasaniden*	
300		*Einfälle der Skoten Irlands in Schottland* / *367 Angriffe der Sachsen, der Pikten und der Skoten: Erste Einfälle der Sachsen im Norden*		Die Kunst der Barbaren beginnt die römische Kunst zu beeinflussen				*Ausbreitung des Buddhismus in China*
400	*(?) Feldzug nach Gallien (Bericht darüber in einem Epos)* / *410–463 Patrick führt das Christentum ein* / *445 Schaffung des Erzbistums Armagh* Anfänge einer keltischen insularen christlichen Goldschmiedekunst in Irland	*407–411 Abzug der römischen Armeen* / *429–441 Sachsenherrschaft, bis auf den Westen* Die Pikten Kaledoniens und die Skoten Irlands erobern die Westküste Ende der keltischen heidnischen Inselkunst	*Um 440 Ankunft der Inselbretonen in Armorica*					
500								

BIBLIOGRAPHIE

Diese Bibliographie berücksichtigt im wesentlichen Veröffentlichungen, die sich vor allem mit der Kunst der alten Kelten befassen oder wichtige Aufschlüsse zu ihrer Geschichte geben. Zahlreiche Hinweise und kritische Gesichtspunkte finden sich im ‹Bulletin des publications archéologiques› der ‹Études celtiques› von Bd. VI (1949) an sowie in der ‹Chronique gallo-romaine› der ‹Revue des études anciennes›, vor allem von Bd. CV (1953) an.

1. ALCOCK, Leslie, Celtic Archaeology and Art. In: DAVIES, Elwyn (Hrsg.), Celtic studies in Wales, S. 1-46. - Cardiff, 1963.

2. ALLEN, Derek, Belgic Coins as Illustrations of Life in the Late Pre-Roman Iron Age of Britain. In: Proceedings of the Prehistoric Society XXIV, 1958, S. 43-63.

3. ALLEN, D. F., British Potin Coins: A Review. In: The Iron Age and its Hill-forts. Papers presented to Sir Mortimer Wheeler = University of Southampton Monograph Series I, S. 127-148. - Southampton, 1971.

4. ALLEN, D. F., Temples or Shrines on Gaulish Coins. In: The Antiquaries Journal LIII, 1973, S. 71 bis 74.

5. ALLEN, Derek, Some Contrasts in Gaulish and British Coins. In: Celtic Art in Ancient Europe. L'Art Celtique en Europe protohistorique, S. 265-282. - London, New York und San Francisco, 1976.

6. ALLEN, John Romilly, Celtic art in pagan and christian times = The Antiquary's Books IV. - London, 1904.

7. ARMSTRONG, Sir Walter, Art in Great Britain and Ireland. - London, 1909.

8. L'Art gaulois. Katalog der Ausstellung im Musée Borély, Marseille, Mai bis Juni 1968. - Marseille, 1968.

9. ATKINSON, Richard John Copland, und PIGGOTT, Stuart, The Torrs Chamfrein. In: Archaeologia XCVI, 1955, S. 198-235.

10. AVERY, Michael, British La Tène decorated pottery: an outline. In: Actes du quatrième congrès international d'études celtiques II = Études Celtiques XIII, 2, 1973, S. 522-551.

11. BAIN, George, The methods of construction of Celtic art. - Glasgow, 1951; Neuauflage 1967.

12. BARBER, James, und MEGAW, J. V. S., A Decorated Iron Age Bridle-bit in the London Museum: its place in Art and Archaeology. In: Proceedings of the Prehistoric Society XXIX, 1963, S. 206-213.

13. BAYE, Baron Joseph de, Sujets décoratifs empruntés au règne animal dans l'industrie gauloise. In: Mémoires de la Société Nationale des Antiquaires de France XLIV, 1883, S. 124-132; XLVI, 1885, S. 112-121.

14. BAYET, Jean, Idéologie et plastique. IV: Les statères des Parisii et les chevaux-dieux chez les Gaulois. In: Mélanges d'archéologie et d'histoire LXXXII, 1970, S. 15-41.

15. BEHRENS, Gustav, Farbige Spätlatène-Keramik. In: Carinthia I, 143, 1953, S. 191-203.

16. BENOÎT, Fernand, L'Art primitif méditerranéen de la vallée du Rhône = Publication des Annales de la Faculté des Lettres Aix-en-Provence, Nouvelle série IX. - Gap, 1955.

17. BENOÎT, Fernand, Art et dieux de la Gaule. - Grenoble, 1969.

18. BENOÎT, Fernand, Le symbolisme dans les sanctuaires de la Gaule = Collection Latomus CV. - Brüssel, 1970.

19. BIANCHI BANDINELLI, Ranuccio, Wirklichkeit und Abstraktion = Fundus-Bücher VII. - Dresden, 1962; italienische Originalausgabe: Organicità e astrazione. - Mailand, 1956.

20. BIANCHI BANDINELLI, Ranuccio, La Gaule et le Rhin. In: Rome. La fin de l'art romain = L'Univers des Formes, S. 139-173. - Paris, 1970; deutsche Ausgabe: Gallien und der Rhein. In: Rom. Das Ende der Antike = Universum der Kunst XVII, S. 137-173. - München, 1971.

21. BIANCHI BANDINELLI, Ranuccio, und GIULIANO, Antonio, Les Etrusques et l'Italie avant Rome. De la Protohistoire à la guerre sociale = Univers des Formes. - Paris, 1973; deutsche Ausgabe: Etrusker und Italiker vor der römischen Herrschaft. Die Kunst Italiens von der Frühgeschichte bis zum Bundesgenossenkrieg = Universum der Kunst XXI. - München, 1974.

22. BITTEL, Kurt, Die Kelten in Württemberg = Römisch-Germanische Forschungen VIII. - Berlin und Leipzig, 1934.

23. BLANCHET, J. Adrien, Traité des monnaies gauloises. - Paris, 1905; Nachdruck Bologna, 1971.

299

24. BÓNIS, Éva B., Keltische Darstellungen auf provinzialrömischer Keramik. In: Rei Cretariae Romanae Fautorum Acta IX, 1967, S. 5-12.

25. BÓNIS, Éva B., Die spätkeltische Siedlung Gellérthegy-Tabán in Budapest = Archaeologia Hungarica, series nova XLVII. - Budapest, 1969.

26. BOON, George C., und SAVORY, H. N., A Silver Trumpet-Brooch with Relief Decoration, Parcel-Gilt, from Carmarthen, and a Note on the Development of the Type. In: The Antiquaries Journal LV, 1975, S. 41-61.

27. BRAILSFORD, J. W., Later Prehistoric Antiquities of the British Isles. - London, 1953.
Katalog

28. BRAILSFORD, J. W., The Sedgeford Torc. In: Prehistoric and Roman Studies Commemorating the Opening of the Department of Prehistoric and Romano-British Antiquities = The British Museum Quarterly XXXV, 1-4, S. 16-19. - London, 1971.

29. BRAILSFORD, John, Early Celtic masterpieces from Britain in the British Museum. - London, 1975.
Katalog

30. BRAILSFORD, J., und STAPLEY, J. E., The Ipswich Torcs. In: Proceedings of the Prehistoric Society XXXVIII, 1972, S. 219 bis 234.

31. BŘEŇ, Jiří, Pozdnělaténska malovaná keramika v Čechách. In: Sborník Národního muzea v Praze, Ser. A, XXVII, 1973, 4-5, S. 105-155.
Mit deutscher Zusammenfassung: Die bemalte Spätlatène-Keramik in Böhmen (S. 147-152)

32. BRETZ-MAHLER, Denise, La civilisation de La Tène I en Champagne. Le faciès marnien = XXIIIe supplément à Gallia. - Paris, 1971.

33. BRITISH MUSEUM, Trustees of the (Hrsg.), A Guide to Antiquities of the Early Iron Age in the Department of British and Mediaeval Antiquities. - London, 1905; 2. neu bearbeitete Auflage 1925.
Katalog

34. BRITISH MUSEUM, Trustees of the (Hrsg.), Later Prehistoric Antiquities of the British Isles. - London, 1953.
Katalog

35. BULLIOT, J.-G., Fouilles du mont Beuvray (ancienne Bibracte) de 1867 à 1895. 2 Bde. - Autun, 1899.
Album (Tafelband) vgl. THIOLLIER, Félix und Noël

36. BULMER, William, Dragonesque Brooches and their Development. In: The Antiquaries Journal XVIII, 1938, S. 146-153.

37. CARTHAILLAC, Émile, Le torque et le bracelet d'or de Lasgraisses (Tarn). In: Matériaux pour l'histoire primitive et naturelle de l'homme, Ser. 3, III, 1886, S. 1-9.

38. CARTIER, Alfred, Vases peints gaulois du Musée archéologique de Genève. In: Revue des Études anciennes X, 1908, S. 256-261.

39. CASTELIN, Karel, Die Goldprägung der Kelten in den böhmischen Ländern. - Graz, 1965.

40. Celtes et Armorique. Katalog der Ausstellung im Musée de Bretagne, Musée de Rennes, 19. Juli bis 20. September 1971. - Rennes, 1971.

41. CHAMPION, Sara, Coral in Europe: Commerce and Celtic Ornament. In: Celtic Art in Ancient Europe. L'Art Celtique en Europe protohistorique, S. 29-40. - London, New York und San Francisco, 1976.

42. CHATELLIER, Paul du, La poterie aux époques préhistorique et gauloise en Armorique. - Rennes, 1897.

43. CLARKE, R. Rainbird, The Iron Age in Norfolk and Suffolk. In: The Archaeological Journal XCVI, 1939, S. 1-113.

44. CLARKE, R. Rainbird, A Hoard of Metalwork of the Early Iron Age from Ringstead, Norfolk. In: Proceedings of the Prehistoric Society XVII, 1951, S. 214-225.

45. CLARKE, Rainbird, The Early Iron Age Treasure from Snettisham, Norfolk. In: Proceedings of the Prehistoric Society XX, 1954, S. 27-86.

46. CLARKE, R. R., und HAWKES, C. F. C., An Iron Anthropoid Sword from Shouldham, Norfolk, with Related Continental and British Weapons. In: Proceedings of the Prehistoric Society XXI, 1955, S. 198-227.

47. CLEUZIOU, Henri du, L'Art national. I: Les origines - la Gaule - les Romains. - Paris, 1882.

48. COLBERT DE BEAULIEU, J.-B., Origine, évolution et mutations d'un différent monétaire en Gaule Celtique. In: Revue belge de numismatique 1952, S. 31-39.

49. COLBERT DE BEAULIEU, Jean-Baptiste, Les Monnaies gauloises des Parisii. - Paris, 1970.

50. COLBERT DE BEAULIEU, Jean-Baptiste, Traité de numismatique celtique I. Méthodologie des ensembles = Annales littéraires de l'Université de Besançon CIIIV = Centre de recherches d'histoire ancienne, série numismatique V. - Paris, 1973.

51. CORDER, Philip, und HAWKES, C. F. C., A Panel of Celtic Ornament from Elmswell, East Yorkshire. In: The Antiquaries Journal XX, 1940, S. 338-357.

52. COURAJOD, Louis, L'élément celtique ou gaulois. In: (derselbe) Leçons professées à l'École du Louvre (1887-1896). I: Origines de l'art roman et gothique, S. 45-55. - Paris, 1899.

53. COUTIL, Léon, L'Époque gauloise dans le Sud-Ouest de la Belgique et le Nord-Ouest de la Celtique. Sépultures et mobilier funéraire des Calètes, Véliocasses, Éburovices, Lexovii, Esuvii, Viducasses, Baïocasses, Ambivareti et Unelli. In: Bulletin de la Société Normande d'études préhistoriques IX, 1901, S. 48-138.

54. CRAWFORD, Henry S., The Engraved Bone Objects found at Lough Crew, Co. Meath, in 1865. In: The Journal of the Royal Society of Antiquaries of Ireland LV, 1925, S. 15-29.

55. CUNLIFFE, Barry, Iron Age Communities in Britain. An account of England, Scotland and Wales from the seventh century BC until the Roman conquest. - London und Boston, 1974.

56. CURWEN, E. Cecil, The Archaeology of Sussex. - London,

1937; 2. bearbeitete und neu gesetzte Auflage 1954.

57. DÉCHELETTE, Joseph, Manuel d'archéologie préhistorique, celtique et gallo-romaine. - Paris, 1914; 2. vermehrte Auflage 1927.

58. DEHN, Wolfgang, Zur Verbreitung und Herkunft der latènezeitlichen Braubacher Schalen. In: Bonner Jahrbücher CLI, 1951, S. 83-95.

59. DEYTS, Simone, Ex-voto de bois, de pierre et de bronze du sanctuaire des sources de la Seine. Art celte et gallo-romain. - Dijon, *Katalog des Musée archéologique de Dijon.* 1966. *Katalog*

60. Dictionnaire archéologique de la Gaule. Époque celtique. 2 Bde. - Paris, 1875 und 1878.

61. DOTTIN, Georges, Manuel pour servir à l'étude de l'antiquité celtique = La Bretagne et les pays celtiques IV. - Paris, 1906; 2. durchgesehene und vermehrte Auflage 1915.

62. DRACK, Walter, Ein Mittellatèneschwert mit drei Goldmarken aus Böttstein (Aargau). In: Zeitschrift für schweizerische Archäologie und Kunstgeschichte XV, 1954/1955, S. 193-235.

63. DRIEHAUS, Jürgen, Zum Grabfund von Waldalgesheim. In: Hamburger Beiträge zur Archäologie I, 2, 1971, S. 101-113.

64. DUIGNAN, Michael, The Turoe Stone: its Place in insular La Tène Art. In: Celtic Art in Ancient Europe. L'Art Celtique en Europe protohistorique, S. 201-217. - London, New York und San Francisco, 1976.

65. DUNNING, G. C., The swan's-neck and ring-headed pins of the Early Iron Age in Britain. In: The Archaeological Journal XCI, 1934, S. 269-295.

66. DUVAL, P.-M., Celtica, Arte. In: Enciclopedia dell'arte antica classica e orientale II, S. 457-467. - Rom, 1959.

67. DUVAL, Paul-Marie, L'art des Celtes et la Gaule. In: Art de France IV, S. 5-43. - Paris, 1964.

68. DUVAL, Paul-Marie, Le monde celtique, les pays de l'Europe occidentale. In: Sources archéologiques de la civilisation européenne. Actes du Colloque international organisé par le Secrétariat général de l'AIESEE, Mamaïa 1968, S. 122-134. - Bukarest, 1970.

69. DUVAL, Paul-Marie, Les styles de l'art celtique occidental. Terminologie et chronologie. In: Actes du VIIe Congrès International des Sciences Préhistoriques et Protohistoriques, Prag 1966, Bd. II, S. 812-817. - Prag, 1971.

70. DUVAL, Paul-Marie, L'art des monnaies gauloises. In: Comptes rendus de l'Académie des Inscriptions et Belles-Lettres 1972, S. 633-648.

71. DUVAL, Paul-Marie, Les Anciens Celtes depuis Renan. In: Études renaniennes XV, 1973, S. 51-53.

72. DUVAL, Paul-Marie, L'ornement de char de Brentford (Middlesex). In: Recherches d'archéologie celtique et gallo-romaine = Hautes études du monde gréco-romain V, S. 3-10. - Paris und Genf, 1973.

73. DUVAL, P.-M., Le décor du vase celtique de Káloz-Nagyhörcsök. In: Acta Archaeologica Academiae Scientiarum Hungaricae XXVI, 1974, S. 105-112.

74. DUVAL, Paul-Marie, Deux éléments fondamentaux du Premier style celtique. In: Études celtiques XIV, 1974, S. 7-19.

75. DUVAL, Paul-Marie, À propos de la signification des images monétaires gauloises. In: Comptes rendus de l'Académie des Inscriptions et Belles-Lettres 1975, S. 241-255.

76. DUVAL, Paul-Marie, Matériaux pour l'étude stilistique des monnaies celtiques. In: Celtic Art in Ancient Europe. L'Art Celtique en Europe protohistorique, S. 247-263. - London, New York und San Francisco, 1976.

77. DUVAL, Paul-Marie, und HAWKES, Christopher (Hrsg.), Celtic Art in Ancient Europe. L'Art Celtique en Europe protohistorique. - London, New York und San Francisco, 1976.

78. Early Celtic Art. Katalog der Ausstellung in The Royal Scottish Museum, Edinburgh, 22. August bis 13. September 1970, und in The Hayward Gallery, London, 14. Oktober bis 22. November 1970, hrsg. von Stuart Piggott. - Edinburgh, 1970.

79. Early Iron Age art in Wales. Katalog des National Museum of Wales, hrsg. von Hubert Newman Savory. - Cardiff, 1968.

80. EGGERS, Hans Jürgen, und andere, Kelten und Germanen in heidnischer Zeit. - Baden-Baden, 1964; französische Ausgabe: Les Celtes et les Germains à l'époque païenne. - Paris, 1965.

81. ESPÉRANDIEU, Émile, und LANTIER, Raymond, Recueil général des bas-reliefs, statues et bustes de la Gaule romaine = Collection de documents inédits sur l'histoire de France XII. - Paris, 1947.

82. EVANS, Arthur J., On a votive deposit of Gold Objects found on the North-West Coast of Ireland. In: Archaeologia or Miscellaneous Tracts relating to Antiquity LV, 2, 1897, S. 391-408.

83. FAVIÈRE, Jean, L'Europe barbare des âges des métaux. In: Le monde celtique dans l'archéologie, S. 268-285. - Paris, 1969.

84. FEACHEM, R. W. de, Dragonesque Fibulae. In: The Antiquaries Journal XXXI, 1951, S. 32-44.

85. FILIP, Jan, Keltové ve střední Evropě = Monumenta Archaeologica V. - Prag, 1956. *Mit deutscher Zusammenfassung: Die Kelten in Mitteleuropa (S. 514-552)*

86. FILIP, Jan, Die keltische Zivilisation und ihr Erbe. - Prag, 1961; tschechische Originalausgabe: Keltská civilisace a její dědictví. - Prag, 1959.

87. FILIP, Jan, Enzyklopädisches Handbuch zur Ur- und Frühgeschichte Europas. 2 Bde. - Prag, Stuttgart, Berlin, Köln und Mainz, 1966 und 1969.

88. FILIP, Jan, Celts, Ancient. In: The New Encyclopaedia Britannica III, S. 1071-1075. - London, 1974.

89. FILIP, Jan, Die Latène-Zeit. Keltische Kunst. In: Frühe Stufen der Kunst = Propyläen Kunstgeschichte XIII, S. 117-121 und S. 329-340. - Berlin, 1974.

90. FILOV, B., Die Kuppelgräber von Mezek. In: Bulletin de l'Institut Archéologique Bulgare XI, 1937, S. 1-116.
Mit deutscher Zusammenfassung: Die Kuppelgräber von Mezek (S. 107 bis 116)

91. FINLAY, Jan, Celtic art. An introduction. - London, 1973.

92. FORRER, Robert, Keltische Numismatik der Rhein- und Donaulande. 2 Bde. - Straßburg, 1908; ergänzte Neuausgabe Graz, 1968.

93. FOURDRIGNIER, Édouard, Notes archéologiques. Double sépulture gauloise de la Gorge-Meillet, territoire de Somme-Tourbe (Marne). Étude sur les chars gaulois et les casques dans la Marne. - Châlons-sur-Marne, 1878.

94. FOWLER, Elizabeth, The origins and development of the Penannular Brooch in Europe. In: Proceedings of the Prehistoric Society XXVI, 1960, S. 149-177.

95. FOWLER, Margaret J., The Typology of Brooches of the Iron Age in Wessex. In: The Archaeological Journal CX, 1953, S. 88 bis 105.

96. FOX, Aileen, und POLLARD, Sheila, A Decorated Bronze Mirror from an Iron Age Settlement at Holcombe, Near Uplyme, Devon. In: The Antiquaries Journal LIII, 1973, S. 16-41.

97. FOX, Cyril, A La Tène I Brooch from Wales: with Notes on the Typology and Distribution of these Brooches in Britain. In: Archaeologia Cambrensis LXXXII, 1, 1927, S. 67-112.

98. FOX, Sir Cyril, A Find of the Early Iron Age from Llyn Cerrib Bach, Anglesey. - Cardiff, 1946.

99. FOX, Sir Cyril, Celtic mirror handles in Britain. With special reference to the Colchester handle. In: Archaeologia Cambrensis XCX, 1, 1948, S. 24-44.

100. FOX, Sir Cyril, Pattern and Purpose. A Survey of Early Celtic Art in Britain. - Cardiff, 1958.

101. FREY, Otto-Herman, Au Musée de Besançon I. Eine etruskische Bronzeschnabelkanne = Annales littéraires de l'Université de Besançon, 2e Série, II, 1. - Paris, 1955.

102. FREY, Otto-Herman, The Archaeology of the Continental Celts. In: RAFTERY, Joseph (Hrsg.), The Celts, S. 35-46. - Cork, 1967.

103. FREY, Otto-Herman, Akanthusornamentik in der keltischen Kunst. In: Hamburger Beiträge zur Archäologie IV, 1974, S. 141-157.

104. FREY, Otto-Herman, Durchbrochene Frühlatènegürtelhaken aus Slowenien. In: Situla XIV/XV, 1974, S. 129-142.

105. FREY, Otto-Herman, Du Premier style au Style de Waldalgesheim. Remarques sur l'évolution de l'art celtique ancien. In: Celtic Art in Ancient Europe. L'Art Celtique en Europe protohistorique, S. 141-165. - London, New York und San Francisco, 1976.

106. FREY, Otto-Herman, und SCHWAPPACH, Frank, Studies in Early Celtic design. In: World Archaeology IV, 1973, S. 339-356.

107. FURTWÄNGLER, Adolf, ohne Titel. In: Jahrbuch des kaiserlich deutschen archäologischen Instituts IV, 1889. Archäologischer Anzeiger. Beiblatt zum Jahrbuch des archäologischen Instituts, S. 43.
Notiz zu einer Rede Furtwänglers über den Goldfund von Schwarzenbach

108. GIOT, P.-R., Ombres et Lumières sur la Chronologie de la Céramique Armoricaine de l'Âge du Fer. In: Annales de Bretagne LXXVIII, 1971, S. 73-92.

109. GIOT, P.-R., LE ROUX, C. T., und ONNEÉ, Y., Céramique armoricaine de l'âge du fer. Le souterrain de Bellevue en Plouëgat-Moysan (Finistère), 2 Bde. = Travaux du Laboratoire d'anthropologie préhistorique I-II. - Rennes, 1967/1968 und 1971.

110. GÖBL, Robert, Ostkeltischer Typenatlas. Mit methodischem Kommentar. - Braunschweig, 1973.

111. GÖBL, Robert, Typologie und Chronologie der keltischen Münzprägung in Noricum = Veröffentlichungen der Kommission für Numismatik II. - Wien, 1973.

112. GRENIER, Albert, Les Gaulois. - Paris, 1945; Neuauflage 1970.

113. GRIMES, W. F., The La Tène Art Style in British Early Iron Age Pottery. In: Proceedings of the Prehistoric Society XVIII, 1952, S. 160-175.

114. HAEVERNICK, Thea Elisabeth, Die Glasarmringe und Ringperlen der Mittel- und Spätlatènezeit auf dem europäischen Festland. - Bonn, 1960.

115. HARDING, D. W., The Iron Age in the Upper Thames Basin. - Oxford, 1972.

116. HARDING, D. W., The Iron Age in Lowland Britain. - London und Boston, 1974.

117. HARMAND, Jacques, Les Celtes au Second Âge du Fer. - Paris, 1970.

118. HATT, Jean Jacques, Sculptures gauloises. Esquisse d'une évolution de la sculpture en Gaule depuis le VIe siècle avant Jésus-Christ jusqu'au IVe siècle après Jésus-Christ. - Paris, 1966.

119. HATT, J.-J., GOUREVITCH, D., Celtes. In: Encyclopaedia Universalis IV, S. 29-36. - Paris, 1968.

120. HAWKES, C. F. C., Bronze-workers, Cauldrons, and Bucket-animals in Iron Age and Roman Britain. In: GRIMES, W. F. (Hrsg.), Aspects of Archaeology in Britain and beyond. Essays presented to O. G. S. Crawford, S. 172-199. - London, 1951.

121. HAWKES, C. F. Christopher, The Celts: Report on the Study of their Culture and their Mediterranean Relations. 1942-1962. In: Le rayonnement des civilisations grecque et romaine sur les cultures périphériques. VIIIe Congrès international d'Archéologie classique, Paris, 1963, I, S. 61-79. - Paris, 1965.

122. HAWKES, Christopher, Celts and Cultures: Wealth, Power, Art. Five Protohistoric Centuries. In: Celtic Art in Ancient Europe. L'Art Celtique en Europe protohistorique, S. 1-27. - London, New York und San Francisco, 1976.

123. HAWKES, Christopher, und DUNNING, G. L., The Belgae of Gaul and Britain. In: The Archaeological Journal LXXXVII, 1930, S. 150-335.

124. HAWKES, C. F. C., und SMITH, M. A., On some Buckets and Cauldrons of the Bronze and Early Iron Ages. In: The Antiquaries Journal XXXVII, 1957, S. 131 bis 198.

125. HAWORTH, Richard, The Horse Harness of the Irish Early Iron Age. In: Ulster Journal of Archaeology, Ser. 3, XXXIV, 1971, S. 26-49.

126. HEMP, W. J., A La Tène Shield from Moel Hiraddug, Flintshire. In: Archaeologia Cambrensis LXXXIII, 2, 1928, S. 253-284

127. HENRY, Françoise, Émailleurs d'Occident. In: Préhistoire II, 1933, S. 65-146.

128. HENRY, Françoise, Irish Art in the Early Christian Period. - London, 1940; 2. Auflage 1947.

129. HENRY, Françoise, Art irlandais. - Dublin, 1954.

130. HENRY, Françoise, L'Art irlandais = La nuit des temps XVIII. - L'Abbaye Sainte-Marie de la Pierre-qui-vire (Yonne), 1963.

131. HODSON, Frank Roy, The La Tène cemetery at Münsingen-Rain. Catalogue and relative chronology = Acta Bernensia V. - Bern, 1968.

132. HODSON, F. R., Three Iron Age Brooches from Hammersmith. - In: Prehistoric and Roman Studies Commemorating the Opening of the Department of Prehistoric and Romano-British Antiquities = The British Museum Quarterly XXXV, 1-4, S. 50-57. - London, 1971.

133. HODSON, F. R., und ROWLETT, R. M., From 600 BC to the Roman Conquest. In: PIGGOTT, Stuart, DANIEL, Glyn, und McBURNEY, Charles (Hrsg.), France before the Romans, S. 157-191. - London, 1974.

134. HOREDT, Kurt, Zur Herkunft und Datierung des Kessels von Gundestrup. In: Jahrbuch des Römisch-Germanischen Zentralmuseums Mainz XIV, 1967, S. 134-143.

135. HOWE, Thalia Phillies, Expressionist Fragments of Pre-Roman Gaul. In: Art Journal XX, 1961, S. 212-217.

136. HUBERT, Henri, Les Celtes depuis l'époque de La Tène et la civilisation celtique = L'Évolution de l'Humanité XXIbis. - Paris, 1932; 2. durchgesehene und verbesserte Auflage 1950.

137. HUBERT, Henri, Les Celtes et l'expansion celtique jusqu'à l'époque de La Tène = L'Évolution de l'Humanité XXI. - Paris, 1932; 2. durchgesehene und verbesserte Auflage 1950.

138. HUBERT, J., PORCHER, J., und VOLBACH, W., Les Îles Britanniques. In: L'Europe des invasions = Univers des Formes, S. 157-162. - Paris, 1967; deutsche Ausgabe: Die Britischen Inseln. In: Frühzeit des Mittelalters. Von der Völkerwanderung bis an die Schwelle der Karolingerzeit = Universum der Kunst XXII, S. 159-163. - München, 1968.

139. HUCHER, E., Études sur le symbolisme des plus anciennes médailles gauloises. In: Revue numismatique XV, 1850, S. 85-108 und 165-197.

140. HUCHER, Eugène Frédéric Ferdinand, L'art gaulois, ou, Les Gaulois d'après leurs médailles. 2 Bde. - Paris, 1868 und 1874.

141. HUNYADI, Ilona, Kelták a Kárpátmedencében. Szövegkötet (Textband). Kelták a Kárpátmedencében. Táblakötet. Die Kelten im Karpatenbecken (Tafelband) = Dissertationes Pannonicae, Ser. II, 18. - Budapest, 1942 und 1944.

142. HUNYADI, Ilona, Kelták a Kárpátmedencében. Leletanyag = Régészeti Füzetek II. - Budapest, 1957.

143. HUYGHE, René, La peinture en quête d'elle-même. In: (derselbe) Dialogue avec le visible, S. 163 bis 208. - Paris, 1955.

144. JACOBSTHAL, Paul, Keltische Bronzebeschläge in Berlin. In: Praehistorische Zeitschrift XXV, 1934, S. 62-104.

145. JACOBSTHAL, Paul, Imagery in Early Celtic Art. In: Proceedings of the British Academy XXVII, 1941, S. 303-320.

146. JACOBSTHAL, Paul, Early Celtic Art. 2 Bde. - London, 1944; 2. korrigierte Auflage 1969.

147. JAHN, Martin, Die Kelten in Schlesien = Quellenschriften zur ostdeutschen Vor- und Frühgeschichte I. - Leipzig, 1931.

148. JANNORAY, Jean, Ensérune. Contribution à l'étude des civilisations préromaines de la Gaule méridionale = Bibliothèque des écoles Françaises d'Athènes et de Rome CLXXXI. Textband und Tafelmappe. - Paris, 1955.

149. JENNY, Wilhelm Albert von, Keltische Metallarbeiten aus heidnischer und christlicher Zeit. - Berlin, 1935.

150. JOFFROY, René, Die Kunst der Kelten. In: EGGERS, Hans Jürgen, und andere, Kelten und Germanen in heidnischer Zeit, S. 125-154. - Baden-Baden, 1964. *Französische Ausgabe siehe EGGERS, Hans Jürgen*

151. JOFFROY, René, Le torque de Mailly-le-Camp (Aube). In: Monuments et mémoires publiés par l'Académie des Inscriptions et Belles-Lettres LVI, 1969, S. 45-59.

152. JOFFROY, René, Keltische Kunst. In: Die Kelten = Unesco Kurier XII, 1975, S. 32-40.

153. JOHNS, Catherine, Spur-shaped Bronzes of the Irish Early Iron Age. In: Prehistoric and Roman Studies Commemorating the Opening of the Department of Prehistoric and Romano-British Antiquities = British Museum Quarterly XXXV, 1-4, S. 57-61. - London, 1971.

154. JOPE, E. M., The Beginnings of La Tène Ornamental Style in the British Isles. In: FRERE, S. (Hrsg.), Problems of the Iron Age in Southern Britain = Occasional Paper XI, S. 69-83. - London, 1958.

155. JOPE, E. M., Daggers of the Early Iron Age in Britain. In: Proceedings of the Prehistoric Society XXVII, 1961, S. 307-343.

156. JOPE, E. M., Iron Age Brooches in Ireland: a Summary. In: Ulster Journal of Archaeology, Ser. 3, XXIV-XXV, 1961/1962, S. 25-38.

157. JOPE, E. M., The Waldalgesheim Master. In: BOARDMAN, John, BROWN, M. A., und POWELL, T. G. E., (Hrsg.), The European

Community in Later Prehistory. Studies in honour of C. F. C. Hawkes, S. 165-180. - London, 1971.

158. JOPE, E. M., The Witham Shield. In: Prehistoric and Roman Studies Commemorating the Opening of the Department of Prehistoric and Romano-British Antiquities = The British Museum Quarterly XXXV, 1-4, S. 61-69. - London, 1971.

159. JOPE, E. Martyn, The Wandsworth Mask Shield and its Sources of Inspiration. In: Celtic Art in Ancient Europe. L'Art Celtique en Europe protohistorique, S. 167-184. - London, New York und San Francisco, 1976.

160. JOPE, E. M., und WILSON, B. C. S., The Decorated Cast Bronze Disc from the River Bann near Coleraine. In: Ulster Journal of Archaeology, Ser. 3, XX, 1975, S. 95-102.

161. JULLIAN, Camille, Histoire de la Gaule. 3 Bde. - Paris, 1920; Nachdruck Brüssel, 1964.

162. KAPPEL, Irene, Die Graphittonkeramik von Manching = Die Ausgrabungen in Manching II. - Wiesbaden, 1969.

163. A keleti Kelta müvészet. Eastern Celtic Art = Az István Király Múzeum Közleményei. Katalog der Ausstellung im István Király Muzeum, Székesfehérvár, 1974. Bulletin du musée Roi Saint Étienne, Ser. D, 93, 1974.
Mit 22 S. englischer Beschreibung

164. KELLER, Josef, Das keltische Fürstengrab von Reinheim I. - Mainz, 1965.

165. Kelti v Sloveniji = Sonderdruck aus Arheološki vestnik. Acta archaeologica XVII, 1966, S. 145 bis 426.
Zwölf Aufsätze, jeweils mit deutscher oder französischer Zusammenfassung

166. KENNER, Hedwig, Zur Kunst und Kultur der Kelten. (Mit besonderer Berücksichtigung der Kärntner Funde). In: Carinthia I, 141, 1951, S. 566-593.

167. KENNER, Hedwig, La civilisation et l'art Celtique en Carinthie. In: Ogam VIII, 1956, S. 181-198.

168. KILIAN, Lothar, Hügelgräber bei Hoppstädten. Ergebnisse der Grabung 1952. In: Trierer Zeitschrift XXIV-XXVI, 1956/1958, S. 59 bis 102.

169. KIMMIG, Wolfgang, und HELL, Hellmut, Vorzeit an Rhein und Donau. Südwestdeutschland, Nordschweiz, Ostfrankreich = Das Bild in Forschung und Lehre, Veröffentlichungen der Landesbildstellen Baden und Württemberg I. - Lindau und Konstanz, 1958.

170. KLINDT-JENSEN, Ole, Foreign influences in Denmark's early iron age. - Kopenhagen, 1950.

171. KLINDT-JENSEN, Ole, Keltisk tradition i romersk jernalder. In: Aarbøger for nordisk oldkyndighed og historie 1952, S. 195-228.

172. KLINDT-JENSEN, Ole, Bronzekedelen fra Brå. Tidlige Keltiske Indflydelser i Danmark = Jysk arkæologisk selskabs skrifter III. - Aarhus, 1953.
Mit englischer Übersetzung: The Bronze Cauldron from Brå (S. 62 97)

173. KLINDT-JENSEN, Ole, Le chaudron de Gundestrup. Relations entre la Gaule et l'Italie du Nord. In: Analecta Romana Instituti Danici I, 1960, S. 45-66.

174. KLINDT-JENSEN, Ole, Gundestrupkedelen. - Kopenhagen, 1961.

175. KLINDT-JENSEN, Ole, L'Est, le Nord et l'Ouest dans l'art de la fin du IIme et du Ier siècles avant J.-C. In: Celtic Art in Ancient Europe. L'Art Celtique en Europe protohistorique, S. 233-245. - London, New York und San Francisco, 1976.

176. KÖNIG, M. E. P., Keltische Münzbilder. In: IPEK, Jahrbuch für prähistorische & ethnographische Kunst XXI, 1964/1965, S. 65-77.

177. KOENIG, Marie E. P., Celtic Coins: A New Interpretation. In: Archaeology XIX, 1966, S. 24-30.

178. KRÄMER, Werner, Fremder Frauenschmuck aus Manching. In: Germania XXXIX, 1961, S. 305-322.

179. KRÄMER, Werner, Keltische Hohlbuckelringe vom Isthmus von Korinth. In: Germania XXXIX, 1961, S. 32-42.

180. KRÄMER, Werner, Das keltische Oppidum bei Manching. In: MÜLLER, Theodor, und REISSMÜLLER, Wilhelm, Ingolstadt. Die Herzogstadt - die Universitätsstadt - die Festung, S. 19-50. - Ingolstadt, 1974.

181. KRÄMER, Werner (Hrsg.), und SCHUBERT, Franz, Die Ausgrabungen in Manching 1955-1961. Einführung und Fundstellenübersicht = Die Ausgrabungen in Manching I. - Wiesbaden, 1970.

182. KRUTA, Václav, Les fibules celtiques dites ‹à masques›. In: Annuaire. École pratique des Hautes Études. IVe section. Sciences historiques et philologiques CII, 1969-1970, S. 299-305.

183. KRUTA, Václav, Le Trésor de Duchcov dans les collections tchécoslovaques. Ústi nad Labem. - 1971.

184. KRUTA, Václav, Débuts et développement du ‹Style plastique› de Bohême. In: Actes du quatrième congrès international d'études celtiques II = Études Celtiques XIII, 2, 1973, S. 644-661.

185. KRUTA, Venceslas, Remarques sur l'apparition du rinceau dans l'art celtique. In: Études celtiques XIV, 1974, S. 22-30.

186. KRUTA, Venceslas, L'art celtique en Bohême. Les parures métalliques du Ve au IIe siècle avant notre ère = Sciences historiques et philologiques CCCXXIV. - Paris, 1975.

187. KRUTA, Venceslas, Les Celtes = Que sais-je? Collection encyclopédique MDCXLIX. - Paris, 1976.

188. KRUTA, Venceslas, Le Premier Style Laténien en Bohême. In: Celtic Art in Ancient Europe. L'Art Celtique en Europe protohistorique, S. 111-140. - London, New York und San Francisco, 1976.

189. Kunst und Kultur der Kelten. Katalog der Ausstellung in Schaffhausen, Museum zu Allerheiligen, 1. August bis 3. November 1957. - Schaffhausen, 1957.

190. LA BAUME, Peter, Keltische Münzen. Ein Brevier. - Braunschweig, 1960.

191. LAMBRECHTS, Pierre, L'exaltation de la tête dans la pensée et dans l'art des Celtes = Dissertationes Archaeologicae Gandenses II. - Brügge, 1954.

192. LAMBRECHTS, Pierre, La persistance des éléments indigènes dans l'art de la Gaule Belgique. In: Le rayonnement des civilisations grecque et romaine sur les cultures périphériques. VIIIe Congrès international d'Archéologie classique, Paris, 1963, I, S. 153-163. - Paris, 1965.

193. LANTIER, Raymond, Les arts primitifs de l'Europe barbare. In: Nouvelle histoire universelle de l'Art I, S. 1-26, besonders 16-26. - Paris, 1932.

194. LANTIER, Raymond, Masques celtiques en métal. In: Monuments et mémoires publiés par l'Académie des Inscriptions et Belles-Lettres XXXVII, 1940, S. 104-119.

195. LANTIER, Raymond, Art celtique et art romain. In: Mélanges en hommage à la mémoire de Fr. Martroye, S. 207-212. - Paris, 1941.

196. LANTIER, Raymond, L'art celtique. In: Journal des savants 1946, S. 67-77.

197. LANTIER, Raymond, Celtic Art. In: Encyclopedia of World Art III, Sp. 175-186. - New York, Toronto und London, 1960.

198. LANTIER, Raymond, Art celtique et art ibérique. In: À Pedro Bosch-Gimpera, S. 283-287. - Mexico, 1963.

199. LANTIER, Raymond, Le bois dans l'industrie et l'art des Celtes. In: Revue archéologique du Centre V, 1966, S. 289-301.

200. LANTIER, Raymond, und HUBERT, Jean, Les origines de l'art français. In: La préhistoire. - L'art celtique. - L'art gallo-romain, S. 11-101. - Paris, 1947.

201. LA TOUR, Henri de, Atlas de monnaies gauloises. - Paris, 1892.

202. LAUR-BELART, Rudolf, Keltische Elemente in der Kunst der römischen Schweiz. In: Le rayonnement des civilisations grecque et romaine sur les cultures périphériques. VIIIe Congrès international d'Archéologie classique, Paris, 1963, I, S. 165-176. - Paris, 1965.

203. LEEDS, Edward Thulow, Celtic Ornament in the British Isles down to A. D. 700. - Oxford, 1933.

204. LENGYEL, Lancelot, L'art gaulois dans les médailles. - Montrouge, Seine, 1954.

205. LENGYEL, Lancelot, Das geheime Wissen der Kelten. Enträtselt aus druidisch-keltischer Mythik und Symbolik. - Freiburg i. Br., 1976; französische Ausgabe: Le Secret des Celtes. - Mane, 1976.

206. LE ROUX, Françoise, Notes d'Archéologie Celtique et Gallo-Romaine III. Contribution à une définition de l'‹Art Celtique›. In: Ogam VII, 1955, S. 197-218.

207. LINDENSCHMIT, L. (Hrsg.), Die Alterthümer unserer heidnischen Vorzeit. 6 Bde. - Mainz, 1858, 1870, 1881, 1900 und 1911 (2 Bde.).

208. LOWERY, Philip, und SAVAGE, Richard, Celtic Design with Compasses as seen on the Holcombe Mirror. In: Celtic Art in Ancient Europe. L'Art Celtique en Europe protohistorique, S. 219-231. - London, New York und San Francisco, 1976.

209. LOWERY, P. R., SAVAGE, R. D. A., und WILKINS, R. L., Scriber, Graver, Scorper, Tracer: notes on Experiments in Bronzeworking Technique. In: Proceedings of the Prehistoric Society XXXVII, 1, 1971, S. 167-182.

210. LOWERY, P. R., SAVAGE, R. D. A., und WILKINS, R. L., A Technical Study of the Designs on the British Mirror Series. In: Archaeologia or Miscellaneous Tracts relating to Antiquity CV, 1976, S. 99-126.

211. LUDIKOVSKÝ, Karel, Ploché keltské pohřebiště v Mikulčicích u Hodonína. In: Sborník Československé společnosti archeologické II, 1962, S. 257-278.
Mit deutscher Zusammenfassung: Keltisches Flachgräberfeld in Mikulčice bei Hodonín (S. 273-278)

212. LUDIKOVSKÝ, Karel, Akeramický horizont bohatých hrobů žen na Moravě. In: Památky archeologické LV, 1964, 2, S. 321-345.
Mit deutscher Zusammenfassung: Akeramischer Horizont reicher Frauengräber in Mähren (S. 346-349)

213. LUDIKOVSKÝ, Karel, Bohatý hrob ženy z keltského pohřebiště v Blučině, o. Brno-venkov. In: Památky archeologické LXI, 1970, 2, S. 519-533.
Mit deutscher Zusammenfassung: Ein reiches Frauengrab aus dem keltischen Friedhof in Blučina, Bez. Brno-Land (S. 533-535)

214. MacCANA, Proinsias, Celtic mythology. - Hamlyn, 1970.

215. MacGREGOR, Morna, Early Celtic Art in North Britain. A study of decorative metalwork from the third century B. C. to the third century A. D. 2 Bde. - Leicester, 1976.

216. MACK, R. P., The Coinage of Ancient Britain. - London, 1953.

217. MacMULLEN, Ramsay, The Celtic Renaissance. In: Historia. Zeitschrift für Alte Geschichte XIV, 1965, S. 93-104.

218. MAIER, Ferdinand, Die Vindonissa-Roanne-Gruppe bemalter frühkaiserzeitlicher Keramik. In: Helvetia Antiqua. Festschrift Emil Vogt, S. 159-166. - Zürich, 1966.

219. MAIER, Ferdinand, Keltische Altertümer in Griechenland. In: Germania LI, 1973, S. 459-477.

220. MAINJONET, Monique, Les animaux imaginaires des monnaies gauloises. Katalog der Ausstellung: Le Bestiaire des monnaies, des sceaux et des médailles, im Hôtel de la monnaie, Paris, 1974, S. 107-127. - Paris, 1974.

221. MAJNARIĆ-PANDŽIĆ, Nives, Keltskolatenska kultura u Slavoniji i Srijemu = Acta Musei Cibalensis II. - Vinkovci, 1970.
Mit deutscher Zusammenfassung: Keltisch-latènezeitliche Kultur in Slawonien und Sirmien, S. 124-142

222. MALRAUX, André, Psychologie de l'art. III: La Monnaie de l'Absolu. - Paris, 1950.

223. MANSUELLI, Guido A., Les civilisations de l'Europe ancienne = Collection Les grandes civilisations VI. - Paris, 1967.

224. MARIËN, M., Masques celtiques et bronzes Luristanais. In: Ana-

lecta Archaeologica. Festschrift Fritz Fremersdorf, S. 265-267. - Köln, 1960.

225. MARIËN, Marcel Édouard, La Période de La Tène en Belgique. Le Groupe de la Haine = Monographies d'Archéologie Nationale II. - Brüssel, 1961.

226. MARIËN, M. É., Eigenbilzen et Hallein. In: Hommages à Albert Grenier = Collection Latomus LVIII, 3, S. 1113-1118. - Brüssel, 1962.

227. MÁRTON, Lajos, A korai La Tène-kultura magyarországon = Archaeologia Hungarica XI. - Budapest, 1933.
Mit deutscher Übersetzung: Die Frühlatènezeit in Ungarn

228. MÁRTON, Lajos, A korai La Tène sirok leletanyaga. In: Dolgozatok IX-X, 1933-1934, S. 93-127.
Mit deutscher Zusammenfassung: Das Fundinventar der Frühlatène-Gräber, S. 128-165

229. MASAI, F., Essai sur les origines de la miniature dite irlandaise. - Brüssel, 1947.

230. MEGAW, J. V. S., A British Bronze Bowl of the Belgic Iron Age from Poland. In: The Antiquaries Journal XLIII, 1963, S. 27-37.

231. MEGAW, J. V. S., Two La Tène finger rings in the Victoria and Albert Museum, London: an essay on the human face and Early Celtic Art. In: Praehistorische Zeitschrift XLIII/XLIV, 1965/1966, S. 96-166.

232. MEGAW, J. V. S., The Animal-headed Torc from Vieille-Toulouse. In: The Antiquaries Journal XLVII, 1967, S. 209-213.

233. MEGAW, J. V. S., Une épée de la Tène I, avec fourreau décoré. In: Revue archéologique de l'Est et du Centre-Est XIX, 1968, S. 129 bis 144.

234. MEGAW, J. V. S., Les fragments de feuille de bronze décorés de Levroux (Indre). In: Gallia XXVI, 1968, S. 33-41.

235. MEGAW, J. V. S., Art of the European Iron Age. A study of the elusive image. - New York und Evanston, 1970.

236. MEGAW, J. V. S., Cheshire Cat and Mickey Mouse: Analysis, Interpretation and the Art of the La Tène Iron Age. In: Proceedings of the Prehistoric Society XXXVI, 1970, S. 261-279.

237. MEGAW, J. Vincent St., Further Early La Tène rings and other material of the ‹Horchheim› and ‹Andernach› classes. In: Germania XLVIII, 1970, S. 126-130.

238. MEGAW, J. V. S., An unpublished early La Tène Tierfibel from Hallstatt, Oberösterreich. In: Archaeologia Austriaca L, 1970, S. 176-184.

239. MEGAW, J. V. S., A Group of Later Iron Age Collars or Neckrings from Western Britain. In: Prehistoric and Roman Studies Commemorating the Opening of the Department of Prehistoric and Romano-British Antiquities = The British Museum Quarterly XXXV, 1-4, S. 145-156. - London, 1971.

240. MEGAW, J. V. S., Style and style groupings in continental early La Tène art. In: World Archaeology III, 1972, S. 276-292.

241. MOBERG, Carl-Axel, Between Horn and Ornavasso. Studies of Chronology and Style in the La Tène Period. In: Acta Archaeologica XXV, 1954, S. 1-48.

242. MOOSLEITNER, Fritz, PAULI, Ludwig, und PENNINGER, Ernst, Der Dürrnberg bei Hallein II. Katalog der Grabfunde aus der Hallstatt- und Latènezeit. Zweiter Teil = Münchner Beiträge zur Vor- und Frühgeschichte XVII. - München, 1974.
Erster Teil vgl. PENNINGER, Ernst

243. MOREAU, Jacques, Die Welt der Kelten = Große Kulturen der Frühzeit, Neue Folge (o. Nr.). - Stuttgart 1958.

244. MOREL, Léon, La Champagne souterraine, matériaux et documents, ou Résultats de 20 années de fouilles archéologiques dans la Marne. - Châlons-sur-Marne, 1877 bis 1878.

245. MOREL, Léon, La Champagne souterraine, matériaux et documents, ou Résultats de 35 années de fouilles archéologiques dans la Marne. 2 Bde. - Reims, 1898.

246. NAVARRO, J. M. de, The Coming of the Celts. In: The Cambridge Ancient History VII, S. 41-74. - Cambridge, 1928.

247. NAVARRO, J. M. de, A Survey of Research on an Early Phase of Celtic Culture. In: Proceedings of the British Academy XXII, 1936, S. 297-341.

248. NAVARRO, J. M. de, The Celts in Britain and their Art. In: The Heritage of Early Britain, S. 56-82. - London, 1952.

249. NAVARRO, J. M. de, The Finds from the Site of La Tène I. Scabbards and the Swords Found in them. 2 Bde. - London, 1972.

250. NYLÉN, Erik, The Remarkable Bucket from Marlborough. In: Acta Archaeologica XXIX, 1958, S. 1-20.

251. O'KELLY, Michael J., The Cork Horns, the Petrie Crown and the Bann Disk. The Technique of their Ornament. In: Journal of the Cork Historical and Archaeological Society LXVI (203), 1961, S. 1-12.

252. OWLES, Elizabeth, The Ipswich Gold Torcs. In: Antiquity XLIII, 1969, S. 208-212.

253. OWLES, Elizabeth, The sixth Ipswich torc. In: Antiquity XLV, 1971, S. 294-296.

254. PAUNIER, Daniel, Céramique peinte de la Tène finale et matériel gallo-romain précoce trouvés sur l'oppidum de Genève. In: Genava, Nouvelle Série XXIII, 1975, S. 55-125.

255. PENNINGER, Ernst, Der Dürrnberg bei Hallein I. Katalog der Grabfunde aus der Hallstatt- und Latènezeit. Erster Teil = Münchner Beiträge zur Vor- und Frühgeschichte XVI. - München, 1972.
Zweiter Teil vgl. MOOSLEITNER, Fritz, PAULI, Ludwig, und PENNINGER, Ernst

256. Pérennité de l'art gaulois. Katalog der Ausstellung im Musée pédagogique, Paris, Februar bis März 1955. - Paris, 1955.

257. PERKINS, J. B. Ward, Iron Age Metal Horses' Bits of the British Isles. In: Proceedings of the Prehistoric Society V, 1939, S. 173 bis 192.

258. PETRES, Éva F., A kelták Fejér megyében. In: Fejér megye Története I, 3, S. 127-156. - Székesfehérvár, 1971.
Mit deutscher Zusammenfassung

259. PIČ, J. L., Starožitnosti země České II, 1. Kostrové hroby s kulturou marnskou čili latèneskou a Bojové v Čechách. - Prag, 1902.

260. PIČ, J. L., Starožitnosti země České II, 2. Hradiště u Stradonic jako historické Marobudum. - Prag, 1903.

261. PIGGOTT, Stuart, Swords and Scabbards of the British Early Iron Age. In: Proceedings of the Prehistoric Society XVI, 1950, S. 1-28.

262. PIGGOTT, Stuart, The Carnyx in Early Iron Age Britain. In: The Antiquaries Journal XXXIX, 1959, S. 19-32.

263. PIGGOTT, Stuart, Fire Dogs in Iron Age Britain and beyond. In: BOARDMAN, John, BROWN, M. A., und POWELL, T. G. E. (Hrsg.), The European Community in Later Prehistory. Studies in honour of C. F. C. Hawkes, S. 243-270. - London, 1971.

264. PIGGOTT, Stuart, und DANIEL, Glyn E., A picture book of ancient British art. - Cambridge, 1951.

265. PINK, Karl, Die Münzprägung der Ostkelten und ihrer Nachbarn. A keleti kelták és szomszédjaik pénzverése = Dissertationes Pannonicae, Ser. 2, XV. - Budapest, 1939.

266. PITTIONI, Richard, La Tène in Niederösterreich = Materialien zur Urgeschichte Österreichs V. - Wien, 1930.

267. PITTIONI, Richard, Österreichs Urzeit im Bilde. - Leipzig und Wien, 1938.

268. PITTIONI, Richard, Urgeschichte des österreichischen Raumes. - Wien, 1954.

269. POBÉ, Marcel, und ROUBIER, Jean (Hrsg.), Kelten - Römer. 1000 Jahre Kunst und Kultur in Gallien. - Olten und Freiburg i. Br., 1958.

270. POWELL, Thomas George Eyre, Die Kelten. - Köln, 1959; englische Originalausgabe: The Celts. - London, 1958.

271. POWELL, Thomas George Eyre, Prehistoric art. - London und New York, 1966.

272. POWELL, T. G. E., The Winged Beasts from Stupava. In: Sborník Národního muzea v Praze, Ser. A, XX, 1966, I/II, S. 133-136.

273. RADDATZ, Klaus, Die Schatzfunde der Iberischen Halbinsel vom Ende des dritten bis zur Mitte des ersten Jahrhunderts vor Chr. Geb. Untersuchungen zur hispanischen Toreutik = Madrider Forschungen V. 2 Bde. - Berlin, 1969.

274. RAFTERY, Barry, A Decorated Iron Age Horse-bit Fragment from Ireland. In: Proceedings of the Royal Irish Academy LXXIV (Section C), 1974, S. 1-10.

275. RAFTERY, Joseph, The Turoe Stone and the Rath of Feerwore. In: The Journal of the Royal Society of Antiquaries of Ireland LXXIV, 1944, S. 23-52.

276. RAFTERY, Joseph, Prehistoric Ireland. - London, New York, Toronto und Sydney, 1951.

277. RAFTERY, Joseph, The Archaeology of the Celts in Ireland. In: (derselbe), The Celts, S. 47-58. - Cork, 1967.

278. REINACH, Salomon, Le corail dans l'industrie celtique. In: Revue celtique XX, 1899, S. 13-29 und 117-131.

279. REINACH, Salomon, Idées générales sur l'art de la Gaule. In: Revue archéologique, Sér. 4, VI, 1905, S. 306-313.

280. REINACH, Salomon, Catalogue Illustré du Musée des antiquités nationales au château de Saint-Germain-en-Laye. 2 Bde. - Paris, 1917 und 1921; 2. durchgesehene und berichtigte Auflage 1926.
Katalog

281. REINECKE, Paul, Mainzer Aufsätze zur Chronologie der Bronze- und Eisenzeit. Nachdrucke aus: Altertümer unserer heidnischen Vorzeit V, 1911, und Festschrift des Römisch-Germanischen Zentralmuseums 1902. - Bonn, 1965.

282. RENARD, Marcel, Des sculptures celtiques aux sculptures médiévales. Fauves androphages. In: Hommage à Joseph Bidez et à Franz Cumont = Collection Latomus II, S. 277-293. - Brüssel, 1949.

283. ROCHNA, Otto, Zur Herkunft der Manchinger Sapropelit-Ringe. In: Germania XXXIX, 1961, S. 329-354.

284. ROSEN-PRZEWORSKA, Janina, Les recherches sur la civilisation celtique en Pologne. In: Revue archéologique 1962, II, S. 125-164, und 1963, I, S. 37-77.

285. ROSS, Anne, Pagan Celtic Britain. Studies in iconography and tradition. - London und New York, 1967.

286. ROSS, Anne, Everyday Life of the pagan Celts. - London und New York, 1970.

287. RUSU, Mircea, Das keltische Fürstengrab von Ciumeşti in Rumänien. In: 50. Bericht der Römisch-Germanischen Kommission 1969, S. 267-300.

288. RYBOT, Norman Victor Lacey, Armorican Art. A new and enlarged Edition of the Article published in the Bulletin of the Société Jersiaise = Bulletin annuel de la Société Jersiaise 1952.

289. SANDARS, Nancy Katharine, Prehistoric art in Europe = The Pelican History of Art XXX. - Harmondsworth, 1968.

290. SANDARS, N. K., Orient and orientalizing in early celtic art. In: Antiquity XLV, 1971, S. 103-112.

291. SANDARS, Nancy K., Orient and Orientalizing: Recent thoughts Reviewed. In: Celtic Art in Ancient Europe. L'Art Celtique en Europe protohistorique, S. 41-60. - London, New York und San Francisco, 1976.

292. SANGMEISTER, Edward, Die Kelten in Spanien. In: Madrider Mitteilungen I, 1960, S. 75-100.

293. SANQUER, René, La grande statuette en bronze de Kerguilly-en-Dinéault (Finistère). In: Gallia XXXI, 1973, S. 61-80.

294. SAVORY, H. N., A New Hoard of La Tène Metalwork from Merionethshire. In: Bulletin of the Board of Celtic Studies XX, 1962 bis 1964 [1964], S. 449-475.

295. SAVORY, Hubert Newman, A New Hoard of La Tène Metal-

work from Wales. In: Celticum XII = Actes du IVe Congrès International d'Études Gauloises, Celtiques et Protoceltiques, Sarrebruck 1964, S. 163-205. - Rennes, 1965.

296. SAVORY, H. N., The Tal-y-llyn Hoard. In: Antiquity XXXVIII, 1964, S. 18-31.

297. SAVORY, H. N., A Find of Early Iron Age Metalwork from the Lesser Garth, Pentrych (Glamorgan). In: Archaeologia Cambrensis CXV, 1966, S. 27-44.

298. SAVORY, Hubert, The La Tène Shield in Wales. In: Celtic Art in Ancient Europe. L'Art Celtique en Europe protohistorique, S. 185 bis 199. - London, New York und San Francisco, 1976.

299. SCHAAFF, Ulrich, Ein keltischer Hohlbuckelring aus Kleinasien. In: Germania L, 1972, S. 94-97.

300. SCHAAFF, Ulrich, Frühlatènezeitliche Grabfunde mit Helmen vom Typ Berru. In: Jahrbuch des Römisch-Germanischen Zentralmuseums Mainz XX, 1973, S. 81 bis 106.

301. SCHEFOLD, Karl, Die Stilgeschichte der frühen keltischen Kunst. In: Praehistorische Zeitschrift XXXIV/XXXV, 2, 1949/1950, S. 11-17.

302. SCHOPPA, Helmut, Keltische Einflüsse in der provinzial-römischen Plastik. In: Bonner Jahrbücher CLVIII, 1958, S. 268-294.

303. SCHRÁNIL, Josef, Die Vorgeschichte Böhmens und Mährens. - Berlin und Leipzig, 1928.

304. SCHWAPPACH, Frank, Stempelverzierte Frühlatène-Schalen von Losheim, Kr. Merzig-Wadern. In: 16. Bericht der Staatlichen Denkmalpflege im Saarland 1969, S. 105-121.

305. SCHWAPPACH, Frank, Stempelverzierte Keramik von Armorica. In: FREY, Otto-Herman (Hrsg.), Marburger Beiträge zur Archäologie der Kelten. Festschrift für Wolfgang Dehn = Fundberichte aus Hessen. Beiheft I, 1969, S. 213-287. - Bonn, 1969.

306. SCHWAPPACH, Frank, Stempel des Waldalgesheimstils an einer Vase aus Sopron-Bécsidomb

(West-Ungarn). In: Hamburger Beiträge zur Archäologie I, 2, 1971, S. 131-172.

307. SCHWAPPACH, Frank, Floraldecorations and arc-designs in the ‹Early Style› of Celtic art ornaments of the Western and the Eastern centres of La Tène. In: Actes du quatrième congrès international d'études celtiques II = Études Celtiques XIII, 2, 1973, S. 710-732.

308. SCHWAPPACH, Frank, Frühkeltisches Ornament zwischen Marne, Rhein und Moldau. In: Bonner Jahrbücher CLXXIII, 1973, S. 53-111.

309. SCHWAPPACH, Frank, Die ‹Braubacher› Schale von Hamminkeln, Kr. Rees. In: Ausgrabungen am Niederrhein = Quellenschriften zur westdeutschen Vor- und Frühgeschichte IX, 1974, S. 83-106.

310. SCHWAPPACH, Frank, Ostkeltisches und westkeltisches Ornament auf einem älterlatènezeitlichen Gürtelhaken von Mühlacker, Kreis Vaihingen. In: Fundberichte aus Baden-Württemberg I, 1974, S. 337-372.

311. SCHWAPPACH, Frank, Zu einigen Tierdarstellungen der Frühlatènekunst. In: Hamburger Beiträge zur Archäologie IV, 1974, S. 103-140.

312. SCHWAPPACH, Frank, L'art Ornemental du ‹Premier Style› Celtique. In: Celtic Art in Ancient Europe. L'Art Celtique en Europe protohistorique, S. 61-110. - London, New York und San Francisco, 1976.

313. SELLYE, Ibolya, Recueil des bronzes ajourés de Pannonie faits par les maîtres à l'époque de l'Empire Romain. In: Hommage à Marcel Renard III = Collection Latomus CIII, S. 518-541. - Brüssel, 1969.

314. SIMPSON, Morna, Massive armlets in the North British Iron Age. In: Studies in Ancient Europe. Essays presented to Stuart Piggott, S. 233-254. - Leicester, 1968.

315. SJOESTEDT-JONVAL, M.-L., Légendes épiques irlandaises et monnaies gauloises. Recherches sur la constitution de la légende de

Cuchulainn. In: Études Celtiques I, 1936, S. 1-77.

316. SJOESTEDT, Marie-Louise, Dieux et héros des Celtes = Mythes et Religions VII. - Paris, 1940; englische Ausgabe: Gods and heroes of the Celts. - London, 1949.

317. SMITH, Reginald A., A Guide to Antiquities of the Early Iron Age in the Department of British and Mediaeval Antiquities. - London, 1905; 2. neu bearbeitete Auflage 1925. *Katalog*

318. SMITH, Reginald A., On a Late-Celtic Mirror found at Desborough, Northants, and other Mirrors of the Period. In: Archaeologia or Miscellaneous Tracts relating to Antiquity LXI, 2, 1909, S. 329-346.

319. SMOLÍK, Josef, Bronzové kruhy s dutými polokoulemi. In: Památky archaeologické a místopisné XII, 1882-1884, Sp. 545-554.

320. SPRATLING, Mansel, The late Pre-Roman Iron Age Bronze Mirror from Old Warden. In: Bedfordshire Archaeological Journal V, 1970, S. 9-16.

321. STANCZIK, Ilona, und VADAY, Andrea, Keltische Bronzegürtel ‹ungarischen› Typs im Karpatenbecken. In: Folia Archaeologica XXII, 1971, S. 7-27.

322. STEAD, I. M., The La Tène Cultures of Eastern Yorkshire. - York, 1965.

323. STEAD, I. M., The Reconstruction of Iron Age Buckets from Aylesford and Baldock. In: Prehistoric and Roman Studies Commemorating the Opening of the Department of Prehistoric and Romano-British Antiquities = The British Museum Quarterly XXXV, 1-4, S. 250-282. - London, 1971.

324. STEVENSON, Robert B. K., Metal-work and some other Objects in Scotland and their Cultural Affinities. In: RIVET, A. L. F. (Hrsg.), The Iron Age in Northern Britain, S. 17-44. - Edinburgh, 1966; 3. Auflage 1968.

325. STOCKÝ, Albín, La Bohême à l'âge du fer. - Prag, 1933.

326. SZABÓ, Miklós, Huius sunt plurima simulacra. Données sur la

grande plastique celtique. In: Mélanges pour le 70ᵉ anniversaire du Collège József Eötvös II, S. 317-340. - Budapest, 1967.

327. SZABÓ, Miklós, Auf den Spuren der Kelten in Ungarn. - Budapest, 1971; ungarische Originalausgabe: A kelták nyomában Magyarorszá-gon. - Budapest, 1971.

328. SZABÓ, M., Celtic Art and History in the Carpathian Basin. In: Acta Archaeologica Academiae Scientiarium Hungaricae XXIV, 1972, S. 385-393.

329. SZABÓ, Miklós, Éléments régionaux dans l'art des Celtes orientaux. In: Actes du quatrième congrès international d'études celtiques II = Études Celtiques XIII, 2, 1973, S. 750-774.

330. SZABÓ, Miklós, Tierkampfszene auf einer keltischen Urne. In: Folia Archaeologica XXIV, 1973, S. 43 bis 56.

331. SZABÓ, Miklós, Contribution à l'étude de l'art et de la chronologie de La Tène ancienne en Hongrie. In: Folia Archaeologica XXV, 1974, S. 71-86.

332. THIOLLIER, Félix und Noël, Fouilles du mont Beuvray (ancienne Bibracte), Album. - Saint-Étienne, 1899.
Fouilles du mont Beuvray (2 Textbände) vgl. BULLIOT, J.-G.

333. THOMAS, Charles, The Animal Art of the Scottish Iron Age and its Origins. In: The Archaeological Journal CXVIII, 1961, S. 14 bis 64.

334. TODOROVIĆ, Jovan, Predlog Hronološke podele keltskog latena u južnoj Panoniji i severnom Balkanu. In: Simpozijum praistorijske i srednjevekovne sekcije Arheološkog društva Jugoslavije. Symposium des sections préhistoriques et médiévales de la Société archéologique de Yougoslavie = Materijali. Actes III, S. 27-52. - Belgrad, 1966.
Mit französischer Zusammenfassung: Un essai de classification chronologique du latène celtique en Pannonie du sud et dans les régions septentrionales des Balkans, S. 49-52

335. TODOROVIĆ, Jovan, Kelti na tlu Beograda. - Belgrad, 1968.

336. TODOROVIĆ, Jovan, Kelti u Jugoistočnoj Evropi = Dissertationes VII. - Belgrad, 1968.
Mit deutscher Zusammenfassung: Die Kelten in Süd-Ost Europa, S. 161-180

337. TODOROVIĆ, Jovan, Praistorijska Karaburma I = Dissertationes et monographiae XIII. - Belgrad, 1972.
Mit englischer Übersetzung: The prehistoric Karaburma I, S. 7-10 und 42-106

338. TODOROVIĆ, Jovan, Skordisci. Istorija i kultura = Monumenta Archaeologica II. - Novi Sad und Belgrad, 1974.
Mit englischer Zusammenfassung: Skordisci. History and Culture, S. 231-279

339. TORBRÜGGE, Walter, Europäische Vorzeit. - Baden-Baden, 1968; französische Ausgabe: L'Europe préhistorique. - Lausanne, 1970.

340. Ur- und frühgeschichtliche Archäologie der Schweiz. IV: Die Eisenzeit. - Basel, 1974.

341. VARAGNAC, André, und andere, L'art gaulois = La nuit des temps IV. - Paris, 1956.

342. VIDAL, Michel, Le seau de bois orné de Vieille-Toulouse (Haute-Garonne). Étude comparative des seaux de La Tène III. In: Gallia XXXIV, 1976, S. 167-200.

343. VINSKI-GASPARINI, Ksenija, Keltski ratnički grob iz Batine. In: Arheološki radovi i rasprave. Acta et dissertationes archaeologicae I, 1959, S. 281-297.
Mit deutscher Zusammenfassung: Ein keltisches Kriegergrab aus Batina, S. 294-297

344. VIOLLIER, D., Les sépultures du second âge du fer sur le plateau suisse = Les civilisations primitives de la Suisse III, 2. - Genf, 1916.

345. VOUGA, Paul, La Tène. Monographie de la station au nom de la Commission des fouilles de La Tène. - Leipzig, 1923.

346. WATSON, W., Belgic Bronzes and Pottery found at Felmersham-on-Ouse, Bedfordshire. In: The Antiquaries Journal XXIX, 1949, S. 37-61.

347. WERNER, Joachim, Die Nauheimer Fibel. In: Festschrift für Ernst Sprockhoff I = Jahrbuch des Römisch-Germanischen Zentralmuseums Mainz II, 1955, S. 170-195.

348. WHEELER, Sir Mortimer, und RICHARDSON, Katherine M., Hill-Forts of Northern France = Reports of the Research Committee of the Society of Antiquaries of London XIX. - Oxford, 1957.

349. WOŹNIAK, Zenon, Osadnictwo celtyckie w Polsce. - Breslau, Warschau und Krakau, 1970.
Mit englischer Zusammenfassung: Celtic settlement in Poland, S. 251-271

350. WOŹNIAK, Zenon, Wschodnie pogranicze kultury lateńskiej. - Breslau, Warschau, Krakau und Danzig, 1974.
Mit französischer Zusammenfassung: Les confins orientaux de la civilisation de La Tène, S. 219-227

351. WYSS, René, Belege zur keltischen Schwertschmiedekunst. In: Provincialia. Festschrift für Rudolf Laur-Belart, S. 664-681. - Basel und Stuttgart, 1968.

352. WYSS, René, Der Schatzfund von Erstfeld. Frühkeltischer Goldschmuck aus den Zentralalpen. - Zürich, 1975.

353. ZACHAR, Lev, Datovanie pošiev keltských mečov z Drne a Košíc. In: Zborník slovenského národného múzea LXVIII, 1974 (Ser. Historia XIV), S. 55-80.
Mit deutscher Zusammenfassung: Datierung der keltischen Schwertscheiden aus Drňa und Košice, S. 79-80

354. ZIRRA, Vlad, Un cimitir celtic în nord-vestul României. Ciumeşti I. - Baia Mare, 1967.
Mit deutscher Zusammenfassung: Ein keltisches Gräberfeld in Nordwestrumänien. Ciumeşti I, S. 117-136

355. ZIRRA, Vlad, Beiträge zur Kenntnis des keltischen Latène in Rumänien. In: Dacia, nouvelle série XV, 1971, S. 171-238.

356. ZIRRA, Vlad, Nouveaux points de vue sur les Celtes et leur civilisation en Roumanie. In: Actes du quatrième congrès international d'études celtiques II = Études Celtiques XIII, 2, 1973, S. 795 bis 820.

SACHVERZEICHNIS

Die Stichworte dieses Verzeichnisses sind im Hinblick auf die keltische
Kunst und speziell auf diesen Band von allgemeinem Interesse und blieben deshalb
ohne Seiten- oder Abbildungsverweise

A

AGRAFFE - verzierter und oft durchbrochen gearbeiteter Teil des Metallgürtels. Dieser kann entweder mit der Agraffe und einem weiteren Teil geschlossen werden, oder an der Agraffe lassen sich Gehänge oder nicht weiter bestimmbare Gegenstände aufhängen.

AKANTHUS - bei den Kelten wurde auf bemalten Vasen der Spätlatènezeit nicht das stark gezackte Blatt, sondern - in Nachahmung mediterraner Modelle - die Knospe des dornigen Akanthus mit ihren asymmetrischen Kelchblättern verwendet.

AMBIVALENZ - eine der häufigsten Eigenschaften der latènezeitlichen Motive, die entsprechend dem Zusammenhang oder der Bedeutung, unter der man sie betrachtet, zwei verschiedene Gegenstände darstellen können oder auch zugleich einem oder zwei verwandten Motiven angehören.

AMBRA - von dem arabischen Wort ‹anbar› = grauer Ambra; an der Wasseroberfläche des Meeres treibende Exkremente mancher Wale. Gelber Ambra oder Bernstein besteht aus fossilem Harz; er wird an den Küsten des Baltikums gefunden und besitzt elektrische Eigenschaften; im Altertum wurde er, vor allem von den Kelten, für Schmuck (Perlen von Halsketten, Anhängerscheiben usw.) verwendet.

AMPHORETTE - kleine weiße Glasamphora, als Glied einer Halskette verwendet. Das Wort kann auch ein dem Gegenstand vergleichbares Dekormotiv bezeichnen.

AMULETT - es ist schwer, zwischen Anhänger und Amulett zu unterscheiden, zu wissen, ob ein Radanhänger oder Ring apotropäische Kräfte hat oder nicht. Klarer liegt der Fall bei den voll oder teilweise gestalteten Menschen- und Tierfigürchen, von denen einige künstlerisch ausgeformt sind.

ANDROZEPHAL - griechisch: ‹mit Männerkopf›. Adjektivische Bezeichnung für Fabelwesen, die sich aus einem Tierkörper und einem Männerkopf zusammensetzen. In Fällen, in denen man nicht sicher ist, ob der Kopf eher männlich als weiblich ist, wendet man besser das Epitheton ‹anthropozephal›, ‹mit Menschenkopf› an.

ANIKONISCH - diese wissenschaftliche Bezeichnung wurde von den Kunsthistorikern - vor allem von Paul Jacobsthal - für das Frühkeltische geprägt, dem die Darstellung des Menschen widerstrebt. Sie kann durch den jüngeren Ausdruck ‹nicht figürlich›, im weitesten Sinne verstanden, ersetzt werden. P. Lambrechts hob dagegen die dem menschlichen Kopf zugeschriebene Bedeutung hervor. Man kann hinzufügen, daß die Darstellung der Maske, des frontal gesehenen Gesichts, dem andeutungsweise oder oft auch in plastischer Ausformung apotropäische, hypnotische Kräfte eignen, in dieser Kunst überhandnimmt. Wenn die Kelten dem menschlichen Körper auch nicht wie die Mittelmeervölker besonderes Gewicht beimaßen, so haben sie doch den menschlichen Kopf und selbst den ganzen Körper mit einem gewissen Realismus dargestellt: auf den Münzen, dem Becken aus Gundestrup (Dänemark), der Fibel aus Manetin (Tschechoslowakei), Schwertgriffen, kleinen Bronzestatuetten oder Bleifigürchen und auf manchen Henkeln von Tonvasen, abgesehen von hellenischkeltisch-liturgischen Plastiken Südgalliens.

ANTHROPOMORPH - in Menschengestalt. Der Begriff wird vor allem für Dolchgriffe der Spätlatènezeit in Form männlicher Körper mit ausgestreckten Armen und gespreizten Beinen verwendet. Bald ist der gesondert gearbeitete Kopf zu erkennen, bald beschränkt er sich auf eine Kugel oder fehlt völlig, so daß der Griff dann als pseudo-anthropomorph bezeichnet werden kann.

APOTROPÄISCH - wörtlich: ‹jemand, der abwendet›. Bezeichnung für Gegenstände oder Bildwerke, denen eine beschützende Wirkung zugeschrieben wird.

ARABESKE - im strengen Sinn Art einer Dekorbehandlung nach geometrischem Plan mit symmetrischer Umkehrung unter Einbeziehung verschiedener Motive; im weiteren Sinne Art einer plastischen oder graphischen Komposition, bei der die Linien mehr oder weniger figurativ, vor allem vegetabilisch, aber stark stilisiert und je nach den Erfordernissen der Komposition selbst deformiert, in Erscheinung treten. Das Genre wurde in seiner symmetrischen Erscheinungsform von der römischen Kunst (Rankenwerk) und der byzantinischen Kunst gepflegt; die Araber ließen ihm besonders auf dem Gebiet der Plastik und unter Zugrundelegung ihrer geometrischen Forschungen eine große Entwicklung zuteil werden, woher sich die Bezeichnung herleitet. Unter ihrem doppelten Aspekt, dem symmetrischen und dem anscheinend phantastischen, kommt die Arabeske auch auf keltischen Werken mit planer Oberfläche (Spiegeln, Dolchscheiden, Münzen) vor, auf die die Definition von Lamennais zutrifft: «diese unsteten Linien, dieses Netzwerk, in dem der Blick sich auf der Suche nach einer Symmetrie verliert, sowie er sie fast begreift, einer Symmetrie, die ihm immer wieder durch eine unendliche und graziöse Bewegung entkommt» (‹De l'Art et du Beau›, Paris, 1865, S. 63).

ARMREIF - verzierter Armring, der ursprünglich aus einer Einrollung zu mehreren Windungen, etwa in Form einer eingerollten Schlange, bestand.

ARMRING - ringförmiges Schmuckstück, teils mit teils ohne Schließmechanismus, das am Unterarm in der Nähe des Handgelenks oder am Oberarm oberhalb des Ellbogens getragen wurde.

B

BALUSTER - vom italienischen ‹balaustre›, ‹Granatapfelblüte›, dessen Form der ‹Baluster› genannte kleine, in halber Höhe bauchige Pfeiler übernimmt. Dekormotiv, das auf Hals- und Armringen der frühkeltischen Kunst angewandt wurde.

BECKEN - das Wort, das mit dem französischen ‹bac› zusammenhängt, dessen Ursprung wahrscheinlich keltisch ist, bezeichnet einen runden, breiten und tiefen tragbaren Behälter. Er unterscheidet sich vom Kessel, der über dem Feuer erhitzt werden konnte, durch das Fehlen von Henkel und Aufhängekette.

BIGA - zweirädriger, von zwei Pferden gezogener Wagen, auf der Rückseite hellenistischer Münzen dargestellt, die als Vorbilder für keltische Münzen dienten; auf ihnen erscheint aber bald nur noch ein Pferd mit oder ohne Wagenrad, und der Wagenlenker verwandelt sich in ein Phantasiewesen.

BILDHAUERKUNST - die Kunst, Statuen herzustellen; im besonderen zählen hierzu auch vormodellierte Statuen, die in Bronze oder Gips gegossen werden sollen. Die Kelten haben Köpfe aus Bronzeblech in zwei Teilen, Gesicht und Hinterkopf, gefertigt, die auf einem Holzkern befestigt wurden. Vor allem im Süden Galliens haben sie unter dem Einfluß mediterraner Techniken Steinstatuen behauen. Höchstwahrscheinlich stellten sie auch Pfeilerstatuen oder Holzstatuen her.

BIZEPHAL - in jüngerer Zeit geprägtes Wort zur Bezeichnung eines Phantasiewesens mit zwei Köpfen, die sich im allgemeinen wie beim griechischen Hermes oder beim römischen Janus gegenüberstehen.

BLÄTTERKRONE - Bezeichnung der englischen Kunsthistoriker (‹leaf-crown›) für zwei Blätter, die in den keltischen Werken aus Metall oder Stein das menschliche Gesicht einrahmen. Der Ursprung dieses Kopfschmucks ist noch unbekannt. Jacobsthal hat für dieses typische Latènemotiv die Bezeichnung ‹gallofolium› vorgeschlagen.

BLECHSTREIFEN - er verbindet nebeneinandergestellte Holz- oder Metallteile. Auch Bezeichnung für den Metallstreifen, der den obersten Teil der Schwertscheide der Latènezeit (Mundblech) umschließt und auf der Rückseite einen Aufhänger zum Durchziehen eines Riemens trägt. Der Blechstreifen weist oft einen kurvilinearen, vielleicht apotropäischen Dekor auf.

BRANDMALEREI - Graviertechnik auf Holz mit Hilfe einer rotglühenden Metallspitze; sie wurde von den Kelten angewendet, wie ein Fragment eines in Glastonbury (Somerset, Großbritannien) gefundenen Holzbehälters beweist.

BRONZE - Verbindung von Kupfer, Zinn und wenig Zink, die in neuem Zustand das Aussehen von Gold hat. Sie ist leicht zu gießen, hat einen schönen Klang und bietet sich für alle raffinierten Verfahren des Treibens und des Gießens in verlorener Form an, läßt sich aber nicht löten. In der keltischen Kunst wurde sie reichlich verwendet.

C

CARNYX - gallisches Wort, das in der griechischen Schreibweise als ‹karnyx› bekannt ist. Keltische Kriegstrompete, die man aufrecht hielt und deren Schalltrichter aus einem Wildschweinkopf oder einer verzierten und durchbrochenen Scheibe bestand.

CELLA - der abgetrennte Raum im Tempel, der dem nicht öffentlichen Kult einer Götterstatue vorbehalten war. Im gallo-römischen Tempel ist er nahezu oder völlig quadratisch oder auch rund und von einer umlaufenden, gedeckten, tiefer gelegenen Galerie umgeben.

CHAGRINAGE - Wort, das auf das türkische ‹sagri›, ‹genarbtes Ziegenleder›, zurückgeht. Es wird in der Archäologie zur Bezeichnung eines bestimmten technischen Verfahrens verwendet, mit dem man einem Metallblech durch eine Vielzahl von getriebenen Punkten das Aussehen einer lederähnlichen Haut mit dicken Narben verleiht.

CHESHIRE CAT STYLE - von Paul Jacobsthal vorgeschlagene Bezeichnung für eine bestimmte Variante der keltischen Kunst, bei der sich Figuren durch Umwandlung eines im allgemeinen vegetabilischen Motivs ergeben: vor allem die Maske, die aus einer stilisierten Palmette skizziert ist. Der ‹Cheshire Cat› kommt in den Abenteuern von ‹Alice in Wonderland› von Lewis Carroll vor, die selbst aus Cheshire stammte: man sieht von ihm nur das lächelnde Gesicht, das stückweise allmählich aus dem Blätterwerk eines Baumes auftaucht und ebenso wieder verschwindet. In gleicher Weise läßt die beginnende Umwandlung ein unvollständiges Gesicht entstehen.

D

DEKOR - graphische, plastische oder auch kombinierte Verzierung der Oberfläche eines Gegenstands. In der Kunst der Latènezeit steht der Dekor meistens, wenn auch nicht immer, mit der inneren Struktur des Gegenstands (falls vorhanden), mit seiner Form und mit seiner Funktion in Zusammenhang.

DEKORATIVE KUNST - in der traditionellen Klassifikation der Künste versteht man unter den dekorativen Künsten verzierte Gegenstände möglicherweise kunsthandwerklicher oder industrieller Fertigung, daher die Koppelung von Kunst und Industrie in der Begriffsbestimmung. Eine Klassifizierung ist denkbar, wenn man sich dabei auf die Art des verwendeten Materials (Stein, Holz, Bronze usw.) oder auf die Verbindung eines Materials mit einer Technik (Teppich, Mosaik, Buchmalerei usw.) stützt. Ein ausgewogenes Werk dekorativer Kunst muß eine zweifache Beziehung zwischen Struktur des Gegenstands und Gebrauchsfunktion, zwischen graphischem oder plastischem Dekor des Objekts und seinem Bau, seiner Form aufweisen. Gelegentlich verwendet man das Adjektiv ‹dekorativ› in einer speziellen Bedeutung, nämlich als ‹linear, geometrisch, abstrakt› im Gegensatz zu ‹figürlich›; dabei kann die lebende Gestalt auf eine Kombination von Linien beschränkt sein, wie man es auf manchen keltischen Münzserien sieht.

DICHOTOMIE - Bezeichnung für eine Teilung in zwei gleiche Teile: des Mondes in sein erstes und sein letztes Viertel, in der Botanik durch Spaltung eines Organs, eines Profits durch zwei Teilhaber. Das Wort kann auch die durch eine gerade Linie unterstrichene Zweiteilung eines Dekormotivs der Latènezeit bezeichnen, wobei eine oder auch beide Hälften sogleich in einer anderen Anordnung oder Komposition verwendet werden. Die bemalte Vase aus Basel, die Hörner aus Torrs und die Schwertscheide aus Sutton bieten verschiedene Beispiele für das Verfahren, das übrigens in der frühkeltischen Kunst sehr selten ist.

DISNEY-STIL, ‹STIL DES WALT DISNEY› - englische Bezeichnung des J. V. S. Megaw für eine bestimmte Erscheinungsform der frühkeltischen Kunst, bei der menschliche Gesichter mit jeweils den gleichen Elementen, aber in leicht unterschiedlichen Anordnungen und in wechselnden Maßen zusammengefügt sind. Dieses Verfahren, das ausschließlich beim menschlichen Gesicht nach Art einer verwandelten ‹Silensmaske› angewendet wurde, ist nicht im eigentlichen Sinne ein Stil. Trotzdem lenkt die Bezeichnung

die Aufmerksamkeit auf die - übrigens davon abweichende - Tatsache, daß die mit Leben erfüllte Zeichnung derselben Gattung angehört wie die Varianten und Metamorphosen, die in verschiedenen plastischen Ausprägungen in der keltischen Kunst so häufig vorkommen.

DONAUKUNST - Bezeichnung für die neolithische Kunst des III. und II. Jt. im Bereich der mittleren Donau: sie ist in Rumänien durch Keramik mit einem Dekor aus großen Spiralmotiven stark vertreten; möglicherweise bestehen Beziehungen zur chinesischen Kunst jener Zeit.

DOPPELDEUTIGKEIT - eines der wichtigsten Merkmale der Latènekunst, sowohl im Bereich der Graphik als auch in dem der Plastik; es beruht auf der Verschmelzung der Motive, der angedeuteten oder ausgeführten Veränderung, der komplementären Verteilung der leeren und ausgefüllten Flächen, der Kenntnis vor allem zusammengesetzter Fabelwesen, der Zweiwertigkeit positiver und negativer Formen, der möglichen Doppeldeutbarkeit miteinander verketteter Motive. Dieser Doppelsinn ist besonders hervorstechend bei der Umwandlung vegetabilischer Motive in Gesichter, die manchmal sogar auf zwei entgegengesetzte Weisen gedeutet werden können.

DOPPELTE LESART - visuelle Prüfmethode, durch die die doppelsinnigen Dekors und Motive der Latènezeit deutlich werden; mit ihr lassen sich zwei ähnliche oder verschiedene Motive erkennen, je nach dem ob man den einen oder den anderen Teil betrachtet. Dieser negative und positive Aspekt, diese Ambivalenz der Verzierungen sind typisch für zahlreiche dekorative Künste, besonders für die keltische Kunst. Natürlich ist nicht sicher, ob diese Wirkung vom Künstler immer beabsichtigt worden ist.

DRACHE - Fabeltier, Kompositwesen mit dem Vorderleib einer Wildkatze, Löwentatzen, Adlerflügeln und Schlangenschwanz; oft auch furchterregende Schlange mit dem Kopf einer feuerspeienden Wildkatze. Analog dazu verwendet man das Wort in der keltischen Kunst für ein schlangenförmiges Monstrum mit Vierfüßlerkopf und aufgerissenem

Rachen, wie es vor allem auf Schwertscheiden und Münzen dargestellt ist. Der Drache hat apotropäische Bedeutung.

DRAGONESK - Wort englischer Herkunft, Bezeichnung für eine Art von Fibeln aus der Zeit um 50 bis um 150 n. Chr. in der Form eines langgezogenen ‹S›, das an beiden Enden in einen stilisierten und an einen Drachenkopf erinnernden Vogel- oder Fabeltierkopf ausläuft, wodurch das ganze Wesen eine gewisse Ähnlichkeit mit dem teilweise dargestellten Monstrum erhält (das übrigens sehr verschiedene Gestalten hat). Derartige Fibeln bestehen aus emailverzierter Bronze.

DREIECK MIT GESCHWUNGENEN (KONKAVEN) SEITEN - Ausdruck, der mangels eines besseren zur Bezeichnung der Form verwendet wird, die in der keltischen Kunst, vor allem in Großbritannien, die von graphischen oder plastischen Motiven oder auch von manchen zugleich graphischen und plastischen Motiven begrenzten leeren Flächen annehmen. Manchmal sind diese Pseudo-Dreiecke, die konvexe oder konkave Seiten besitzen, nach Art von Flechtwerk ausgearbeitet oder stehen sogar anstelle von ausgefüllten Motiven. Auch Verbindungsstücke zwischen zwei anderen Motiven oder in fortlaufenden Kompositionen werden Dreiecke genannt, zum Beispiel die Ansätze der Triebe am Zweig der Wellenranke.

DREIGESICHTIG - Bezeichnung für ein Fabelwesen, das drei Gesichter auf einem einzigen Kopf besitzt, und nicht etwa drei verschiedene oder miteinander verbundene Köpfe. Gelegentlich haben zwei benachbarte Gesichter zusammen ein Auge.

DURCHBROCHENE ARBEIT (Ajourarbeit) - Bezeichnung für eine Dekorart, bei der auf einem flachen oder gebogenen Gegenstand durchbrochene Stellen und glatte Flächen miteinander abwechseln; sie können jeweils die Form von Motiven haben, müssen es aber nicht. Dieses Verfahren läßt die Möglichkeit zu, einen Dekor wegen der Verteilung der leeren und ausgefüllten Flächen und und je nach dem, ob man die einen oder die andern betrachtet, auf zwei oder mehr verschiedene Weisen zu deuten.

EARLY CELTIC ART - Titel des grundlegenden Werkes von Paul Jacobsthal über die keltische Kunst von der Mitte des 5. bis zur Mitte des 2. Jh. (Oxford, 1944). Mit diesem Titel setzt er stillschweigend auch eine ‹Later Celtic Art› voraus, eine jüngere keltische Kunst, die dann die der folgenden Periode vor allem in Großbritannien, bis zum Beginn der Christianisierung wäre. Man gebraucht heute den Ausdruck ‹Early Celtic Art› für die vorchristliche keltische Kunst, auf deren Grundlage sich die darauffolgende christliche keltische Kunst vor allem in Irland und Northumbrien entwickelte.

EBER - das Wildschwein der europäischen Wälder wurde von den Kelten mit Vorliebe dargestellt; sie übertrieben die typischen Züge, vor allem die Borsten (oder ‹Federn› im Jagdausdruck).

EIERSTAB - Architekturornament annähernd in Form eines Eis in Hochrelief: es handelt sich also um die sichtbare Hälfte eines Eis, während die andere Hälfte gar nicht existiert. Im weiteren Sinne wird damit eine gleichartige Form, gebildet in hohler Bronze, nämlich die Hohlbuckel, an Teilen von keltischen Armbändern oder Ringen der Mittellatènezeit bezeichnet. Es ist wahrscheinlich, daß diese Hohlbuckel die dicken Bernsteinperlen nachahmen sollen, aus denen manche Armbänder in der Hallstattzeit bestanden.

EIMER - die keltischen Holzeimer mit horizontalen Bronzeblechbeschlägen und einem Henkel mit plastischen Attaschen gibt es in allen Größen.

EISENZEIT - das Eisen ist für die Fertigungsmethoden des I. vorchristlichen Jahrtausends von solcher Bedeutung, daß die Prähistoriker zwei große Perioden dieser Epoche in Europa nach ihm benannten: die ältere Eisenzeit oder Hallstattzeit (um 900 bis um 500-450) und die jüngere Eisenzeit oder Latènezeit, die bis zu den verschiedenen Kriegen reicht, die der Unabhängigkeit der Kelten ein Ende setzten. Die englischen Archäologen unterscheiden in der Chronologie der Britischen Inseln die Eisenzeit A (Iron A, 450-250 v. Chr.), die Eisenzeit B (Iron B, 250-75 v. Chr.) und die Eisenzeit C (Iron C, 75 v. Chr. - 80 n. Chr.); die deutschen Archäologen untergliedern die jüngere Eisenzeit in Latène A und B (Frühlatène, um 450-300 v. Chr.), Latène C (Mittellatène, 300-100 v. Chr. und Latène D (Spätlatène, 100-15 v. Chr.); die französischen Forscher verwenden die Bezeichnung Latène Ia (450-400 v. Chr.), Latène Ib (400-325 v. Chr.), Latène Ic (325-250 v. Chr.) und Latène II (250-50 v. Chr.).

ELEKTRON - diese Bezeichnung für gelben Bernstein wurde in jüngster Zeit auf die natürliche Legierung aus Gold und Silber (auch Weißgold genannt) übertragen, aus der die Griechen und Karthager Münzen herstellten; analog dazu verwendet man den Namen auch für eine künstliche Legierung aus Gold und Kupfer, die die Kelten für manche ihrer Münzprägungen benutzten.

EMAIL - farbige Glaspaste, die zerstoßen, auf Metall aufgetragen und dann durch Schmelzen mit ihm verbunden wird. Email war bei den Phöniziern, Griechen und Etruskern bekannt und wurde von den Kelten auf zweierlei Weise angewendet: In der frühen Latènezeit wurde es ungewöhnlicherweise in Vertiefungen in Bronze eingelegt, nicht erhitzt, sondern nur in kaltem Zustand festgenietet; vom 2. Jh. v. Chr. an wurde Email vor allem auf den Britischen Inseln als Grubenschmelz verwendet. Das Email wurde nach der Bearbeitung poliert, wodurch es strahlende Farben erhielt. Philostratos II., ein griechischer Autor des 3. Jh. n. Chr., schrieb diese Art der Handhabung den Kelten zu (eine Übertreibung, wie uns scheint, wenn sie auch weithin Gebrauch davon gemacht haben): »Diese Farben [weiß, gelb, schwarz, rötlich] - die am Ozean siedelnden Barbaren verstehen, wie es heißt, sie auf glühendes Kupfer zu gießen, auf dem sie zusammen haften bleiben, die Konsistenz von Stein annehmen und die darauf gezeichneten Bilder so erhalten« (‹Images›, Abhandlung über die Gemälde I, 27, 3).

FÄCHER - Bezeichnung der englischen Archäologen (englisch: ‹fan›) für ein dreieckiges Motiv, in das vor allem in der Inselkunst manche an der Spitze dekorativ ausgeweitete Blätter auslaufen.

FANUM - im Sinne eines Tempels mit kleinen Ausmaßen, einer Kapelle, wird das Wort von den Archäologen zur Unterscheidung des ländlichen Kultbaus keltischer Tradition vom Tempel gallo-römischer Städte verwendet.

FAZIES - unter der Bezeichnung ‹Fazies› faßt man eine geographisch oder chronologisch beschränkte Anzahl von Gegenständen oder Phänomenen mit gleicher Kombination bestimmter Merkmale zusammen.

FELDZEICHEN - kein keltischer Gegenstand ist in unseren Besitz gelangt, der mit Sicherheit ein Feldzeichen wäre. Dennoch war der aus Metall bestehende Teil der Feldzeichen ein Kunstwerk, auf dem vor allem jeweils ein Tier dargestellt wurde (man trifft sie vereinzelt auf gallischen Münzen an): eine schematische oder sogar karikaturistische Darstellung eines Ebers, eines Stiers, möglicherweise auch eines Adlers.

FEUERBOCK - Gestell aus Metall (Ton oder Stein), an dem häufig zwei Teile, der Schaft und der Kopf, Verzierungen tragen (seit dem Mittelalter in Form von Hundeköpfen, daher die französische Bezeichnung ‹chenet›; bei den Kelten in Form von Rinder- oder Widderköpfen). Die Feuerböcke waren paarweise zu beiden Seiten der Feuerstätte aufgestellt, damit die Scheite im Herd höher lagen. Es gibt zwei Arten keltischer Feuerböcke: bei der einen stehen die Ständer selbst senkrecht zum Boden des Herdes und zu den Scheiten; bei der andern vereinigt ein einziger Schaft, der parallel zum Boden des Herdes und senkrecht zu den nur mit einem Ende auf ihm ruhenden Scheiten verläuft, die beiden Ständer der Feuerböcke in sich. Einige überreich mit zerbrechlichen Ornamenten verzierte Feuerböcke des zweiten Typus sind möglicherweise besonders zum Tragen von Speisen als Opfergaben in Grabmälern hergestellt worden.

FIBEL - kleine oder größere Sicherheitsnadel aus einem gegossenen Metalldraht, der, damit er federt, in der Mitte in Windungen gebogen und zurückgeführt wird; die Nadelspitze wird in die Nadelrast am Fuß des anderen Drahtendes eingelegt; der gewölbte Teil, der die Federwindung mit dem Fuß verbindet, ist der Bogen. Die keltischen Fibeln haben die Form eines unregelmäßigen ‹S›, dessen Fuß nach oben zurückgebogen ist, damit er den Bogen erreicht. In der Mehrzahl sind sie verziert, oft auf ausgeprägt plastische Weise; häufig kommen dabei Korallen und Email vor. Die Federwindung ist gelegentlich gesondert gefertigt. Da es noch keine Knöpfe gab, diente die ‹fibula› dazu, die Kleidungsstücke zusammenzuhalten, entweder indem sie zwei verschiedene Stoffteile miteinander verband oder indem sie Falten raffte; hierauf sind die verschiedenen Größen und die variierende Breite des Bogens zurückzuführen. Die Fibel unterscheidet sich von der Brosche dadurch, daß letztere ein Schmuckstück ist, dessen Zweck ausschließlich in der Befestigung des von ihr getragenen Ornaments liegt, das normalerweise das Befestigungssystem verdecken soll. Die Kelten haben in Europa die allgemeine Verwendung der Fibel (ebenso wie die der langen Hosen) eingeführt. In römischer Zeit verändert sich die Fibel dahingehend, daß die Feder durch ein Scharnier ersetzt wird.

FILIGRAN - oft durchbrochen konzipierte Arbeit aus Gold, Silber oder Glas, mit auf die Grundfläche gelöteten Drähten als Schmuck. Die Kelten verwendeten das Pseudo- oder falsche Filigran, bei dem die Drähte, da man Bronze nicht löten kann, zusammen mit der Grundfläche gegossen wurden. Es ist nicht ausgeschlossen, daß diese Dekorgattung den Gegenständen aus gegossenem Glas entlehnt ist; zumindest verlief die Entwicklung nicht entgegengesetzt.

FINGERRING - das Wort, dessen französische Entsprechung ‹bague› sich wahrscheinlich vom Mittelniederländischen herleitet (‹bagge›, ‹Ring›, dessen eine Wurzel ‹biegen, krümmen› bedeutet), bezeichnet einen Fingerschmuck. Die goldenen Ringe der Latènezeit sind mehr oder weniger ornamental, oft auch reich verziert.

FISCHBLASE - Bezeichnung für eine Art Blatt oder ‹Komma›, das man vor allem in der keltischen Kunst zu beiden Seiten einer menschlichen Maske antrifft, einer ursprünglich im Rheinland aufgekommenen Kombination.

FLECHTBAND - Dekormotiv aus gebogenen oder gebrochenen Linien, die sich wieder schneiden (zum Beispiel eine 8). Kam es in der frühkeltischen Kunst selten vor, so wurde es in der christlichen Inselkunst unter angelsächsischen und orientalischen Einflüssen häufig verwendet.

FORTLAUFEND - Adjektiv, das der Archäologe Venceslas Kruta dem aus aneinandergereihten Motiven vegetabilischen Ursprungs gebildeten Stil der Mittellatènezeit der keltischen Kunst gegeben hat. Die Motive sind so miteinander verschmolzen, daß kein Teil davon für sich bestehen kann.

FREIHEIT - das eigentümlichste und verbreitetste Merkmal der Latènezeitwerke der Reifezeit (in denen vegetabilische und fortlaufende Dekors vorherrschen) ist das Fehlen von Regelgebundenheit, Symmetrie und antithetischen Stellungen. Ohne diese Freizügigkeit, die immerhin Angleichungen an weniger augenscheinliche Symmetrien und an unauffällige Berechnungen zuließ, unterschied sich die Kunst der Latènezeit nicht grundlegend von den klassischen Künsten der Antike.

FRÜHGESCHICHTE - Bezeichnung für die Zeit nach der Vorgeschichte und vor der durch geschriebene Zeugnisse belegten Geschichte. Im Prinzip handelt es sich um die Epoche, über die uns antike Texte griechischer und lateinischer Schriftsteller Aufschlüsse geben. Das trifft zum Beispiel für die keltische Epoche zu. Mehr und mehr bezieht man in die Frühgeschichte die Metallzeitalter ein, die dem Neolithikum folgten. Im engeren Sinn bezieht sich die Bezeichnung auf die ältere und die jüngere Eisenzeit.

FRÜHKELTISCHE KUNST - Kunst der jüngeren Eisenzeit bzw. der Latènezeit (um 450 - Ende 1. Jh. v. Chr. auf dem Festland, bis zum 2. Jh. n. Chr. in Großbritannien, bis zum 5. Jh. n. Chr. in Irland) in den verschiedenen von den Kelten besetzten europäischen Ländern. Sie unterscheidet sich von der christlichen keltischen Kunst, die sich nach ihr auf den Inseln entwickelte. Man nennt sie ‹Erste keltische Kunst› oder besser ‹Frühkeltische Kunst› nach dem Titel des grundlegenden Werks von Paul Jacobsthal ‹Early Celtic Art› (Oxford, 1944), in dem er ausschließlich die Periode vom Ende des 5. bis zum 2. Jh. v. Chr., und zwar nur in einigen Ländern, behandelt. Im weiteren Sinne bezeichnet der Begriff heute im allgemeinen die gesamte frühkeltische Kunst.

FUNKTION - Verwendung, für die ein Gegenstand hergestellt wurde. Der Zusammenhang zwischen der Funktion und der inneren Struktur sowie der dekorativen graphischen Gestaltung oder ornamentalen plastischen Form ist ein Problem, das bei jedem keltischen Gegenstand mit künstlerischem Wert untersucht werden muß. Häufig, aber nicht ständig besteht eine Beziehung zwischen Funktion und Dekor.

FUSION - Bezeichnung für eines der wichtigsten Verfahren der keltischen Kunst: bei zwei benachbarten Motiven wird ein Element, das in jedem von ihnen gleich wäre, wenn es nicht hier auf eins beschränkt bliebe, zusammengelegt. Dieses Verfahren steht häufig im Zusammenhang mit fortlaufenden Mustern.

G

GÄLISCH - Bezeichnung für eine der beiden frühkeltischen Sprachen, die in Irland und Schottland gesprochen wurde und noch heute lebt; im übrigen Teil Großbritanniens sprach man brittonisch, das im 5. Jh. n. Chr. nach Armorica gelangt war und sich mit dem ihm ähnelnden festländischen Gallisch verbunden hatte; dieser Mischung entstammt das heutige Bretonisch.

GAGAT - fossile, durch natürlichen Asphalt gehärtete Holzkohle, die zu einem stabilen schwarzen Material wird, aus dem die Kelten Perlen herstellten. Sie erhärtet schneller als Lignit.

GALLOFOLIUM - s. BLÄTTERKRONE

GEFLECHT - Dekorelement, das vor allem für Grundflächen verwendet wird und aus einer Guillochierung besteht, bei der parallele oder konzentrische Striche so angeordnet sind, daß sie ein Schachbrettmuster wie die geflochtenen Ruten eines Weidenkorbs bilden. Die Flechtwerksarbeit ist nicht nur dazu da, die Grundfläche auszuschmücken, sondern auch durch das Spielen mit dem Licht die Motive hervortreten zu lassen. Sie dient auch als Schmuck der Motive, zum Beispiel im Dekor mancher Spiegel.

GEGENBOGEN - dieser Ausdruck aus der Architektur, der die nach unten gerichteten Scheitel der Spitzbögen bezeichnet, kann sich auch auf die liegenden Halbbögen beziehen, die in den kurvilinearen Dekors der Latènezeit, in denen sie überreich vorkommen, fortlaufend mit den stehenden Halbbögen verbunden sind.

GEHÄNGESCHMUCK - speziell von englischen Kunsthistorikern verwendetes Wort (‹pendant›) zur Bezeichnung von Bronzegegenständen in Form sehr großer Sporen, die wahrscheinlich vom Hals der Pferde oder Ponys herabhingen; ihr als Brustschmuck dienender Schaft und die beiden anderen Enden waren mit Grubenschmelz verziert. Derartige ‹pendants› wurden nur in Irland entdeckt.

GEHÖRNTE SCHLANGE - phantastisches Kompositier, dem die Kelten heilige oder göttliche Kräfte beimaßen; es setzt sich aus einem Schlangenkörper, einem Widderkopf oder einem Schlangenkopf mit Widderhörnern zusammen. Manchmal besitzt es an jedem Körperende einen gehörnten Kopf.

GEOMETRISCH - im Bereich der europäischen Vor- und Frühgeschichte Bezeichnung für die dekorativen Künste oder die Stile, in denen hauptsächlich gerade Linien oder daraus gebildete geometrische Figuren, gleichgültig ob regelmäßig oder nicht, sowie der Kreis und Kreissegmente verwendet werden. Ebenso bezieht sich das Attribut auf Motive und daraus entstandene Kompositionen, die auch wieder regelmäßig sein können, aber nicht müssen.

GIRLANDE - Motiv sozusagen aus Kreissegmenten, deren konvexe Seite nach unten gerichtet ist. Es wird linear an weitere angereiht.

GLÄTTWERKZEUG - Gerät zum Polieren von Metall oder Keramik vor dem Brand, auch zum Ziehen flacher Striche, die dadurch einen tieferen, braunen Glanz erhielten. Es konnte aus einem Zahn, einem Knochen, einem Kiesel, einem Holzstecken oder sonst einem Gegenstand mit stumpfem Ende bestehen.

GLAS - die Kelten haben ausschließlich gegossenes und Fadenglas verwendet, und zwar seit dem Anfang des 4. Jh. v. Chr. für ihre einfarbigen, mehrfarbigen und zusätzlich mit Fäden oder Kügelchen versehenen Armbänder. Solche Exemplare wurden hauptsächlich in der Schweiz, zwischen Mosel und Rhein, in Böhmen und in der Slowakei gefunden, weniger zahlreich in der Champagne, an der oberen Donau und am Niederrhein. Die Kelten haben außerdem vor allem in Nachahmung der karthagischen Glaskunst farbige Perlen sowie Tierfigürchen gegossen.

GOLD - die Kelten gewannen für ihre Schmuckstücke und Münzen aus Goldlagern und Flüssen Gold in großen Mengen, wie die reichen Beutezüge, etwa der Römer zu den ‹Galliern› in Oberitalien, bezeugen. Die dabei eroberten Gegenstände sind in geringer Zahl auf uns gekommen.

GRANULATION - plastischer Dekor aus winzigen Goldkügelchen, die auf eine Grundfläche aus demselben Metall gelötet sind. Er fand zwar bei den Griechen und Etruskern, nicht aber bei den Kelten Anwendung.

GRAPHIK - Darstellung durch Zeichen, durch die Zeichnung. Die Bezeichnung wird auf Kunstwerke der Latènezeit angewendet, die mit linearen oder flächigen (gemalten oder mit einem Glättwerkzeug behandelten) Motiven verziert sind, im Gegensatz zu plastischen Werken. Graphische Dekors kommen in allen Epochen der keltischen Kunst zusammen mit plastischen Verzierungen auf Gegenständen der Latènezeit vor.

GRAPHIT - natürliche Kohlenstoffvarietät, die als Pulver, Körnchen oder in weichen und leicht spaltbaren, unvollkommenen sechseckigen Plättchen vorkommt. Sein moderner Name geht auf seine Fähigkeit zurück, auf Papier Zeichen zu hinterlassen. Die Lager in Böhmen wurden von den Kelten ausgebeutet, die Graphitkörnchen mit Ton mischten und so schwarzglänzende Keramik erhielten, wie man sie vorwiegend in Mittel- und Osteuropa aus der Spätlatènezeit findet. Graphitlager kamen ebenso in Gallien (Limousin, Armorica) wie in Bayern (Gegend von Passau) vor. Bei Graphittonkeramik ist Graphit dem Ton beigemischt, bei ‹graphitierter› Keramik dagegen nur auf die Oberfläche aufgetragen.

GRAVUR - Technik, bei der Linien oder Punkte mit einem Stichel, Meißel oder einem ähnlichen Werkzeug eingeritzt werden, wobei etwas Material entfernt, auf Keramik vor dem Brennen auch verschoben wird. Man verwendet das Wort für die künstlerische oder epigraphische Arbeit, vor allem die des Einschneidens. Die Gravur wurde teils aus freier Hand unter Ziehen und Stoßen des Werkzeugs, teils durch Klopfen mit einem Hammer auf das stets schräg gehaltene Instrument ausgeführt.

GREIF - Kompositier, das von den orientalischen Künstlern (vor allem Assyriens) geschaffen und über Griechenland den Skythen und Kelten vermittelt wurde. Es kommt in zwei Arten vor, die jeweils den Körper eines Löwen mit großen Flügeln aufweisen: im einen Fall ist ihm ein Adlerkopf mit Pferdeohren, im anderen ein zuweilen gehörnter Löwenkopf aufgesetzt. Der erste Typus ist vor allem in der keltischen Kunst vertreten. Er vereinigte in einem einzigen Wesen die physischen Kräfte der größten unter den mächtigsten Tieren.

GRUBENSCHMELZ - Metallstück, auf dem die Umrisse der Figuren mit Hilfe aufgelegter Metalldrähte unter Aushöhlung der Grundfläche geformt sind. Das Verfahren wird hauptsächlich für Gegenstände angewendet, auf denen die so gewonnenen Vertiefungen mit Email ausgefüllt werden. Die Kelten wandten diese Technik zur Verzierung kleiner Gegenstände an. Sie unterscheidet sich von dem schon in der Antike bekannten Zellenschmelz, bei dem die Drähte der Oberfläche nur aufgelegt werden.

GRUNDFLÄCHE - geschlossene Dekorfläche, aus der sich die gravierten, eingeschnittenen, punktierten oder reliefierten Motive herausheben. Die Grundfläche kann glatt oder bearbeitet sein, um zugleich das Licht spielen und die Motive hervortreten zu lassen: durch Punktieren, ‹Chagrinage›, Guillochieren, Flechten usw. Sie unterscheidet sich vom ‹Feld›, das eine Fläche mit sichtbarer Begrenzung darstellt.

GÜRTEL - aus der Latènezeit sind an künstlerisch verzierten Gürteln für Frauen zwei Sorten auf uns gekommen. Die einen sind aus zahlreichen Fäden hergestellt, die durch kleine Bernsteinperlen zusammengehalten werden; sie haben Schließen mit kurvolinearen Mustern in Durchbrucharbeit; man kennt sie vor allem in den Donauländern. Die anderen, ausschließlich spätlatènezeitlichen Gürtel, bestehen aus Bronzeketten, deren Glieder abwechselnd ringförmig und viereckig sind und an einem schweren, in kurvolinearem Dekor emaillierten Anhänger sowie Gehängen und Schließen mit plastisch geformten Haken (vor allem als Rinderköpfe) angebracht sind; das ganze ist symmetrisch, gleichmäßig und schön gearbeitet. In früherer Zeit gab es wahrscheinlich Ledergürtel, von denen wir Schließen, Platten und Haken besitzen.

GÜRTELANHÄNGER - Verzierung von Frauengürteln aus emaillierter Bronze; sie besteht aus einem häufig durchbrochenen Mittelstück, an dem mehrere Kettchen oder biegsame Drähte hängen. Von diesem Schmuck gibt es bedeutende Exemplare in Mittel- und Osteuropa vom Ende der Mittel- und aus der Spätlatènezeit.

GUILLOCHE - Ornament aus kleinen geraden, gewellten, gekreuzten oder parallelen Strichen, die symmetrisch mit einem Stichel in Metall eingezeichnet sind. Ein besonders feines Flechtwerk wird Guilloche genannt.

GUSSARBEIT - die letzte keltische Münzproduktion war Gußarbeit; sie bestand aus gegossener Bronze unter Verwendung von Tongußformen, in die das Muster mit Hilfe einer Münze oder eines Holzstempels - daher die weichen Linien der Reliefs - hohl eingeprägt worden waren. Diese Stücke von nur geringem Wert, die man auch gemodelt nennen könnte, sind von ganz anderem Typus als die Gold- und Silbermünzen: so stark konnte die Technik die Erfindungsgabe anregen.

GUSSFORM - hohles oder massives Gerät, in das eine flüssige oder teigige Masse eingefüllt oder auf das sie aufgetragen wird, damit sie beim Erhärten die Form dieses Geräts oder die des darauf gravierten Dekors oder auch beides annimmt. Die Kelten verwendeten Gußformen zur Herstellung von Drähten, aus denen Fibeln und Nadeln gearbeitet wurden, für in verlorener Form gegossene Metallgegenstände, für Glaswaren und Hartmetallmünzen der Spätlatènezeit. Die Gußform unterscheidet sich von der Matrize durch die größeren Maße des Gegenstands und durch die Tatsache, daß die Masse auf oder in die Gußform gefüllt wird, nicht umgekehrt.

GUSS IN VERLORENER FORM (WACHSAUSSCHMELZVERFAHREN) - Verfahren zur Herstellung von hohlen oder massiven Gold- oder Bronzegegenständen. Dabei wird zunächst ein massives Wachsmodell des gewünschten Gegenstandes mit einem Kern aus zusammengepreßtem Sand oder einem ähnlichen Material angefertigt (es sei denn, man will einen Gegenstand aus massiver Bronze erhalten); diesen ummantelt man mit Ton. Man bringt dann das Wachs zum Schmelzen, läßt es durch eine Öffnung im Modell abfließen und ersetzt es durch flüssige Bronze, die somit das Innere des Modells mit einer nach und nach dicker werdenden Schicht bedeckt und dabei den Sandkern umschließt. Sobald die Bronze erkaltet ist, zerbricht man die Tonummantelung. Für die verschiedenen Teile etwa einer Statuette sind mehrere Wachsmodelle erforderlich. Der so entstandene Gegenstand ist einzigartig. Die Kelten haben mit Hilfe dieses Verfahrens die plastischen Teile zahlreicher Schmuckstücke und anderer Gegenstände hergestellt und sogar gravierte Linien herausgearbeitet.

H

HAHN - in der Kunst der Latènezeit ein selten dargestelltes Motiv; entgegen einer häufig vertretenen Auffassung war der Hahn nicht das ‹gallische› Tier par excellence, trotz der Bedeutung des lateinischen Wortes ‹gallus› = ‹Hahn›. Der Eber wurde sehr viel häufiger dargestellt, vor allem als militärisches Zeichen auf Münzen.

HAKEN - Gürtelteil. Entweder dient er als Verzierung eines freistehenden Endes und ist dann plastisch geformt (Rinderkopf), wie vor allem bei den Frauengürteln vom Ende der Mittellatènezeit in Mitteleuropa, oder aber er ist als einfacher spitzer Haken an einem vom Gürtel herabhängenden Stäbchen befestigt, so in Osteuropa.

HAKENKREUZ - die im Französischen übliche Bezeichnung ‹Svastika› ist die Transkription des maskulinen Sanskritworts, das sich aus den Teilen ‹su› = ‹gut›, ‹asti› = ‹es ist› und ‹-ka› = Nachsilbe, die die Beziehung zwischen beiden Begriffen herstellt und aus ‹asti› ein Substantiv: ‹Wohlstand, Glück, Erfolg› macht. Beim Hakenkreuz sind die gekreuzten Hauptbalken durch im rechten Winkel angesetzte und nach rechts oder links weisende zusätzliche Balken verlängert, ähnlich wie beim großen griechischen Gamma. Vielleicht stammt es aus dem Orient, vielleicht ist es auch ein Sonnensymbol, doch hat man dafür keinen Beweis; es breitete sich nach Westen in den Mittelmeerländern aus und nahm in der keltischen Kunst manchmal die kurvolineare Gestalt zweier gekreuzter s-förmiger Gebilde an. In Indien, wo das Zeichen, das Wort (Svastika), seine genaue Bedeutung und die ihm zugeschriebene Eigenschaft bekannt sind, wurde es als begünstigend angesehen, ohne daß mit Sicherheit eine Bedeutung im Sinne der Kreisbewegung zu erkennen wäre, die sie in der einen oder andern Form vertreten hätte. Es ist nicht bekannt, welche Bedeutung die Kelten dem Zeichen beimaßen: zweifellos wohnte ihm für sie eine magische Eigenschaft inne.

HALBMOND - plastisches Motiv, flach und mehr oder weniger konvex, das teilweise stärker hervortretende sphärische Motive umgibt und sie dabei betont.

HALLSTATTZEIT - Kulturepoche, die der Latènezeit unmittelbar vorausging: die ältere Eisenzeit (um 900 bis um 500 v. Chr.), die nach dem Ort Hallstatt (Oberösterreich) benannt wurde. Sie kennt nur dekorative geometrische Kunst.

HARZ - Masse, die auch Pech oder Gummiharz genannt wird und sich nach dem Ausfließen aus Harzgängen der Kiefer oder Tanne durch Erhärten bildet. Harz wurde zur Be-

317

festigung von Glas- oder Emailteilen in Metallvertiefungen verwendet.

HELLENISTISCH - moderne Wortprägung zur Bezeichnung der Periode, die von den Nachfolgern Alexanders bis zu den römischen Eroberern reicht. Sie wird vor allem für die östliche hellenisierte Welt (einschließlich des damaligen Griechenland) und für ihren Einfluß auf den Okzident verwendet. Zunächst hatte sie die Bedeutung ‹von hellenischer Sprache›, später durch Ableitung auch ‹von hellenischer Art›.

HOLZHAMMER - dieser Gegenstand besaß bei den Kelten religiöse Bedeutung, denn er ist zusammen mit dem Kessel auf gallischen Münzen dargestellt. Demnach müssen damit verzierte Exemplare existiert haben, allerdings ist kein Stück auf uns gekommen.

K

KAMMSTRICH - Bezeichnung für einen Dekor aus parallelen Strichen, der mit Hilfe einer Art Metall- oder Holzkamm auf Keramik der Latènezeit graviert wurde.

KANTHAROS - bei den Griechen weitbauchiges, doppelhenkliges Trinkgefäß. Ein zweihenkliges großes, bei den Ostkelten gebräuchliches Gefäß, das sich vom Kantharos durch größere Maße und durch seinen Hals unterscheidet, nennt man Pseudokantharos. Man könnte sie auch Pseudoamphore nennen im Vergleich mit der für den Gebrauch bei Tisch hergestellten Amphora.

KESSEL - häufig recht großes Metallgefäß mit Henkel und Kette, das über dem Feuer aufgehängt werden sollte. Dieser typisch keltische Gegenstand kann am Ansatz der Henkel und auf dem Rand mit plastischen Appliken verziert sein. Er ist auf Münzen abgebildet.

KLAMMER - denkbare Bezeichnung für ein Latènemotiv, das aus zwei auf derselben Mittelachse aufeinander folgenden s-förmigen Gebilden oder gegenläufigen Wellenlinien besteht; das Motiv bezeichnet vage eine Klammer, auch wenn die Grundform häufig, vor allem in der Inselkunst, leicht abgewandelt ist und es vielmehr ‹Pseudoklammer› heißen sollte, besonders wenn die beiden

Partien nicht die gleiche Größe aufweisen.

KLEINER BOGEN - Motiv in Form eines mit der Hand oder dem Zirkel gezogenen Halbkreises oder Kreissegments, das in einer bestimmten Dekorkategorie auf Keramik und auch auf Metall bis zum Überfluß verwendet wurde. Da es sich zu vielfältigen Kombinationen anbietet, wird dieses in der Latènezeit älteren oder fremden Metallgegenständen entlehnte Motiv von dem deutschen Archäologen Frank Schwappach als Vorläufer des Bogenstils angesehen, der in Armorica, Deutschland, Böhmen und in den Donauländern vertreten ist.

KNICKWANDVASE (‹VASE CARÉNÉ›) - die französische Bezeichnung ‹caréné› geht auf lateinisch ‹carina› für ‹Nußschale› zurück, deren gerippte Form als Vergleich herangezogen wird. Zoologischer Ausdruck für Organe mit einer vortretenden und fortlaufenden Linie (etwa das Brustbein bestimmter Vögel). Analog dazu verwendet man das Wort in der Keramik zur Bezeichnung der Vasenformen vor allem der Frühlatènezeit, deren Profil einen vortretenden Knick aufweist.

KNÖCHEL- oder BEINRING - aus Bronze gefertigter und wie die Armringe vor allem plastisch, mit Hohlbuckeln verzierter Schmuck (in der keltischen Mittellatènekunst in Mittel- und Osteuropa), der sich durch seinen größeren Durchmesser (0,09 × 0,10 m durchschnittliches Innenmaß) und die nie fehlende Öffnungsvorrichtung unterscheidet. Nach den Grabfunden zu urteilen, war dies ein typisch weiblicher Schmuck.

KOALESZENZ - Einheit, die sich aus mehreren Elementen verschiedenen Ursprungs bildet. Sie ist charakteristisch für zahlreiche Gegenstände und graphische oder plastische Motive der Kunst der Latènezeit.

KOMMA - vor allem von den englischen Kunsthistorikern eingeführte Bezeichnung für ein graphisches und plastisches Dekormotiv der Latènezeit in Form eines dicken Kommas, dessen oberer Teil einen Knopf bildet.

KOMPOSIT - aus verschiedenen Elementen zusammengesetzt oder von verschiedenartiger Beschaffenheit. Das Adjektiv kennzeichnet die

Werke des Frühlatènestils, in dem anderen Kunstprovinzen entlehnte Motive in einer typisch keltischen Gruppierung zusammengefaßt sind. Es bezieht sich auch auf Fabelwesen, die sich aus Teilen verschiedener Lebewesen zusammensetzen.

KORALLE - rotes, im Mittelalter häufig vorkommendes Polypengehäuse. Seit der Frühlatènezeit wurde es von den Kelten in kleinen polierten Stücken und eingelegt in Schmuckstücken aus Metall verwendet; mit unregelmäßigen Ästen (also im Naturzustand) taucht es in den Kolliers der Spätlatènezeit auf. Das rote Email trat in Konkurrenz zur Koralle und brachte sie in der Spätlatènezeit zum Verschwinden.

KUNST NORTHUMBRIENS - Bezeichnung für die Kunst, die im 547 gegründeten angelsächsischen Reich Northumbrien südlich von Schottland (Hauptstadt:York) entstand. Sie steht eng in Verbindung mit der christlichen irischen Kunst.

KUPFER - von den Kelten selten für sich allein verwendetes Metall, das aber in Legierungen wie Bronze (mit Zinn) und Elektron vorkam. Man benutzte es vor allem mit einer Auflage von Zinn oder Silber.

L

LÄNGUNG - in der Kunst der Latènezeit häufig verwendetes Verfahren, bei dem ein Motiv - zum Beispiel das ‹S› oder das Blatt - in die Länge gezogen wurde, vor allem wenn es in einer kreisförmigen Komposition in Schrägstellung vorkam.

LANZE - Wort wahrscheinlich gallischen Ursprungs. Wurfwaffe, bestehend aus einem hölzernen Lanzenschaft, einer Eisenspitze mit einer Tülle und einem spitzen, scharfen, gerippten Blatt sowie einem zuweilen sehr langen metallenen Lanzenschuh zum Aufpflanzen der Waffe im Boden. Blatt und Schuh waren oft im Stil der Latènezeit verziert.

LAUBWERK - Dekormotiv, das sich an der Weinrebe inspirierte, bei der auf beiden Seiten abwechselnd gebogene Triebe hervortreten. Es kommt in der Kunst der Latènezeit im 4. Jh. v. Chr. auf und wird vor allem durch Umschlagen und Drehen der Triebe zu einem der wichtigsten Elemente der Ornamentik. Vom klassischen graeco-etrusco-italienischen Laubwerk unterscheidet es sich durch die dreieckigen Ausbauchungen, die am Ansatz der Triebe wahrscheinlich aus der Anhäufung der Blumen am Zweig entstanden.

‹LAUFENDER HUND› - Motiv, bestehend aus einer Folge sehr offener ‹S›-Motive, die parallel zueinander und schräg nach oben verlaufend angeordnet sind und sich in regelmäßigen Abständen wiederholen; dadurch erinnern sie vage an eine sich nachrennende Meute von Hunden.

LEERFLÄCHE - das ‹Negativ› einer ausgeschnittenen Verzierung in flachen oder leicht reliefierten Platten. Entweder bringen die Leerflächen einfach die vorhandenen Motive zur Geltung, vor allem dadurch, daß die Grundfläche des Materials und verschiedene Farben sichtbar werden; oder aber (und zwar mehr und mehr nach der ersten keltischen Kunst) sie sind selber Motiv, manchmal analog zu dem ausgefüllten Teile, oder sie werden eben von diesen gebildet. Die Kelten haben die systematische Verwendung von Leerflächen nicht bis zum Übermaß betrieben, wie es später die Araber praktizierten; dabei wird den Leerflächen eine streng komplementäre Funktion gegenüber den ausgefüllten Flächen zugeteilt, wobei ihre Form an verschiedenen Punkten einer Komposition, ob sie nun symmetrisch ist oder nicht, genau der der Bezugsflächen entspricht.

LIGNIT - fossile schwarze oder braune Kohle, die infolge Verwesung pflanzlicher Überreste in den Mooren entstand. Die Kelten fertigten daraus Armringe und Knöpfe.

LINSENFÖRMIG - Bezeichnung für den Bauch bestimmter frühlatènezeitlicher, langhalsiger Flaschen (‹Linsenflaschen›), dazu für schematisierte Blätter in Verzierungen der Latènezeit.

LOTUS - Wasserpflanze, die in der antiken Kunst, vor allem seit der Pharaonenzeit in Ägypten, häufig stilisiert wurde. In der keltischen Kunst blieben davon lediglich zwei weit geöffnete Kelchblätter und ein zentraler, im allgemeinen spitzer Knopf übrig.

LYRA - in der griechischen und der keltischen Kunst vorkommendes Dekormotiv aus zwei entgegengesetzten S-förmigen Motiven, deren Spiralen oben und unten nicht gleich groß sein müssen, sondern sich oben weiter öffnen können als unten. Die aneinandergeketteten Lyren bilden ein häufig angewandtes Motiv. Auf gallischen Münzen findet sich vielfach als Zubehör die Darstellung einer schematisierten Lyra im eigentlichen Sinne. Dennoch war bei den Inselkelten nicht die Lyra das traditionelle Musikinstrument, sondern eher eine Art Zither.

M

MÄANDER - meist fortlaufendes geometrisches Ornament, bestehend aus einer Folge von Linien, die stets im rechten Winkel in entgegengesetzter Richtung zurückknicken. Mangels eines besseren Ausdrucks nennt man das gleiche Motiv, bei dem Linien und Ecken gebogen sind, einen runden oder kurvolinearen Mäander.

‹MARNEKULTUR› - von den französischen Archäologen des 19. Jh. (Gabriel de Mortillet) vorgeschlagene Bezeichnung für die Kultur, die durch Grabungen in den großen keltischen Nekropolen der Frühlatènezeit im Gebiet der Marne im weitesten Sinne des Wortes, d. h. in den Departements an der Marne und Aisne, also in der Champagne und einem Teil der Ardennen, entdeckt wurde.

MASKE - durch Ableitung entstandene Bezeichnung für das von vorn gesehene menschliche Gesicht vor allem ohne Hals und oft auch ohne Ohren, wie es auf Kunstwerken dargestellt wird. Niemals handelt es sich um ein unechtes, aufgesetztes Gesicht; das Wort bezieht sich vielmehr insbesondere auf ein Gesicht, das entweder durch sein geheimnisvolles Lächeln eine Art Mysterium oder eine erschreckende Macht oder aber Bestialität ausdrückt.

MATRIZE - in der Archäologie bezeichnet das Wort normalerweise einen Gegenstand aus Metall, Holz oder Ton, dessen gravierte oder reliefierte Seite dazu dient, einem Objekt einen erhabenen oder versenkten Dekor aufzudrücken. Eine Matrize kann einen Gegenstand auch

formen. Sie unterscheidet sich von der Gußform durch die im allgemeinen kleineren Maße des zu verzierenden oder zu formenden Objekts, durch die Tatsache, daß die Matrize auf das Objekt aufgedrückt wird (im Gegensatz zur Gußform), und durch ihre mühelose Transportierbarkeit.

MEISSEL - flaches Eisenwerkzeug zum Behauen von Stein oder Hartholz; die Schneide besteht aus einer schrägen Kante oder unterschiedlichen Formen. Der Meißel steckt in einem Holzgriff, auf den man mit dem Hammer schlägt.

METAMORPHOSE - Verwandlung eines Wesens in ein anderes, einer Sache in eine andere. Das Ergebnis liegt entweder im Bereich des Natürlichen oder des Phantastischen, so etwa bei den Monstren. Die Inselkelten haben diesen Vorgang häufig in ihrer Literatur angewendet, und die Latènezeitkunst enthält teilweise ausgeführte oder unvollendete Beispiele, die mehr erkennen lassen als bloße Umformungen.

‹MINIATURISIERUNG› - man ist versucht, dieses Wort zu bilden, will man den Vorgang der Wiedergabe eines ursprünglich in großem Maßstab geschaffenen oder angenommenen Dekors oder Motivs in sehr kleinen Proportionen umschreiben. Dieser Vorgang ist von großer Bedeutung in der Latènekunst, wo er sich oft aus der Kleinheit der vorhandenen Flächen (z. B. bei der Münzplatte) ergibt. Er führt vor allem zur Vereinfachung oder Verschmelzung der Vorlagen, zur deutlichen Komplizierung und Überladung der Komposition.

MINOISCH - in jüngerer Zeit nach Minos, dem legendären König von Kreta, gebildetes Wort zur Bezeichnung der Kultur jener Insel und ihrer Einflußbereiche im Ägäischen Meer im III. und II. Jt. v. Chr. In der minoischen Kunst wird virtuos und feinfühlig die gebogene Linie lebender Formen verwendet. Neben der keltischen ist die minoische Kunst die einzige, die in der Antike mit dieser Linie so erfolgreich operiert hat.

MODELLIERSTAB - Metall- oder Holzwerkzeug, mit dem Tonfigürchen überarbeitet oder Keramikgefäße verziert werden.

MONSTRUM - Fabelwesen, entweder in Kompositform, also aus zwei oder mehr Teilen beziehungsweise Attributen zusammengesetzt, die Lebewesen verschiedener Arten oder sogar Gattungen (z. B. Mensch und Tier, Mensch oder Tier und Pflanze, Tier und Pflanze) entlehnt wurden, oder als Ergebnis einer Umformung des natürlichen Aussehens dieser Lebewesen (vor allem von Pflanzen). Die Bezeichnung drückt eine schreckenerregende Gräßlichkeit aus, so daß sie auf bestimmte Schöpfungen der künstlerischen Phantasie, denen dieser Aspekt fehlt, nicht angewendet werden kann. In der Kunst der Latènezeit kommt das Monstrum gelegentlich als reines Phantasiegebilde vor und setzt sich aus nicht in der Natur enthaltenen Elementen zusammen; damit steht es im Widerspruch zu Monstren der klassischen Mythologie, bei denen Teile verschiedener, stets erkennbarer Wesen kombiniert oder aneinandergereiht sind.

MUNDBLECH - Teil des Schwertscheidenbeschlags, der deren obersten Abschluß bedeckt. Auf Scheiden der Mittellatènezeit besitzt es häufig gravierten oder getriebenen Dekor.

O

OINOCHOE - Bezeichnung für ein Weingefäß, dessen Hals schmaler ist als der Bauch und das Fuß, schnabelförmigen Ausguß und Henkel besitzt.

OPPIDUM - lateinischer Name für die befestigten Wohnstätten, die vollständig oder auch nur teilweise angelegt worden waren und dann auch als Refugium dienten. Man verwendet ihn besonders (im Plural lateinisch ‹oppida›) zur Bezeichnung der befestigten oder natürlich geschützten Städte im Anfangsstadium, die von den Kelten vom Ende des 2. Jh. an (und überwiegend im Süden Galliens) errichtet worden waren.

ORTBAND - Metallbesatz am Ende der Schwertscheide, der verhindern soll, daß das Schwert sie durchstößt und seine Spitze sich am Boden abnutzt. Bei keltischen Waffen ist das Ortband oft plastisch verziert, vor allem mit Vogelköpfen und kleinen, dekorversehenen Medaillons.

P

PALMETTE - in jüngerer Zeit verwendete Bezeichnung für ein Dekormotiv in Form eines kleinen stilisierten Baums mit symmetrischen Zweigen, das im klassischen Orient wahrscheinlich durch Schematisierung eher des Lebensbaums als einer Palme geschaffen wurde. Das Motiv fand in überaus reichem Maße Verwendung in der griechischen Kunst (Bronze, Keramik, Akrotere), in der es häufig zahlreiche Zweige erhielt. Zuweilen ist die Basis mit einem Band wie bei einem Blumenstrauß geschmückt, und aus der nach oben gebogenen Fortsetzung des Bandes entwickelt sich die ‹Lyra›. Die keltische Kunst hat die Palmette übernommen, vereinfacht und aus ihr andere Motive abgeleitet: vor allem den Schild und das karikierte menschliche Gesicht.

PASTILLAGE - Bezeichnung, die der Historiker keltischer Kunst V. Kruta seit 1972 für eine Technik anwendet, bei der man kleine, aufeinandergesetzte Scheiben mit nach oben abnehmendem Durchmesser auf der Grundfläche eines Bronzeschmucks befestigte, und zwar nach einem noch nicht geklärten Verfahren, vielleicht durch Abguß oder durch Abformung nach einem gelöteten Gegenstand. Es ist nicht ausgeschlossen, daß diese Art der Verzierung sich an gegossenen Glasobjekten orientierte; zumindest verlief der Übernahmevorgang nicht in entgegengesetzter Richtung.

PEKTORALE - Brustschmuck.

PELTAMOTIV - an den Schild (‹pelta›) der Thraker und Amazonen erinnerndes Motiv in Form eines Halbmonds, der in der Mitte seiner Hohlrundung eine Spitze aufweist. Wahrscheinlich haben die Kelten diese Form im Lauf ihrer Bemühungen, Kurven und Gegenkurven vegetabilischen Ursprungs aneinanderzuketten, zu Beginn der zweiten Periode ihrer Kunst von neuem geschaffen. Das in Spiralen auslaufende Peltamotiv eignet sich besonders gut zum unvermerkten Einbringen in ein skizziertes oder karikiertes menschliches Gesicht. Die ziegelartig angeordneten Peltas bilden ein besonderes Motiv.

PERLE - kugel-, walzen- oder eiförmiger Gegenstand aus Bernstein, farbigem gegossenem Glas, Metall, Keramik, Stein oder Knochen. Mit Durchbohrung war die Perle Teil von Hals- oder Armbändern. Perlen kommen in der Latènekunst sehr zahlreich vor; die buntesten, die manchmal mit einer Maske geschmückt sind, stellen karthagische Importstücke dar oder sind karthagisch inspiriert.

PHALERE - Schmuckscheibe des Pferdegeschirrs oder des Panzers in Form von runden, glatten oder durchbrochen verzierten Buckeln oder Platten.

PHANTASIEFAHRER - Fabelwesen, das aus einer Verformung des ‹auriga›, des Wagenlenkers, auf der Rückseite keltischer Münzen entstanden ist; auf ihnen ist das Zweigespann des makedonischen Staters auf ein einziges Pferd beschränkt, das entweder von einem unförmigen Zwerg oder von einem Wesen mit riesigem, stark behaartem Kopf, unproportionierten Armen und in nichts an einen Menschen erinnernden unteren Körperteilen geführt oder überflogen (nicht aber geritten) wird. Sie haben das närrische und oft häßliche Aussehen von Fabelwesen, von Alptraumerscheinungen, die ein Phantasierennen bestreiten. Einige springen kunstvoll über das Pferd.

PHILIPPUS - in jüngerer Zeit geprägte Bezeichnung für den Stater, eine von Philipp II. von Makedonien (359-336), dem Vater Alexanders des Großen, geschlagene Goldmünze. Der seit dem Ende des 4. Jh. v. Chr. wahrscheinlich von gallischen Söldnern nach Gallien gebrachte Philippus diente dort im 3. Jh. v. Chr. als Vorbild für zahlreiche Münzserien, bis man im 1. Jh. v. Chr. auf die Goldmünzwährung verzichtete. Auf der Vorderseite trug er den Kopf des lorbeerbekränzten Apollon, auf der Rückseite eine ‹biga›.

PHOTOGRAMMETRIE - zum erstenmal 1875 von dem deutschen Architekten Meydenbauer verwendetes Wort zur Bezeichnung eines Aufmessungssystems mit Hilfe der Photographie; dabei wird ein sonst für die graphische Rekonstruktion benötigtes Spezialgerät eingesetzt; es ermöglicht vor allem die Herstellung von Aufrissen, deren Genauigkeit den von Hand angefertigten Zeichnungen weit überlegen ist,

Aufrisse von Fundstätten, Bauten, jeglichen Kunstwerken und vor allem von archäologischen Überresten oder Gegenständen, deren Proportionen und selbst kompliziertesten Raumkörper es mit nahezu perfekter Genauigkeit wiedergeben kann.

PLASTIK - im weitesten Sinne bezieht sich das Wort auf jede stoffliche Wiedergabe von Formen auf zwei- wie auf dreidimensionaler Ebene; die Zeichnung, die Malerei und die Bildhauerkunst sind die traditionellen plastischen Künste. Im engeren Sinne versteht man unter Plastik die Kunst, Figürliches in Gips, Ton, Bernstein, Wachs, weichem Elfenbein usw. nachzubilden. Man kann den Begriff auch auf geschmolzenes oder gegossenes Metall, vor allem bei Guß in verlorener Form, übertragen. Von der Gußtechnik her kommt die Bezeichnung ‹plastischer Stil›, die in der Geschichte der Latènekunst geläufig geworden ist, seit Jacobsthal diesen im wesentlichen keltischen Stil definiert hat: dreidimensionale Werke aus Metall, als Relief oder Rundplastik, mit einer lebendigen und subtilen Behandlung der Raumkörper, der Modellierung, der fließenden Formen und einer Tendenz zur Häufung von Linien und Motiven, zur Darstellung des im Entstehen begriffenen Reliefs.

PLATTE - Bezeichnung für manche Metallgegenstände der Latènekunst, die, durchbrochen oder auch nicht, entweder ohne feste Bestimmung sind oder aber, mit einem Haken versehen, als Agraffen an Gürteln dienen.

POINTILLAGE (PUNKTIERUNG) - Bezeichnung für eine Technik, bei der mit einem Stichel dekorative Punkte in Metall, Terrakotta oder Kupfer gegraben werden.

POTIN - Legierung aus Kupfer, Zinn, Blei und möglicherweise in winzigen Mengen anderen Metallen, wie etwa silberhaltigem Blei. Die keltischen Münzen waren in der Form gegossen und nicht geschlagen, ob sie nun genau aus dieser Legierung bestanden oder nicht. Die Legierung hat die Farbe eines weißen, grauen oder dunkelgrauen Metalls; manchmal erhält sie durch das Vorherrschen von Kupfer und durch die Patina eine dunkelgrüne oder fast schwarze Färbung. Potinmünzen kommen

nicht vor dem Gallischen Krieg vor und haben gelegentlich in ein und derselben Emission sehr unterschiedliche Gewichte. Sie tragen ein vollständiges Gesicht, das von einem Reliefkranz umgeben ist. Sie scheinen aus wiedergewonnenem Metall hergestellt zu sein, woher ihre Verschiedenartigkeit und ihre mittelmäßige Qualität rührt. Die gegossenen Gesichter weisen kein deutliches Relief auf und wirken stumpf.

PRÄGESTEMPEL - im Innern gravierte Metallmatrize (gewöhnlich aus Bronze mit einem Eisenmantel als Schutz), in die die Münzplatte heiß eingeschlagen wird.

PUFFERENDEN - die Pufferenden der offenen ‹torques› bestehen aus dicken Scheiben, die die beiden Enden des hohlen Rings abschließen sollen. Häufig sind sie verziert und dann in verlorener Form gegossen. Sie sollten auch den Hals des Trägers an den Ringenden schützen, die an seiner Haut hätten scheuern können, und sie sollten dem Halsring auf der Vorderseite Gewicht und Bedeutung verleihen.

PUNZE - Metallgerät, auf das man schlägt, um das zu bearbeitende Material zu durchstoßen oder ihm etwas einzuprägen. Sie hat anstelle einer Spitze eine gravierte Oberfläche wie eine Matrize, mit der man einen Dekor oder ein Zeichen eindrücken kann.

R

RADKAPPE - zunächst runde Metallplatte, mit der bestimmte Teile der Karosserien und vor allem die Radnaben verziert wurden. In der eigentlichen Bedeutung Bezeichnung für die verzierten Scheiben, die die Enden der Radnaben und Achsen an keltischen Wagen verdecken sollten.

RANKE - kleiner verästelter Zweig des Weinstocks in Form einer gestreckten Spirale. Das Wort wird vor allem zur Bezeichnung der selbst geringen, spiraligen Verlängerung des Rankenornaments, eines Motivs der Latènezeitkunst, verwendet.

RECHTECK MIT GEBOGENEN SEITEN - ein Motiv der antiken dekorativen Kunst und vornehmlich der Latènekunst ist das Rechteck

oder Quadrat mit kurvilinearen Seiten, zum Beispiel aus vier langgezogenen s-förmigen Gebilden, deren Spiralen sich an den Ecken vereinen.

RHOMBUS - geometrisches Motiv der Latènekunst, das manchmal durch dekorative Verlängerungen an den vier Ecken, manchmal auch an den Innenseiten, vergrößert wurde.

RHYTON - griechische Bezeichnung für ein meist figürliches Trinkhorn; am unteren Ende hat das Rhyton ein Ausflußloch.

RIEMENHALTER - in ihrer Mitte runde Metallklammer, die vertikal auf der Schwertscheide angebracht war und unter der der Riemen zum Aufhängen des Schwerts am Gürtel durchlief.

ROTATION - s. SYMMETRIE

RUNDSTAB - rund geformte Leiste, wie sie an der Basis einer Säule verwendet wird. Sie ist mit dem vorspringenden Teil an Armringen aus einfarbigem Glas zu vergleichen.

S

SAPROPELIT - im Deutschen verwendetes Wort - das sich von griechisch ‹sapros› = das ‹Faule› und ‹pelos› = ‹Schlamm› herleitet - zur Bezeichnung der Masse, die sich aus dem geologischen Schlamm der Moore, dem Sapropel, entwickelte; dieser bestand aus sich zersetzenden kleinsten Wassertieren und -pflanzen und erhärtete an der Luft stärker als Lignit. Die Kelten stellten daraus vor allem Armringe her.

SCHEIDE - die verzierten keltischen Schwert- oder Dolchscheiden bestehen aus Eisen oder bronzeplattiertem Eisen. Verzierte Scheiden gibt es seit der Frühlatènezeit; graviert, getrieben oder geprägt, gehören sie zu den eigenartigsten, den oft ungezwungensten der Mittellatènezeit. Beschläge, Ortband und Riemenhalter sind ebenfalls plastisch verziert. Um die Bedeutung dieser Dekors herauszustellen, sprach Paul Jacobsthal unter Nennung des Schwerts statt von der Scheide von einem ‹Stil der ungarischen Schwerter› (‹Hungarian Sword Style›) oder ‹Stil der Schwerter› (‹Sword Style›). Verzierte Scheiden, die bei Griechen,

Skythen und Römern vorkamen, sind bei den Kelten außerordentlich zahlreich vertreten.

SCHEIDEMÜNZE - die französische Bezeichnung ‹billon› leitet sich von einem angenommenen gallischen Wort ‹bille› = ‹Baumstumpf› her; sie kennzeichnete zunächst einen Gold-, Silber- oder Bronzebarren, später eine Kupfermünze mit wenig Beimischung von Edelmetall, vorzugsweise Silber; von daher rührt die Bedeutung ‹wertlose Münze›.

SCHIEFER - Bezeichnung für verschiedene schichtartige Felsgesteine, die sich leicht in Plättchen teilen lassen. Schiefer ist metamorpher Ton (unter hohem Druck gepreßt). Vor allem im Limousin kommen Armringe aus schwarzem, leicht glimmerhaltigem Schiefer am Ende der Hallstatt- und am Beginn der Latènezeit vor.

SCHLEIFE - Dekormotiv, das aus einer sich schneidenden gebogenen Linie besteht (französisch ‹boucle›, englisch ‹loop›).

SCHULE - allein in Großbritannien hat man mit und nach C. Fox versucht, anhand von typischen, aber nicht sehr zahlreichen Gegenständen regionale künstlerische ‹Schulen› zu unterscheiden. Die älteste wäre durch die Funde in Schottland aus der zweiten Hälfte des 3. Jh. v. Chr. vertreten. Ein verdienstvoller Vorschlag, der durch weitere Entdeckungen bestätigt werden könnte; aber es ist vorläufig gefährlich, das Prinzip auf andere Gebiete der keltischen Welt, die keine natürlichen Grenzen hatte, zu übertragen, bedenkt man den häufigen Transport der Gegenstände je nach Ortswechsel der Menschen. Immerhin böte sich Böhmen für eine derartige Untersuchung für die Frühlatènezeit an, ebenso das Rheinland.

SCHWERT - gerade Klinge mit zwei Schneiden und einem spitzen oder stumpfen Ende. Das Latèneschwert ist in der Frühlatènezeit recht kurz: eher ein langer spitzer Dolch; länger dann in der Mittellatènezeit und nach wie vor spitz; noch länger in der Spätlatènekultur, mit stumpfem Ende und lediglich zum Fechten auf Hieb, nicht mehr wie früher auf Hieb und Stoß geeignet. Das Schwert ist für die Kunstgeschichte wegen zweier Einzelheiten interessant: wegen der Form des zuweilen anthropomorphen Griffs und wegen der Schlagmarke (mit Darstellungen eines Menschenkopfs im Profil, antithetischer Monstren, eines anderen Zeichens oder einer Signatur), die auf einigen Exemplaren mit Gold eingelegt ist. Die Kelten trugen das Schwert links.

SEEPFERDCHEN - kleiner Fisch, dessen vertikale Haltung in Zusammenhang mit der konvexen Biegung seiner Brust an das Vorderteil des Pferdes denken läßt, daher im Französischen die Bezeichnung ‹cheval courbe› = ‹gebogenes Pferd›. Die Griechen gaben diesen Namen einem Phantasie- und Komposittier, einem Seepferdchen, das vorn aus dem Vorderteil des Pferdes, hinten aus einem Fischkörper (ohne Kopf) oder aus dem eingerollten Körper eines Meeresfabeltiers bestand. Auch Phantasietiere mit S-förmigem Körper und Pferdekopf werden so benannt; sie kommen einzeln oder paarweise und in antithetischer Stellung vor; manchmal haben die Kelten das Seepferdchen wiedergegeben, ohne daß die Wahrscheinlichkeit besteht, daß sie den fraglichen Fisch hätten darstellen oder die Erfindung der griechischen Künstler hätten nachahmen wollen. Es sollte besser ‹Pseudo-Seepferdchen› genannt werden.

SILBER - glänzendes, helles und sehr dehnbares Metall, etwas elastischer und wohltönender als Gold. Von den Kelten des Westens und der Mitte wenig verwendet, außer in der Münzschlägerei der letzten Periode, von den Kelten des Mittelostens und des Ostens dagegen mehr herangezogen, besonders für Münzen, bei denen sie solche aus reinem Silber denen aus anderen Metallen oder Legierungen vorzogen.

SILEN - Eigenname eines Kompositfabelwesens der griechischen Mythologie, das zum Gefolge des Dionysos gehörte. Es besteht aus dem Körper eines Menschen und Beinen eines Pferdes, dessen Schweif und Ohren es auch aufweist. Sein Gesicht, die Silensmaske, die in der Toreutik Oberitaliens karikaturistisch dargestellt ist, wurde durch die keltische Kunst entlehnt und noch weiter umgeformt. In der Ikonographie des Mittelmeerraums kommt der Silen auch als der alte korpulente Satyr vor.

S-MOTIV - S-förmiges Motiv aus zwei miteinander verbundenen Spiralen, die von der Mitte aus in dieselbe Richtung weisen. In der keltischen Kunst sind die spiralförmigen Enden mehr oder weniger eingerollt. Das S-Ornament kann Teil einer oder auch zweier Spiralen sein, wobei es im letzten Fall nur aus einer Wellenlinie besteht. Zwei antithetische S-förmige Motive bilden eine Lyra. Ein S-Motiv mit nur einer Spirale, das in gebogene Linien nach Art einer Haarlocke ausläuft, kann ‹Locken-S› genannt werden. Es kommt vor allem auf Münzen vor und geht auf die Stilisierung der Haarlocken zurück. Es gibt auch das verkürzte, das verknüpfte oder das dachziegelartig versetzte S-Motiv.

SPANNUNG - innere Beschaffenheit bestimmter Latèneornamente; die englischen Kunsthistoriker haben auf einen Aspekt dieser Ornamente mit der englischen Bezeichnung ‹tenseness› hingewiesen, bei dem die Linien und Reliefs gekrümmt, verkettet und eng miteinander verbunden sind. Ihre Dynamik, die in zahlreichen Darstellungen von Tieren oder Kompositfabelwesen anzutreffen ist, führt zu einer Spannung von beständiger Kraft, die dem Auge kein Verweilen gönnt. Die Kelten lieben die dekorativen Bewegungen, die aus der Drehung und dem Schnörkel hervorgehen und die die Kraft der in der Halterung zurückgehaltenen Feder besitzen.

SPIEGEL - die keltischen Spiegel bestehen aus Bronze. Der Griff ist gegossen und häufig mit Schwanenhälsen verziert. In die Rückseite sind Motive der Latènezeit graviert. In Großbritannien gibt es eine Reihe von Spiegeln, die in die Jahrzehnte um die Zeitwende zu datieren sind. Auf dem Festland sind nur wenige Exemplare bekannt. Manche Wissenschaftler nehmen an, daß diese Spiegel so gehalten worden sein müssen, daß der Griff nach oben ragte; die Dekors ermöglichen allerdings keine Entscheidung hierüber.

SPIRALE - gebogene, wie der Metallstreifen einer Feder um sich selbst gedrehte Linie, die ein nicht geschlossenes Motiv bildet. Die um ein spitzes Element vermehrte Spirale wird Blattspirale genannt.

SPIRALKORB - s. SPIRALSCHALE

322

SPIRALSCHALE - Motiv aus zwei Lotosblättern, die kunstvoll in Form einer Schale oder eines Korbs vereinigt sind und an den zwei Blattenden Spiralen aufweisen. Der Ausdruck ‹cup-spiral› stammt von Paul Jacobsthal; vorzuziehen wären jedoch die Bezeichnungen ‹spiral-cup›, ‹Spiralschale› und ‹Spiralkorb›.

STATER - Gewichtstück der griechischen Gold- (20 Drachmen) oder Silbermünze (4 Drachmen); im weiteren Sinne Münze mit annähernd gleichem Wert. Die Numismatiker verwenden das Wort zur Bezeichnung des keltischen Goldstücks, dessen Gewicht dem des griechischen Staters nahekommt, seltener für ein Silberstück.

STEMPELN - Technik, bei der mit einer Matrize der Keramik- oder Metallunterlage ein Dekor aufgedrückt wird. Dieser weist Vertiefungen und Erhebungen auf, die nicht mit Reliefs verwechselt werden dürfen.

STICHEL - Werkzeug mit schräg zugeschnittener oder je nach der auszuführenden Arbeit auch anders geformter Spitze. Es ist im wesentlichen das Arbeitsgerät des Metallstechers, kann aber auch beim Steinmeißeln verwendet werden. Wenn man die Hand bei der Führung des Stichels hin- und herbewegte, erhielt man einen Tremolierstich.

STIL - Bezeichnung der Art und Weise, wie ein Individuum, eine Gruppe von Zeitgenossen oder mehrere Künstlergenerationen ihr Denken - ob geschrieben oder in Form eines Werks der bildenden Kunst - zum Ausdruck bringen. Die Kunsthistoriker haben den Gruppen keltischer Werke, die gemeinsame Merkmale aufweisen, verschiedene Bezeichnungen gegeben.
Erste Periode: Mitte 5. - Mitte 4. Jh. v. Chr. (nach Paul Jacobsthal ‹Early Style›, so auch heute gewöhnlich benannt; nach Schefold ‹Früher Stil› mit Unterteilungen in ‹Strengen Stil›, ‹Schmuckstil› und ‹Phase der Kontraste›); ‹Strenger Stil› (Schefold, Duval), graphischer und plastischer Stil (Duval): auch Kompositstil (Duval), Kumulativstil (vor allem im Englischen) oder archaischer Stil (vor allem im Deutschen); «von der skythischen Kunst beeinflußter» Phantasiestil (Hatt).

Zweite Periode: Mitte 4. Jh. - 120 v. Chr. Stil von Waldalgesheim (Jacobsthal); Stil der Reife (Schefold); dann Schwertstil (Jacobsthal), genauer: Schwertscheidenstil; Letzter Stil (Schefold). Für die ganze Periode: Plastischer Stil (Jacobsthal); ‹Cheshire Cat Style› (Jacobsthal) und ‹Disney Style› (Megaw) beziehen sich vor allem auf die karikaturistischen Deformationen und die Abwandlungen menschlicher und tierischer Formen; freier, graphischer und plastischer Stil (Duval); fortlaufender Stil (Kruta), auch vegetabilischer Stil genannt. Auf den Britischen Inseln entwickeln sich diese Stile in einer Sonderform zu einem Inselstil. In den Donauländern kelto-skythische Kunst (Ungarn) und kelto-illyrische Kunst (Jugoslawien).
Dritte Periode: 120 - 0 Graphischer, freier und plastischer neustrenger Stil (Duval); barocker Stil (Szabo); Stil von Gundestrup (Klindt-Jensen), gegen Ende der Periode: istropontischer Stil (Megaw). Auf den Britischen Inseln besteht der Neustrenge Stil während der gesamten vorchristlichen Periode: keltischer Inselstil (Duval). Semirealistischer und expressionistischer Stil, später archaischer gallo-römischer Stil (Hatt). Im Bereich der Numismatik unterscheidet man Regionalstile: den belgischen, armoricanischen, parisischen, peripheren dieser oder jener Gegend. Für Metallgefäße und Keramik wird die Bezeichnung ‹Bogenstil› (Schwappach) vor allem in der ersten und zweiten Periode für Muster verwendet, die mit Zirkel und Stempel erarbeitet wurden.
Am Anfang und Ende der Perioden überschneiden und überlagern sich die Stile, breiten sich aus (auf den Inseln) vor allem in der zweiten und dritten Periode, und ihre Chronologie kann nicht genau festgelegt werden.

STILISIERUNG - Veränderung eines Wesens oder Objekts durch eine Interpretation, die im allgemeinen auf eine Vereinfachung hinausläuft, vor allem, wenn sie als Dekormotiv verwendet wird. Das Wort ‹Stilisierung› ist dem Begriff ‹Schematisierung› in Sachen der Kunst vorzuziehen.

STRENGER STIL - in der Kunstgeschichte Bezeichnung für den Stil oder die Periode der regelmäßigen Kompositionen, in denen die geraden Linien vorherrschen. Das trifft für den Stil der ältesten Latènekunst zu. Man kann den Stil der Spätlatènezeit ‹neu-streng› nennen, da in ihm unter dem Einfluß der römischen Kunst und infolge der Verarmung des Erfindungsgeistes wieder regelmäßige und symmetrische Gebilde auftreten.

SVASTIKA - s. HAKENKREUZ

SYMMETRIE - Entsprechung mehrerer auf eine Mittelachse oder einen Punkt bezogener, gleichartiger oder ungleichartiger Teile eines Ganzen oder zweier oder mehrerer Komplexe in Stellung, Form und Größe. Klappt man bei der durch Umschlagen erzielten Symmetrie die eine Hälfte der Komposition an einer Mittelachse entlang auf die andere Hälfte, so liegen beide Teile genau übereinander (englisch: ‹fold over symmetry›). Bei der durch Drehung erreichten Symmetrie wird eine Hälfte eines länglichen Motivs zum Beispiel um 180^0 um einen Punkt gewendet, so daß sie sich auf der anderen Seite genau wiederholt. Das Gegenteil von Symmetrie ist Asymmetrie bzw. Dissymmetrie (Dyssymmetrie).

T

TÊTE COUPÉE (‹ABGESCHNITTENER KOPF›) - irreführender Ausdruck, mit dem in der keltischen Kunst alle Darstellungen von Köpfen ohne Körper bezeichnet werden.

TÖPFERSCHEIBE - runde Scheibe, die der Kunsthandwerker entweder von Hand oder mit dem Fuß über eine auf einem Verbindungsstück ruhende zweite Scheibe in Bewegung setzt. Die erste Form, die langsam drehende Scheibe, wurde in der Frühlatènezeit zum Nachdrehen der aus dickem Ton von Hand aufgewulsteten Vasen verwendet. Die zweite Form, die schnell drehende Scheibe wurde erst von der Mittellatènezeit an und vor allem in der Spätlatènezeit allgemein benutzt. Mit ihrer Hilfe konnten in rascher Produktion aus hochwertigem Ton gut gebauchte Formen mit engem Hals und Fuß hergestellt werden. Man bediente sich der Töpferscheibe auch zum Gravieren und Ziselieren von Metallgegenständen.

TOREUTIK - Kunst, auf Metall erhabene Motive zu treiben.

TORQUES (TORQUIS) - lateinisches Wort für Halsband, abgeleitet von ‹torquere› = ‹drehen, winden›, das auf eine indo-europäische Wurzel zurückgeht. Der Ursprung der aus dem Lateinischen übernommenen und auf den keltischen Halsring übertragenen Bezeichnung ist noch nicht geklärt: es ist nicht einzusehen, daß sie, wie es heißt, orientalischer Herkunft sei, denn seit der europäischen Bronzezeit kennt man Halsringe, die aus einem massiven Draht, einem Hohlring oder einem Draht mit eckigem oder gedrehtem Querschnitt bestehen. Das wesentliche Merkmal dieser aus Gold oder Bronze bestehenden, unterschiedliche Durchmesser aufweisenden Latènekolliers ist ihre Starrheit und ihr Material, nämlich Metall. Sie sind verziert (und in diesem Fall zeigen sie ein Aussehen, das als monumental zu bezeichnen ist, vor allem wenn der Dekor plastisch ist), offen oder geschlossen, mit oder ohne gegliederten Verschlußmechanismus, mit oder ohne Pufferenden. Da sie nicht immer, ja eher seltener, gedreht sind, könnte man annehmen, daß der lateinische Name lediglich andeuten soll, daß sie aus einem Ring gebogenen Draht bestehen, im Gegensatz zu biegsamen Ketten aus aufgefädelten oder aneinander geschlossenen Einzelteilen. Es gibt mehrere Varianten von ‹torques› (mit Dreiknotendekor, mit Pastillage, mit Pufferenden usw.). In Männergräbern werden sie selten gefunden, aber Texte und figürliche Darstellungen bezeugen, daß Männer ‹torques› trugen. Aus Gräbern von Frauen wurden ‹torques› in großer Zahl zutage gefördert. In bildlichen Darstellungen wird der ‹torques› von keltischen Gottheiten am Hals oder an der Hand getragen oder erscheint auf Münzen.

TREIBARBEIT - Technik, bei der auf einer Metall- oder Kupferfolie erhabene Muster angebracht werden. Man treibt die Muster von der Musterseite her über einem Spitzamboß, einer Matrize oder einer mit Hammerschlägen hergestellten Vorlage. Die Treibarbeit ist so alt wie jede Metallkunst und wurde von den Kelten in reichem Maße angewendet.

TREMOLIERSTICH - eine Technik des Gravierens auf Metall. Tremolierstich wird mit einem schmalen Stichel ausgeführt, der mit den Ecken abwechselnd rechts und links ins Metall eingedrückt und dabei gleichzeitig weitergedreht wird: so entstehen Zickzacklinien mit gebogenen Seiten.

TRICHTER - Bronzeschale, die unten eine Röhre besitzt und in deren unteren Teil als Siebfilter eine runde durchbrochene Platte vernietet ist, deren Löcher kurvolineare Motive bilden.

TRINKHORN - Behälter in Form eines Horns, von dem bei den Kelten reich verzierte Metallexemplare, manchmal paarweise, bekannt sind.

TRIQUETRUM - ‹Dreischenkel›. Ein dem Dreierwirbel ähnliches Motiv, jedoch mit geknickten Schenkeln.

TRIZEPHALOS - Bezeichnung für ein dreiköpfiges Fabelwesen. In der Latènekunst wird auch ein Menschenkopf, der sich aus drei miteinander verbundenen Gesichtern zusammensetzt, so bezeichnet, doch zu Unrecht, denn hier handelt es sich um ein dreigesichtiges Wesen.

TROMPETE - von den englischen Archäologen eingeführte Bezeichnung für ein graphisches oder plastisches Dekormotiv, das an den - allerdings geschlossenen - Schalltrichter des gleichnamigen Musikinstruments erinnert.

TROPFEN - Bezeichnung für ein weniger wichtiges und präzisiertes Motiv, als es das Kommamotiv ist; ihm fehlt dessen runder Kopf; es ist schmaler und kürzer als das Blatt oder die Fischblase.

U

UMWANDLUNG - Umformung eines Lebewesens oder Objekts in ein anderes, ein gleichartiges oder sich unterscheidendes, auf Grund eines graphischen oder plastischen Verfahrens, ein den Künstlern der Latènezeit vertrautes Dekorspiel. Auf diese Weise erzielten sie Tiere, die aus Pflanzen hervorgegangen waren, Pflanzen ohne Beziehung zur Natur, Tiere mit vegetabilischen Auswüchsen, aus Pflanzen abgeleitete menschliche Gesichter, menschliche Fabelwesen, Gegenstände, die aus anderen Gegenständen oder Lebewesen entwickelt wurden usw. Mit Vorliebe wandten sie die unvollständige Umwandlung an, die sich gerade erst herausbildet und deren Ergebnis nur angedeutet, suggeriert wird. Die Metamorphose ist eine Umwandlung, doch gebräuchlicherweise bezeichnet die Metamorphose vollständige oder unvollständige Mutationen eines Wesens in ein anderes, vor allem wenn man am Ausgangspunkt eine Ideologie, die Absicht, eine übernatürliche Atmosphäre zu schaffen, vermuten kann, wie etwa in der Literatur der Britischen Insel: das ist, wenn man so will, die edle Form der Umwandlung. Die Erschaffung von Kompositfabelwesen, vor allem von Monstren, ist dagegen, genau genommen, keine Umwandlung, sondern eine Verbindung oder Reihung verschiedener Einzelteile, die erkennbar bleiben.

V

VERGOLDUNG - Verfahren, bei dem Blattgold auf Bronze aufgetragen wurde, wie bei der Röhrenkanne aus Reinheim (Saarland) oder einer Schwertscheide aus Aiud (Rumänien); als Untergrund wurde auch Silber verwendet, wie bei dem Becken aus Gundestrup (Dänemark) und Fibeln des 1. Jh. v. Chr. aus Großbritannien. Daneben kamen Goldinkrustationen in Bronze oder Eisen vor, so bei den Schlagmarken auf Schwertern oder der verzierten Schwertscheide aus Baron-sur-Odon (Calvados, Frankreich).

VERKETTUNG - Bezeichnung für ein in der Latènekunst wichtiges Verfahren, bei dem ein Motiv derart mit einem anderen verbunden wird, daß in der Aufeinanderfolge keinerlei Unterbrechung entsteht.

VERSILBERN - Kunsttechnik, die Plinius der Ältere (1. Jh. n. Chr.) den Galliern zuschrieb: «Das weiße Blei (Zinn) dient zum Überziehen von Kupfergegenständen, so daß man Mühe hat, sie von Silberobjekten zu unterscheiden: es ist eine gallische Erfindung, und man nennt diese Gegenstände ‹incoctilia›, ‹gegossenes Metall tragend›. Später versilberte man mit dem gleichen Verfahren vor allem die Geschirre der Pferde, Lasttiere und Gespanne in der Stadt Alésia; die ursprüngliche

Erfindung ist den Biturigern zu verdanken; in der Folgezeit wendeten die Gallier das Verfahren zum Versilbern ihrer zweirädrigen Wagen, ihrer ‹colisata› und ihrer vierrädrigen Fahrzeuge an» (‹Historia naturalis› XXXIV, 180). Außer versilberten Fibeln ist kein keltischer Gegenstand auf uns gekommen, den man mit dieser Technik in Verbindung bringen könnte.

VOLUTE - das gleiche Motiv wie die Spirale, doch dreidimensional ausgeführt und vor allem in der Architektur (zum Beispiel für die Enden des ionischen Kapitells) und in der Botanik verwendet.

VORSTECKNAGEL - Zapfen aus Metall, den man in das Zapfenloch eines Gegenstandes (am Wagen vor allem Radachse und Radnabe) treibt, um ihn an einem anderen zu befestigen; er wird auch zwischen zwei wechselseitig haftenden Stücken zur Drehung oder Übersetzung verwendet (Achse und ihre Nabe). Der Kopf des Vorstecknagels ist bei den Kelten oft plastisch verziert.

W

WAGENLENKER (AURIGA) - auf den keltischen und vor allem den gallischen Münzen erscheint er als kleine imaginäre Gestalt mit menschlicher Büste über dem Hinterteil des Pferdes, das er zu führen scheint.

WANGENKLAPPE - beweglicher Teil des Helms, der die Wange bedeckt. Ist der Metallhelm verziert, so die Wangenklappe auch. Man spricht auch von Wangenschmuck oder ‹paragnathis› (griechisch: ‹gegen den Kiefer, die Wange›).

WASSERMOLCH - kleine Teichamphibie mit vier kurzen Füßen und einem Schwanz, der die Form eines Ruders haben kann. Er wird auf durchbrochenen Bronzephaleren des keltischen Stils und der römischen Zeit dargestellt; zusammen mit einigen Fischen ist er einer der sehr seltenen Wassertiere, die in der keltischen Kunst dargestellt wurden.

WERKSTATT - in der Geschichte der keltischen Kunst richtet sich ein Teil der Forschung darauf, eine Werkstatt zu lokalisieren, die mehrere analoge Stücke hergestellt hat. Der Versuch, der für die meist am Ort verbliebenen Keramiken oder für die serienmäßig produzierten Münzen gerechtfertigt ist, erscheint für die Gegenstände, die man in großer Entfernung voneinander fand, gewagter.

WIRBEL - Motiv aus mehreren gebogenen Strahlen, das den Eindruck einer Drehbewegung nach dieser oder jener Richtung erweckt.

WURFSPIESS - Waffe, die kürzer ist als die Lanze und keinen Lanzenschuh besitzt. Das Eisenblatt trug möglicherweise Verzierungen im Latènezeitstil. Die Gallier, auf die die französische Bezeichnung ‹javelot› für Wurfspieß zurückgeht, benutzten eine Abart davon, die ‹gaison› (latinisiert ‹gaesum›) hieß.

Z

ZICKZACK - Motiv der Kunst der Latènezeit. Es besteht aus einer gebrochenen Linie, die abwechselnd vorspringende und zurückweichende Winkel bildet. Es gibt auch Zickzacklinien, deren Teile aus langgestreckten Blättern bestehen.

ZINN - Metall von der Weiße des Silbers, härter und leichter als Blei; in reiner Form glänzend. Es kam vor allem von den Britischen Inseln (Cornouailles) und den Atlantikküsten Galliens, den Causses, Portugals und Mitteleuropas und wurde entweder wegen seiner Ähnlichkeit mit Silber rein verwendet, vor allem in Form von dünnen, applizierten Plättchen, oder in Verbindung mit Kupfer für die Herstellung von Bronze. Abgesehen von den durch feuchte Lagerung erhaltenen Barren, sind die antiken Zinngegenstände ausnahmslos vergangen, weil dieses Metall, wenn es in der Erde vergraben ist, bei Frost zerfällt.

ZIRKEL - ursprünglich Bezeichnung für ‹Maß› (französisch ‹pas› = ‹Schritt›). Im 17. Jh. erhielt das Wort, dessen antikes Synonym nicht bekannt ist, die Bedeutung von ‹Maß, Regel› und bezeichnete später das Meßinstrument im heutigen Sinne. Man kennt zwei keltische Zirkel, von denen der eine in Celles (Cantal, Frankreich), der andere in Lough Crew (Meath, Irland) gefunden wurde. Letzterer weist Knochenplatten mit Gravuren aus der Latènezeit auf, die mit Hilfe dieses Instruments ausgeführt wurden. Seine Verwendung geht nicht nur aus den kurvolinearen geometrischen Dekors, sondern auch aus den anscheinend freien Kompositionen hervor, die sich im Grunde auf berechnete Vorzeichnungen stützen (vor allem auf britannischen Spiegeln).

ZÜGELRING - Metallring, gewöhnlich aus Bronze, der vorn am keltischen Wagen befestigt war und durch den die Zügel liefen. Oft zeigt er schöne, sogar emaillierte Verzierungen, vor allem in Großbritannien.

NAMEN- UND ORTSREGISTER

A

AHOLMING - Ort in Bayern, in der Nähe von Plattling S. 99 Abb. 88

AIUD - Ort in Rumänien, etwa 30 km nördlich von Alba Iulia (Karlsburg) S. 120

ALESIA (ALISE-SAINTE-REINE) - keltisches ‹oppidum› auf dem Mont Auxois im Departement Côte-d'Or, nordwestlich von Dijon; dort leisteten die Gallier unter Vercingetorix letzten Widerstand gegen Cäsar; die Stätte wurde 52 v. Chr. erobert . . S. 38, 198

ALEXANDER III. (356-323) - König von Makedonien . . . . S. 20, 137 Abb. 337, 338

ALSOPEL - Ort in Ungarn an der Donau, südlich von Budapest. Bei einem Zufallsfund in einer Nekropole kam eine große Terrakottavase mit eingeschnittenem Dekor zutage S. 102 Abb. 298

AMFREVILLE - Ort im Departement Eure, südsüdwestlich von Rouen . S. 90 Abb. 80

AMPURIAS - antike spanische Stadt in Katalonien, etwa 140 km nordöstlich von Barcelona . . . Abb. 341

ANCONA - italienische Stadt in den Marken an der Adriaküste . . S. 79

ANGLESEY - britische Insel in der Irischen See westlich von England . S. 198

ANNECY - Ort in Frankreich, in den Savoyer Alpen . . . . . . S. 196

APAHIDA - Ort in Rumänien, etwa 15 km östlich von Cluj (Klausenburg). 1900-1914 und 1975 wurde dort eine Brandgräbernekropole der Spätlatènezeit erforscht: man fand Waffen, Schmuck, Keramik, einen Bronzehelm mit Goldplattierung und reliefiertem und verziertem Helmknauf . . . . . S. 127 Abb. 324

ARMAGH - Grafschaft in Irland, südwestlich von Belfast . . . . S. 227

ARMORICA - auf gallisch ‹Aremorica›, früher ‹Paremorica›, ‹[Land] vor dem Meer›. Bezeichnung für die Halbinsel, die später die Bretagne wurde. Zur Zeit Cäsars wurden auch die Uferbewohner des Ärmelkanals östlich der eigentlichen Armorica Armoricaner genannt. Sie besaßen zahlreiche eigenständige Münzschlägereien . . . . S. 14, 16, 32, 40, 64, 74, 95, 113, 119, 137, 139, 140, 142, 166, 176, 217, 224, 233 Abb. 139, 143, 346, 347, 349, 390

ARRAS - Stadt in Nordfrankreich, Hauptstadt des Departements Pas-de-Calais . . . . S. 174

ARTUS - sagenhafter König der Kelten Britanniens . . . . . . S. 20

ARVERNER - gallisches Volk, das von den klassischen Autoren am frühesten genannt wurde. Es siedelte im Norden des französischen Zentralmassivs und vor allem in der heutigen Auvergne. Es übte die Oberherrschaft über einen Teil Galliens aus, wo es im 3. Jh. v. Chr. das Münzschlagen einführte . . . . . S. 16, 20, 139

ATEL-BRATEI - s. BRATEI

ATREBATEN - belgisches Volk, das das Artois mit Arras besetzt hielt und beiden seinen Namen gab. Es brachte Münzen im geometrisierenden Stil in Umlauf und verbreitete sie am Ende des Gallischen Krieges bis nach England . . . . S. 174 Abb. 391

ATTYMON - Ort im Westen Irlands, östlich der Galway-Bucht . . . . S. 228 Abb. 240

AUGUSTUS (63 v. Chr. - 14 n. Chr.) - römischer Kaiser . . . . . S. 188

AURILLAC - französische Stadt in der Auvergne im Departement Cantal. Fundort von Teilen zweier goldener ringförmiger Schmuckstücke mit getriebenem vegetabilischem Dekor, die 1862 vom Cabinet des Médailles der Bibliothèque Nationale, Paris, erworben wurden S. 149 Abb. 155

AUTUN - Ort in Ostfrankreich im Departement Saône-et-Loire, etwa 80 km südwestlich von Dijon, in dem Reste eines gallo-römischen sogenannten ‹Janus-Tempels› gefunden wurden. . . S. 197 Abb. 405

AUVERS-SUR-OISE - Ort etwa 60 km nordwestlich von Paris. 1882 wurde dort eine leicht konvexe, goldüberzogene Scheibe mit Email- und Korallenschmuck vom Ende der Frühlatènezeit entdeckt . . . . S. 64, 67 Abb. 49

AYLESFORD - Ort etwa 40 km südöstlich von London. Die keltische Nekropole, die in der zweiten Hälfte des 19. Jh. und 1890 von Sir Arthur Evans und seinem Vater erforscht wurde, ergab Funde der belgischen Kultur des 1. Jh. v. Chr.: Urnen mit gedrehten Füßen, Schachtgräber; bemerkenswert vor allem ein als Urne verwendeter Holzeimer mit horizontalen Bronzeblechstreifen, dessen oberster mit ‹vegetalisierten› Pferden verziert ist; hinzu kommen Appliken in Form von Menschenköpfen . . . S. 204 Abb. 213, 215

B

BAJČ - Ort im Südosten der Tschechoslowakei, südöstlich von Bratislava (Preßburg). Wichtige keltische Nekropole, die wegen der Schmuckstücke im plastischen Stil (2. Jh. v. Chr.) bekannt ist . . . . . S. 131

BAJOCASSEN - keltischer Volksstamm, in Nordfrankreich ansässig.

Seine Hauptstadt war die spätere ‹civitas Baiocassium›, das heutige Bayeux (Departement Calvados) . . S. 141, 177 *Abb.* 348, 384

BALMACLELLAN - Ort in Schottland in der Grafschaft Kirkcudbright, etwa 85 km südlich von Glasgow . . . . S. 216 *Abb.* 226

BARANYA - Landschaft im südlichen Ungarn . . . . S. 152

BARON-SUR-ODON - Ort im Departement Calvados, bei Caen . . . S. 120

BARYE, Antoine-Louis (1796-1875) - französischer Maler und Bildhauer, besonders Tierbildner, der im Gegensatz zur akademischen Tradition für Naturwahrheit eintrat . . S. 161

BASADINGEN - Ort an der nördlichen Grenze der Schweiz, westlich des Bodensees. Fundort einer Schwertscheide . . . . S. 120 *Abb.* 113, 116

BASEL - Stadt in der Nordschweiz am Rhein . . . . . S. 178 *Abb.* 183

BASSE-YUTZ - Ort im Departement Moselle, etwa 30 km nördlich von Metz. 1927 wurden dort zwei Bronzeschnabelkannen mit Korallenauflage gefunden, die von keltischen Künstlern in einem Kompositstil überreich geschmückt worden waren S. 54 *Abb.* 9, 253, 254

BÁTA - Ort in Südungarn an der Donau, etwa 15 km südwestlich von Baja. 1893 Zufallsfund in der Umgebung einer Siedlung . . . . . . S. 162 *Abb.* 169

BATINA - Ort in Jugoslawien, etwa 170 km nordwestlich von Belgrad; früher Kis Köszeg in Ungarn . . . S. 122 *Abb.* 119

BATTERSEA - Stadtteil im Südwesten Londons S. 214 *Abb.* 172, 223

BAVILLIERS - Ort im Department Haute-Saône, etwa 5 km südwestlich von Belfort . . . . S. 67

BAYEUX - Stadt in Nordfrankreich im Departement Calvados . S. 177

BELFAST - Hauptstadt Nordirlands . S. 198

BELGER - keltischer Name (dessen Ethymologie nicht gesichert ist) aller Völker, die im Verlauf der jüngeren Eisenzeit in aufeinanderfolgenden Wellen den Norden Galliens einnah-

men und von denen einige am Ende dieser Periode nach Britannien gelangten. Ihre Münzen haben einen eigenartig schematischen, dekorativen und originellen Stil. . . S. 15, 16, 129, 138, 173, 176, 198, 217, 218

BELGRAD-KARABURMA - s. KARABURMA

BELINOS - keltischer Gott, hauptsächlich im Ostalpenraum verehrt . S. 177

BELLOVAKER - gallisches Volk, das in Nordfrankreich in der Gegend von Beauvais siedelte, das ihm seinen Namen verdankt. Seit der ersten Hälfte des 2. Jh. v. Chr. schlug es bereits Goldmünzen im Latènestil . . S. 140 *Abb.* 344

BENOÎT, Fernand (1892-1969) - französischer Archäologe, Kunst- und Religionshistoriker. Er entdeckte die hellenisch-keltisch-ligurische Skulptur von Entremont (Bouches-du-Rhône) und schrieb sie statt einer griechischen oder keltischen eher einer ‹primitiven mediterranen Kunst› zu, deren Exemplare er sammelte und veröffentlichte . . S. 113

BENWELL - Ort in Northumberland, 2 km westlich von Newcastle upon Tyne . . . . . S. 223 *Abb.* 235

BEREMEND - Grenzort im südlichen Ungarn, in der Landschaft Baranya S. 152

BERETTYOÚJFALU - Ort in Ungarn, etwa 200 km östlich von Budapest . . . . S. 152

BERLIN-NIEDERSCHÖNHAUSEN - s. NIEDERSCHÖNHAUSEN

BESANÇON - Stadt in Ostfrankreich, Hauptstadt des Departements Doubs S. 56

BIANCHI BANDINELLI, Ranuccio (1900-1975) - italienischer Archäologe . . . . S. 174

BIRDLIP - Ort bei Gloucester in der Grafschaft Gloucestershire . . . . S. 209, 219 *Abb.* 228, 416

BITURIGER - Volk, das in Mittelfrankreich an der Loire, in der früheren Provinz Nivernais siedelte . . S. 38 *Abb.* 442

BODROGHALOM - Ort im Nordosten Ungarns, etwa 80 km nördlich von Debrecen . . . . S. 122, 127 *Abb.* 120

BÖLCSKE-MADOCSAHEGY - Ort in Ungarn, etwa 100 km südlich von Budapest. 1906 wurden dort zufällig in einer Nekropole Grabbeigaben, darunter verzierte Schwertscheiden, gefunden . . S. 122 *Abb.* 118, 121

BOJER - Name eines bedeutenden keltischen Volkes, das im nach ihm benannten Böhmen, in Norditalien zwischen Po und Apennin und im mittleren Donautal Fuß gefaßt hatte, wo es in der ersten Hälfte des 1. Jh. v. Chr. Münzen schlug. Ein Zweig siedelte sich um das 6.-5. Jh. v. Chr. im Land Buch zwischen Gironde und Atlantik an, ein anderer wurde von Cäsar zu den Häduern im Gebiet, wo Loire und Allier zusammenfließen, verpflanzt . . . . S. 18, 177 *Abb.* 442

BOLJEVCI - Ort in Jugoslawien an der Save, etwa 25 km westlich von Belgrad . . . . S. 163 *Abb.* 170

BOURAY - Ort im Departement Essonne, an der Juine, etwa 35 km südlich von Paris . . S. 188 *Abb.* 195

BRAA - Fundstelle in Dänemark, etwa 50 km ostsüdöstlich von Arhus. 1952 wurde dort in Stücken ein großer Bronzekessel mit plastischen Appliken (Eulen- und Hirschköpfe) des 3. Jh. v. Chr. gefunden . . . . S. 107, 127 *Abb.* 309

BRATEI - Ort in Rumänien, 7 km nordöstlich von Medias (Siebenbürgen), mit einer latènezeitlichen Nekropole, die teilweise durch einen im 6. Jh. angelegten Gepidenfriedhof zerstört wurde: Armband mit ungleichen, durch Stierköpfe verzierten Hohlbuckeln, Krug thrakogetischen Einflusses oder Ursprungs. . S. 99

BRAUBACH - Ort in Hessen am rechten Rheinufer, etwa 5 km südöstlich der Lahnmündung, nach dem ein Typus von Omphalosschalen (Schalen mit Bodendelle) der Frühlatènezeit benannt ist. Die Herstellung beginnt mit dem 4. Jh. v. Chr. Der Dekor innen setzt sich aus kleinen gestempelten Kreisen und größeren reliefierten (vor allem S-förmige Gebilde und Halbmonde) oder geritzten Motiven zusammen, die mit einer gewissen Freizügigkeit, aber oft mit Zirkel ausgeführt wurden. Das Äußere ist manchmal mit gestempelten Bogenmustern verziert, die rund um den oberen Teil gereiht sind; auch auf der Innenseite kommen große

S-Motive vor. Die ‹Braubacher Schalen› sind im Rheinland, in Mitteldeutschland und in Mitteleuropa verbreitet. . . S. 104 *Abb.* 303-305

BRENTFORD - Ort westlich von London (Middlesex) . . . . S. 129 *Abb.* 126

BRETAGNE - s. ARMORICA

BRITANNIER - keltische Bewohner von Britannia (Großbritannien), seit dem 5. Jh. v. Chr. in mehreren Wellen eingewandert, deren letzte, im 1. Jh. v. Chr., aus dem Gebiet der Belger kam . . . . S. 127

BRNO-MALOMĚŘICE - Ort in der Tschechoslowakei, Vorort von Brünn . . . S. 131 *Abb.* 127-131

BROIGHTER - Fundstelle an der Nordküste Irlands . . . . S. 199, 201, 228 *Abb.* 16, 207

BRUNN AM STEINFELD - Ort in der Steiermark, etwa 80 km südsüdwestlich von Wien S. 92 *Abb.* 83

BUGTHORPE - Ort in Mittelengland in der Grafschaft Yorkshire, etwa 60 km nordöstlich von Leeds . . . S. 146 *Abb.* 151

BULBURY - Ort in Südengland in der Grafschaft Dorset, etwa 50 km westlich von Southampton . . . . S. 205 *Abb.* 415

BUSSY-LE-CHÂTEAU - Ort im Departement Marne, etwa 17 km nordöstlich von Châlon-sur-Marne . . . S. 86 *Abb.* 77

C

CAESAR, Gaius Julius (100-44 v. Chr.) - römischer Feldherr und Staatsmann . . . . S. 9, 16, 20, 22, 25, 31, 155, 169, 170, 188

CANOSA - Stadt in Apulien . . . . S. 80 *Abb.* 68

CAPEL GARMON - Grabmonument im Norden von Wales, südöstlich der Insel Anglesey . . . . S. 205 *Abb.* 214

CASTLESTRANGE - Fundstelle 1,5 km nordwestlich von Roscommon in der Grafschaft Roscommon. Dort erhebt sich, frei in der Landschaft, ein ganz mit einem ornamentalen Dekor versehener Stein . . . . . S. 137, 228 *Abb.* 138

CATUVELLAUNER - keltischer Volksstamm, in den heutigen Grafschaften Cambridge, Huntingdon, Bedford und Northampton (Südostengland) ansässig. Ihre Hauptstadt war Verulamium . . . . S. 218 *Abb.* 227, 385

CAUSSES - Hochfläche im Süden des französischen Zentralmassivs S. 32

CENOMANEN - Zweig des keltischen Volks der Aulerci, der im Gebiet von Le Mans siedelte (worauf auch der Name dieser Stadt zurückzuführen ist). In der ersten Hälfte des 1. Jh. v. Chr. schlugen die Cenomanen Münzen. Sie eroberten einen Teil Oberitaliens, um Brescia S. 18

CERETOLO - Vorort von Bologna . S. 92 *Abb.* 287

CERNON-SUR-COOLE - Ort im Departement Marne, etwa 12 km südlich von Châlons-sur-Marne. 1897 wurde dort ein Grab entdeckt, wobei eine Vase, Waffen und ein Eisenschwert mit verzierter Bronzescheide zutage gefördert wurden . . . . . S. 122, 127 *Abb.* 114, 117

CHAMALIÈRES - Ort im Departement Puy-de-Dôme, 1 km westlich von Clermont-Ferrand. Dort wurde seit 1968 ein Sammelfund von mehr als 8000 Teilen hölzerner Exvotos freigelegt, die wahrscheinlich in der Nähe eines Quellheiligtums aufgestellt waren. Diese Gräber aus dem 1. Jh. n. Chr., die eine keltische Tradition fortgesetzt haben müssen, enthalten Darstellungen von Körperteilen oft in roher Form, aber auch qualitativ hochstehende Köpfe, Büsten, ganze Körper und stilisierte Pferde . . . . . S. 188 *Abb.* 199

CHÂTILLON-SUR-INDRE - Ort in Frankreich im Departement Indre . S. 180 *Abb.* 188

CHLUM - Ort im Süden der Tschechoslowakei, etwa 120 km südlich von Prag. 1904 wurden dort aus einem Grab unter einem Tumulus eine Bronzeschnabelkanne, Waffen, ein Goldblech des ersten Stils mit vegetabilischem Dekor und eine kleine Büchse mit gewölbtem Deckel, dessen Dekor mit dem Zirkel gezogen wurde, freigelegt . . . . S. 47, 76 *Abb.* 24, 266

CHOTÍN - Dorf etwa 9 km nordöstlich von Komárno im Süden der Tschechoslowakei. Aus einer kürz-

lich erforschten keltischen Nekropole wurden vor allem Schmuckstücke des plastischen Stils (3. Jh. v. Chr.) geborgen S. 102 *Abb.* 91

CHOUILLY-LES-JOGASSES - Ort im Departement Marne, etwa 30 km südlich von Reims . . . . S. 86 *Abb.* 4, 76

CIMBERN - germanisches Volk, das Strabon zufolge 120 v. Chr. sein Heimatland Westjütland zusammen mit den benachbarten Teutonen wegen einer Sturmflut verließ. 109 v. Chr. fielen beide Volksstämme in Südgallien ein; von dort wanderten die Cimbern weiter nach Spanien, kehrten aber wegen des Widerstands der Keltiberer nach Südgallien zurück. Zusammen mit den Teutonen, wenn auch auf getrennten Wegen, zogen sie nach Italien. Die Cimbern gelangten über das Etschtal nach Oberitalien; 101 v. Chr. wurden sie von den Römern unter Marius bei Vercellae vernichtend geschlagen . . S. 22

CIUDAD REAL - spanische Stadt in der Landschaft La Mancha in Neukastilien . . . . . S. 133 *Abb.* 133

CIUMEȘTI - Ort in Rumänien, etwa 100 km nordwestlich von Bukarest, mit einer keltischen Nekropole. Bei der Erforschung (1958-1960, 1962 bis 1965) wurden zahlreiche Gerätschaften zutage gefördert, darunter ein mit einem Raubvogel besetzter Helm und Fragmente eines Panzerhemds, das mit plastisch ausgebildeten Phaleren aus Bronze verziert war (1961), Hohlbuckelringe, Fibeln und Beinschienen (3. und 2. Jh. v. Chr.) . S. 105 *Abb.* 65, 95, 96

CONFLANS - Ort im Departement Aube am rechten Ufer der Seine, etwa 40 km nordwestlich von Troyes S. 119 *Abb.* 110

CONNEWITZ - Stadtteil im Süden von Leipzig . . . . S. 134

CORNALARAGH - Ort in Irland in der Grafschaft Monaghan, etwa 55 km südwestlich von Belfast . . . . S. 228 *Abb.* 241

COURTISOLS - Ort im Departement Marne, etwa 10 km östlich von Châlons-sur-Marne S. 86 *Abb.* 12, 74

CULBIN SANDS - Ort unweit des Moray Firth in der Grafschaft Moray (Schottland) . . . . S. 221 *Abb.* 232

CUPERLY - Ort im Departement Marne, etwa 15 km nordöstlich von Châlons-sur-Marne. In den Jahren 1866 und 1880 fanden dort Grabungen in einem gallischen Friedhof statt; dabei wurden Gräber mit Wagen, eine Vase, ein Helm, eine Halskette aus Glas und durchbrochene Scheiben entdeckt . . . . S. 69, 228 *Abb.* 50

CURTUIUSENI - Ort in Nordrumänien, nahe der ungarischen Grenze gelegen, etwa 70 km nordöstlich von Oradea . . . . S. 152 *Abb.* 365

D

DAKER - s. DAKO-GETEN

DAKO-GETEN - in jüngerer Zeit geprägte Bezeichnung für die Mischkultur der skythischen Geten, die zwischen Balkan und Donau siedelten, und den Dakern aus Siebenbürgen, die gegen Ende des 4. Jh. v. Chr. in deren Land eindrangen. Diese Kultur, die sich nördlich der Donau herausbildete, wohin die Kelten die Geten zurückgedrängt hatten, übte ihren Einfluß auf deren Kultur aus . S. 7, 15, 18, 20, 185, 187

DALJ - Dorf in Jugoslawien, am rechten Ufer der Donau, etwa 150 km nordwestlich von Belgrad . . . . S. 150 *Abb.* 362

DATCHET - westlicher Vorort von London . . . . S. 209 *Abb.* 218

DECHELETTE, Joseph (1861-1914) - französicher Archäologe. Sein Hauptwerk ist das ‹Manuel d'archéologie celtique›, das in fünf Bänden zwischen 1908 und 1911 erschien S. 1

DESBOROUGH - Stadt in der Grafschaft Northamptonshire, etwa 30 km nördlich von Northampton . . S. 209 *Abb.* 220

DESKFORD - Dorf im Gebiet Banff, etwa 50 km nordwestlich von Aberdeen . . . . . . S. 205 *Abb.* 217

DIODOR - griechischer Geschichtsschreiber zur Zeit des Augustus . . S. 9

DIPSA - Ort in Rumänien, etwa 75 km nordöstlich von Klausenburg. 1910 kamen in einer Nekropole der Latènezeit Einzelfunde zutage; bei Grabungen fand man 1972 eine Fibel vom Typus Münsingen, eine Flasche

mit gestempeltem Dekor und eine Kette . . . . . S. 103 *Abb.* 300

DOMPIERRE-LES-TILLEULS - Ort im Departement Doubs, etwa 15 km westlich von Pontarlier . . . . S. 50 *Abb.* 30

DRAŽIČKY - Dorf 4 km südwestlich der Stadt Tábar im südlichen Böhmen . . . . . S. 82 *Abb.* 285

DRŇA - Dorf 20 km südlich von Rimavská Sobota im Süden der Tschechoslowakei, unweit der ungarischen Grenze. Aus einer keltischen Nekropole kamen verzierte Schwertscheiden zutage, unter denen ein Exemplar enge Verwandtschaft mit der Scheide von Cernon-sur-Coole aufweist . . . . . S. 127 *Abb.* 319

DRUMMOND CASTLE - Schloß in der Umgebung von Perth (Schottland) . . . . . S. 221 *Abb.* 233

DUBLIN - Hauptstadt der Republik Irland, an deren Ostküste gelegen . S. 198

DUCHCOV (DUX) - Ort im Nordwesten der Tschechoslowakei, etwa 80 km nordwestlich von Prag . . . S. 54, 103 *Abb.* 252

DÜRRNBERG - Ort und Berg in Österreich, etwa 20 km südlich von Salzburg . . . . S. 56 *Abb.* 35

E

EAUZE - Ort in Südfrankreich im Departement Gers . . . . S. 174

ÉCURY-SUR-COOLE - Ort im Departement Marne, etwa 10 km südlich von Châlons-sur-Marne. Dort wurden zahlreiche Gräber, davon fünf mit Wagen, entdeckt; daraus wurden Fibeln, ‹torques›, Armbänder, ein Ring, Waffen, Vasen und Schmuckscheiben (Phaleren) zutage gefördert S. 56, 199 *Abb.* 255, 256

ELUSATEN - keltischer Volksstamm, im heutigen Aquitanien (Südfrankreich) ansässig . S. 174 *Abb.* 392

ENSÉRUNE - ‹oppidum› im Departement Hérault, etwa 20 km nordnordöstlich von Narbonne . S. 196

ENTREMONT - Berg mit kelto-ligurischem ‹oppidum› im Departement Bouches-du-Rhône nördlich von Aix-en-Provence, der von den Römern wenig vor 120 v. Chr. gegründeten Festung Aquae Sextiae. Bei

den während des Zweiten Weltkriegs begonnenen Grabungen wurden vor allem Steinstatuen (und deren Fragmente) von verstorbenen Kriegern in keltischer Bewaffnung entdeckt, außerdem Flachreliefs mit ‹têtes coupées›: mit eingeschnittenen Masken verzierte Pfeiler aus ‹Säulengängen›, die als Spolien in wahrscheinlich vorrömischen Bauteilen Verwendung gefunden hatten S. 135, 164, 196 *Abb.* 134-136, 330, 331

EPHOROS AUS KYME - griechischer Historiker des 4. Jh. v. Chr. Genaue Lebensdaten sind nicht bekannt. Er schrieb eine Universalgeschichte in 29 Bänden . . . S. 14

ÉPRAVE - Ort in Belgien, etwa 65 km südsüdwestlich von Lüttich . S. 178

ERSTFELD - Schweizer Ort im Kanton Uri, Fundort in einem Tal der Zentralalpen an der Sankt-Gotthard-Straße, in dem 1962 ein Versteck mit keltischen Goldgegenständen vom Anfang des 4. Jh. v. Chr. gefunden wurde: vier ‹torques› und drei Armbänder im Kompositstil der Latènezeit . S. 64, 71 *Abb.* 44-47

ESTE - Stadt in Venetien, etwa 25 km südwestlich von Padua. Seit der frühen Eisenzeit Zentrum der Kultur der alten Veneter (Estekultur oder atestinische Kultur) . . . . S. 43

ETRUSKER - antikes Volk, das in Mittelitalien siedelte S. 14, 18, 35, 38, 43, 44, 47, 80, 111, 127, 161, 209, 237

EUFFIGNEIX - Ort in Nordostfrankreich im Departement Haute-Marne, etwa 55 km östlich von Troyes . . . S. 99, 188 *Abb.* 200

EYGENBILSEN - Ort in Belgien bei Maastricht. In einem Fürstengrab wurden dort 1871 Grabbeigaben entdeckt: Waffen und Teile der Ausrüstung, darunter ein durchbrochenes Goldplättchen, das wahrscheinlich ein Trinkhorn schmückte . . . S. 44 *Abb.* 20

F

FELMERSHAM-ON-OUSE - Ort in Südostengland in der Grafschaft Bedfordshire, etwa 28 km westlich von Cambridge . S. 204 *Abb.* 212

FENOUILLET - Fundort im Departement Haute-Garonne, etwa 90 km südwestlich von Toulose. 1841 wurden dort fünf goldene Halsringe (‹torques›) mit Pufferenden entdeckt; zwei sind tordiert und haben schmucklose Puffer. Ein anderer ist rings mit Rosetten verziert, wieder ein anderer nur an den Stellen, an denen die Pufferenden aufeinandertreffen; der letzte, tordierte schließlich trägt einen plastischen vegetabilischen Dekor an den Pufferenden. . . S. 146

FILIP, Jan (geb. 1900) - tschechischer Archäologe, Autor zweier größerer Werke: 1. ‹Keltové ve střední Europé› (‹Die Kelten in Mitteleuropa›, 1956), in dem er ausführlich die Archäologie der jüngeren Eisenzeit in Mitteleuropa behandelt, und 2. ‹Enzyklopädisches Handbuch zur Ur- und Frühgeschichte Europas›, 1966, ein Nachschlagewerk zur Vor- und Frühgeschichte Europas . . . S. 1

FILOTTRANO - italienischer Ort in den Marken, etwa 25 km südwestlich von Ancona. Keltische Nekropole der Senonen aus der Frühlatènezeit. Goldschmuck, darunter ein ‹torques› (Halsring), eine Schwertscheide mit fortlaufendem plastischem Dekor, ein Helm mit graphischem Dekor . S. 80, 130 Abb. 69

FINISTÈRE - Departement in Westfrankreich . . . . S. 173

FINLEY, M. Ian (geb. 1912) - englischer Althistoriker . . . . S. 131

FOX, Sir Cyril (1882-1967) - britischer Archäologe, Direktor des Nationalmuseums von Wales, Autor bedeutender Werke über die frühe keltische Kunst in Großbritannien, deren Kenntnis er durch genaue Beschreibungen und durch das Aufzeigen enger Beziehungen zwischen Funktion und Dekor der Gegenstände bereicherte . . . . S. 25

FRASNES-LEZ-BUISSENAL - Ort in Belgien, etwa 60 km südwestlich von Brüssel. 1854 wurden dort zwei Gold-‹torques› (Halsringe) und ein Schatz gallischer Goldmünzen entdeckt . . . . S. 155 Abb. 165

FREISEN - Ort an der Nordostgrenze des Saarlandes . S. 162 Abb. 167

G

GALATER - von den griechischen Autoren verwendete Bezeichnung einerseits für die Gallier, andererseits für die Kelten oder einen Teil

von ihnen, vor allem für jene, die kurz nach 278 v. Chr. ein Königreich in Kleinasien gründeten (25 v. Chr. römische Provinz) . S. 19, 183

GALLIA CISALPINA - Bezeichnung für das vom 5. Jh. v. Chr. an von den Galliern eroberte Oberitalien. Obwohl es von den Römern im 3. und 2. Jh. v. Chr. nach und nach zurückgewonnen wurde, behielt es diesen Namen als römische Provinz bei; es wurde 42 v. Chr. an Italien angeschlossen . . . . S. 18

GALLIA NARBONENSIS - Bezeichnung der Römer für die von ihnen nach ihrem Sieg über die Arverner (und die Allobroger der Dauphiné) 121 v. Chr. gegründete Provinz. Sie umfaßte die Provence und das Languedoc; ihre Hauptstadt war Narbonne . . . . . . S. 135, 139, 177

GALLIER - Gesamtheit der keltischen Völker, die in der jüngeren Eisenzeit das Gebiet von Frankreich, Belgien, der Niederlande, des linken Ufers von Rhein und Seine sowie einen Teil Ober- und Mittelitaliens einnahmen. Ihr lateinischer Name ‹Galli› ist gleichlautend mit ‹galli›, ‹Hähne›; seine Ethymologie ist nicht bekannt. Es ist schwierig, den Anteil der Kelten aus Gallien oder der Gallier an der keltischen Expansion in Italien, den Donauländern, in Griechenland und Kleinasien sowie unter den Söldnertruppen auszumachen, die in den Mittelmeerländern gedient haben S. 13, 14, 16, 18, 31, 38, 134, 138, 139, 152, 155, 158, 161, 183, 188, 196, 198

GALLO-RÖMISCH - im 19. Jahrhundert geprägte Bezeichnung für die Mischkultur (nicht die Bevölkerung), die sich in Gallien unter der römischen Herrschaft durch die Verbindung gallischer Traditionen mit römischen Einflüssen herausgebildet hat . . . . S. 31, 135, 188

GAŠIC - s. HERCSEGMAROK

GENF - bedeutende Stadt in der Westschweiz . . . . S. 196

GERMANEN - Völkergruppe der Indogermanen, die vom Ende der Bronzezeit an von Nordeuropa aus gegen Südosten und Süden vorstieß S. 7, 13, 15, 20, 22, 175, 187, 196, 198, 224

GETEN - s. DAKO-GETEN

GLANUM - s. SAINT-RÉMY-DE-PROVENCE

GLASTONBURY - englischer Ort etwa 30 km südlich von Bristol in der Grafschaft Somerset . . . . . S. 217, 218 Abb. 422, 424, 425

GORNI-CIBAR - Ort in Nordbulgarien, etwa 110 km nörlich von Sofia S. 103 Abb. 93

GREAT CHESTERS - Fundort in der Grafschaft Northumberland bei Winshields Crag; höchster Punkt des Hadrianswalls . . S. 219 Abb. 229

GRIECHEN - aus Ureinwohnern Griechenlands und eingewanderten indogermanischen Stämmen hervorgegangene Bewohner des antiken Reichs im östlichen Mittelmeerraum S. 1, 7, 14, 16, 19, 20, 35, 44, 76, 80, 83, 107, 127, 138, 188, 197, 209, 221, 235

GUNDESTRUP - Ort im nördlichen Dänemark, südwestlich von Alborg, etwa 10 km nordöstlich von Aars. 1892 wurden dort in einem Moor die inneren und äußeren Platten und der Boden eines großen zerlegten vergoldeten Silberkessels gefunden. Die von verschiedener Hand ausgeführten getriebenen Verzierungen stellen Szenen vor allem mit keltischen Soldaten und Göttern dar, daneben Tiere und Ungeheuer, von denen mehrere - ebenso wie die Technik - an die sogenannte istropontische Goldschmiedekunst erinnern. Das heute am ehesten anzunehmende Datum liegt bei der Mitte des 1. Jh. v. Chr. . . . . . S. 28, 107, 183, 185, 236 Abb. 192-194

H

HÄDUER - keltischer Volksstamm, zwischen Saône und Loire ansässig. Ihr bekanntestes ‹oppidum› war Bibracte (Mont-Beuvray) . . S. 20

HALLSTATT - Städtchen im Salzkammergut am Hallstätter See in Oberösterreich. 450 m über dem See, im Salzbergtal, lag ein Zentrum des prähistorischen Salzbergbaus der frühen Eisenzeit. Nach den charakteristischen Beigaben der etwa 2000 Gräber umfassenden Nekropole der Salzbergleute nennt man die frühe Eisenzeit Hallstattzeit . . S. 13, 43

HALMAJUGRA - Ort in Ungarn, etwa 85 km ostnordöstlich von Budapest . . . . . S. 122 Abb. 122

keltisches ‹oppidum› (380 Hektar mit einer 7 km langen Umfassungsmauer), das mit seinen zwei Nekropolen im 19. Jh., dann wieder 1938 und methodisch seit 1955 erforscht wurde bzw. wird. Es wurden dort Werkstätten von Schmieden, Bronzearbeitern, Glasmachern und Münzgießern sowie zahlreiche Fibeln, Graphitton- und bemalte Keramik, Waffen, keltische Silber- und Goldmünzen und Wagenbeschläge zutage gefördert. Das ‹oppidum› war seit dem Ende des 2. Jh. bis um 15 v. Chr. besetzt. . . . .
S. 163, 178 Abb. 368, 395

MANERBIO SUL MELLA - italienischer Ort etwa 30 km nördlich von Crema. 1927 wurden hier zwei große und zwölf kleine silberne Phaleren entdeckt, die außen mit Menschenmasken und innen mit einem Dreierwirbel geschmückt sind. Anhand ihres Stils lassen sie sich in das 1. Jh. v. Chr. datieren . . . .
S. 178, 185 Abb. 186

MARGER - keltischer Volksstamm, in der Armorica ansässig . . . . . .
Abb. 346, 347, 390

MARLBOROUGH - Ort in Südengland, etwa 75 km östlich von Bristol
S. 204

MARSEILLE - südfranzösische Hafenstadt, das antike Massilia (Massalia) . . . . *Abb. 339*

MARSON - Ort im Departement Marne, südöstlich von Châlons-surMarne. 1873 wurden dort Gräber untersucht und dabei Vasen, Schwerter, mit Menschenköpfen verzierte Scheiden und Schmuck (‹torques›, Ringe, Ohrringe) zutage gefördert .
S. 74

MASSILLA - um 600 v. Chr. als griechische Kolonie Massalia an der südfranzösischen Küste gegründet; im 6.-4. Jh. v. Chr. war Massilia Handelszentrum und wichtigster Vermittler für griechische Erzeugnisse, die das Rhônetal hinauf und durch die Burgundische Pforte bis an die Donau gelangten. 49 v. Chr. fiel Massilia unter römische Herrschaft
S. 13, 16, 138

MEARE - Ort in Somerset am Bristolkanal, etwa 30 km südwestlich von Bristol *S. 214, 217 Abb. 418, 421*

MEGAW, John Vincent Stanley (geb. 1934) - englischer Archäologe, tätig

an der Universität Sidney, Australien. Megaw wurde vor allem durch seine Betrachtungen über das menschliche Gesicht in der keltischen Kunst bekannt; er führte die Bezeichnung ‹Disney-Style› ein . .
S. 86, 185

MEZEK - Ort in Bulgarien an der Maritza, etwa 100 km östlich von Plowdiw. Aus einem wichtigen, 1931-1933 erforschten Grab mit Gang und Kuppelkammer kamen Beigaben aus mehreren thrakischen Gräbern der zweiten Hälfte des 4. Jh. v. Chr. zutage; darunter befanden sich Stücke von bronzenen Wagenbeschlagornamenten, die zu einem späteren Grab des 3. Jh. v. Chr. gehörten: 5 dicke Ringe, zwei Achsvorstecknägel und eine Scheibe mit dem Kopf eines Vierfüßlers, jeweils in wirkungsvoller Latèneplastik . .
S. 113 Abb. 13, 103, 104, 106

MIHOVO - Ort in Jugoslawien, etwa 120 km südöstlich von Ljubljana .
S. 154 Abb. 160, 161

MITHRAS - arischer Lichtgott, dessen Kult sich über Griechenland und Italien bis nach Germanien und Britannien verbreitete . . . *S. 184*

MOEL HIRADDUG - Felsen in Wales zwischen Rhyl und Flint . .
S. 223 Abb. 430

MOLINAZZO D'ARBEDO - Ort bei Bellinzona im Kanton Tessin, Schweiz. Man grub dort Anfang des Jahrhunderts einen Friedhof der Früh- und beginnenden Mittellatènezeit aus . . . . . *S. 69 Abb. 53*

MONT-BEUVRAY - Berg im Departement Saône-et-Loire westlich von Autun, auf dem das ‹oppidum› Bibracte lag . . . . *S. 99*

MONTSÉRIÉ - Ort bei Tarbes im Departement Hautes-Pyrénées . . .
S. 107 Abb. 97

MORTONHALL - Ort in Schottland, etwa 10 km östlich von Edinburgh
S. 226 Abb. 428

MŠECKÉ ŽEHROVICE (STEINZEHROWITZ) - Ort in der Tschechoslowakei, etwa 30 km westlich von Prag. In der Nähe einer viereckigen Umfassungsmauer wurde ein steinerner Menschenkopf gefunden, der zu den repräsentativsten Werken der keltischen Kunst gehört
S. 163, 174 Abb. 171

MÜNCHEN-OBERMENZING - s. OBERMENZING

MÜNSINGEN - Ort in der Schweiz, etwa 15 km südöstlich von Bern. Aus zwei mindestens in die Latènezeit zurückgehenden Nekropolen wurden Fundstücke der Früh- und Mittellatènezeit (4., 3. und 2. Jh. v. Chr.) zutage gefördert, darunter vor allem eine große Anzahl von Fibeln, deren typischste dem späten Frühlatène (zweite Hälfte des 4. Jh. v. Chr.) angehören: gemeint ist der keltische Fibeltypus, bei dem der zurückgebogene Fuß zur Verbindung mit dem Bügel zusätzlich eine Scheibe trägt. Diese Scheibe hat einen rosettenförmigen Dekor aus Email oder Koralle. Der Typus war in ganz Mitteleuropa und schließlich auch bis zum Karpatenbecken verbreitet . . . . *S. 92, 103 Abb. 81*

MUKAČEVO - Ort im Westen der Sowjetunion, in den Karpaten. Von 1885 bis 1908 erbrachten Siedlungsgrabungen Funde der Latènezeit .
S. 134 Abb. 329

MURI - Schweizer Ort etwa 20 km südwestlich von Zürich . . . . .
S. 180 Abb. 400

N

NAGYHÖRCSÖK - s. KALOZNAGYHÖRCSÖK

NAGYVENYIM - Gemeinde südöstlich von Stuhlweißenburg (Székesfehervar) in Ungarn . . . .
S. 196 Abb. 397

NAMNETER - Volksstamm, der im Mündungsgebiet der Loire siedelte .
Abb. 371

NANTES - Ort in Westfrankreich, unweit der Atlantikküste *Abb. 150*

NAVAN RATH - Ort in Nordirland, südlich des Lough Neagh *Abb. 239*

NAVARRO, José Maria de (geb. 1894) - englischer Archäologe und Kunsthistoriker. Er schrieb außer Aufsätzen über die frühkeltische (vor allem die inselkeltische) Kunst eine Arbeit über in La Tène gefundene Schwerter und Schwertscheiden. Auf ihn geht auch die Definition der dekorativen Stile dieser Objekte zurück . . . . *S. 120*

NEBRINGEN - Ort in Baden-Württemberg, etwa 25 km westlich von Tübingen . . . *S. 103 Abb. 94*

SCHWARZENBACH - Ort in Rheinland-Pfalz, im Schwarzwälder Hochwald am linken Ufer der Nahe, westlich von Idar-Oberstein. Aus zwei 1849 erforschten, unter einem Tumulus liegenden Fürstengräbern wurde eine reiche keltische Ausstattung vom Beginn der Latènezeit (Ende 5. bis 4. Jh. v. Chr.) zutage gefördert: vor allem der durchbrochen gearbeitete Schmuck eines hölzernen oder metallenen Bechers, ein goldenes Armband und Goldplättchen mit kleinen Masken . . . . .
S. 56, 59, 65   Abb. 8, 37-39

SCHWIEBERDINGEN - Ort in Baden-Württemberg, etwa 20 km nordwestlich von Stuttgart . . . S. 64

SEDLEC - Ort in der Tschechoslowakei, etwa 70 km südöstlich von Prag
S. 92   Abb. 288

SENONEN - keltisches Volk, von dem sich ein Zweig in Gallien, südlich des Mittellaufs der Seine, in der Gegend von Sens niederließ, das ihnen seinen Namen verdankt. Senonen haben einen Teil der Po-Ebene entlang der Adriaküste bis Ancona eingenommen; sie sind jene Kelten, die in Italien am weitesten nach Süden vordrangen . . . .
S. 18, 175   Abb. 442

SEQUANER - keltisches Volk, das in der Franche-Comté siedelte und dessen Hauptstadt Vesontio, das heutige Besançon, war . . . .
S. 141   Abb. 140

ŠIPENICY (SCHIPENITZ) - Dorf in der Westukraine am linken Oberlauf der Pruth, 15 km nordwestlich von Černovcy (Tschernowitz) . . . . .
S. 77   Abb. 269

SKYTHEN - Nomadenvolk aus Innerasien, dessen Kultur vor allem auf Grund seines beachtlichen Tierstils bekannt ist. Im weiten Sinne der Bezeichnung Volk, das einen Großteil Nordosteuropas und des nördlichen Asien vom Dnjestr bis zu den Grenzen Chinas besetzt hielt. Im engen, mehr historisch aufgefaßten Sinn Bezeichnung speziell für die Nomaden zwischen Dnjestr, Don und dem Schwarzen Meer, deren Oberschicht, die mit den griechischen Kolonien am Schwarzen Meer Handel trieb, den griechischen Kultureinflüssen erlag. Die im keltischen Bereich gefundenen skythischen Gegenstände sind sehr selten, aber der skythische

Tierstil kann auf die Kunst der Latènezeit einen Einfluß ausgeübt haben . . . . S. 7, 8, 20, 32, 43, 44, 71, 158, 161, 187, 235

ŠMARJETA - Ort im Norden Jugoslawiens, etwa 60 km westlich von Zagreb . . . . S. 155   Abb. 163

SNAILWELL - Grabmonument in der Grafschaft Norfolk, nordöstlich von Cambridge . . . S. 221   Abb. 231

SNETTISHAM - Ort in der Grafschaft Norfolk, etwa 60 km westnordwestlich von Norwich . . . .
S. 199, 201   Abb. 208, 417

SOBŮLKY - Ort in der Tschechoslowakei im Kreis Hodonín (Mähren), etwa 45 km südlich von Brünn . .
S. 104   Abb. 305

SOMERSET - Ort an der Westküste Irlands in der Grafschaft Galway, am Ende der Bucht von Galway . . .
S. 228   Abb. 429

SOPRON (ÖDENBURG) - Ort in Ungarn unweit des Neusiedler Sees. Von 1872 bis 1882 und im Jahr 1888 kamen durch Zufallsfunde und Grabungen in einer Nekropole gestempelte Keramik und Bronzeschmuck zutage . . . . . S. 104   Abb. 302

SOTIN - Ort in Jugoslawien an der Donau, etwa 120 km nordwestlich von Belgrad . . S. 195   Abb. 203

SOUTH SHIELDS - Ort an der Ostküste Mittelenglands . . . . . .
S. 223   Abb. 234

STANDLAKE - Ort in Südostengland in der Grafschaft Oxfordshire, etwa 35 km nordöstlich von Oxford . .
S. 127   Abb. 125

STANKOVICE (STANKOWITZ) - Ort in der Tschechoslowakei, etwa 70 km nordwestlich von Prag . . .
S. 99   Abb. 291

STANWICK - Fundort unweit der Ostküste Mittelenglands, in der Nähe von Middlesbrough . . . .
S. 205, 216   Abb. 216, 420

STEINENBRONN - Ort in Baden-Württemberg, etwa 20 km südwestlich von Stuttgart . . . .
S. 96   Abb. 31, 86

STICHILL - Ort in Ostengland in der Grafschaft Roxburgh, etwa 40 km südwestlich von South Shields . .
S. 223

STRABON VON AMASEIA (64/63 v. Chr. - 20 n. Chr.) - Historiker und

Geograph. Sein Hauptwerk, die 17 Bände umfassenden ‹Geographika›, ist die reichste Quelle für die Erforschung der antiken Geographie. In ihnen beschreibt Strabon unter anderem Iberien, Gallien, die Britischen Inseln, die Alpen und Germanien . . . . S. 198

STRADONICE - Ort in der Tschechoslowakei westlich von Prag. Keltisches ‹oppidum› auf einer Fläche von etwa 80 Hektar Land, wo sich Werkstätten von Metallurgen, Töpfern, Emailleuren und Münzgießern befanden. Zahlreiche Gegenstände wurden dort seit 1877 zutage gefördert und weithin verstreut. Während das ‹oppidum› im 1. Jh. v. Chr. blühte, fiel es gegen Ende des Jahrhunderts unter germanische Herrschaft . . . . S. 178, 180, 185   Abb. 185, 187, 190, 396

STUPAVA - Ort in der Tschechoslowakei, nordwestlich von Bratislava (Preßburg). Die kleine Nekropole stellt eine der ältesten Zeugnisse für das Vordringen der Kelten ins Karpatenbecken dar. Der bekannteste an dem Fundort entdeckte Gegenstand ist eine mit Greifen verzierte Gürtelplatte . . . . . . S. 71   Abb. 57

SUTTON - Ort in Ostengland in der Grafschaft Lincolnshire an der Trent
S. 146   Abb. 147

SZENTES - Stadt im Südosten Ungarns . . . . . S. 150   Abb. 157

SZOB - ungarischer Grenzort etwa 50 km nordwestlich von Budapest. Von 1847 bis 1958 wurden dort bei Zufallsfunden und Grabungen in einer Nekropole verzierte Schwertscheiden, gestempelte Keramik und ein griechischer Kantharos aus Bronze zutage gefördert S. 152   Abb. 364

T

TAL-Y-LLYN - Fundort in Wales, etwa 80 km südwestlich von Liverpool. 1963 wurde dort ein Depot mit Bronzefragmenten entdeckt, darunter ein Blechbeschlag mit einer getriebenen Maske, der wahrscheinlich einen Schild des 1. Jh. schmückte .
S. 202   Abb. 411

TARENT - griechische Kolonie in Süditalien; von dort stammen zwischen 344/302 und 272 v. Chr. geschlagene Goldstatere, die wahr-

MUSEEN MIT KELTISCHER KUNST

FOTO- UND BILDQUELLEN

1. Fotografen

Follo, Livio, Bologna 287
Grcevic, Mladen, Zagreb 170, 203, 327, 328, 362
Kratky, Joseph, Nitra-Hrad 297
Meyer, Erwin, Wien 160, 161, 190
Staneva, Rosa, Sofia 106
Studio Madec, Nantes 188
Yan, Toulouse 97, 153, 154, 402

2. Institute, Universitäten, Museen, Sammlungen, Archive

Baia Mare, Muzeul Judetean Maramures 96
Basel, Historisches Museum 183
Belfast, Ulster Museum 242, 354
Berlin, Staatliche Museen, Museum für Vor- und Frühgeschichte 27
Brno, Moravské Muzeum 127-131
Budapest, Magyar Nemzeti Muzeum, J. Karath 156, 157, 159, 312
Cardiff, National Museum of Wales (mit Genehmigung des National Museum) 206, 411
Dublin, The Board of Trinity College, The Green Studio 244
Dublin, Ministerium für öffentliche Arbeiten 137, 138
Dublin, National Museum of Ireland 16, 166, 207, 236-241, 413
Edinburgh, National Museum of Antiquities of Scotland 18
Komárno, Podunajske Muzeum 91
Ljubljana, Národní Muzej 163
Madrid, Museo Arqueológico nacional 133
München, Prähistorische Staatssammlung, Museum für Vor- und Frühgeschichte 87
Nîmes, Musée archéologique 98
Nürnberg, Germanisches Nationalmuseum 88
Paris, Collège de France 334-341
Paris, L'Univers des Formes, Photothek 1-15, 17, 19-23, 25, 26, 29-33, 36-53, 55, 57-78, 80-82, 84, 85, 89, 90, 92-95, 99-105, 107-114, 116, 117, 124-126, 132, 134-136, 139-147, 152, 155, 162, 164, 165, 167-169, 171, 172, 176-178, 180-182, 184, 186, 191 bis 200, 204, 205, 208-219, 221-235, 243, 250, 258, 272, 273, 292, 306, 313, 314, 342-349, 356, 366, 378-382, 384-393, 400, 401, 415-417, 420, 427, 428
Plzeň, Západočeské Muzeum 54
Prag, Národní Muzeum, Antonin
Blaha 24, 56, 79, 158, 185, 187, 189, 286, 294-296, 361, 367
Rennes, Archives de l'Université de Rennes 202
Rennes, Musée de Bretagne 201
Salzburg, Salzburger Museum Carolino-Augusteum 35
Sibiu, Brukenthal Muzeul 300, 329
Szekesfehérvár, Gelencser Ferenc 115
Szekszard, Balogh Adam Muzeum 363
Szombathely, Savaria Muzeum 299
Tábor, Muzeum Husitskeho Revolucniho Hnuti 285
Wien, Florisdorfer Heimatmuseum 28
Wien, Naturhistorisches Museum 290
Wien, Niederösterreichisches Landesmuseum 83

3. Zeichnungen und Karten

Die Zeichnungen wurden von André Marguet unter Leitung des Autors nach den Originalen oder nach Abbildungen aus jeweils zitierten Werken erstellt.
Die Karten zeichnete Jacques Person. Deutsche Kartographie von Alfred Beron.

450 – Die keltischen Gebiete

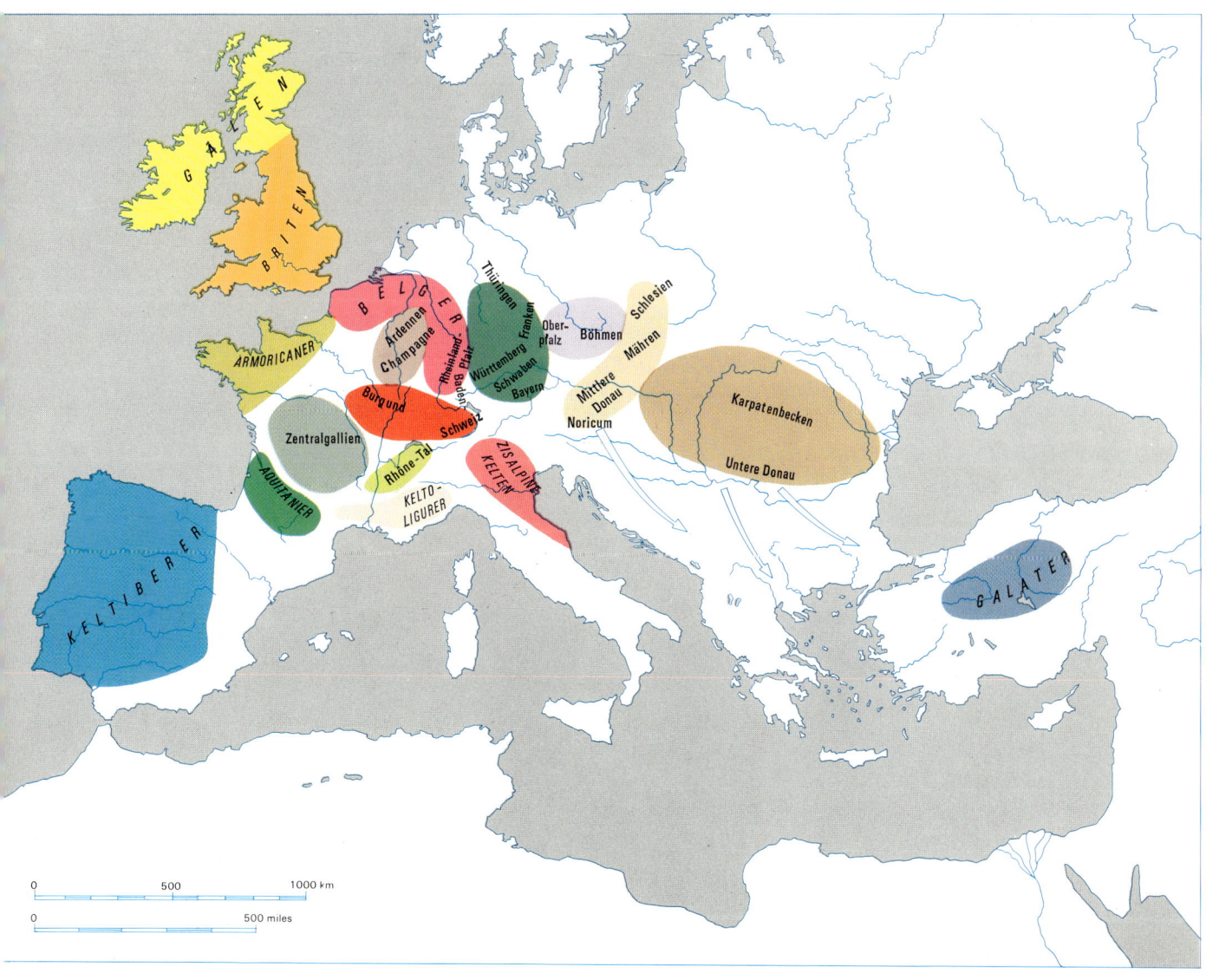

0 ____ 500 ____ 1000 km

0 ____ 500 miles

KARTEN

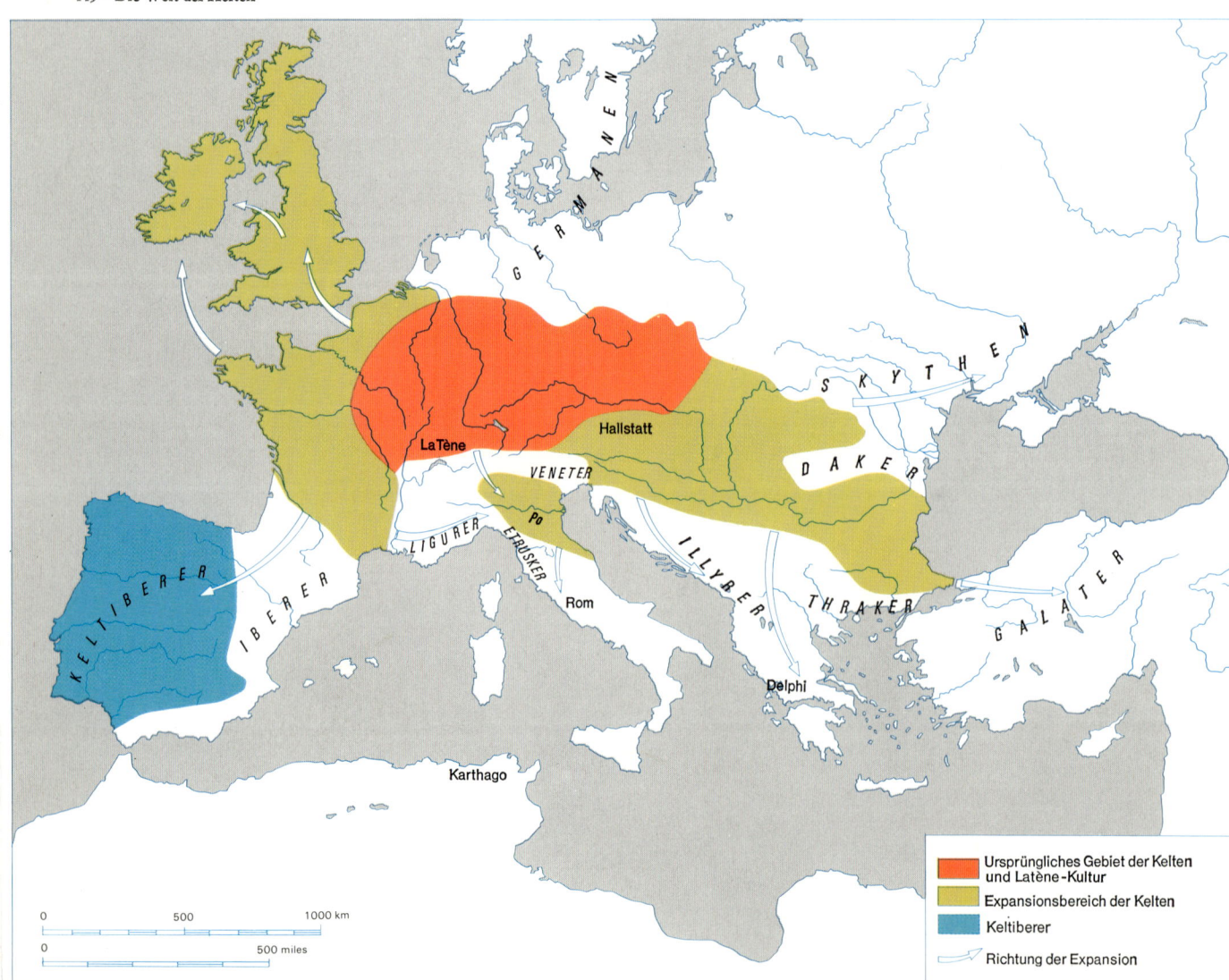

448 – Die Kelten in der euroasiatischen Welt

449 – Die Welt der Kelten

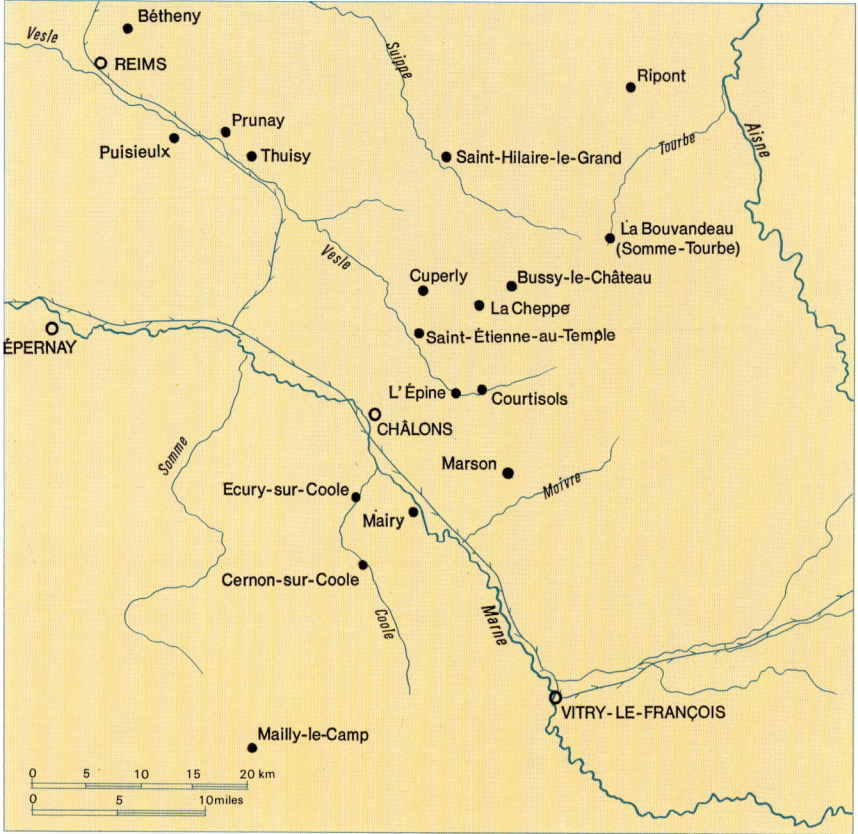

452 – Die Marne-Gegend

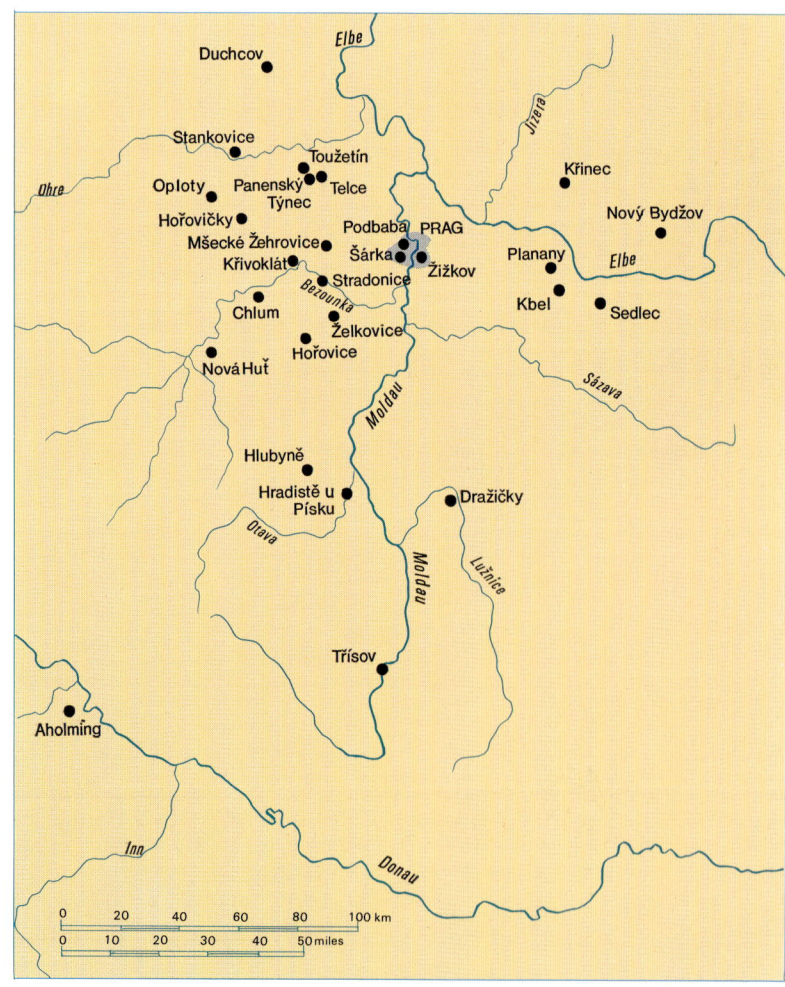

453 – Böhmen

Reisewege der Prototypen

Rote Pfeile: GOLDMÜNZEN (1, 2, 3,)
Blaue Pfeile: SILBERMÜNZEN (1a, 2a, 4, 5, 6, 7)

454 – Prototypen keltischer Münzen: Ursprünge und Verbreitungszonen

455 – Rückgang der keltischen Welt in römischer Zeit (1.–2. Jh. n. Chr.)

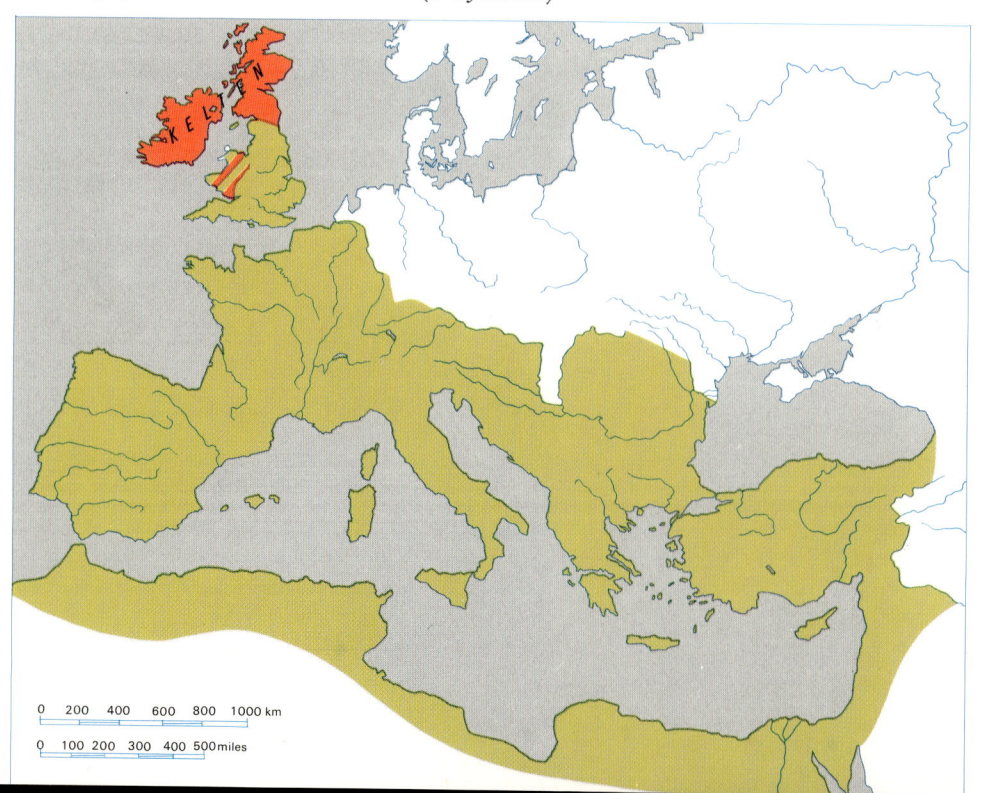

INHALT